Jacqueline Grigo
Religiöse Kleidung

Kultur und soziale Praxis

Für David

Jacqueline Grigo ist Ethnologin und Religionswissenschaftlerin an der Universität Zürich.

Jacqueline Grigo

Religiöse Kleidung

Vestimentäre Praxis zwischen Identität und Differenz

[transcript]

Die vorliegende Arbeit wurde von der Theologischen und der Philosophischen Fakultät der Universität Zürich im Herbstsemester 2013 auf Antrag von Prof. Dr. Dorothea Lüddeckens und Prof. Dr. Bettina Dennerlein als Dissertation angenommen.

Publiziert mit Unterstützung des Schweizerischen Nationalfonds zur Förderung der wissenschaftlichen Forschung.

Bibliografische Information der Deutschen Nationalbibliothek
Die Deutsche Nationalbibliothek verzeichnet diese Publikation in der Deutschen Nationalbibliografie; detaillierte bibliografische Daten sind im Internet über http://dnb.d-nb.de abrufbar.

transcript Verlag | Hermannstraße 26 | D-33602 Bielefeld | live@transcript-verlag.de

Umschlaggestaltung: Kordula Röckenhaus, Bielefeld
Umschlagabbildungen: Jacqueline Grigo, Zürich, 2012
Korrektorat: Toni Löffler und Angelika Wulff
Druck: Majuskel Medienproduktion GmbH, Wetzlar
Print-ISBN 978-3-8376-2839-5
PDF-ISBN 978-3-8394-2839-9

Gedruckt auf alterungsbeständigem Papier mit chlorfrei gebleichtem Zellstoff.
Besuchen Sie uns im Internet: *http://www.transcript-verlag.de*
Bitte fordern Sie unser Gesamtverzeichnis und andere Broschüren an unter: *info@transcript-verlag.de*

Inhalt

1. Einleitung

Die vorliegende Untersuchung fragt nach der Bedeutung und Relevanz religiös konnotierter Kleidung für Trägerinnen und Träger unterschiedlicher religiöser Zugehörigkeit. Dabei interessiert insbesondere der Stellenwert der Sichtbarkeit[1] religiöser Identität, sowohl im Hinblick auf die religiöse Orientierung der Akteur/innen sowie die Deutungen und Praktiken, die sich daraus ergeben, als auch in Bezug auf deren Auseinandersetzung mit ihrer sozialen Umwelt. Bevor eine detailliertere Ausführung des Forschungsinteresses erfolgt, werden aktuelle gesellschaftliche Kontexte, in denen sich die zu analysierenden Kleidungspraktiken manifestieren, charakterisiert.

1.1 Diversität und Spielräume religiöser Visibilität

Die gesellschaftliche Situation in der Schweiz ist, bedingt durch transnationale Bewegungen und Prozesse der Individualisierung und Differenzierung, durch eine zunehmende Pluralisierung religiös-kultureller Optionen gekennzeichnet,[1] die

1 „Nicht nur wuchsen die verschiedenen muslimischen Gruppierungen durch Arbeitsmigranten und Flüchtlingsgruppen zur drittgrößten Religionsgruppe in der Schweiz heran. Auch etablierten sich zahlreiche neue, aus Nordamerika, Afrika und Asien kommende Kirchen und Religionen, gewannen Mitglieder und errichteten neue Gotteshäuser und Tempel. Innerhalb des Christentums zeigt sich ein äußerst breites Spektrum an Kirchen, Orden, Gemeinden, Missionen, Gesellschaften, Bewegungen und Kreisen. Dieses vervielfältigt sich fortwährend durch internationale Migrationen, missionarische Gruppierungen und Abspaltungen. Religion in der Schweiz ist im Plu-

sich u. a. in einer wachsenden respektive sich transformierenden Vielfalt sichtbarer religiöser Identitätsrepräsentationen äußert (vgl. Baumann und Stolz 2007). Wie beispielhaft an den jüngeren Diskussionen um den Bau von Minaretten oder das Tragen von Burkas deutlich wurde, kann dies zu öffentlich ausgetragenen Konflikten führen. Die Sichtbarkeit ist dabei eine der wichtigsten Ebenen der Wahrnehmung und Problematisierung religiöser Unterschiede (vgl. Lüddeckens et al. 2010). Gesellschaftliche Differenzierungen und Ungleichheiten, die sich durch erhöhte Kommunikation und Komplexität einstellen, „[leben] von wechselseitiger Sichtbarkeit" (Nassehi 2002: 226). Dies gilt in besonderem Maß für religiöse Differenzen, welche Räume und Individuen kulturell markieren und ordnen (vgl. Missfelder und Schmauder 2010: 9). „Kaftan, Kreuz und Kopftuch" stehen ebenso wie Sakralbauten für kulturelle Zeichensysteme, die öffentliche Räume in besonderer Weise prägen und symbolisch besetzen können (ebd.). Religiöse Koexistenzkonflikte erscheinen in diesem Sinne vor allem als Sichtbarkeitskonflikte.

Die öffentliche Sichtbarkeit von Religion und der Umgang pluralistischer Gesellschaften mit Religion, sind, wie Christoph Uehlinger feststellt, „gegenwärtig Schlüsselthemen gesellschaftlicher Diskurse über Identität und Repräsentation, Integration und Abgrenzung, Sozialisation und Marginalisierung" (Uehlinger 2006b: 6).

Sichtbare religiöse Differenz muss aber, wie aktuelle (vgl. Lüddeckens et al. 2010) und historische (vgl. Missfelder und Schmauder 2010) Befunde zeigen, nicht zwingend zu Konflikten führen. Den diskursiven Mechanismen der Differenzproduktion und des „religiösen *otherings*"[2] (vgl. Mecheril und Thomas-Olalde 2011: 45f), welche religiöse Disparatheit letztlich überhaupt erst konstruieren, problematisieren und normativ besetzen, stehen dabei (selektive) Indifferenz und Exotisierung, sowie individuelle, kollektive und institutionalisierte – etwa politische oder rechtliche – Strategien des Umgangs mit religiöser Komplexität gegenüber. Historisch gesehen bildeten sich, insbesondere in den Städten, in denen schon seit Jahrhunderten verschiedene Religionen „mit-, neben-, und gegeneinander" leben, spezifische Formen und Prozeduren des Komplexitätsmanagements und institutionalisierte Koexistenzmechanismen (vgl. Missfelder und Schmauder 2010: 12) heraus.[3] Solche Formen des Aushandelns religiö-

---

ral zu denken, gerade auch mit Blick auf ihre vielen lokalen Gemeinschaften und die erheblichen Unterschiede zwischen ihnen" (Baumann 2012: 22).

2 Vgl. zum Konzept des *othering* Gayatri Spivak (1985).

3 Als Beispiel kann hier die stadträumliche Segregation als Mechanismus genannt werden, um Koexistenzkonflikte durch wechselseitige Nichtwahrnehmung zu verhindern,

ser Diversität erfordern und fördern damit zugleich „ihre Transformation in gesellschaftliche Integrationsprozesse“ (ebd.). Die Visibilität von Religion(en) in einer Gesellschaft wird „durch historisch je verschiedene institutionelle, ideologische, rechtliche und kulturelle Spielräume ermöglicht und begrenzt“ (ebd.: 9). Wie stellen sich nun solche begrenzenden respektive ermöglichenden Spielräume für die seit ca. 30 – 40 Jahren veränderte Vielfalt (sichtbarer) religiöser Identitätsrepräsentationen in der Schweiz (vgl. Baumann 2012: 22) generell und bezogen auf religiöse Kleidung im Speziellen dar?

Die Schweiz versteht sich auf Bundesebene[4] als säkularer Staat. *Rechtlich* gesehen herrscht das Prinzip der individuellen Religionsfreiheit, das verfassungsrechtlich verankert ist und auf der Grundlage der Neutralität des Staates fußt. Die Unterscheidung zwischen privater und öffentlicher Sphäre, als Fundament der von der Verfassung garantierten Grundrechte, verpflichten den Staat „die individuellen Möglichkeiten der freien Entfaltung nur insoweit zu beschränken, wie dies im übergeordneten Interesse der Gesellschaft, d.h. im ‚öffentlichen‘ Interesse, zweckmäßig, erforderlich und persönlich zumutbar ist“[5] (Mader und Schinzel 2012: 112).

Religion ist aus juristischer Sicht als ein „Ausdruck einer individuellen Einstellung zum Göttlichen bzw. zum Transzendenten“ (BGE 119 Ia 178 E. 4b,

---

also Konfliktpotential „durch die räumliche Implementierung von Indifferenz abzubauen“ (Schroer 2006: 247). Segregation gehörte in der Vergangenheit zu den bevorzugten Mitteln des religiösen Komplexitätsmanagements in urbanen Räumen und werde erst durch die spezifisch moderne Idealvorstellung einer möglichst vollständigen sozialen und kulturellen Assimilation zu einem Integrationsproblem (Missfelder 2010: 12). Diesem Assimilationsideal lägen aber problematische Vorstellungen zu Grunde, indem entweder von einer unilateralen Anpassung einer Minderheit an die Mehrheit oder aber vom Verwischen kultureller Unterschiede in einem *melting pot* ausgegangen werde (vgl. Missfelder 2010). Beide Ansätze würden, so kritisiert Missfelder zu Recht, unhistorisch und tendenziell reduktionistisch verfahren, indem sie einerseits die kulturellen oder religiösen Alleinstellungsmerkmale der entsprechenden Gemeinschaften zur entscheidenden Variablen im Integrationsprozess erheben und zugleich von einer stabilen, monolithischen Identität der Aufnahmegesellschaft ausgehen würden. Andererseits aber würden auch Prozesse der Selbst-Ethnisierung und reflexiven Identitätsbildung durch Segregation unterschlagen (vgl. ebd.).

4 Das Verhältnis von Staat und Religion wird auf kantonaler Ebene unterschiedlich geregelt.

5 „Einschränkungen von Grundrechten müssen durch ein öffentliches Interesse oder durch den Schutz von Grundrechten Dritter gerechtfertigt sein“ (Art. 36 Abs. 2 BV).

183) zu verstehen und somit zunächst eine rein private Angelegenheit. Da sich zwischen den Sphären des Privaten und des Öffentlichen vielfältige Wechselwirkungen entspinnen, fällt eine klare Abgrenzung allerdings oft schwer. Wird etwa ein religiöses Bekenntnis oder die Zugehörigkeit zu einer Religionsgemeinschaft – in welcher Art und Weise auch immer – nach außen kommuniziert (Selbstdarstellung) oder durch außerhalb der Religionsgemeinschaft Stehende öffentlich thematisiert, wird Religion für Andere wahrnehmbar (Fremdwahrnehmung) und damit auch zu einer öffentlichen Angelegenheit. In diesem Fall kann sich ein Interpretationsspielraum juristischer Auseinandersetzung eröffnen, in dem öffentliche gegen private Interessen verhandelt werden. So wurde beispielsweise 1998 einer muslimischen Lehrerin im Kanton Genf per Bundesgerichtsentscheid verboten, während des Unterrichts ihr Kopftuch zu tragen, da dieses nach Meinung des Gerichts die Kinder in einer Weise beeinträchtigen würde, die mit der religiösen Neutralität der Schule nicht vereinbar sei. Das Verbot richte sich, so ist einer Medienmitteilung des Bundesamtes für Justiz zu entnehmen: „nicht gegen die religiösen Überzeugungen der Beschwerdeführerin, sondern bezwecke den Schutz der Rechte und Freiheiten anderer sowie der öffentlichen Ordnung und Sicherheit" (Medienmitteilung des Bundesamtes für Justiz: BJ vom 27.02.2001).

Bezogen auf religiöse Themen, lässt sich der Begriff der Öffentlichkeit sinnvollerweise in vier Dimensionen unterteilen: a) in eine räumliche (oder spaziale: öffentlicher Raum, öffentliche Gebäude, öffentlich zugängliche private Bauten und Anlagen), b) in eine institutionelle (u. a. politische und rechtliche Institutionen), c) in eine mediale und d) in eine ‚konsensuelle' Öffentlichkeit, die sich auf die öffentliche Meinung bezieht (zu verstehen als „ein Kommunikationssystem, in dem die Erzeugung einer bestimmten Art von Wissen stattfindet: Es entstehen öffentliche Meinungen mit mehr oder weniger allgemeinen Einstellungen zu bestimmten Themen" [Gerhards und Neidhardt 1991: 12]).[6] Zwischen diesen bestehen enge Wechselwirkungen, Bezüge und Überschneidungen.

Wie sich in verschiedenen Projekten des Nationalen Forschungsprogramms „Religionsgemeinschaften, Staat und Gesellschaft" (NFP 58) zeigte, gewinnt das Thema Religion in der *medialen* (vgl. Dahinden et al. 2011, Koch 2011, Trebbe et al. 2011),[7] aber auch in der *politischen* (vgl. Imhof und Ettinger 2011) Öffent-

---

6 Die Unterteilung des Öffentlichkeitsbegriffs in vier Dimensionen lehnt sich in leicht modifizierter Form an den Vorschlag von Mader und Schinzel an (vgl. dies. 2012).

7 Urs Dahinden et al. beobachteten dabei tendenziell eine Verschiebung der Aufmerksamkeit von etablierten zu nicht-etablierten Religionen (vgl. Dahinden et al. 2011). Wie Carmen Koch zudem betont, wird der Islam in den vergangenen Jahren in den

lichkeit der Schweiz zunehmend an Präsenz. Die Berichterstattung ist dabei stark durch Wertungen geprägt (vgl. u. a. Dahinden et al. 2011, Trebbe et al. 2011, Imhof und Ettinger 2011). Das Christentum und seine Vertreter/innen beispielsweise werden sowohl positiv als auch negativ beurteilt, während der Buddhismus generell als „nicht-missionierende, friedlich-gewaltfreie, offen-tolerante und undogmatische Religion, welche eine universelle Botschaft an die Menschheit bereithält" (Kollmar-Paulenz und Funk 2012: 7) charakterisiert wird. Beim Islam hingegen überwiegen negative Beurteilungen deutlich, und die Religion wird in den Medien mehrheitlich im Zusammenhang mit problematischen Motiven wie Politik, Konflikt oder Terrorismus thematisiert (vgl. Koch 2011, Trebbe et al. 2011). Solche polarisierenden Wertungen lassen sich unter anderem mit der Darstellungslogik der Medien in Zusammenhang bringen. Wie auch für den erweiterten europäischen Kontext festzustellen ist, lässt sich die vermehrte mediale Präsenz der Religionen u. a. auf die besondere Empfänglichkeit der Medien für Konflikte zurückführen. Die Konfliktthemen und -dynamiken, die sich mit Religion in Verbindung bringen lassen, haben innerhalb westeuropäischer Länder, aber auch mit Blick auf Gesamteuropa, deutlich zugenommen (vgl. Eder 2002: 336).

In Projekten des NFP 58, die sich mit der *Sichtweise von Individuen* auf das Thema Religion befassen, spiegeln sich die medial (re-)produzierten Wertungen wieder:

> Auf den einfachsten Nenner gebracht, wird das Christentum als die eigene Religion angesehen, zu der man trotz aller Kirchenkritik ein relativ positives Verhältnis hat. Alle anderen Religionen sind ‚fremd'. Hierbei wird der Buddhismus stereotyp als eine positive Religion, als gewaltfrei, friedlich, einladend und undogmatisch dargestellt. Der Islam wird ebenso stereotyp zum Inbegriff einer negativen Religion erklärt und als gewalttätig, Konflikte produzierend, unterdrückerisch und intolerant empfunden (Stolz et al./MOSAiCH, 2011: 29).

Auf ähnliche Ergebnisse kam eine Untersuchung zur Wahrnehmung religiöser Akteur/innen bei „säkularisierten Christen". In Bezug auf jüdische und christliche Religionsangehörige wurde allerdings differenziert: Während das Christentum generell positiv bewertet wurde, galten evangelikale Gemeinschaften als separatistisch und aufdringlich. Vergleichbar dazu wurden liberale Richtungen des Judentums positiv beurteilt, während orthodoxe Zweige mit negativen Eigen-

Medien zunehmend zentral und nicht mehr nur marginal thematisiert (vgl. Koch 2011: 118).

schaften (zwanghafte Kleidervorschriften, fehlende Anpassung, Abgrenzung) verbunden wurden. Beim Islam fehlten positive Zuschreibungsmerkmale gänzlich. Im Gegenteil: Dieser wurde mit negativ bewerteten Attributen wie fehlender Geschlechtergleichheit, Aufdringlichkeit, mangelndem Integrationswillen, Hässlichkeit und fehlender Sinnlichkeit in Verbindung gebracht (vgl. Plüss et al. 2011).

Religion wird in der Schweiz, ähnlich wie in anderen europäischen Ländern, zunehmend als Kategorie zur Herstellung von Differenz relevant (vgl. Dahinden 2011, Giordano et al. 2011). Dabei geht es nicht nur um die horizontale Dimension kultureller und religiöser Verschiedenheit, sondern auch um damit in Zusammenhang stehende Machtkonstellationen (vgl. Allenbach et al. 2011). Religion ist dabei „nicht mehr nur eine Sache privaten Erlebens, sondern auch ein Medium der Darstellung sozialer Differenzen und des Austragens sozialer Konflikte“ (Eder 2002: 338). Indem die Präsenz anderer Religiosität in Europa die (unsichtbare) Religion als Teil eines makrostrukturellen Zusammenhangs sichtbar macht, wird Religion zu einem sichtbaren gesellschaftlichen Phänomen (vgl. ebd.).

Damit lässt sich eine ‚neue Sichtbarkeit von Religion‘ in einem doppelten Sinn begreifen, wobei zwischen den beiden Aspekten von Sichtbarkeit wechselseitige Beeinflussungen bestehen. Einerseits lässt sich diese neue Sichtbarkeit erkennen in einer vermehrten öffentlichen Thematisierung von Religion und ‚religiöser Konflikte‘, u. a. bedingt durch die Etablierung eines ausgebauten Mediensystems und die damit verbundene zunehmende öffentliche Präsenz des Privaten (vgl. Gabriel 1996: 4). Ein derartiges ‚Sichtbarwerden‘ von bislang erfolgreich als unsichtbar und privat definierten religiösen Themen und Konflikten lässt sich für viele Länder Europas beobachten (vgl. ebd.).

Andererseits ist diese neue Sichtbarkeit auf der Ebene religiöser Praktiken zu verzeichnen. Wie Olivier Roy bemerkt, haben wir es dabei allerdings „eher mit einer Neuformulierung des Religiösen als mit einer Rückkehr zu Praktiken von einst zu tun“ (Roy 2010: 24). Diese Tendenzen gehen, wie er feststellt, mit dem Wunsch nach größerer Sichtbarkeit im öffentlichen Raum einher und zielen oft sogar auf einen offensichtlichen Bruch mit den herrschenden Praktiken und Kulturen. „Das Religiöse stellt sich als solches zur Schau und will nicht länger auf den Status eines symbolischen Systems neben anderen reduziert werden“ (ebd.).

Dieser zunehmenden Sichtbarkeit von Religion lässt sich die in europäisch-westlichen Gesellschaften dominierende Säkularisierungserwartung (vgl. u. a. Riesebrodt 1998, Reuter 2009) gegenüberstellen, wonach davon ausgegangen wird, dass Religion in modernen Gesellschaften kontinuierlich an Bedeutung verliere respektive in den Bereich des Privaten zurück gedrängt werde. Ein solch säkularistisches Selbstverständnis, das „die Eliten Europas mit den Leuten von der Straße teilen“[8] (Casanova 2004: 1-2), begreift den Rückgang und die Unsichtbarkeit von Religion und die Privatheit des Religiösen als normal und fortschrittlich, als normative Implikation und Voraussetzung einer aufgeklärten und modernen Gesellschaft (vgl. auch Kapitel 2). Die zu beobachtende vermehrte Sichtbarkeit von Religion und ihr Wiedereintreten in die Öffentlichkeit, die José Casanova unter dem Begriff der *deprivatisation*[9] fasst (vgl. Casanova 1994), steht im Widerspruch zum geschilderten europäischen *common sense*, Religion tendenziell als Auslaufmodell, als rückständig, intolerant und als Ursprung von Konflikten zu verstehen (vgl. ebd.).[10]

Die Träger/innen religiös konnotierter Kleidung, die im Zentrum des Interesses dieser Untersuchung stehen, sind unweigerlich in diese Widersprüche verwickelt. Unabhängig davon, ob sie dies intendieren oder auch nur bewusst oder gar nicht wahrnehmen, werden sie über die Sichtbarkeit ihrer religiösen Identität zu Subjekten diskursiver, ideologischer und mitunter auch medialer, politischer und rechtlicher Auseinandersetzung um den Stellenwert von Religion(en) in der Gesellschaft (vgl. auch Kapitel 2.3). Die beschriebenen rechtlichen, medialen, politischen und kulturellen ‚Spielräume‘ und die impliziten Repräsentationsre-

---

8 Casanova kritisiert die Tendenz, in der wissenschaftlichen Auseinandersetzung mit Säkularisierung und Säkularisierungsprozessen drei unterschiedliche Prozesse von „Säkularisierung“ unter einen Begriff zu fassen, statt sie analytisch zu trennen, was zu Unschärfen führe. „What usually passes for a single theory of secularization is actually made up of three very different, uneven and unintegrated propositions: secularization as differentiation of the secular sphere from religious institutions and norms, secularization as decline of religious beliefs and practices, and secularization as marginalization of religion to a privatized sphere“ (Casanova 1994: 211).

9 „What I call the ‚deprivatisation‘ of modern religion is the process whereby religion abandons its assigned place in the private sphere and enters the undifferentiated public sphere of civil society to take part in the ongoing process of contestation, discursive legitimation, and redrawing of boundaries“ (Casanova 1994: 65-66). Casanova unterscheidet drei Sphären des ‚Öffentlichen‘; während die Zurückdrängung der Religionen aus der staatlich-politischen Öffentlichkeit (Ende der Staatskirchentums) evident sei und die Religionen auch aus der (partei-)politischen Öffentlichkeit verschwinden würden, gelte dies nicht für die zivilgesellschaftliche Öffentlichkeit (vgl. ebd.: 19).

10 Ganz im Gegensatz übrigens zu den USA, wo „die Leute glauben, sie müssten religiös sein, um moderne und gute Amerikaner zu sein“ (Casanova 2007: 2).

gimes,[11] die damit verwoben sind, legen für die Träger/innen religiös konnotierter Kleidung die „Bedingungen der Sichtbarkeit" (*conditions of visibility*, vgl. De Lauretis 1984a: 8f) fest bzw. sind Teil davon. Sie bestimmen nicht nur, welchen Kleidungspraktiken und welchen Identitätsrepräsentationen gesellschaftliche Anerkennung und Legitimität zukommt oder eben nicht, sondern ebenso über konkrete Handlungsmöglichkeiten und den Rahmen, innerhalb dessen sich die Akteur/innen sozial verorten respektive verortet werden. Gemäß Susanne Baer dient (religiöse) Kleidung nicht nur der schlichten Unterscheidung, sondern ebenso der Distinktion und ist damit „vermachtete Praxis, Teil der alltäglichen Konstruktion von Ungleichheit" (Baer 2012: 29).

Welche Kleidung getragen werden darf, hängt mit spezifischen Vorstellungen von Normativität zusammen und ist von den in einem gesellschaftlichen Kontext geltenden Blickregimes[12] abhängig. Diese sind dabei nicht unbedingt vereinbar mit den religiösen Kleiderordnungen, an denen sich die Akteur/innen orientieren und die für sie in unterschiedlichem Maß verbindlich sind. Aus diesen gegenläufigen Anforderungen und normativen Erwartungen und Bedingungen entstehen Spannungsfelder, in denen sich die sichtbaren religiösen Akteur/innen (oder als solche wahrgenommene) unweigerlich positionieren, zu denen sie sich verhalten müssen.

Kleidung – als sichtbares Zeichen – stellt in besonderem Maß eine wichtige Schnittstelle dar, „an der die Differenz zwischen Innen- und der Außenperspektive in der Wahrnehmung von Identität in ihrem potentiell konfliktgenerierenden Charakter deutlich wird" (Lüddeckens et al 2007: 10). Denn ‚von außen' wird religiös konnotierte Kleidung oft mit bestimmten Motiven, Wertvorstellungen und entsprechend konsistentem Verhalten in Verbindung gebracht, die nicht mit der Selbstwahrnehmung der Betroffenen übereinstimmen (vgl. ebd.).

1.2 FRAGESTELLUNG

Die vorliegende Untersuchung fragt deshalb nach der Bedeutung der religiösen Kleidung und der damit verbunden Sichtbarkeit religiöser Identität für diejeni-

---

11 Repräsentationsregime wird dabei in Anlehnung an Stuart Hall (2004: 115) als „das gesamte Repertoire an Bildern und Effekten, durch das ‚Differenz' in einem beliebigen historischen Moment repräsentiert wird" verstanden. Ich beziehe mich dabei vor allem auf die normative Dimension des Begriffs.

12 Zum Begriff des Blickregimes, siehe Kapitel 3.5.

gen, die sie tragen. Dabei konzentriere ich mich auf alltägliche religiöse Kleidung. Darunter verstehe ich Kleidung, die nicht nur im Rahmen spezieller ritueller Handlungen, sondern ebenso oder gerade auch im Alltag getragen wird. Im Fokus stehen Motive, Begründungen und religiöse Deutungen der Kleidung, insbesondere aber auch der Stellenwert, den die Kleidungspraxis im Hinblick auf die Auseinandersetzung der Akteur/innen mit ihrer sozialen Umwelt einnimmt. Es wird danach gefragt, wie sich die Akteur/innen in den sozialen und gesellschaftlichen Strukturen situieren und wie sie sich damit arrangieren.

Dabei konzentriere ich mich auf die Analyse der Innenperspektive der Träger/innen, auf die Deutungen ihrer eigenen ‚religiösen Sichtbarkeit' in ihrer Beziehung zur wahrgenommenen Fremdwahrnehmung. Ziel ist dabei nicht lediglich eine Rekonstruktion der subjektiven Sichtweisen, sondern diese sollen in ihrem Zusammenspiel und in ihren vielfältigen Wechselwirkungen mit den sozialen Strukturen, in die sie eingelassen sind, analysiert werden.

Aus der zentralen Fragestellung lassen sich folgende Unterfragen ableiten: Welche Relevanz kommt der Kleidung im Deutungshorizont der jeweiligen religiösen Orientierung der Akteur/innen zu? In welchen semantischen Bezügen stehen Kleidung und Religion? Zudem soll die Kleidung in ihrer sozialen und identitätsbezogenen Dimension untersucht werden. Inwiefern wird über die Kleidungspraxis Zugehörigkeit zu einer Referenzgruppe beansprucht respektive geltend gemacht? Welche Spannungsfelder ergeben sich zwischen Selbst- und Fremdwahrnehmung? Unter welchen Umständen führt die Kleidungspraxis im Alltag der Träger/innen zu Erfahrungen von Anerkennung, Konflikten oder Ablehnung?

Diese Fragen werden anhand von sechs Fallbeispielen unterschiedlicher religiöser Zugehörigkeit aus dem geographischen Raum Zürich erörtert, wobei davon ausgegangen wird, dass die Sichtbarkeit religiöser Identität und das Spannungsfeld, das sich dadurch u. a. im Hinblick auf die Säkularisierungserwartung und Individualisierungsnormen moderner europäischer Gesellschaften auftut, nicht nur für die in Medien und Wissenschaft viel diskutierten Muslime mit Migrationshintergrund und deren Selbstverständnis relevant ist, sondern ebenso für Vertreter/innen anderer religiöser Gemeinschaften. Bei den Fallbeispielen handelt es sich um eine muslimische Frau, einen Sikh, einen tibetisch-buddhis tischen Mönch, eine katholische Nonne, einen orthodoxen Juden und ein Mitglied der „Schwarzen Braut" (Angehöriger der Gothic/Metal-Szene). Ziel der Untersuchung ist es, ein Spektrum möglicher Bedeutungsräume und Konfliktfelder in Bezug auf die Sichtbarkeit religiöser Identität mittels Kleidung aufzufächern. Dabei wird die Vielfalt möglicher Perspektiven untersucht und übergeordnete zentrale Spannungsfelder, die sich im Zusammenhang mit dem Tragen religiöser Kleidung für die Akteur/innen in ihrem Alltag ergeben, herausgearbeitet und analysiert.

1.3 AUFBAU DER ARBEIT

Im Kapitel 2 wird der Forschungsstand zum Thema Kleidung respektive religiöser Kleidung aufgearbeitet und die eigene Forschung darin verortet. Zunächst erfolgt ein Blick auf klassische sozialwissenschaftliche Zugänge, die wichtige Hinweise für eine Auseinandersetzung mit dem Thema liefern, da sie erkennen lassen, dass sich im Kleidungsverhalten grundlegende soziale Mechanismen manifestieren. Bezogen auf religiöse Kleidung werden anschließend drei Linien wissenschaftlicher Auseinandersetzung herausgearbeitet, die, in unterschiedlichem Maß, als Anknüpfungspunkte der vorliegenden Arbeit dienen. Zunächst wird religiöse Kleidung unter dem Aspekt sozialer Kontrolle auf der Ebene der religiösen Gruppe thematisiert.

Im Zugang der Außenperspektive wird religiöse Kleidung unter dem Gesichtspunkt ihrer Fremdwahrnehmung, öffentlichen Thematisierung, diskursiven Problematisierung und ihrer (institutionellen) Regulierung behandelt. Die Linie der Innenperspektive schließlich untersucht Kleidungspraxis unter Berücksichtigung der Sichtweisen und des Selbstverständnisses der Träger/innen religiöser Kleidung. Dieser Zugang zielt auf eine Rekonstruktion und ein Verstehen von Motiven, Deutungsmustern, Praktiken und Strategien der Akteur/innen. Die vorliegende Arbeit lässt sich auf dieser dritten Linie ansiedeln. In Kapitel 3 werden entlang der für die Untersuchung zentralen Begriffe – Kleidung, Religion, Identität, Differenz und Sichtbarkeit – die theoretischen Grundlagen der Arbeit diskutiert. Unter Kleidung werden den Körper verändernde Produkte/Dinge und Handlungen verstanden. Im Zusammenhang mit dem Körper spielt Kleidung eine zentrale Rolle in der sozialen Interaktion und in Prozessen sozialer Strukturierung und (Selbst-)Positionierung. Das ‚Sich-Kleiden‘ wird im Rahmen dieser Arbeit als Praktik verstanden, weil dadurch sowohl die dem Kleidungsverhalten inhärente rationale Handlungsdimension als auch ihre soziale Strukturiertheit berücksichtigt werden können. ‚Religiös‘ ist die Kleidung, wenn mit ihr religiöser Sinn verbunden wird. In Anlehnung an Geertz’ Religionsdefinition, wird davon ausgegangen, dass religiöse Praktiken sich typischerweise auf transzendente Referenzrahmen beziehen. Geertz’ Religionsverständnis erweist sich, trotz einiger berechtigter Kritikpunkte, für die vorliegende Arbeit grundsätzlich als gewinnbringend, musste aber mit dem Ziel einer besseren empirischen Operationalisierbarkeit durch einen polythetischen Ansatz ergänzt werden.

Identität, Differenz und Sichtbarkeit sind unweigerlich mit (religiöser) Kleidungspraxis verbunden und stehen mit dieser in konstitutiven Wechselwirkungen, über die sich auch Macht und Ungleichheit manifestieren. In dieser Arbeit werden ein prozessorientiertes personales Identitätsverständnis (um individuelle Deutungen, Ziele und Handlungsmotive fassbar zu machen) mit einem relationalen verbunden (um der Interdependenz von sozialer Selbst- und Fremdpositionierung gerecht zu werden).

Kapitel 4 widmet sich der Beschreibung und Begründung der angewendeten Methoden zur Datenerhebung und -auswertung, um eine Nachvollziehbarkeit des wissenschaftlichen Vorgehens zu gewährleisten. Für die Bearbeitung der Fragestellung erweist sich eine Kombination verschiedener qualitativer Forschungsmethoden als besonders nützlich.

Kapitel 5 enthält eine differenzierte Darstellung der Ergebnisse aus den sechs Einzelfallanalysen, wobei darauf geachtet wurde, den Sinnzusammenhang der einzelnen Fälle möglichst zu erhalten. In Kapitel 6 werden die Ergebnisse unter Berücksichtigung des theoretischen Rahmens der Arbeit fallübergreifend diskutiert und systematisiert. Im Hinblick auf die Fragestellung werden dabei relevante Zusammenhänge und Spannungsfelder herausgearbeitet. Kapitel 7 schließt mit einer Zusammenfassung und einem kurzen Fazit.

2. Religiöse Kleidung: Perspektiven der Forschung

„Obwohl die Kleidung scheinbar eine unwesentliche Zugabe ist, prägt sie zutiefst unsere Existenz als gesellschaftliches Wesen".
(J.C. FLÜGEL 1930, 1986: 209).

Das folgende Kapitel widmet sich der Aufarbeitung des Forschungsstands zum Thema religiöser Kleidung. Dabei werden unterschiedliche Forschungsperspektiven, die sich für die vorliegende Arbeit als relevant erweisen, skizziert. Zuvor beleuchtet ein kurzer Blick auf klassische sozialwissenschaftliche Zugänge die Bedeutung von Kleidung im Zusammenhang mit fundamentalen sozialen Prozessen. (An dieser Stelle werden nur die Zugänge zu Kleidung, respektive religiöser Kleidung thematisiert, die nicht an anderer Stelle der Arbeit ausführlicher behandelt werden).

2.1 KLEIDUNG ALS „SOZIALES TOTALPHÄNOMEN"

Obwohl Kleidung, insbesondere unter dem Aspekt der Mode, als „soziales Totalphänomen" (König 1988: 7) seit langem Eingang u. a. in die Bereiche Soziologie, Kulturanthropologie, Ethnologie, Psychologie, Kommunikationstheorie und Semiotik[1] gefunden hat (vgl. Bertschick 2005: 2), war die wissenschaftliche

1 Die Liste namhafter Theoretiker/innen, die sich mit Kleidung befassten ist lang. Dazu zählen, um nur einige zu nennen: Immanuel Kant, Georg W. F. Hegel, Arthur Schopenhauer, Georg Simmel, Walter Benjamin, Theodor Adorno, Emile Durkheim, Roland Barthes, Jean Boudrillard, Pierre Bourdieu, Judith Butler und andere.

Auseinandersetzung mit vestimentären Praktiken, häufig mit „Assoziationen der Oberflächlichkeit und Nebensächlichkeit" (ebd.) verbunden und fand in den Geistes- und Sozialwissenschaften lange Zeit wenig Beachtung. Hansen führt dies u. a. darauf zurück, dass Kleidung in dominierenden theoretischen Paradigmen als argumentatives Beiwerk nur peripher behandelt worden sei. „Reigning theoretical paradigms are to blame for much of this neglect, making clothes an accessory in symbolic, structural, or semiotic explanations. As a result, any serious engagement with clothing itself has almost vanished" (Hansen 2004: 371). Es muss allerdings betont werden, dass solche älteren theoretischen Zugänge, in denen sich genannte Paradigmen manifestieren, bis heute wertvolle Impulse für die wissenschaftliche Auseinandersetzung mit Kleidung und Mode liefern, auch wenn sie diese nicht explizit ins Zentrum ihrer Auseinandersetzungen rücken.

Verschiedene Klassiker der Soziologie nahmen Kleidung am Rande ihrer Überlegungen als soziales Phänomen wahr, anhand dessen sich soziale Prozesse und Mechanismen beispielhaft demonstrieren ließen (vgl. König 2007: 28). Georg Simmel wandte sich 1905 explizit der Mode und 1908 dem Stil zu. In der Mode sieht er, vereinfacht dargestellt, u. a. ein zyklisches Phänomen, durch das sich eine höhere Klasse fortwährend von den niedrigeren abzugrenzen versucht, während diese danach trachtet sich anzugleichen, was dazu führt, dass erstere sich, mittels Innovation der Kleidungspraxis erneut distinguieren muss.[2] Emile Durkheim veranschaulichte anhand der Kleidung den zwanghaften Charakter vermeintlich individueller Entscheidungen[3] (vgl. Durkheim 1895, 1965). Auch Max Weber bezieht sich in seinen Ausführungen zur Differenzierung von „Kas-

---

2 Der Mode kommt, so Simmel weiter, im Spannungsfeld zwischen dem paradoxerweise gleichzeitig auftretenden Bedürfnis nach Nachahmung und Individualität (ein Problem, das sich mit dem Einsetzen der Moderne zuzuspitzen begann), eine Entlastungsfunktion, als ein „ästhetischer Lösungsversuch des großen Lebensproblems" (Simmel 1908: 314) zu. „Die ganze Geschichte der Gesellschaft lässt sich an dem Kampf, dem Kompromiss, den langsam gewonnenen und schnell verlorenen Versöhnungen abrollen, die zwischen der Verschmelzung mit unserer sozialen Gruppe und der individuellen Heraushebung aus ihr auftreten" (Simmel 1911: 179). Obwohl er Mode und Stil nicht nur im Kleidungsverhalten verortet, hat dieses bei Simmel einen wichtigen Stellenwert.

3 „Wenn ich mich geltenden Konventionen der Gesellschaft nicht füge, etwa in meiner Kleidung, den Gewohnheiten meines Landes und meiner Klasse keine Rechnung trage, wird die Heiterkeit, die ich errege und die Distanz, in der man mich hält, auf sanftere Art denselben Erfolg erzielen, wie eine eigentliche Strafe" (Durkheim 1895, 1965: 106).

senlage“ und „ständischer Lage“ (Weber 1922: 635) und dem damit verbundenen Konzept der Lebensführung u.a. auf Kleidungspraktiken. Trachten beispielsweise, tragen gemäß Weber zur Vergemeinschaftung[4] bei und ermöglichen somit „Distanz und Exklusivität“ (Weber 1922: 637).[5]

In Pierre Bourdieus Kulturtheorie kommt der Kleidung neben anderen Konsumgütern ebenfalls eine Relevanz zu. Als Element der sozialen Ordnung ist sie, Bourdieu zufolge, klassenspezifisch. Ähnlich der Körpersprache und dem Benehmen übernimmt sie, als eine Form symbolischen Kapitals, die Rolle, die anderen Kapitalien (ökonomisches, kulturelles und mitunter soziales Kapital) der sinnlichen Wahrnehmung zugänglich zu machen. Kleidung verweist auf die „feinen Unterschiede“ (Bourdieu 1982), also auf soziale Differenzierungen, die nicht auf die ökonomische Position beschränkt bleiben, sondern sich über den Geschmack auch im Bereich des Kulturellen manifestieren. In den Werken der Klassiker der Soziologie finden sich also bereits Wurzeln der Grenzziehungsperspektive auf Kleidung, auf die ich noch zurückkommen werde.

Im Anschluss an Ferdinand de Saussures Sprachtheorie rückten zunehmend auch semiotische Zugänge, die die Zeichenhaftigkeit von Kleidung untersuchten, in den Vordergrund. In der Tradition der strukturalistischen Semiotik etwa analysierte Roland Barthes Mode als binäres Zeichensystem. Aus dieser Perspektive kommt Kleidung eine kommunikative Funktion zu.[6] Eine Weiterführung dieses Ansatzes kann unter anderem in Malcolm Barnards „*Fashion as Communication*“ (2008) gesehen werden. Darin nimmt er auch marxistische, psychoanalytische und feministische Denktraditionen auf und analysiert in differenzierter Weise Mode und Kleidungsverhalten in ihren Bezügen zu Kultur, Bedeutung, Klasse, Gender, (Re)produktion und Widerstand. Neben dem Fokus auf Kleidung und Mode als Kommunikationsmedium tritt Kleidung zunehmend auch in ihrer Funktion als Symbol zur Darstellung von Identität ins Zentrum des Interesses (vgl. Davis 1985).[7] Bei Erving Goffman kommt der Kleidung aus einer interaktionistischen Perspektive unter dem Aspekt der Inszenierung des Selbst eine zentrale Bedeutung zu (vgl. Goffman 1959, 1983, vgl. auch Kapitel „Identität“ in

4 Nach Weber ein Zusammenhang, der auf „subjektiv gefühlter (affektueller oder traditionaler) Zusammengehörigkeit der Beteiligten beruht“ (Weber 1922: 21).

5 Vgl. zu diesem Abschnitt König 2007.

6 Der von Silvia Bovenschen herausgegebene Band „*Die Listen der Mode*“ (Bovenschen 1986) bietet einen Überblick über klassische Zugänge zur Mode.

7 Einen guten Überblick diesbezüglich bietet das von Mary Ellen Roach-Higgins, Joan Eicher und Kim Johnson herausgegebene, interdisziplinär angelegte und insbesondere im englischen Sprachraum breit rezipierte Sammelwerk „*Dress and Identity*“ (1995).

diesem Band). In neueren sozialpsychologischen und soziologischen Forschungen wird Kleidung relativ breit in Bezug auf Jugendkulturen thematisiert, wobei hier insbesondere Aspekte der Vergemeinschaftung und Individualisierung im Zentrum stehen (u. a. Hitzler et al. 2005, König 2007, Schmidt und Neumann-Braun 2008). Innerhalb des Programms der Gender Studies lässt sich die Beschäftigung mit Kleidung und Mode in Literatur, Film, Kunst und Kulturtheorie als ein wesentliches Element für das performative Herstellen und Unterlaufen von Geschlechteridentität beobachten (vgl. Bertschik 2005).

Wie Karen Tranberg Hansen bemerkt, ist in den letzten zwei Jahrzehnten im englischsprachigen Raum und speziell im Fach Ethnologie eine Zunahme wissenschaftlicher Beschäftigung mit dem Thema Kleidung zu verzeichnen (vgl. Hansen 2004, Scheiper 2008).

Während in der Ethnologie Kleidung früher vornehmlich unter den Aspekten der Tradition und deren Aufrechterhaltung thematisiert wurde, ergab sich im Kontext der Prozesse von Transnationalisierung und Globalisierung eine Verschiebung der Schwerpunkte.

> Examining stylistic choice as a complex and heterogeneous process, contemporary anthropological work has moved beyond the idea of emulation to embrace notions of bricolage, hybridity, and creolization. Clarifying these dynamics and the power differentials that shape them is at the heart of today's anthropological study of dress (Hansen 2004: 372).

Damit ist auch die Aufforderung zu einem Überdenken vorherrschender *tickle-down* Theorien verbunden, die davon ausgehen, dass die Übernahme vestimentärer respektive modischer Elemente immer nur in eine Richtung, nämlich von den ‚höheren Klassen' zu den ‚tieferen' verliefe. Polhemus kritisiert in diesem Zusammenhang Bourdieus klassenbasiertes Erklärungsmodell, welches Unterscheidungen zwischen Maßen- und Hochkultur akzentuiere. Er erkennt stilistische Beeinflussungen, als in alle Richtungen verlaufend, also auch von ‚unten nach oben', die sich sowohl über Klassengrenzen, über urbane und rurale Gebiete und um den ganzen Globus erstrecken (vgl. Polhemus 1994).

Die Zunahme des Interesses am Topos Kleidung ist in Verbindung mit einem veränderten Kulturkonzept innerhalb des Faches Ethnologie (vgl. Hansen 2004) und der Kulturwissenschaften[8] generell zu verstehen. Kleidung wird dabei vermehrt auch als (soziale) Praxis begriffen. In jüngerer Zeit werden in der Kleiderforschung zunehmend auch Aspekte der Produktion und des (Maßen-)Konsums

8 Vergleiche dazu: Andreas Reckwitz (2000, 2004).

in ihren Verbindungen zu kollektivem und individuellem Kleidungsverhalten untersucht (vgl. Hansen 2004). Für die Visual und Material Culture Studies weist Breward der Beschäftigung mit Kleidung und Mode sogar Kernbereiche zu. „Assessment of clothing and fashion have finally become a vehicle for debates that now lie at the heart of visual and material culture studies" (Breward 1998: 303).

Erwähnt werden muss außerdem die umfangreiche historische Forschung zum Thema Kleidung und Kleidungsverhalten, auf die an dieser Stelle nicht weiter eingegangen werden kann.[9] Auch die Zugänge, die sich eher mit materialen Aspekten von Kleidung befassen, müssen hier außer Acht gelassen werden, auch wenn sie zweifellos wertvolle Beiträge zur Kleidungsforschung bieten. Aus dem Vorangegangenen sind folgende Aspekte von besonderem Interesse für die vorliegende Arbeit: Die Rolle der Kleidung bei gesellschaftlichen Strukturierungs- und Grenzziehungsprozessen, Überlegungen zur Kleidungspraxis als individueller Möglichkeit der Träger/innen, auf ihre eigene soziale Positionierung einzuwirken und die Idee einer nicht nur horizontal, sondern auch vertikal verlaufenden Beeinflussung bezüglich vestimentärer Praktiken und Präferenzen.

Im Folgenden konzentriere ich mich auf Arbeiten, die einen expliziten Zusammenhang zwischen Religion und Kleidung herstellen, sich also auf *religiöse Kleidung* beziehen und werde diese kontextualisieren. Dabei erhebe ich nicht den Anspruch auf Vollständigkeit, sondern werde, einige, teils ineinander greifende, Linien der Auseinandersetzung mit religiöser Kleidung herausarbeiten und meine Arbeit in diesem Feld verorten.

Bezug nehmend auf ‚religiöse Kleidung' werde ich mich im allgemeinen vom Phänomen ‚Mode'[10] abwenden, auch wenn ich davon ausgehe, dass sich religiöse Kleidungspraxis nicht konsequent von modischem Kleidungsverhalten abgrenzen lässt, bzw. religiöse Kleidung und Mode nicht als zwei unvereinbare Pole eines Spektrums von Kleidungsverhalten begriffen werden können. Auch

9 Eine gute Einführung diesbezüglich bietet das Werk von Lou Taylor: „*The study of dress history*" (2002).

10 Es wird hier auf eine klare Definition des Modebegriffs verzichtet. Stattdessen werden im Anschluss an Schnierer drei Dimensionen genannt, die sich in den meisten der zahlreichen Modetheorien finden lassen. Es sind dies: Zeit-, Sozial-, und Sachdimension. Unter ersterer versteht Schnierer die relative Kurzlebigkeit (also den steten Wandel), unter der Sozialdimension die kollektive Nachahmung einer Ausprägung von Mode von Teilen einer jeweiligen Gruppe. Die Sachdimension bezieht er auf die Einschränkung des Begriffs auf Kleidung, wobei er andere Bereiche, wie Möbel, Architektur, industrielle Produkte, etc. ausschließt (vgl. Schnierer 1995: 20f).

religiöse Kleidungspraxis ist im weitesten Sinn und in unterschiedlichem Maß, modischen Tendenzen unterworfen bzw. an Mode orientiert. Allerdings vollzieht sich der Wandel in diesem Fall ungemein viel langsamer und die entsprechenden Normen sind häufig eher auf ein Konservieren bestehender Praktiken ausgerichtet. Dies ist, wie sich zeigen wird, u. a. mit Prozessen der Grenzziehung, mit (der Zementierung von) Geschlechterbeziehungen und sozialer respektive religiöser Kontrolle verbunden.

2.2 RELIGIÖSE KLEIDUNG UND SOZIALE KONTROLLE

Wissenschaftliche Arbeiten, die sich auf einer systematisch-theoretischen oder vergleichenden Ebene explizit mit religiöser Kleidung befassen, gibt es sehr wenige. Zu nennen wären hier die von Linda Arthur im Rahmen der interdisziplinär angelegten Reihe *Dress, Body, Culture* herausgegebenen Bände „*Religion, Dress and the Body*“ und „*Undressing Religion*: *Commitment and Conversion from a cross-cultural Perspective*“. Die beiden Publikationen erheben den Anspruch, in vergleichender Perspektive auf die darin enthaltenen empirischen Arbeiten allgemeine Verbindungslinien zwischen Religion, Kleidung und Körper herauszuarbeiten. „*Religion, Dress and the Body*“ bezieht sich auf Beispiele religiöser Gemeinschaften im amerikanischen Kontext. Kleidung gilt darin als der augenfälligste unter zahlreichen symbolischen Grenzmarkern, derer sich konservative religiöse Gruppen bedienen (vgl. Arthur 1999), um damit u. a. eine kohäsive Wirkung auf die Gruppendynamik zu erzielen.

> Symbols, such as dress, help delineate the social unit and visually define its boundaries because they give non-verbal information about the individual. Unique dress attached to specific cultural groups, then, can function to insulate group members from outsiders, while bonding the members to each other. Normative behavior within the culture reaffirms loyalty to the group and can be evidenced by the wearing of a uniform type of attire (Arthur 1999: 3-4).

Im Vordergrund der Betrachtungen stehen Aspekte *sozialer Kontrolle* über den physischen Körper, die in den strikten religiösen Wertsystemen eingelassen sind und sich insbesondere in den Kleidungspraktiken manifestieren (vgl. Arthur 1999: 1). Während der interne Körper über die Zurückhaltung von Emotionen wie das Dämpfen von Stimme und Gelächter und das Zügeln von Appetit auf Essen, Sex und Wissen kontrolliert wird, verläuft die Beherrschung des externen Körpers über die Sichtbarkeit der Kleidung und darauf bezogene Regulierungen und Praktiken. Unter Verweis auf Bryan Turners Körpertheorie geht Arthur davon aus, dass jede Gesellschaft vor der Herausforderung des „classical Hobbesian problem of order“ (Turner 1984: 38) stehe, das darin besteht, vier grundlegende Probleme zu lösen, von denen zwei den politischen Körper (Reproduktion und Regulation) betreffen und als ‚politische Probleme‘ bezeichnet werden. Die anderen beiden beziehen sich auf den ‚individuellen Körper‘ und betreffen den Bedarf Verlangen zu beschränken (ein Problem des internen Körpers) und die Repräsentation von Körpern vor anderen (Problem des externen Körpers). Turner entwickelt dabei ein Analysemodell zur Untersuchung sozialer Kontrolle durch Kleidung (vgl. ebd.).

Visuelle Symbole, und Kleidung im Speziellen, gewähren Einblick in informelle und formelle soziale Kontrollsysteme (vgl. Arthur 1999). Strenge Kleidungsnormen werden durchgesetzt, weil Kleidung als Symbol und Gradmesser für Religiosität betrachtet wird. „While a person's level of religiosity cannot be objectively perceived, symbols such as clothing are used as evidence that s/he is on the right and true path“ (ebd.: 1). In dieser Perspektive wird (religiöse) Kleidung also zum Symbol sozialer Kontrolle, da sie den externen Körper kontrolliert (vgl. ebd.). Kleidung wird als visuelle Manifestation kultureller und religiöser Werte verstanden (vgl. Davis 1989). Abweichungen von erwarteten (Kleider-)Normen in einer Gemeinschaft wirken sich in der Regel negativ auf die Beurteilung der Träger/innen aus (vgl. Micklin 1977, Workman und Johnson 1994), was zu einem erhöhten Konformitätsdruck und zur Ausübung sozialer Kontrolle führt. Diese manifestiert sich, folgt man Goffman, auf drei Ebenen: 1) Normative soziale Kontrolle beginnt mit Selbstkontrolle, als ‚persönlicher sozialer Kontrolle‘, gefolgt von: 2) ‚informeller sozialer Kontrolle‘ mittels Missbilligung, Zurechtweisung und Ausübung von Druck von Seiten der Gruppenmitglieder. 3) Schließlich wird die Gefahr, die von einem ‚Abweichler‘ ausgeht, durch formale, soziale Kontrollmechanismen und eigens dazu beauftragten Akteur/innen oder Institutionen gebannt (vgl. Goffman 1971). „Thus, norms are managed, through social control to inhibit deviation and insure conformity to social norms at even the most minute level“ (Arthur 1999: 3).

Ein besonderes Augenmerk des ‚Kontroll-Zugangs‘ wird dabei auf Gendernormen und die Kontrolle der weiblichen Sexualität mittels religiöser Kleidung und entsprechender Regelsysteme gelegt. Über die religiösen Kleidungscodes kommen u. a. Geschlechternormen zur Anwendung, die bestehende Machtverhältnisse zementieren (vgl. ebd.). Vermittels der *appearance* werden also nicht nur Religiosität und Ethnizität ausgedrückt, sondern auch die Geschlechternormen einer religiösen Gruppe sichtbar gemacht. Der Körper stellt mit symbolischen Mitteln die normativen Werte des sozialen Körpers zur Schau (vgl. Douglas 1982). Bush und London (1960) stellten fest, dass traditionelle Geschlechterrollen insbesondere in religiösen Gemeinschaften, in denen diese Rollen über längere Zeiträume hinweg stabil sind, über spezielle Kleidungsformen Ausdruck finden. Wenn sich die Kleidung schnell wandelt, könne dies mit großer Wahrscheinlichkeit als Hinweis für Veränderungen von Geschlechterrollen gedeutet werden. Auch in Hartlieb et al.'s Sammelband „*Das neue Kleid. Feministisch-theologische Perspektiven auf geistliche und weltliche Gewänder*" finden sich verschiedene Hinweise auf eine Verschränkung von gesellschaftlichem Wandel und Geschlechterverhältnissen und Veränderungen auf der Ebene religiöser Kleidungspraktiken (vgl. Hartlieb et al. 2010). Beispielsweise kommt dies in den jüngeren Diskussionen um eine Berechtigung von Pfarrerinnen zum Tragen des Talars zum Ausdruck, oder in den nach wie vor andauernden Auseinandersetzungen um eine Aufhebung der Habitpflicht in verschiedenen christlichen Ordensgemeinschaften. Als weiteres Beispiel kann die sich verändernde Kleidungspraxis junger Musliminnen u. a. in Einwanderungskontexten genannt werden.

Umgekehrt wird von Arthur ein Zusammenhang zwischen Einschränkungen auf der Ebene von Geschlechterrolle und (restriktiveren) Kleidungscodes, bzw. Kleidungspraktiken, die den Körper beschränken, festgestellt (vgl. Arthur 1999: 5). Sie geht davon aus, dass „the binary opposition of the sacred and the profane are intentionally used to visually separate these religious groups from the larger culture. In doing so these patriarchal societies intentionally use dress codes to maintain a gendered imbalance of power" (Arthur 1999: 5). In Arthurs Sichtweise wird also die Unterscheidung sakral – profan mit der Visualisierung sozialer Grenzziehungsprozesse und mit strukturellen gruppeninternen Kontrollmechanismen in Verbindung gebracht.

Evenson und Trayte betonen in ihrem Aufsatz in „*Religion, Dress and the Body*" die Bedeutung von Kleidung als Indikator sozialer Positionierung bezüglich Religion, Geschlecht, ökonomischem Status und sozialer Rolle innerhalb einer jeweiligen Sozialstruktur. Darüber hinaus erhält Kleidung als Kommunikator sozialer Position in Situationen *interkulturellen Kontakts* einen besonderen Stellenwert, was die Autoren u. a. am Beispiel der Beziehung zwischen Dakota und Euroamerikanern in Minnesota im 19. Jahrhundert aufzeigen. Für die vorliegende Untersuchung besonders interessant ist die Feststellung, dass bei „Kulturkontakten" die beteiligten Individuen ihre Beziehungen zueinander maßgeblich über Kleidung verhandeln (vgl. Evenson und Trayte 1999: 96), wie anhand verschiedener empirischer und historischer Beispiele belegt wird. Dabei spielen sowohl strategische Prozesse der Anpassung und Abgrenzung eine Rolle als auch Mechanismen von Unterdrückung und Manipulation über die erzwungene Durchsetzung von Kleidernormen.[11]

Gemäß Erving Goffman verfügen alle Gesellschaften über komplexe soziale Normen, die über nicht-verbales und symbolisches Handeln ausgedrückt werden. Folgt man Goffman weiter, so sind es die Verhaltensregeln, die Akteur/innen und Rezipienten aneinander binden. Sie sind die Bindeglieder der Gesellschaft (vgl. Goffman 1986).

2.3 AUSSENSICHTEN: RELIGIÖSE KLEIDUNG, REZEPTION UND REGULIERUNG

Eine breite Thematisierung erhält religiöse Kleidung in Bezug auf deren gesellschaftliche Rezeption, diskursive Problematisierung im öffentlichen Raum und politisch-rechtliche Regulierungen.[12] Im Brennpunkt wissenschaftlicher (und medialer) Aufmerksamkeit steht dabei das muslimische Kopftuch. In diesem Themenfeld findet sich eine unüberschaubare Vielfalt von wissenschaftlichen Beiträgen unterschiedlicher Disziplinen, die, wie Schirin Amir-Moazami bemerkte, häufig von normativen Prämissen beeinflusst seien. Sie betont die Notwendigkeit, die Diskurse selbst, die jeweiligen „Diskursformationen, -inhalte und -dynamiken“ (Amir-Moazami 2007: 18) unter Berücksichtigung unterschiedlicher Interessenslagen unter die Lupe zu nehmen. In ihrer eigenen Unter-

11 Hay beispielsweise beobachtete eine Veränderung der Kleidungspraxis der Lou im Westen Kenias in der Zeit zwischen 1906 und 1936, die er auf den Druck britischer Missionare zurückführt. Im wachsenden Arbeitsmarkt durch den Bau von Eisenbahn und Sisal-Plantagen, wurden Arbeiter/innen selektiv nach kleidungsbezogenen Kriterien eingestellt. Das heißt, Arbeiter/innen, welche ihre Kleidung christlichen Sittsamkeitsvorstellungen anpassten, wurden bevorzugt, was zu Gunsten des ökonomischen Überlebens zu einem allmählichen Wandel der Kleidungspraxis der ansässigen Bevölkerung führte. Ähnliche Beobachtungen werden in anderen kolonialen Kontexten gemacht: Zu nennen wären hier beispielsweise Cohns (1989) und Beans (1989) Untersuchung der Bedeutung von Kleidung in der Interaktion zwischen britischen Kolonialherren und indischer Bevölkerung im Indien des neunzehnten Jahrhunderts (vgl. Evenson und Trayte, 1999).

12 Zu neueren rechts- und politikwissenschaftlichen Zugängen zur staatlichen, respektive rechtlichen Regulierung religiöser Kleidung in unterschiedlichen Ländern Europas generell siehe Pottmeyer 2011, Lanzerath 2003, und auf das muslimische Kopftuch bezogen, siehe: Rosenberger und Saurer 2012, Lazzerini 2009, Baer 2012.

suchung, in der sie öffentliche Diskurse zu Muslim/innen in Deutschland und Frankreich nachzeichnet und vergleicht und diese den Perspektiven von Kopftuchträgerinnen gegenüberstellt, kommt sie u. a. zum Schluss, dass die wachsende Partizipation sichtbarer Muslime in den vorherrschenden Diskursen beider Länder zu Abwehrhaltungen führt, und dass der Islam als im Widerspruch zu den je unterschiedlichen Säkularisierungskonzepten stehend dargestellt wird. Außerdem zeigt sie auf, wie die jungen Musliminnen in beiden Ländern selbst aktiv an den komplexen Aushandlungsprozessen teilnehmen.

Eine aufschlussreiche Zusammenstellung unterschiedlicher Positionen, in denen länderübergreifende Bezüge ebenso behandelt werden wie rechts-, politikwissenschaftliche und feministische Zugänge, bietet der von Sabine Berghahn und Petra Rostock herausgegebene Band „*Der Stoff aus dem Konflikte sind. Debatten um das Kopftuch in Deutschland, Österreich und der Schweiz*“. Darin zeigt sich u. a., dass der Kopftuchstreit als Projektionsfläche „für Kontroversen sowohl über die Bedingungen des Zusammenlebens in europäischen Einwanderungsgesellschaften, als auch über die religiöse Verfasstheit ebendieser Staaten und die ‚zulässige' Interpretation von Geschlechtergleichheit“ (Berghahn und Rostock 2009: 18) dient.[13]

Die Religionssoziologin Astrid Reuter begründet den „Konjunkturaufschwung der Forschungen zu Religionen im Prozess von Migration“ (Reuter 2009: 189), dem u. a. auch die zahlreichen Arbeiten zum Kopftuch zuzurechnen sind, mit der „Enttäuschung der Säkularisierungserwartungen durch die selbstbewusste Wiederaneignung des Islam durch die zweite, vor allem aber durch die dritte Generation muslimischer Migranten“ (ebd.).[14] Das hohe Irritationspotenti-

13 Auch der Sammelband „*Politik ums Kopftuch*“, herausgegeben von Frigga Haugg und Katrin Reimer, bietet einen guten Einblick in die Kontroverse aktueller Debatten, indem unterschiedliche (wissenschaftliche) Positionen bezogen auf einzelne europäische Länder und im länderübergreifenden Vergleich berücksichtigt werden. Es finden ebenfalls rechtliche und politikwissenschaftliche, westlich-feministische und muslimisch-feministische Perspektiven Eingang in die Publikationen, die die Komplexität und Vielschichtigkeit der Problematik zeigen. Andere Untersuchungen, die sich den Diskursen und Diskussionslinien um den Kopftuchstreits widmen, finden sich u. a. auch bei und Kühn (2008). Kühn entlarvt diesen als Stellvertreterdebatte. Diskutiert werde nicht über das Kopftuch selbst, sondern dieses werde benutzt, um die Trägerinnen zu stigmatisieren (vgl. Kühn 2008).

14 „[...] ähnlich wie in den Vereinigten Staaten die Erwartung enttäuscht wurde, Assimilation sei ein gleichsam zwingend fortschreitender, in der dritten Generation zum Abschluss kommender Prozess, so wurde auch die Säkularisierungserwartung ent-

al, das mit dieser (sichtbaren) Religiosität einhergehe, habe weniger mit deren Artikulationsformen zu tun als vielmehr mit der Säkularisierungserwartung (vgl. Kapitel 1) der deutschen und französischen Mehrheitsgesellschaft, also mit der impliziten Unterstellung, das Thema Religion würde sich für die in Westeuropa geborenen Kinder und Kindeskinder der Einwanderer gewissermaßen von allein erledigen (vgl. ebd.). Der Religiosität der ersten Einwanderungsgeneration sei man, so schreibt Reuter, noch weitgehend indifferent begegnet. Dies u. a. deshalb, weil diese Religiosität der ersten Generation sich durchaus in die säkularen westeuropäischen Identitätskonstruktionen eingefügt hätten, die einen nicht zu unterschätzenden Teil ihres Potentials aus dem Kontrastbild ‚säkularer Modernität des (jüdisch-christlichen) Abendlandes' versus ‚vormoderner islamischer Orient' beziehe (vgl. ebd.).[15] Erst durch das unerwartete religiöse Erwachen[16] der zweiten und dritten Einwanderungsgeneration sei die selbstbewusste Säkularisierungserwartung erschüttert worden (vgl. Reuter 2009: 190). „Und diese Erschütterung muss – wissenschaftlich wie gesellschaftlich – in der politischen wie in der Rechtskultur – erst noch verarbeitet werden. Die öffentliche Debatte und politische Auseinandersetzung um den Islam sind zugleich Ausdruck dieser Irritation, wie ein Modus ihrer Verarbeitung" (ebd.: 190).

Über den Kopftuchstreit werden also auf öffentlich-medialer *und* wissenschaftlicher Ebene grundlegende Auseinandersetzungen um den Stellenwert von Religion in der „Postsäkularisierungsphase"[17] (Habermas 2001: 13) europäischer Gesellschaften geführt.[18] Beispielsweise zeigt Bettina Dennerlein anhand der Analyse öffentlicher Bilder (Plakate, Zeitungsillustrationen) auf, dass die ver-

täuscht, mit der westeuropäische Gesellschaften religiöse Immigranten konfrontieren" (Reuter 2009: 189).

15 Zum europäisch-islamischen Verhältnis, bzw. das Verhältnis von Okzident und Orient in Bezug auf dessen Bedeutung für europäische Identitätskonstruktionen, siehe auch: Said 2003, Göle 2004, Mecheril und Thomas-Olalde 2011, Dennerlein et al. 2012, Baer 2012.

16 Dieses religiöse Erwachen wird dabei maßgeblich am Tragen des Kopftuches durch junge muslimische Frauen festgemacht.

17 Zur Kritik des Begriffs der „Postsäkularisierung" siehe Joas (2004: 122f).

18 Gleichzeitig werden, wie Susanne Baer feststellt, in Debatten um das Kopftuch weit verbreitete Ungleichheitsprobleme „orientalisiert" (Baer 2012: 32). Unrecht werde dabei delegiert, anderswo verortet. „Die Mehrheitsgesellschaft immunisiert sich gegen Kritik, indem sie Minderheiten konstruiert und ein Problem dort platziert" (ebd.). So werden beispielsweise fehlende Gleichberechtigung und sozio-ökonomische Verwerfungen auf die Andern projiziert (vgl. ebd.) und für ‚das Eigene' negiert.

schleierte Frau in westlichen Repräsentationen „als Symbol nicht nur für Unterdrückung, sondern auch für die Bedrohung liberaler ‚westlicher‘ Werte durch Gewalt und Terror“ (Dennerlein und Frietsch 2010: 26) steht. Der Islam und seine sichtbaren Vertreter/innen erscheinen dabei als „Verkörperung der Bedrohung von Demokratie und individuellen Freiheiten“ (ebd.: 26).

Wie die empirische Untersuchung des Theologen David Plüss für den schweizerischen Kontext zeigt, sind Irritationen, die durch religiöse Kleidung hervorgerufen werden, nicht nur in Bezug auf das muslimische Kopftuch zu beobachten, sondern diese beziehen sich auch auf andere sichtbare ‚Religionsvertreter/innen‘. In seiner Studie zum Umgang mit religiöser Pluralität untersuchte er, wie säkularisierte Christen im Raum Basel (Schweiz) religiöse Kleidung von Akteur/innen unterschiedlicher religiöser Gemeinschaften (Musliminnen, Sikhs, orthodoxe Juden und Angehörige der Heilsarmee) wahrnehmen und beurteilen. Dabei zeigte sich, dass die religiöse Kleidung generell, besonders wenn sie im Alltag und in der Öffentlichkeit getragen wird, mit Assoziationen von Fremdbestimmung, fehlender Autonomie, Rückständigkeit, Unaufgeklärtheit, gesellschaftlicher Abschottung und ästhetischem Desinteresse[19] in Verbindung gebracht wird.

Besonders deutlich kamen derartige Vorbehalte in Bezug auf das muslimische Kopftuch zur Geltung, wo darüber hinaus Konnotationen von religiösem Extremismus, Gewaltbereitschaft und (Frauen-)Unterdrückung wirksam wurden (vgl. Plüss und Portmann 2011, vgl. auch Kapitel 1). Da religiöse Kleidung Religion (neu) sichtbar mache, irritiere sie eingespielte Sehgewohnheiten und widerspreche so einem *common sense*, demzufolge moderne, aufgeklärte Zeitgenossenschaft mit der Verinnerlichung und Vergeistigung von Religion korreliere. Aus Sicht der Säkularisierten ist religiöse Kleidung „die Kleidung derer, die Religion nicht auf einen Teilbereich ihres Lebens begrenzen – im Sinne einer modernen Differenzierung der Lebensbereiche und Gesellschaftssysteme – sondern die ihre Religion radikal leben und auch in den Alltag und auf die Straße tragen“ (Plüss 2013: 234). Eine solch starke, totale Religion stoße, so Plüss, auf Bedenken und Widerstand und provoziere ein Nachdenken über die eigene Position und diejenige der ‚Fremden‘ im öffentlichen Raum. Solche Positionszuweisungen bewegten sich im Spannungsfeld zwischen „Neutralisierung (Laizismus), tolerantem Laissez-faire und christlich-symbolischer Besitzstandswahrung“ (ebd.).

19 Interessanterweise werden Sympathien und Antipathien religiöser Kleidungspraxis gegenüber stark durch ästhetische Beurteilungen gesteuert. So wird zur Begründung des Unbehagens gegenüber Jüdisch-Orthodoxen auffällig häufig deren „unästhetische und düstere“ Kleidungspraxis herangezogen (vgl. Plüss 2013: 226-227).

Folgt man Plüss, so birgt die Untersuchung der gesellschaftlichen Rezeption von religiöser Kleidung für die Religionsforschung das Potenzial tief sitzende Deutungsmuster [der Rezipient/innen der Kleidung, Anm.: J.G.] ans Licht zu heben, Spannungen zwischen Kopf und Bauch, zwischen Konzept und Affekt zu offenbaren und eine meist implizite Normativität zu verdeutlichen (ebd.).

Auseinandersetzungen um religiöse Kleiderfragen werden auf der Grundlage solcher impliziten Normativitäten ausgetragen, auf denen das Selbstverständnis moderner, ‚westlicher säkularisierter Identität' beruht. Dabei liegen solche impliziten Deutungsmuster und damit verbundene Praktiken ‚religiösen *otherings*' nicht nur gesellschaftlichen und medialen Diskursen zu Grunde, sondern spielen ebenso in politische und rechtliche Entscheidungsfindungen und Konfliktlösungsversuche hinein. Wie Susanne Baer betont, sind „Diskussionen über ‚Verhüllung' und ‚Entschleierung' [...] eminent politische und in einer verrechtlichten Welt auch juristische Auseinandersetzungen" (Baer 2012: 27).

Paul Mecheril und Oscar Thomas-Olalde diagnostizieren grob zwei vorherrschende Sprechweisen über Religion und das Religiöse in aktuellen wissenschaftlichen Diskursen. So unterscheiden sie einerseits eine Thematisierung der lebensweltlichen Relevanz von Religion in komplexen, individualisierten, pluralen und globalisierten Gesellschaften als fluides, optionales, deinstitutionalisiertes Phänomen", wobei Religion „in ihrer Komplexität individuell, gesellschaftlich, historisch und soziologisch kontextualisiert" werde (Mecheril und Thomas-Olalde 2011: 44). Andererseits werde in einer zweiten Sprechweise über Religion die subjektivierende, kulturelle, gesellschaftliche und politische Wirkmächtigkeit von Religion konstatiert und in einem bestimmten diskursiven Rahmen festgelegt (vgl. ebd.). In dieser zweiten Sprechweise würden rhetorische Figuren wie „der Kampf der Kulturen" (Huntington 1998), „Die Rückkehr der Fundamentalismen" aber auch – und dies insbesondere in der medialen Berichterstattung und in öffentlichen Debatten – dominierende Narrative wie „der Wertekonflikt der Religionen", „demokratieferne Muslime", oder der „Konflikt zwischen Islam und der Emanzipation der Frau" artikuliert (ebd. 44-45). In dieser zweiten Sprechweise wird auf reduktive Weise auf Religion rekurriert, um Subjekte zu thematisieren, darzustellen, zu erklären und zu positionieren. Es geht dabei vorrangig um die *Religion der Anderen* (vgl. ebd.).

Eine zugespitzte Form dieser Sprechweise lässt sich mit dem Begriff des *religiösen othering* benennen (ebd.). Die diskursive Praxis des *othering* verweise dabei auf Religion, „um eine epistemische, politische, anthropologische und dadurch quasi-onthologische Grenze zwischen einer – mehr oder weniger expliziten – ‚Wir-Gruppe' und den ‚Anderen' zu markieren und zu verobjektivieren" (ebd.). Dies geschehe in einem Kontext, der sich paradoxerweise nicht räumlich (geographisch, territorial) eingrenzen lasse, sondern vielmehr durch die Entterritorialisierung von identitätspolitischen Koordinaten gekennzeichnet sei. Das religiöse *othering* finde im Kontext von Globalisierung und Migration statt. Hier zeige sich eine Figur, in der der Rekurs auf Religion mit einer hegemonialen Zuordnungspraxis verbunden sei, die einen sakralisierten und symbolischen Raum schafft, in dem Exklusion und Dominanz jenseits von politischen normativen Paradigmen legitimiert werden könne (vgl. ebd.: 46). Grundlage des religiösen *otherings* ist die Kennzeichnung einer ‚anderen Religion' *als solche*.

> Die Andersheit der Religion wird hierbei [...] in einer grundlegenderen Operation festgestellt: ‚Religion' wird mit Andersheit (*otherness*) verbunden, die ‚andere Religion' ist in diesen diskursiven Topoi immer die ‚Religion der Anderen', womit die Andersheit der Anderen als quasi-religiöse Setzung festgelegt wird (Mecheril und Thomas-Olalde 2011: 46).

Die beschriebenen diskursiven Subjektivierungspraktiken religiösen *otherings* lassen sich auch in wissenschaftlichen und medialen Thematisierungen und politischen oder rechtlichen Regulierungen *religiöser Kleidung* beobachten. Susanne Baer sieht darin auch politisches Kalkül: „Überhaupt ist es gängig, solche Konflikte [Konflikte um religiöse Kleidung, Anm.: J.G.] auch in kritischer Absicht als Kämpfe zwischen Gruppen zu beschreiben. Das ist der Kern traditioneller Politisierung, denn nur kollektive Fragen sind danach öffentliche Angelegenheiten" (Baer 2012: 32). Schnell gehe es dann nicht mehr um die Probleme von Individuen, die politisch zu lösen seien, sondern um „Menschen, die Politiken verkörpern" (ebd.). In Anlehnung an Roger Brubaker spricht sie dabei von „Gruppismus", was bedeutet, ein sozio-kulturelles Phänomen als kollektiv einheitlich zu konstruieren, also Menschen und Verhaltensweisen auf eine Eigenschaft, eine Essenz zu reduzieren, die für die Gruppe steht.

Der ‚Gruppismus' hat aber nicht nur eine sozio-kulturelle und eine politische Dimension. Vielmehr werde er nicht selten rechtlich fixiert: „Besonders problematisch ist es, [...] wenn das Recht die politische Strategie übernimmt, solche Konflikte zu kollektivieren", „denn dann wird Gruppismus konformistischer, sanktionierter Zwang" (ebd.: 40). Der sogenannte ‚juristische Gruppismus' benachteiligt (oder privilegiert) Gruppen. Unter anderem am Fall der Religionsfreiheit zeigt Baer auf, wie problematisch auch gruppistische Privilegierungen sein können. Wenn etwa unter dem Deckmantel der Religionsfreiheit Praktiken gerechtfertigt werden, die die individuellen Rechte von Individuen beschneiden und diese benachteiligen. „Manchmal kämpfen Religionsgemeinschaften [...] um die Möglichkeit, Dinge zu tun, die Menschenrechte verletzen, ohne dabei gestört zu werden, um kollektive Schutzräume, um ein problematisches Privileg" (Baer 2012: 41).

In jedem Fall bedeutet juristischer Gruppismus eine Ausweitung derjenigen Rechte, die eigentlich als individuelle Menschenrechte konzipiert sind und kann so in Widerspruch damit geraten (vgl. Baer 2012: 33, 38f).[20] Baer geht der Frage nach, wie sich Grund- und Menschenrechte sichern lassen – sich so oder so zu kleiden, dies oder jenes zu glauben und zu tun – ohne diese für Gruppen zu fixieren, um „Freiheit und Anerkennung gleicher Würde" zu schützen. „Wie lässt sich mit der Ambivalenz von Regulierung umgehen, die unterdrückt, aber auch privilegiert, ermöglicht aber auch begrenzt?" (ebd. 42). Baer spricht sich für eine *Trias aus Menschenwürde, Freiheit und Gleichheit* (vgl. ebd. 42f) als individuell fixierte Rechte auf „gleiche selbstbestimmte Anerkennung" aus. Dabei sorge das Dreieck dafür, dass alle drei Rechte gleichwertig gesetzt würden und jedes Recht die je anderen durch Wechselwirkung begrenze. So ließen sich problematische Deutungen eines Rechts gut begründet ausschließen. In dem vorgeschlagenen Dreieck existenzieller Grundrechte ließe sich auch über Kleiderordnungen diskutieren, ohne damit juristischen Gruppismus zu befördern (ebd.: 43).

2.4 Innensichten: Vestimentäre Praktiken und das Selbstverständnis von Träger/innen

Die Analyse von vestimentären Praktiken und die Erforschung des *Selbstverständnisses* (Innensichten[21]) von Träger/innen religiöser Kleidung im europäischen Kontext, ihre jeweilige Sicht auf die eigene Kleidungspraxis und damit verbundene soziale und gesellschaftliche Implikationen bildet eine dritte Linie wissenschaftlicher Auseinandersetzung mit religiöser Kleidung. Diese ist in der religions- und sozialwissenschaftlichen Forschung untervertreten. Eine Ausnahme bildet wiederum das muslimische Kopftuch, wozu es zahlreiche Arbeiten gibt (u. a. Karakaşoğlu 1998a, b, Klinkhammer 2000, Weibel 2000, Nökel 2002, Pape 2005, Jessen und von Wilamowitz-Moellendorff 2006, Wensierski und

20 Der im Recht generell stark verbreitete „antigruppistische Reflex" („denn vielen ist bewusst, dass Sklaverei, Apartheid und Genozid genau von Gruppismus leben") sei im Fall von Kleidungskonflikten weit weniger ausgeprägt (vgl. Baer 2012: 39).

21 Selbstverständlich handelt es sich bei der wissenschaftlichen Rekonstruktion dieser Innenperspektive, als Konstruktionen zweiter Ordnung (vgl. Schütz 1971a: 68) ebenfalls um eine ‚Aussensicht'. Die Innensicht ist aber in dieser Forschungsperspektive der Fokus des Forschungsinteresses.

Lübcke 2007, 2011, Haddad 2011). Die in diesen Studien wiedergegebenen Begründungen, Motivationen und Deutungen zum Tragen des Kopftuchs fallen dabei sehr vielfältig aus und lassen sich unmöglich auf einen gemeinsamen Nenner bringen.

Festzuhalten ist, dass die Motive für das Tragen eines Kopftuchs von den politischen und gesellschaftlichen Voraussetzungen und Bedingungen in den jeweiligen lokalen Kontexten[22] maßgeblich geprägt werden (vgl. Haddad 2011) und zudem kontinuierlichen Veränderungen unterliegen.[23] Auch die Auswirkungen des Kopftuchtragens auf Differenzwahrnehmungen der Träger/innen und individuelle Handlungsmöglichkeiten und -strategien sind von den lokalen Bedingungen der jeweiligen Kontexte beeinflusst. Die meisten Studien kommen dabei zum Schluss, dass die junge Generation verschleierter Musliminnen in westeuropäischen Kontexten prinzipiell ähnliche Lebensentwürfe entwickelten wie junge nicht-muslimische Frauen (vgl. Amir-Moazami 2007). Entgegen den Behauptungen der öffentlichen Meinung zeigten die Studien:

> [...] dass diese jungen Frauen ungeachtet ihrer Hinwendung zum Islam und einer offensichtlichen Manifestierung von Geschlechterdifferenz auf dem Wege seien, sich dem dominanten Ideal und der Norm von Gleichheit anzunähern, vor allem weil sie sich die dominanten Kategorien von Religiosität als Individualisierungsmodus aneignen würden (Amir-Moazami 2007: 28).

Die Reaktivierung und Umdeutung der Tradition des Kopftuchtragens bei jungen Musliminnen der zweiten und dritten Einwanderungsgeneration wird dabei im Zusammenhang mit dem Bestreben, zwischen der Tradition der Herkunftsfamilie und der Kultur der Aufnahmegesellschaft einen eigenen Standort zu finden, gedeutet. Das Kopftuch fungiere dabei, so Klinkhammer, u. a. als „Symbol einer

---

22 Laura Haddad zitiert beispielsweise eine französische Graffitikünstlerin, die sich „Princess Hijab" nennt, mit den Worten: „‚In Frankreich ist das Tragen eines Schleiers Punk', weil es französischen Schülerinnen verboten ist und sie mit einem solchen Regelverstoß Fundamentalkritik an den französischen Institutionen üben könnten. Die Aktionen von ‚Princess Hijab' seien vor allem konsumkritisch motiviert, so die Künstlerin" (Haddad 2011: 56).

23 Wie Tiesler bemerkt, unterscheiden sich die Motivationen für das Tragen des Kopftuches bei jungen Musliminnen grundlegend von denjenigen früherer Generationen und zwar sowohl in mehrheitlich muslimisch geprägten Kontexten wie in westlich geprägten (vgl. Tiesler 2006).

deklariert wertstrukturierten islamisch-modernen Identität“ (Klinkhammer 2000: 277).

In einer intensiven Auseinandersetzung mit dem Islam, die eine individuelle Suche nach Deutungen in Bezug auf religiöse und weltanschauliche Fragen beinhaltet (vgl. Karakaşoğlu 1998, Nökel 1999a/b, Klinkhammer 1999, Rommelspacher 2007), einer reflektierten Strategie der Selbstdarstellung und beruflichen Ambitionen, versuchen die ‚Neomuslimas‘ jenseits des religiösen Verständnisses der Elterngeneration, eine selbstbestimmte Biographie zu entwerfen (vgl. Nökel 1999a). Dabei wollen sie „antitraditionell ausgelegte islamische Prinzipien mit ihren modernen und emanzipatorischen Lebensentwürfen verbinden“ (ebd. 2004: 287).[24] Die Kleidung dient dabei als Instrument, nicht nur der Selbstdarstellung sondern auch der Selbststeuerung, was durch die Verbindung von Kopftuch mit modischer Kleidung zum Ausdruck gebracht wird (vgl. ebd. 2004: 297). Indem die Frauen ihre Differenz mittels Kopftuch freiwillig zur

24 Amir-Moazami kritisiert die, in diesen Studien gemeinhin vertretenen Annahmen eines „modernen Charakter[s] der Motive für die Verschleierung“ (Amir-Moazami 2007: 29) und sieht darin eine unzulässige Übertragung der ursprünglich auf christliche Formen von Religion zugeschnittenen Paradigmen der Individualisierung und der reflexiven Rationalisierung von Lebensformen und religiöser Gesinnung auf muslimische Kontexte (vgl. Amir-Moazami 2007). Während der öffentliche Diskurs Musliminnen eigenständiges Handeln abspreche, würden Wissenschaftler das emanzipatorische Potenzial, das für Frauen aus ihrer „islamischen Lebensführung“ (Klinkhammer 2000) erwachsen könne, hervorheben (vgl. Amir-Moazami 2007). Diese würden dabei zu „Vorbotinnen eines Modernisierungsschubes des Islam in Europa“ (ebd.: 29) stilisiert, der sich allmählich traditioneller Werte und Normen entledigen würde (ebd.). Hinter solchen pauschalisierten Aussagen vermutet sie den heimlichen Wunsch westlicher Wissenschaftler/innen, Muslime würden ihre Religionsformen vorherrschenden westlichen Religionsausprägungen anpassen und auf diese Weise dem Anspruch einer „Integration in die Aufnahmegesellschaft nachkommen“ (ebd.: 29). Als zentrales Problem neuerer Studien zum Selbstverständnis von Kopftuchträgerinnen sieht sie, dass „das Potenzial der Veränderung, das aus muslimischen Traditionen selbst erwachse“ (ebd.), zumeist übersehen werde. Ausgehend von der Annahme, dass „Tradition“ auch im Migrationskontext eine „weitaus wichtigere Rolle“ spiele als von jüngeren Untersuchungen angenommen werde, versucht sie zu zeigen, wie die jungen Frauen Tradition „von innen heraus neu definieren“ (ebd.: 31). Sie betont die inhärente Wandelbarkeit von Tradition. Ihr Traditionsverständnis wirkt allerdings aus meiner Sicht etwas hermetisch, indem sie Aspekte der Interdependenz und Interaktivität in der Herstellung sozialer Wirklichkeit herunterspielt.

Schau stellen, „wandeln sie das Stigma in ein Symbol selbstbewusster Identität um“ (Rommelspacher 2008: 9). Göle spricht in diesem Zusammenhang von einer „aktiven Inbesitznahme kultureller Symbole“ (Göle 1995: 13).[25] „Aus einem in der Öffentlichkeit potenziell diskreditierenden Attribut wird ein subalterner Vorteil“ (ebd. 2004: 25). Die Musliminnen bringen dadurch „kritischen Widerstand gegen Assimilationsstrategien und Homogenisierungspraktiken der Moderne zum Ausdruck“ (ebd. 2004: 28). Eine solche „Reaktivierung kultureller Traditionsbestände im Interesse eines eigenständigen kulturellen Selbstausdrucks“ (Rommelspacher 2008: 9) ist, wie Rommelspacher konstatiert, vermehrt auch bei anderen religiösen und kulturellen Gruppierungen zu beobachten[26] (vgl. ebd.).

Sigrid Nökel erkennt in der Kleidungspraxis moderner Musliminnen anerkennungspolitische Handlungsstrategien. Neben dem „makrotopologischen Diskurs“ der Aushandlung um Sichtbarkeit religiöser Identitätsrepräsentation auf politischer, rechtlicher und theoretischer Ebene, beobachtet sie „spezifische Öffentlichkeits-“ und „Mikropolitiken“ (Nökel 2004: 285) mittels derer muslimische Frauen Auseinandersetzungen um Anerkennung und Präsenz des Islam in öffentlichen Räumen führen.[27] Diese Öffentlichkeitpolitiken sind unmittelbar in den Alltag der Akteurinnen eingebettet, also nicht institutionalisiert und werden von *einzelnen Personen* betrieben, das heißt, kollektives Handeln findet dabei nur gelegentlich und spontan statt. Die Frauen verstehen sich dabei als individuelle Akteur/innen und handelnde Subjekte (vgl. ebd.). Ein besonderes Merkmal dieser Mikropolitiken ist darin zu sehen, dass sie sich „nur in begrenztem Maß

25 Göle bezieht sich in diesem Zusammenhang auf Victor Turners Konzept der „performativen Reflexivität“ (Turner 1986). Darunter ist „eine kritische Aneignung von Codes und Symbolen“ zu verstehen, die „in religiöser Kultur eingebettet sind, um sich von der traditionellen Kultur zu distanzieren. Kopftuch-Tragen ist das Ergebnis einer selektiven, reflexiven Einstellung, die performative Zeichen des ‚Andersseins‘ verstärkt und dramatisiert“ (Göle 2004: 34).

26 Sie nennt hier „Juden und Jüdinnen, Menschen aus afrikanischen Ländern“ aber auch „Mitglieder der Mehrheitsgesellschaft“, wobei sie an die Reaktivierung regionaler Dialekte und Traditionsbestände denkt (vgl. Rommelsbacher 2008: 9).

27 Dabei stellt sie die Frage, ob es nicht diese „kleinen“ Formen seien in denen öffentliche Aushandlung nachhaltig erfolge und in denen sich die Idee von der liberalen Gesellschaft praktisch umsetzen ließe (vgl. Göle 2004: 285).

auf Diskurse [stützen], ihre bedeutendere Form liegt in der visuellen Präsenz" (ebd.: 286).[28]

Neben den Studien zur ‚Innensicht' auf das muslimischen Kopftuch, widmen sich vereinzelte Untersuchungen den Kleidungspraktiken christlicher Ordensfrauen im Kloster. Die Uniformität der Ordenskleidung wird dabei, wie Dagmar Konrad beobachtete, als ästhetisierender Bestandteil des klösterlichen Raumes empfunden. „Uniformität in der Kleidung, Uniformität im Lebensstil und uniforme Räumlichkeiten" prägen das Leben der Klosterfrauen (vgl. Konrad 2005: 93f). Somit wird Gleichheit zur ästhetischen Kategorie. Andererseits trägt sie auch zur Stabilität der sozialen Ordnung innerhalb des Klosters bei. Konrad beschreibt aber auch die Widersprüchlichkeiten der Kleidungspraxis der Ordensfrauen und bringt diese in einen Zusammenhang mit der widersprüchlichen und sich wandelnden Beziehung von „Innen- und Außenwelt" (ebd.: 112). Die Lockerung der Kleiderregeln im Rahmen des Zweiten Vatikanischen Konzils (zwischen 1962-1965), nach der Nonnen und Mönche römisch katholischer Ordenszugehörigkeit unter bestimmten Umständen auch ‚zivil' tragen dürfen, stellt die Klostergemeinschaften und deren Mitglieder vor neue Herausforderungen. Konrad widmet sich ausführlich den diesbezüglichen Aushandlungs- und Entscheidungsprozessen. Auch die in diesen Prozessen stattfindenden Verschiebungen der Beziehung von Körper, Kleidung und Identität werden untersucht (vgl. Konrad 2007: 124). Die Diskussion um adäquate Kleidung sei dabei repräsentativ für andere Diskussionen, die sich um dieselben fundamentalen Fragen von Uniformität, Kollektivität, Individualität, Identität und Selbst- bzw. Fremdwahrnehmung der Nonnen drehten (vgl. ebd.: 126).

Auch Gertrud Hüwelmeier thematisiert die Veränderung der Ordenstracht vor dem Hintergrund gesellschaftlichen Wandels und kommt zum Schluss, dass über die Reflexionen der Kleidungspraxis die Identität der Ordensschwester neu verhandelt werde (vgl. Hüwelmeier 2004: 163).[29]

---

28 Laura Haddad rückt den Aspekt der Mode ins Zentrum ihrer Untersuchung muslimischer Kleidungspraxis (vgl. Haddad 2011).

29 Eine Arbeit, die nicht nur die Innensicht thematisiert, sondern aus dieser Perspektive verfasst wurde, ist die Lizentiatsarbeit der Ordensschwester Zoe, Maria Isenring: „*Die Frau in den apostolisch-tätigen Ordensgemeinschaften. Eine Lebensform am Ende oder an der Wende?*" Isenring befasst sich darin u. a. ebenfalls mit den Auseinandersetzungen um die Kleidungspraxis von Ordensschwestern. Zur Situation der protestantischen Diakonissen, vgl. Gause und Lissner 2005.

2.5 ZUSAMMENFASSUNG UND EINORDNUNG DER EIGENEN FORSCHUNG

Im Vorangegangenen wurde nach einem kurzen Abriss zum Stellenwert von Kleidung in sozialwissenschaftlichen Zugängen auf religiöse Kleidung im Speziellen fokussiert und drei verschiedene Herangehensweisen wissenschaftlicher Auseinandersetzung skizziert. Religiöse Kleidung wurde unter den Aspekten a) gruppeninterner sozialer Kontrolle, b) ihrer gesellschaftlichen (und wissenschaftlichen) Antizipation, ihrer rechtlichen und politischen Regulierung (Außenperspektive) und c) ihrer Fokussierung auf konkrete Praktiken und Sichtweisen der Träger/innen selbst thematisiert.

Die erste der drei beschriebenen Herangehensweisen ist in verschiedener Hinsicht von Interesse für die vorliegende Arbeit, insbesondere was Überlegungen zum Verhältnis von Kleidung, Konformität, Gruppenkohäsion und zur Zementierung ungleicher (Gender-)Beziehungen betrifft. Allerdings erscheinen die Akteur/innen darin meines Erachtens zu sehr als Spielbälle von Strukturen, Normen und Machtverhältnissen, denen wenig eigene Initiative und Handlungskompetenz zugestanden wird. Religion wird darin vor allem als semantische Grundlage sozialer und körperrelevanter Regulierungsmechanismen und religiöse Kleidung dementsprechend als Kontroll- und Vollzugsinstrument konzipiert.

Religiöse Kleidung gilt in dieser Zugangsweise als Gradmesser von Religiosität und Ausdruck religiöser Wertebindung, nicht aber als möglicher Verweis auf „Vorstellungen einer allgemeinen Seinsordnung" (Geertz 1997: 48). Sie wird also vornehmlich in ihrer sozialen Dimension behandelt und nicht in ihren religionsspezifischen, symbolischen und semantischen Bezügen zu den transzendenten Ordnungen, auf die sie bezogen ist. Es braucht also eine Thematisierung von Kleidung unter dem Aspekt ihrer Artikulation von Transzendenzbezügen, die solche ‚religiösen Inhalte' berücksichtigt und ihnen insofern eine Existenz zugesteht, als eine Situation „ihren Auswirkungen nach wirklich" ist, wenn „Menschen [sie] als wirklich definieren" (Goffman 1977: 9). Insofern müssen meiner Ansicht nach Transzendenzbezüge bei der Untersuchung von individuellen religiösen Kleidungspraktiken und darauf bezogenen Motivationen und Handlungsabsichten berücksichtigt und ernst genommen werden.

Im Zugang der ‚Außenperspektive' steht das Verhältnis zwischen religiösen Gruppen und gesellschaftlicher Umwelt im Zentrum. Dabei stehen die Perspektiven und Interessen der ‚Mehrheitsgesellschaft' im Zentrum. Normativer Umgang mit der Sichtbarkeit religiöser Subjekte, Mechanismen der Stigmatisierung, Ausgrenzung oder das Gelingen respektive Scheitern von Integration(sbemühungen) werden in den Arbeiten, die sich der ‚Außenperspektive' zuordnen lassen, behandelt. Es geht um Fragen rechtlicher und diskursiver Positionierung sichtbarer religiöser Subjekte in der Gesellschaft. Religion fungiert in der Zugangsweise der ‚Außenperspektive' in erster Linie als Differenzkategorie neben Gender und Ethnizität – und religiöse Kleidung dementsprechend als Marker des *religiös Anderen.*

Die Thematisierung religiöser Kleidung unter dem Aspekt von Fremdwahrnehmung (‚Außenperspektive'), also die gesellschaftlichen, rechtlichen, politischen und medialen Diskurse und die darin reflektierten Tendenzen gesellschaftlicher Antizipation und Beurteilung religiöser Kleidung, interessieren in dieser Arbeit vor allem in ihrer subjektiven Wahrnehmung *durch* die Träger/innen selbst. Sie (die Außenperspektive/ diskursive Fremdwahrnehmung) bildet den Hintergrund, vor dem sich die Informant/innen, gefiltert durch ihre jeweils individuelle, selektive Wahrnehmungsbrille, sozial positionieren und selbst reflektieren. Auf ihr basiert die wahrgenommene Fremdwahrnehmung bzw. die konstruierte Außensicht (vgl. Kapitel 3.3.2), die die Träger/innen in ihrem Selbstverständnis und in ihrem individuell gesteckten Handlungsrahmen maßgeblich beeinflusst.

In dieser Arbeit konzentriere ich mich auf die Analyse der ‚Innenperspektive' der Träger/innen, auf die eigene ‚religiöse Sichtbarkeit' in ihrer Beziehung zur wahrgenommen Fremdwahrnehmung und versuche ihre vestimentären Praktiken, unter anderem in ihrer Auseinandersetzung mit ihrer sozialen Umwelt, zu rekonstruieren. Dabei werden sowohl individuelle Motivationen und Begründungen für die spezifische Kleidungspraxis, Bedeutungszuschreibungen, religiöse Interpretationen und Darstellungen subjektiver Differenzwahrnehmung untersucht, als auch Fragen der gesellschaftlichen Positionierung, individuelle Strategien, Aushandlungsprozesse und ‚Anerkennungspolitiken' analysiert. Im Gegensatz zu bestehenden Untersuchungen zur ‚Innenperspektive', die sich auf einzelne religiöse Traditionen beschränken, werden in dieser Arbeit unterschiedliche religiöse Akteur/innen miteinbezogen und einander gegenübergestellt.

Die Arbeit lässt sich an einer Schnittstelle von gegenwartsbezogener, sozialwissenschaftlich orientierter Religionswissenschaft und dem Forschungsprogramm *Visible Religion*[30] einordnen, da religiös konnotierte Kleidung, ebenso

30 Der Vielschichtigkeit des Feldes der Visible Religion kann eine „methodologische Monokultur" (Uehlinger 2006a: 166) nicht gerecht werden. Vielmehr eröffnet sich in der Forschungsperspektive der Visible Religion ein Feld, in dem „nicht nur verschiedene kulturwissenschaftliche Theorien und Methoden nebeneinander sich ergänzen, sondern Geistes- und Sozialwissenschaften produktiv miteinander kooperieren können" (Uehlinger 2006a: 166).

wie Bilder und Objekte, als Teil der visuellen Kultur von Religionen verstanden werden kann. „Visualität und Visibilität betreffen […] nicht nur Bilder im herkömmlichen Sinn, sondern alle Aspekte der Wirklichkeit, die eine Gesellschaft und ihre Teilgruppen konstitutiv zu Gesicht bringen" (Uehlinger 2007: 5). Dazu zählen: „gestaltete Landschaften, Architektur, Kleidung, Körperdesign, etc. Auch über sie wird kulturelle Orientierung, ggf. religiöse Bedeutung vermittelt" (ebd.). Neben der Auseinandersetzung mit dem Materiellen (Bildern und Objekten) fordert Uehlinger für die *Visible Religion* auch eine *Erforschung religiöser Handlungen* unter dem Aspekt ihrer Sichtbarkeit. Dieser Fokus sei bei der Entstehung des Forschungsprogramms zwar mitgedacht, später aber vernachlässigt und schließlich vergessen worden. Über Bilder hinaus wollte *Visible Religion* auch Handlungen in den Blick nehmen. Kleidung vereint dabei Objekt- und Handlungs- bzw. Praxisbezug von ‚sichtbarer Religion'. *Visible Religion* ist von Anfang an wesentlich an Religionspraxis bzw. -pragmatik, am Umgang der Religionen mit Visualität und Visualisierungen interessiert gewesen (vgl. ebd.). Leitend ist dabei die Annahme gewesen, „dass Sichtbarkeit und Öffentlichkeit untrennbar zusammengehörten und Religionen öffentlichen Charakter wesentlich über Sichtbarkeit erlangen" (ebd.).

In diesem Zusammenhang erhält religiös konnotierte Kleidung eine besondere Relevanz, denn an ihr lässt sich u. a. beispielhaft zeigen, „dass sich gesellschaftliche Diskurse über Religion oft auf einzelne, isolierte visuelle Aspekte konzentrieren, um an ihnen gleichsam stellvertretend Grundfragen des Verhältnisses zu einer bestimmten religiösen Tradition zu verhandeln" (Uehlinger 2006b: 3). Gleichzeitig wird Religion über die religiöse Kleidungspraxis sichtbar am Individuum festgemacht und dieses somit zum Gegenstand öffentlicher Wahrnehmung, zu der es sich selbst wiederum positionieren und verhalten muss. In diesem Zusammenhang bietet sich eine sozialwissenschaftliche Zugangsweise an, um eine empirische Annäherung an die soziale Wirklichkeit der sichtbar Religiös-Gekleideten erreichen zu können (vgl. Kapitel 4).

3. Theoretische Überlegungen

Im Folgenden werden die für diese Untersuchung wichtigen Begriffe diskutiert. Zunächst werde ich mich der Klärung des Begriffs Kleidung zuwenden und einige im Kontext dieser Arbeit als zentral erachtete Gesichtspunkte vertiefen. Dem folgen Überlegungen zum Begriff der ‚religiösen Kleidung'. Anschließend wird ein im Rahmen dieser Arbeit als nützlich erachtetes Religionsverständnis dargelegt, kritisch reflektiert und erweitert. Die Untersuchung des Selbstverständnisses und der sozialen Selbstpositionierung der Akteur/innen erfordert die Konkretisierung eines nicht essentialisierenden und nicht festschreibenden Identitätsbegriffs, der individuelle Handlungsmotive und Praktiken zu fassen vermag. Durch die Verbindung eines prozessual-sozialpsychologischen mit einem interaktionistischen und einem relationalen Ansatz lässt sich dieser Anspruch meiner Ansicht nach erfüllen. Zugleich wird dadurch ein konzeptueller Einbezug von ‚Differenz' notwendig, da Identität bzw. Identifikation und Differenz sich wechselseitig bedingen. Zu guter Letzt wird der Terminus Sichtbarkeit kritisch reflektiert und als Produkt objektiver und natürlicher physiologischer Vorgänge in Frage gestellt.

3.1 Kleidung

Im Englischen wird zwischen *dress* und *clothing* unterschieden. Der Begriff *dress,* auf den ich mich im Folgenden beziehen werde, wenn von Kleidung gesprochen wird, umfasst sowohl einen Prozess, als auch ein Produkt. Als Prozess schließt er alle Handlungen ein, die den Körper verändern und ergänzen (z.B. Frisieren, Bodybuilding, Parfümieren, Schminken oder das Schneiden von Körperhaaren, etc.). Als Produkt bezeichnet er Dinge wie Kleider, Schmuck etc., die am Körper angebracht oder hinzugefügt[1] werden (vgl. Eicher et al. 2008: 4).[2] Ein solchermaßen weit gefasstes Verständnis von Kleidung ermöglicht es, religiöse Markierungen des Körpers unter den gleichen Gesichtspunkten zu verhandeln – seien es nun Gewänder oder Gegenstände, die getragen werden, Frisuren oder Tätowierungen (vgl. Lüddeckens 2013). Konkret ist dies in Bezug auf die Kleidungspraxis der ausgewählten Fallbeispiele sinnvoll, da so beispielsweise *kesh* (also der religiös bedingte Verzicht auf das Schneiden von Kopf- und Barthaaren bei den Sikhs) ebenso thematisiert werden kann, wie die Praxis, sich die Haare zu scheren (buddhistische Mönche) oder das Verhüllen des Kopfes mit einem Tuch (Muslimin).

Gemeinsamer Nenner dieses Verständnisses von Kleidung ist eine visuell wahrnehmbare Materialität und eine unmittelbare Bezogenheit auf den Körper (vgl. ebd.).[3] Für das Selbstverständnis des Menschen und seine soziale (Selbst-) Verortung ist der Körper von außerordentlicher Bedeutung. In den Worten Niklas Luhmanns ist das menschliche Bewusstsein auf ein biologisches System, das ihm als Umwelt dient, angewiesen (vgl. Luhmann 1985).[4] Der Körper ist der Bezugspunkt, von dem aus persönliche Identität, in Abgrenzung zu Anderen und zur physischen Umwelt, ihren Ausgang nimmt.[5] Für die Existenz des Individuums ist der Körper unabdingbar. Über ihn findet die Identifikation eines Indivi-

1 Auch Gegenstände, die in den Händen gehalten werden, können dazu gezählt werden, wie beispielsweise ein Spazierstock.

2 Der Begriff *cloth* respektive *clothing* korrespondiert mit dem Terminus ‚Kleidung', wie er im Deutschen gebräuchlich ist.

3 Roach und Eicher (1973) und Roach et al. (1980) schlagen vor, einerseits zwischen Körperveränderungen und Körperhinzufügungen zu differenzieren. Erstere können temporär (z.B. Haartrachten) oder von Dauer sein (z.B. Branding). Letztere können unterschieden werden in den Körper (oder Teile davon) umhüllende und dem Körper angeheftete, angesteckte oder aufgesetzte Gegenstände. Schließlich werden solche Gegenstände genannt, die von einer Person in den Händen gehalten werden.

4 Die Auseinandersetzung mit dem Körper ist in der abendländischen Philosophie geprägt von der Frage nach der Art der Beziehung bzw. der Dichotomie zwischen Körper und Selbst (respektive Geist oder Seele). Der Körper wird dabei ganz unterschiedlich bewertet: entweder als Grab (Plato) oder Tempel des Geistes (Saint Paul), als Maschine (Descartes) oder als Selbst (Sartre). Körper und Selbst werden dabei als Konzepte auseinandergehalten und in einer je unterschiedlich gearteten Aufeinander-Bezogenheit, begriffen (vgl. Röschenthaler 1998: 12).

5 Wobei Vorstellungen über die Grenzen des Körpers je nach kultureller Deutung variieren können (vgl. Lüddeckens 2013).

duums mit sich selbst und durch andere statt. Durch Körper werden, so Nilüfer Göle, „unterschiedliche persönliche Lebensgeschichten und unterschiedliche Geschichten kultureller Gruppen sichtbar und für den öffentlichen Blick unterscheidbar gemacht“ (Göle 2004: 34). Das Erscheinungsbild des Körpers ist demnach im sozialen Zusammenhang von größter Bedeutung (vgl. auch Kapitel 3.3.2).

Eine Voraussetzung vestimentärer Praxis ist die Fähigkeit des Menschen zur reflexiven Selbstdistanzierung (vgl. Plessner 1975: 36), die u. a. dazu führt, dass Menschen „ihren Körper nicht nicht-gestalten“ (Lüddeckens 2013) können. Der Körper ist von außen wahrnehmbar, sicht- und tastbar, der sinnlichen Erfahrung zugänglich. Im Vergleich zur ‚Leiblichkeit‘ (als Zustand eigenleiblichen Befindens, der *gespürt* wird) kann der Körper als ein kulturelles Phänomen verstanden werden, das, dargestellt und inszeniert (vgl. Goffman 1983) durch gesellschaftliche Diskurse, gestaltet und von politischen Systemen kontrolliert wird (vgl. Foucault 1994).[6]

In Interaktionssituationen, die auf sinnlicher Wahrnehmung[7] basieren, kommt daher der (sichtbaren) Erscheinung von Körpern eine große Relevanz zu. Menschen nehmen einander zunächst über ihre Körper und deren Äußerungen wahr, und beurteilen einander auf Grund dieser Eindrücke. Die Visualität ist dabei von entscheidender Bedeutung, da sie auf einer sehr niederschwelligen Ebene und in sehr kurzer Zeit (dies ist angesichts der Flüchtigkeit von Begegnungen im öffentlichen Raum von Bedeutung) eine breite Palette von Informationen über Personen zugänglich macht. Neben Gestik, Mimik, physiologischen Merkmalen und Bewegungsabläufen können Körperdarstellungen, Kleidung im weitesten Sinn, sowie die unmittelbaren räumlichen, materiellen und sozialen Kontexte, die eine Person rahmen und mit denen sie interagiert, visuell erfasst und interpretiert werden. Kleidung erlaubt dabei, aufgrund ihrer größeren Betrachtungsfläche, Unterscheidungen und Beurteilungen auch aus einer angemessenen Entfernung zu vollziehen – im Vergleich etwa zu Gesichtszügen, deren Ansicht einer gewissen intimen Nähe bedarf (vgl. Flügel 1986: 208).

Diese visuellen Informationen fungieren als Grundlage für Interpretationen und Beurteilungen und wirken auf mögliche oder auch unmögliche Beziehungen, Verhaltens- und Interaktionsweisen ein, noch bevor es überhaupt zu komplexeren Formen sozialen Austauschs kommt. In den Worten Alison Luries:

---

6 Zum Körper als Symbol sozialer Ordnung: vgl. Douglas (1966, 1970).

7 Gemäß Luhmann, sind für Interaktionssysteme Wahrnehmungsprozesse konstitutiv. Sie stellen eine „anspruchslosere Form der Informationsgewinnung“ (Luhmann 1984: 560) dar als Kommunikation.

For thousands of years human beings have communicated with one another first in the language of dress. Long before I am near enough to talk to you on the street, in a meeting, or at a party, you announce your sex, age and class to me through what you are wearing – and very possibly give me important information (or misinformation) as to your occupation, origin, personality, opinions, tastes, sexual desires, and current mood. I may not be able to put what I observe into words, but I register the information unconsciously; and you simultaneously do the same for me. By the time we meet and converse we have already spoken to each other (Lurie 2000: 3).

In diesem Sinn bildet der Blick ein „zentrales Regulationsinstrument von Verhaltens- und Erscheinungsnormen in öffentlichen Räumen" (Klauser 2006: 153). Entscheidend ist hier, dass sowohl die Präsentations- und Erscheinungsformen, wie auch die Wahrnehmungs- und Interpretationsweisen von Körpern und deren Kleidung durch sozial-strukturelle und sozio-kulturelle Diskurse und Wissensbestände geformt werden und von Seiten der Akteur/innen durch inkorporierte und implizite Wahrnehmungs-, Denk- und Handlungsschemata[8] (vgl. u. a. Bourdieu 1979) gesteuert sind.

In seiner historischen Analyse öffentlich getragener Kleidung beschreibt Richard Sennet diese als sozialen Versuch, „Ordnung in das ‚Fremdengemisch' auf der Straße zu bringen" (Sennet 1986: 95). Durch Kleidung werden Situationen definiert (zerrt eine in Polizeiuniform gekleidete Person eine andere in ein Auto, so nimmt man an, hier handle es sich um eine Verhaftung und nicht um eine Entführung), Rollen zugewiesen (die Frau im weißen Kleid und Schleier in einer Gruppe festlich Gekleideter ist mit großer Wahrscheinlichkeit die Braut), Hierarchien sichtbar gemacht (Militäruniformen verraten den militärischen Rang der Träger), Erwartungen beeinflusst (von einer elegant gekleideten Dame wird angenommen, dass sie sich gemäß gültigem Etikett zu benehmen weiß), Stimmungen und Verhaltensweisen hervorgerufen (eine Person mit einem Strumpf über dem Kopf in einer Bank oder einem Geschäft bewirkt mit großer Wahrscheinlichkeit ein furchtsames Sich-ducken) – all dies geschieht bevor verbale Kommunikation überhaupt stattfindet (vgl. Lüddeckens 2013). Mittels Kleidung können sich Anwesende also Klarheit darüber verschaffen, „was hier eigentlich

8 In Anlehnung an Bourdieus Habituskonzept wird von inkorporierten, vorreflexiven Schemata ausgegangen, „die der Wahrnehmung der sozialen Wirklichkeit dienen, Denkschemata, mithilfe derer die Wahrnehmung geordnet und interpretiert werden, ethische Ordnungs- und Bewertungsmuster, ästhetische Maßstäbe zur Bewertung kultureller Produkte und Praktiken, sowie Schemata, die die Hervorbringung von Handlungen anleiten" (Fuchs-Heinritz und König 2005: 114).

vor[geht]" (Goffman 1977: 16). Von Bedeutung ist dabei nicht, die „richtige" Einschätzung einer Situation, sondern, dass Menschen die Situation für sich definieren und sich entsprechend verhalten (vgl. 1977: 9).[9] Kleidung gewährleistet also in Interaktionssituationen eine relative Erwartungssicherheit, indem sie eine Situation vorstrukturiert und mögliche Deutungs- und Verhaltensweisen einschränkt.[10] Dies setzt allerdings einen gemeinsamen Wissensvorrat über kulturelle Codes und ihre (konventionellen) Bedeutungen voraus (vgl. Würtz und Eckert 1998). Gleichzeitig kann Kleidung mit Goffman als soziale Ressource verstanden werden. Mittels Kleidung können wir soziale Situationen zu unseren Gunsten manipulieren. Außerdem positionieren wir uns durch Kleidungspraxis in unserer sozialen und kulturellen Umwelt (und tun dasselbe mit anderen, indem wir symbolische Bedeutung erkennen und interpretieren).

Kleidung und ihre Ordnungsfunktion kann aber nicht nur im Sinn einer Orientierungshilfe in Interaktionenprozessen verstanden werden, sondern muss auch vor dem Hintergrund sozialer Stratifizierung reflektiert werden. Kleidung markiert und schafft Unterschiede, trennt und gruppiert zugleich und stellt horizontale oder vertikale Beziehungen heraus. Dies kann sich entweder auf der Grundlage von Normen, Regeln oder Verboten manifestieren, oder sie findet auf der Ebene des Geschmacks[11] eine subtilere aber ebenso wirkungsvolle Ausprägung. Durch die Anerkennung des Legitimitätsgefälles werden bestimmte ästhetische Güter zu distinktiven Zeichen (vgl. Bourdieu 1987). Bei Kleidung ist dies am prägnantesten der Fall. Folgt man Bourdieu, so ist es neben Sprache und Bildung vor allem die Kleidung, die wegen ihres hohen Symbolwerts die Funktion von

9 Nach Goffman stellen Kleider Rahmen (frames) dar, gemäß derer Menschen Situationen interpretieren und damit definieren (Goffman 1977: 19). Frames versteht er dabei als Ordnungsprinzipien, für soziale Ereignisse, und „unsere persönliche Anteilnahme an ihnen" (Goffman 1977: 19).

10 Dies können sich Träger/innen aktiv zu Nutze machen, indem sie eine Situation vestimentär beeinflussen. „Kleidung ermöglicht es, bereits vor einer eintretenden Situation diese insofern mit zu bestimmen, als die Träger/innen ihr Wahrgenommen-werden im Voraus in bestimmte Richtungen lenken könne und nicht die Situation selbst erst abwarten müssen. Die Aktualität und damit Präsenz von Kleidung stellt über ihre Materialität eine höhere Erwartungssicherheit im Hinblick auf bestimmte Wahrnehmungsmuster und deren Beeinflussung einer Situation bereit, als Kommunikation oder Handeln, die zwar zuvor geplant, aber in der Interaktion selbst erst akut hergestellt werden müssen" (Lüddeckens 2013).

11 Vgl. zu den sozial strukturierenden Eigenschaften des Geschmacks: „Die feinen Unterschiede" (Bourdieu 1982).

Trennung und Verbindung am perfektesten enthüllt, indem sie die sozialen Voraussetzungen leugnet und die „Insignien der Lage [...] innerhalb der Gesellschaft" (ebd. 1994: 63) als eine Wesenseinheit des Trägers bzw. der Trägerin erscheinen lässt – und das schon aus der Ferne, auf den ersten Blick (vgl. ebd.). Kleidung schafft also soziale Ordnung. Darüber hinaus (und damit in enger Verbindung stehend) kann sie unter dem Aspekt impliziter und explizierter Regulierungsmechanismen auch als Instrument sozialer Kontrolle über den Körper gesehen werden (vgl. dazu Turner 1984, Synnott 1993, vgl. auch Kapitel 2.1 in diesem Band).

3.1.1 Religiöse Kleidung

Religiöse Kleidung ist Kleidungspraxis, die in Beziehung zu Religion gesetzt wird. Kleidung kann nicht an und für sich eine religiöse Qualität zukommen, sondern diese bestimmt sich immer über Zuschreibung. Religiöse Kleidung lässt sich also nicht absolut festlegen. Es ist nicht der Schnitt, die Farbe oder die textile Beschaffenheit, die sie zu religiöser Kleidung macht. Sie kann nur in Prozessen situativer Bedeutungsbestimmung erfasst werden, die von kulturell-historischen, diskursiven und kontextuellen Faktoren beeinflusst sind. Kleidung ist dann als religiös zu verstehen, wenn sie mit Religion in Verbindung gebracht wird. Dabei ist die Frage zu berücksichtigen, wer, bzw. wie und unter welchen Umständen diese Verbindung hergestellt wird. Wem kommt in einem bestimmten Kontext die Deutungshoheit zu, eine vestimentäre Praxis als religiös zu definieren oder eben nicht? Hier müssen verschiedene (mögliche) Perspektiven unterschieden werden. Geschieht die religiöse Konnotierung einer Kleidungspraxis oder eines Kleidungsstücks durch die Träger/innen selbst, durch konkrete Interaktionspartner/innen, durch öffentliche Diskurse, durch Medien, Wissenschaft, Rechtsprechung oder im Rahmen politischer Entscheidungen? Und inwiefern überschneiden sich diese Ansichten oder stehen zueinander in Widerspruch (vgl. Grigo 2011)? Die verschiedenen Perspektiven können jeweils zu sehr unterschiedlichen Beurteilungen[12] führen, hinter denen u. U. auch sehr unterschiedliche Interessen stehen. Über die Zuordnung einer bestimmten Kleidungspraxis in den Bereich von Religion, Kultur oder Tradition können, so Lüddeckens, „auf der emischen Ebene Verpflichtungen, Anerkennung aber auch Ablehnung verhandelt werden" (Lüddeckens 2013). Darüber hinaus werden dadurch Hand-

---

12 Wie sich zeigen wird, bezeichnen nicht alle in der Untersuchung involvierten Akteur/innen ihre Kleidung selbst als „religiös".

lungsmöglichkeiten eröffnet oder beschnitten, sowie Inklusions- respektive Exklusionsmechanismen befördert.

Durch ihren Körperbezug deutet religiöse Kleidung immer auf den/die Träger/in hin und „weist diese/n als Angehörige/n einer religiösen Gruppe, Inhaber/in einer religiösen Rolle, Teilnehmer/in an einem religiösen Ritual oder als Person mit einer bestimmten religiösen Überzeugung" (ebd.) aus. Sofern sie als religiös gesehen werden kann, bezieht sich Kleidung also im Allgemeinen auf Individuen als Teil einer religiösen Gemeinschaft (vgl. ebd.) und impliziert somit soziale Zuschreibung. Oder anders gesagt: religiöse Kleidung verweist immer zugleich auf eine personale und eine soziale Identität.

Was bedeutet dies nun für eine religionswissenschaftliche Konzeptualisierung religiöser Kleidung? Eine solche dürfe, so schreibt Lüddeckens, nicht die semantische Kennzeichnung des Feldes übernehmen, sondern müsse ihren Ausgangspunkt von der „Praxis der Inbezugsetzung" (ebd.) des jeweiligen Kleidungsstücks nehmen. Dies impliziert eine ausschließliche Fassbarkeit des Begriffs innerhalb empirischer Zusammenhänge. Der Fokus religionswissenschaftlicher Forschung habe, so Lüddeckens, nicht auf der Materialität religiöser Kleidung zu liegen. Vielmehr seien ihr Untersuchungsgegenstand die sozialen Beziehungen, innerhalb derer diese Kleidung als religiöse aufgefasst werde und die betreffenden Deutungsmuster und Praktiken. Kleidung könne unter dieser Voraussetzung zwar auch als Objekt in den Blick genommen werden, aber immer als etwas, das in seiner Bedeutung sozial konstruiert sei (vgl. ebd.).

Ausgehend von einem solchen Begriffsverständnis wird religiöse Kleidung insbesondere in zwei Verweisungszusammenhängen relevant: einerseits in Bezug auf Prozesse sozialer Grenzziehung (Differenz- bzw. Identitätsproduktion respektive Mechanismen von Inklusion und Exklusion), andererseits hinsichtlich mit Kleidung verbundener religiöser Deutungsmuster – und somit in ihren Bezügen zu einem jeweils (unterstellten) transzendenten Referenzrahmen (vgl. Grigo 2011). In Anlehnung an Geertz' Religionsdefinition gehe ich (wie im folgenden Kapitel dargelegt wird) davon aus, dass religiöse Praktiken sich typischerweise auf transzendente Referenzrahmen beziehen (vgl. auch Kapitel 3.2.1/ 3.2.2).

> Durch Kleidung kann an außerhalb der Interaktion Stehendes angeschlossen werden und dieses damit in die Situation einbezogen werden. Wird Kleidung als religiöse Kleidung erkannt, so ist der Anspruch einer transzendenten Ordnung in der Interaktion anwesend. Dies ist der Fall, weil religiöser Kleidung der Bezug zu einer solchen Ordnung zugeschrieben wird (Lüddeckens 2013: 63).

Religiöse Kleidung verweist also sowohl auf eine soziale wie auf eine transzendente Ordnung. Durch die Kleidungspraxis werden von Seiten der Träger/innen und/oder der Betrachter/innen Bezüge zu „immateriellen Inhalten" (ebd.) hergestellt. Wird eine Kleidung als religiös wahrgenommen, wird eine über die Interaktion hinausgehende „und über sie hinaus Anspruch erhebende Ordnung einbezogen" (ebd.), die die Situation mitbestimmt (vgl. ebd.).

In Bezug auf die soziale Ordnungsfunktion von religiöser Kleidung lässt sich festhalten, dass Religion nicht nur eine gesellschaftlich relevante Kategorie ist, sondern eine „relevante Macht, die aus Subjekten *sujets* (einer Subjektivierungsgröße Unterworfene) werden lässt" (Mecheril und Thomas-Olalde 2011: 36), so kann religiöse Kleidung als Visibilisierung einer allgemeinen Subjektivierungsdimension von Gesellschaften verstanden werden. Durch die Thematisierung und Fokussierung ihrer religiösen (Kleidungs-)Praxen, findet eine „Verobjektivierung und Vergegenständlichung der Anderen als Andere" (ebd.) statt.[13]

13 Mit Mecheril soll an dieser Stelle kritisch darauf hingewiesen werden, dass „das Sprechen über etwas", „das Gesprochene [konstruiert], sowohl in der Alltagspraxis wie im Forschungskontext" (Mecheril und Thoms-Olalde 2011: 27). Forschungsarbeiten sind, unabhängig vom Bemühen der Forschenden um Differenzierung und Dekonstruktion, Teil dieser Konstruktion (ebd.). Dies gilt für alle wissenschaftlichen Zugänge, inklusive meines eigenen in gleicher Weise. Mit Recht lässt sich also die Frage stellen, inwiefern nicht wissenschaftliche Arbeit an und mit religiösen Gruppen selbst religiöses *othering* (vgl. ebd.: 45f) betreibt, und diese somit durch „Essentialisierung, Attribuierung und Repräsentation" erst hervorbringt. Zu überdenken ist also in diesem Zusammenhang die Rolle des Sprechens über Andere (vgl. Mecheril 2003) bei der Konstruktion dieses Anderen. Denn durch die Fokussierung und Thematisierung ihrer religiösen Praxen findet eine Verobjektivierung und Vergegenständlichung des Anderen als Andere statt (vgl. Mecheril und Thomas-Olalde 2011: 36). ‚Religion' ist eine diskursive Semantik, ein Topos, der in globalen und migrationsgesellschaftlichen Zusammenhängen relevant (gemacht) wurde (ebd.: 37). Die ‚Thematisierung' von Religion als ‚identitäres Schicksal' bestimmter Subjekte ist eine dominante Subjektivierungspraxis in der Migrationsgesellschaft, eine Praxis, welche die Grundlage spezifischer Behandlungsformen darstellt, die mit binären und auch rassistischen Zuordnungen einhergehen. „Der Topos Religion ist in diesem Zusammenhang ein weiteres „leeres Signifikant" (Laclau), das ‚Kultur' und schlussendlich ‚Rasse' substituiert oder besser: überlagert und mittels diskursiver Wirkungen als ein effektives und akzeptables Differenzierungsmerkmal erscheint" (Mecheril und Thomas-Olalde 2011: 37).

3.1.2 Kleidung als Praxis

Das ‚Sich-Kleiden' wird im Rahmen dieser Arbeit als *Praxis* verstanden. Mit dem Praxisbegriff möchte ich verdeutlichen, dass ich Kleidungsverhalten weder auf seine rationale, intentionale Handlungsdimension reduzieren will, also rein auf damit verbundene Zweck- oder Wertorientierung, noch auf deren (normative) Strukturiertheit, sondern dass ich beide verbinden möchte. Zugleich kann im Praxisbegriff, in Anlehnung an Pierre Bourdieus auf den Habitus[14] bezogenen „praktischen Sinn", eine kulturelle und eine soziale Dimension in den Topos des Kleidungsverhaltens integriert werden. Praxis ist außerdem immer an Körper gebunden und hat einen Bezug zu Materialität.

Bei Pierre Bourdieu, als prominentestem Vertreter eines praxistheoretischen Zugangs, beruht das Prinzip der Praxis „auf dem Zusammenspiel der in Gestalt von Strukturen und Mechanismen [...] dinglich objektivierten Geschichte und der in Gestalt des Habitus[15] den Körpern einverleibten Geschichte" (Bourdieu 2001: 193, vgl. Bourdieu und Wacquant 1996: 160). Die Praxis ist also das Produkt habitueller Strukturen und Bewertungen bezüglich objektiver Strukturen im Feld. Sie ist nicht „durch generative Schemata, sondern durch die Relation zwischen Habitus und Situation bestimmt" (Schwingel 1993: 50). Der Habitusbegriff bezeichnet dabei durch Sozialisation und Erfahrung erzeugte inkorporierte Denk-, Wahrnehmungs-, Bewertungs-, und Handlungsdispositionen sozialer Akteur/innen. Er bezeichnet das inkorporierte Soziale und soll darauf verweisen, dass unserem Handeln nicht nur rationale Berechnung zugrunde liegt, sondern öfter noch der praktische Sinn (vgl. Bourdieu 2001: 82). Praxis kann also nicht voraussetzungslos geschehen, sondern unterliegt in zweifacher Weise der ‚Sozia-

14 Der Habitus ist dabei nicht als etwas Statisches zu verstehen, sondern als etwas Erworbenes und sich Wandelndes. In Abhängigkeit von neuen Erfahrungen ändert sich der Habitus fortlaufend (vgl. Bourdieu 2001: 126, 207). Die sozialen Felder wandeln sich gemäß Bourdieu permanent, und die so entstehenden Anwendungsbedingungen sind gleichzeitig auch immer als Entstehungsbedingungen zu verstehen, die den Habitus prägen. Der Habitus führt also „nicht einfach in bestimmter Weise zu einem bestimmten Handeln" (Bourdieu 2001: 191), sondern ist Grundlage für Kreativität und Improvisation (vgl. ebd. 1979: 169f., Bourdieu und Wacquant 1996: 154). „Ein und derselbe Habitus [verleitet] je nach Zustand des Feldes zu höchst unterschiedlichen Praktiken und Stellungnahmen" (ebd. 1989: 406).

15 Zur Entstehung des Habituskonzepts in Bourdieus Werk: siehe Krais und Gebauer (2002).

lität'. Zum einen ist sie eingelassen in soziale Strukturen[16] und ist somit von objektiven sozialen Bedingungen beeinflusst und beeinflusst diese wiederum selbst. Zum andern handeln Akteur/innen auf der Grundlage *inkorporierter* kultureller Codes und symbolischer Wissensbestände (vgl. Moebius 2011) oder, mit Bourdieu, eines im Habitus verankerten „praktischen Sinns", der ihnen ein Gefühl dafür vermittelt, was in variierenden Situationen und sozialen Kontexten als richtig, angemessen, schön oder logisch erscheint.

Praxis ist somit weder ausschließlich dem rationalen, individuellen Handeln des Subjekts zuzuordnen noch als „systemerhaltende Kraft" (vgl. Hörning und Reuter 2004: 13) oder als „folgsamer Vollzug von Regeln und Normen" (Fuchs-Heinritz und König 2005: 113) aus den objektiven Strukturen heraus zu erklären. Vielmehr ist Praxis als „Scharnier" zwischen dem Subjekt und den Strukturen angelegt und somit von zweck- und normorientierten Handlungstheorien gleichermaßen abzugrenzen (vgl. Hörning und Reuter 2004: 13). In der Praxis sind Erfahrungen, Erkenntnisse und Wissen eingelagert, die aber von den Akteur/innen, gemäß aktuellen situativen Anforderungen immer wieder neu zum Einsatz gebracht und aktiviert werden. Auch in einem praxisorientierten Verständnis enthält Handeln Elemente der Intentionalität und operiert ebenso mit normativen Kriterien und symbolischen Schemata. Intentionalität, Normativität und Schemata erhalten aber einen anderen Stellenwert, wenn Handeln im Rahmen von Praktiken zuallererst als Aktivität begriffen wird, in der ein praktisches Wissen,[17] ein

---

16 Pierre Bourdieu begreift diese vor allem in ihrer Relationalität und fasst sie mit dem Begriff des Feldes. Sein Feldbegriff (alternativ auch als Kräftefeld, sozialer Raum oder Handlungsraum bezeichnet) bildet das „Pendant zum Habitusbegriff: Den Dispositionen korrespondieren im sozialen Feld wirkende objektivierte dingliche und strukturelle Bedingungen. Sie setzen den Individuen Grenzen und geben ihnen Möglichkeiten vor" (Fuchs-Heinritz und König 2005: 139-140). Bourdieu und Wacquant bezeichnen ein Feld als ein „Ensemble objektiver historischer Relationen zwischen Positionen, die auf bestimmten Formen von Macht (oder Kapital) beruhen ..." (Bourdieu und Wacquant 1996: 36).

17 Das ‚praktische Wissen', das in einer sozialen Praktik mobilisiert wird, umfasst dabei gemäß Reckwitz verschiedene Elemente: „ein Wissen im Sinne eines interpretativen Verstehens, d.h. einer routinemäßigen Zuschreibung von Bedeutungen zu Gegenständen, Personen, abstrakten Entitäten, dem eigenen Selbst etc.; ein i.e.S. methodisches Wissen, d.h. script-förmige Prozeduren, wie man eine Reihe von Handlungen ‚kompetent' hervorbringt; schließlich das, was man als ein motivational-emotionales Wissen bezeichnen kann, d.h. ein impliziter Sinn dafür, ‚was man eigentlich will', ‚worum es einem geht' und was ‚undenkbar' wäre" (Reckwitz 2003: 292).

Können im Sinne eines *know how* und eines praktischen Verstehens zum Einsatz kommt" (ebd.: 292). Wissen wird in diesem Zusammenhang also nicht nur als kognitives Wissen, sondern auch als verkörpertes, praktisches Wissen verstanden.

Eine praxisorientierte Begrifflichkeit erlaubt es also, die Erzeugungsmodi von Kleidungspraxis jenseits von objektivistischer respektive subjektivistischer Verengung zu konzipieren, indem die beiden Perspektiven integriert und überschritten werden. Kleidungspraxis kann dabei „als individualistische Strategie oder als gesellschaftliche Routine, als bewusste oder als mechanische Aktion, als selbständige Interpretation oder als Regelerfüllung erscheinen" (Hörning und Reuter 2004: 14). In jedem Fall aber ist sie letztlich in Abhängigkeit von objektiven sozialen Strukturen und habituellen Dispositionen, als dem „inkorporierten Sozialen" zu verstehen, die den Möglichkeitsrahmen der Praktiken vorgeben beziehungsweise beschränken, innerhalb dessen sich die bewussten Entscheidungen und Intentionen der Akteur/innen manifestieren.

Praktiken entstehen dabei nicht zufällig, sondern sind „in der Relation von inkorporierter und objektivierter Sozialität konstitutiv mit [...] Sinn" (Hillebrandt 2009b: 383) und (Be)deutung verbunden. „Soziale Praxis ist immer schon mit Bewertungen, mit Interpretationen, Selbst- und Fremddeutungen verknüpft, auch wenn diese eher unbemerkt und unreflektiert ‚mitlaufen'" (Hörning und Reuter 2004:11) und somit mit „vermachteter Praxis". Die Art, wie Menschen sich (religiös) kleiden, wird in dieser Perspektive u. a. zu einer Frage nach der kulturellen Bedingtheit sozialer Praxis. Durch kulturelle Praktiken werden Macht und Ungleichheit repräsentiert und verwirklicht (vgl. ebd.). Kulturelle Praktiken können also als symbolische Formen der Reproduktion von Ungleichheitsstrukturen verstanden werden und strukturieren dadurch den sozialen Raum.[18]

3.2 RELIGION

Eine abschließende Definition von Religion zu finden, ist bekanntlich ein ausweglose Unterfangen.[19] Abgesehen von der Vielfalt (möglicher) religiöser Aus-

18 Es muss hier angemerkt werden, dass kulturelle Praktiken nicht zwingend immer soziale Ungleichheit hervorrufen (wie dies beispielsweise bei Bourdieu suggeriert wird; vgl. Hillebrandt 2008), sondern, dass durchaus auch egalitäre bzw. horizontale Formen von Unterscheidung möglich sind.

19 Der Umstand, dass mit jeder Religionsdefinition zwar gewisse Anschlussfragen ermöglicht werden, andere aber gezwungenermaßen ausgeschlossen werden müssen,

prägungen, die nur schwer unter eine Definition zu fassen sind, ohne dass der Begriff sämtliche Konturen verlieren würde, kommt erschwerend hinzu, dass auch das mit diesem Begriff Bezeichnete, (die *Religionen*) einem steten Wandel unterliegt. Folgt man Peter Berger, so können Definitionen grundsätzlich weder wahr noch falsch, sondern lediglich mehr oder weniger nützlich sein (vgl. Berger 1990: 175). Sie sind nicht als Spiegel der Realität zu verstehen, sondern als Werkzeuge, um die Realität im Hinblick auf ein bestimmtes Ziel oder einen bestimmten Forschungsfokus zu fassen (vgl. ebd.: 175). Der Begriff Religion ist, wie der Religionshistoriker Jonathan Z. Smith (Bezug nehmend auf James Leuba, 1912) kritisch bemerkte:

> [...] not a native term: it is a term created by scholars for their intellectual purposes and therefore is theirs to define. It is a second-order, generic concept that plays the same role in establishing a disciplinary horizon that a concept such as ‚language‘ plays in linguistics or ‚culture‘ plays in anthropology. There can be no disciplined study of religion without such a horizon (Smith 1998: 270).

Das Zitat sensibilisiert einerseits für die akademische (und zweckgebundene) Konstruiertheit des Begriffs. Andererseits kann daraus die Forderung abgeleitet werden, sich trotz erwartbarer Schwierigkeiten um eine begriffliche Annäherung an ‚Religion‘ zu bemühen und dabei analytisch zwischen objekt- und metasprachlichen Zugängen, also zwischen emischen Religionskonzepten und ethi-

---

bewog verschiedene Religionstheoretiker zu der Empfehlung, gänzlich auf den Begriff ‚Religion‘ zu verzichten, statt weiterhin sehr unterschiedliche Gegebenheiten mit ihm fassen zu wollen (vgl. Smith 1962). Neuere Kritiker des Religionsbegriffs (wie Fitzgerald oder McCutcheon) vermuteten, dass der Begriff weniger als analytische Kategorie zum Einsatz gekommen sei, um bestimmte ähnliche Strukturen als Religionen erkennen zu können, sondern namentlich im Zusammenhang mit kolonialen Machtdiskursen, erst zu deren Erfindung als vermeintliche Einheiten geführt hätten (z.B. des „Buddhismus“ oder des „Hinduismus“). Genannte Autoren schlugen deshalb vor, statt „Religion“ zu verwenden auf klarer definierbare Ausdrücke wie „Ritualgemeinschaft“, „Wertesystem“ oder „Ideologie“ auszuweichen. Ob dadurch das Problem überwunden wird, muss bezweifelt werden. Die Vermutung liegt nahe, dass das Problem bestehen bleibt und lediglich auf andere Begriffe übertragen wird (vgl. Benson 2008).

scher Begriffsbestimmung zu unterscheiden, bzw. dieses Verhältnis zu reflektieren.[20]

Im Rahmen der religionswissenschaftlichen (religionssoziologischen) Problematisierung des Begriffs wird gemeinhin zwischen funktionalen und substanziellen Definitionen differenziert (vgl. Pollack 1995). Erstere fragen nach den spezifischen Funktionen der Religion für Individuen oder Kollektive wie beispielsweise Ordnungsfunktionen in der Gesellschaft, psychische Stabilisierung von Individuen oder Kontingenzbewältigung (vgl. Luhmann 1989, Lübbe 1998). Rein funktionale Definitionen eignen sich aufgrund von Abgrenzungsproblemen zu anderen gesellschaftlichen Bereichen nur bedingt für empirische Zugänge.[21] Substanzielle Religionsdefinitionen halten dagegen an universalen, inhaltlichen Konzepten fest und versuchen, charakteristische *Wesensmerkmale* von Religion zu bestimmen. Als wesentliches Problem substanzieller Begriffsbestimmungen für empirische Studien gilt, dass durch die inhaltliche Engführung eine transkulturelle Übertragbarkeit unterlaufen wird.[22] Um seine heuristischen Zwecke zu erfüllen, sollte ein Religionskonzept möglichst „von einem transparent gemachten Erkenntnisinteresse begleitet werden" (Schlieter 2009: 23). Daraus ergeben sich je unterschiedliche Anforderungen an eine Begriffsbestimmung.

Für eine empirisch angelegte Forschungsarbeit, die sich u. a. mit individuellen Perspektiven und (vestimentären) Praktiken von Angehörigen unterschiedlicher religiöser Traditionen befasst, können zunächst folgende zu berücksichtigende Kriterien abgeleitet werden: a) empirische Operationalisierbarkeit, b) Sensibilität für emische Perspektiven (wobei das Verhältnis von metasprachlicher Bestimmung und Alltagsverständnis reflektiert werden sollte (vgl. Kollmar-Paulenz 2009), c) transkulturelle Anwendbarkeit, d.h. Offenheit für (kulturelle respektive religiöse) Vielfalt und Vermeidung essentialisierender, eurozentrischer Zugänge, d) eine ausreichende Eingrenzung des Konzepts, um eine Ab-

---

20 Letzteres ist unter anderem methodologisch gesehen bedeutsam, um sich als Forscher/in eigener impliziter Vorstellungen bewusst werden und diese kontrollieren zu können.

21 So schreibt etwa Jens Schlieter: „Mit der Angabe der Funktion, die Religion in einer Gesellschaft (möglicherweise exklusiv) übernehme, ist nur wenig ausgesagt: insbesondere die Überlappungsbereiche, in denen Religion in andere gesellschaftliche ‚Systeme' hineinreicht, bleiben bei der Definition im Dunkeln" (Schlieter 2009: 25).

22 „Das Problem der substanziellen Religionsdefinitionen [ist], dass sie letztlich an einem bestimmten, zumeist westlichen, christlichen bzw. kirchlichen Konzept von Religion orientiert sind, das sich nur bedingt auf nicht-westliche, nicht-christliche oder nicht-kirchliche Zusammenhänge anwenden lässt" (Bochinger 2009: 4).

grenzung zu anderen gesellschaftlichen Systemen zu gewährleisten, e) eine gewisse Flexibilität, die es erlaubt „das Set von Kriterien an ein gegebenes Forschungsfeld anzupassen“ (Schlieter 2009: 24) und f) die Möglichkeit einer (nicht-essentialisierenden) Thematisierung von Transzendenzbezügen (um Offenheit für mögliche Bedeutungen der religiösen Kleidung über deren soziale und psychologische Funktionen hinaus zu gewährleisten).

Da Religion nicht abschließend definiert werden kann und dem jeweiligen Forschungszusammenhang angepasst werden muss, werde ich eine Perspektive formulieren, die in pragmatischer Weise Aspekte bestehender Zugänge aufnimmt und diese im Hinblick auf meine Arbeit kritisch reflektiert.

3.2.1 Religion bei Clifford Geertz

Mit Clifford Geertz' viel zitierter Religionsdefinition greife ich einen Vorschlag auf, der mir in seiner zentralen These für meine Arbeit als nützlich erscheint, der aber dennoch nicht kritiklos übernommen werden darf. Geertz bemüht sich, im Anschluss an Parsons und Shils um eine „kulturelle Dimension der Erforschung von Religion“ (Geertz 1997: 46). Sein Kulturbegriff ist dabei ein bedeutungsbezogener: „Ich meine mit Max Weber, dass der Mensch ein Wesen ist, das in selbstgesponnene Bedeutungsgewebe verstrickt ist, wobei ich Kultur als dieses Gewebe ansehe“[23] (Geertz 1997: 9). Religion versteht er als:

> [...] ein Symbolsystem,[24] das darauf zielt, starke, umfassende und dauerhafte Stimmungen und Motivationen in den Menschen zu schaffen, indem es Vorstellungen einer allgemeinen Seinsordnung formuliert und diese Vorstellungen mit einer solchen Aura von Faktizität umgibt, dass die Stimmungen und Motivationen völlig der Wirklichkeit zu entsprechen scheinen (Geertz 1997: 48).

Gemäß Geertz machen religiöse Vorstellungen und Praktiken die sittlichen Lebensgrundsätze (das Ethos), die er als eine Grundlage des Wollens und Handelns

---

23 An anderer Stelle präzisiert er sein Verständnis von Kultur als: „[...] ein historisch überliefertes System von Bedeutungen, die in symbolischer Gestalt auftreten, ein System überkommener Vorstellungen, die sich in symbolischen Formen ausdrücken, ein System, mit dessen Hilfe die Menschen ihr Wissen vom Leben und ihre Einstellung zum Leben mitteilen, erhalten und weiterentwickeln“ (Geertz 1997: 46).

24 Unter Symbol versteht er dabei: „[...] alle Gegenstände, Handlungen, Ereignisse, Eigenschaften oder Beziehungen, die Ausdrucksmittel einer Vorstellung sind, wobei diese Vorstellung die Bedeutung des Symbols ist“ (Geertz 1997: 49).

von Individuen oder Gruppen begreift, zu etwas verstandesgemäß Glaubwürdigem. Dies geschieht, indem die jeweiligen religiösen Vorstellungen und Praktiken das Ethos einer Gruppe als Ausdruck einer Lebensform darstellen, die jenen tatsächlichen Gegebenheiten entspricht, wie sie die entsprechende Weltauffassung impliziert (ebd.: 47).

Diese wechselseitige Bekräftigung von Lebensform und Weltbild bewirkt schließlich eine Objektivierung ästhetischer und moralischer Präferenzen, die als *common sense* bzw. als notwendige Lebensbedingung erscheinen. Indem auf tief verwurzelte moralische und ästhetische Empfindungen verwiesen wird, die als empirischer Beleg für die Gültigkeit dieser Empfindungen angeführt werden, wird die tradierte Weltauffassung bekräftigt (vgl. ebd.). Somit unterstützen sich Lebensstil und Metaphysik gegenseitig und erzeugen dadurch Plausibilität und intellektuelle Gültigkeit (ebd.: 48). Die soziale und psychologische Rolle von Religion basiert gemäß Geertz u. a. darauf, „inwieweit die religiösen Vorstellungen vom ‚wirklich Wirklichen' und die dadurch erweckten Dispositionen die Auffassung vom Vernünftigen, Praktischen, Humanen und Moralischen beeinflussen können" (ebd.: 93).

Religion ist in Geertz' Verständnis zugleich „Modell *von…*" und „Modell *für…*" die Welt. Gerade dieser Aspekt der wechselseitigen Beziehung von Lebensform und Weltbild (und die damit verbundenen reziproken Plausibilisierungsmechanismen von Praktiken, Vorstellungen und Moral) erscheint mir für die vorliegende Untersuchung hilfreich, da sie eine theoretische Grundlage bilden, auf der religiöse Kleidungspraxis und die jeweils zugrundeliegenden Motivationen und Beweggründe in ihren emotionalen, kognitiven, ästhetischen, ethischen und metaphysischen Bezügen thematisiert werden können.

3.2.2 Kritische Reflexion

Geertz gründet seine Definition auf eine (vorgestellte) metaphysische Dimension „das innere Wesen der Wirklichkeit", die „transzendente Wahrheit", oder die Verortung in einem „kosmischen Rahmen" (vgl. ebd.: 58-59). Diese Fokussierung metaphysischer Bedeutungen als eines der zentralen definitorischen Merkmale von Religion bot wiederholt Anlass zu Kritik aus verschiedensten theoretischen Lagern.[25] „Since the sixties, a variety of movements have arisen that criticize the assumption that symbolic systems can reach outside themselves to con-

25 Schilbrack nennt u. a. „Kantians, phenomenologists, deconstructivists, neopragmatists, and critical theorists" (Schilbrack 2005: 434), die metaphysische Zugänge strikt ablehnten.

nect to the world" (Schilbrack 2005: 434). Der Bezug auf transzendente Referenzrahmen in der (sozial- und kulturwissenschaftlichen) Religionsforschung wird verschiedentlich als nicht intelligibel, altmodisch oder naiv abgelehnt und stattdessen eine Beschränkung auf deren sozial-(strukturelle) und psychologische Funktionen gefordert. Zu Geertz' prominentesten Kritikern zählt Talal Asad. Er wirft Geertz u. a. vor, mit einem unhaltbar universalistischen Begriff von Religion zu operieren, der selbst das Produkt post-aufklärerischer diskursiver Praktiken sei und spezifische christlich-theologische Interessen reflektiere (vgl. Asad 1993):

> My argument is that there cannot be a universal definition of religion, not only because its constituent elements and relationships are historically specific, but because that definition is itself the historical product of discursive processes (Asad 1993: 29).

Im Hinblick auf die Forderung nach einem reflexiven und kontextuellen Religionsbegriff (vgl. Bergmann 2008) und die Feststellung, dass Definitionen generell historische Produkte diskursiver Prozesse sind, ist Asad beizupflichten.[26] Mit Kevin Schilbrack teile ich aber die Meinung, dass Geertz' Prämisse, religiöse Praktiken würden sich typischerweise auf transzendente Referenzrahmen beziehen, als analytisches Werkzeug in einem konkreten empirischen Untersuchungszusammenhang weiterhin nützlich sein kann (vgl. Schilbrack 2002, 2004, 2005).

Ein weiterer Kritikpunkt, den ich aufgreifen möchte, ist Asads Vorwurf, Geertz verorte Religion im Inneren des Menschen als *mentalen Zustand* (Asad 1993: 125-126). Dieser Behauptung möchte ich widersprechen und darauf hinweisen, dass Geertz sich wiederholt explizit von einem kognitivistischen, individualistischen Kulturverständnis distanzierte. Vielmehr ist Geertz das Bemühen anzurechnen, Bedeutung auch außerhalb des Individuums zu anzusiedeln. „The main source of theoretical muddlement in contemporary anthropology is the cognitivist fallacy that culture consists of mental phenomena" (Geertz 1973: 11).

---

26 Allerdings sollte hier berücksichtigt werden, dass Geertz seinen Religionsbegriff aus dem Kontext seiner Feldforschungen entwickelte und ihn nicht (zumindest nicht explizit) zum Teil eines epistemologischen Paradigmas über Religion als Solche macht (vgl. Bergmann 2008). Asads Universalismus-Kritik an Geerts kann außerdem in einem Widerspruch zu Geertz explizitem Eintreten für Interpretation im Gegensatz zu Erklärung, im Zusammenhang mit seiner generellen Priorisierung des Partikulären gegenüber dem Generellen gesehen werden (vgl. Segal 1999: 65). Geertz selbst intendiert also, nach meinem Verständnis, keineswegs einen universellen Klärungsanspruch in Bezug auf das Wesen von Religion.

Dagegen insistiert er, Kultur residiere nicht in den Köpfen Einzelner, sondern im Intersubjektiven.[27]

So far as culture patterns, that is, systems or complexes of symbols are concerned, the generic trait which is of the first importance for us here is that they are extrinsic sources of information. By extrinsic I mean only that – unlike genes, for example – they lie outside the boundaries of the individual organism as such in that intersubjective world of common understanding into which all human individuals are borne, in which they pursue their separate careers, and which they leave persisting behind them after they die (Geertz 1973: 92).

Religion als kulturelles System ist also in Geertz' Ansatz im *Zwischenraum* von Innerem und Äußerem, zwischen Gesellschaft, Kultur und Individuum zu verorten. Dabei bezieht er sich, und dem möchte ich mich anschließen, nicht nur auf kognitive, sondern ebenso auf ethische, praktische, emotionale und ästhetische Dimensionen des Religiösen. Dies erhöht die Attraktivität seiner Herangehensweise für meine Arbeit, ebenso wie der Ansatz, Bedeutung nicht (nur) als individuelle Produktion, sondern intersubjektiv zu verstehen.[28]

Aus einer genealogischen Perspektive kritisiert Asad, Geertz würde die den Religion(en) innewohnenden Machtkonfigurationen bzw. den Aspekt der Macht als Konstrukteur von Symbol, Ritus und Wahrheit (vgl. Asad 1993) vernachlässigen.[29] Geertz ist der interpretativen Sozialwissenschaft zuzuordnen, in der Bedeutung als kultureller Prozess – zwar über-individuell konstituiert, aber von deren sozialen und psychologischen Ursachen und Funktionen unterschieden wird. Sozial-strukturierende, machttheoretische und psychologische Aspekte spielen dabei eine untergeordnete Rolle. Geertz selbst plädiert für einen zweistufigen Interpretationsprozess. Zunächst solle dabei eine Analyse der Bedeutungssysteme,

27 Vergleiche dazu Geertz' bekanntes ‚Augenzwinkern-Beispiel': „Culture is public, because meaning is. You can't wink (or burlesque one) without knowing what counts [publicly] as winking or how, physically, to contract your eyelids" (Geertz 1973: 12).

28 Methodologisch stellt er damit eine wichtige theoretische Grundlage zur Verfügung, die die Arbeit mit Einzelfallstudien rechtfertigt. Die theoretisch-methodologische Einbettung subjektiver Deutungen in Prozesse intersubjektiver Bedeutungsproduktion erlaubt es auf der Ebene der Generalisierbarkeit, zu einem gewissen Grad, über die einzelnen Fallbeispiele hinaus Aussagen zu machen.

29 Außerdem bemängelt er die Begriffe der „Stimmungen" und „Motivation", die nach Asad keine eindeutigen Determinanten für ein religiöses Symbol darstellen (vgl. Asad 1993).

die sich in den Symbolen verkörpern, erfolgen, welche seiner Ansicht nach ethische und metaphysische Weltsichten offenlegen. Als zweiter Schritt, also erst, nachdem die Bedeutungen herausgeschält worden sind, sollen diese Systeme mit sozial-strukturellen und psychologischen Prozessen in Beziehung gesetzt werden (vgl. Geertz 1973: 125). Wie sich in Geertz' Arbeiten zeigt, wurde aber diese Forderung nach dem zweiten Schritt nicht – oder jedenfalls nicht konsequent – eingelöst (vgl. dazu auch Schilbrack 2005). Asad sieht das grundlegende Problem gerade in der konzeptuellen Trennung von Kultur und sozialen (und psychologischen) Implikationen:[30]

> The basic problem, however, is not, with the idea of mirror images as such, but with the assumption that there are two separate levels – the cultural on the one side (consisting of symbols) and the social and psychological, on the other – which interact. This resort to Parsonian theory creates a logical space for defining the essence of religion. By adopting it, Geertz moves away from a notion of symbols that are intrinsic to signifying and organizing practices, and back to a notion of symbols as meaning-carrying objects external to social conditions and states of the self („social and psychological reality") (Asad 1993: 118).

Kritisch zu hinterfragen ist in diesem Zusammenhang also auch Geertz' Symbolverständnis[31], das Symbole lediglich als Träger von Bedeutung und nicht im Zusammenhang mit sozialen Bedingungen, Ursachen und Wirkungen konzipiert.[32] In den Augen Asads negiert ein solches Modell soziale, kulturelle und religiöse Transformationsprozesse und verschließt sich der Symbolproduktion in-

30 „The two stages that Geertz proposes are, I would suggest, one. Religious symbols – whether one thinks of them in terms of communication, or of cognition, of guiding action or of expressing emotion – cannot be understood independently of their historical relations with nonreligious symbols of their articulations in and of social life, in which work and power are always crucial. […] It is that different kinds of practice and discourse are intrinsic to the field in which religious representations (like any representation) acquire their identity and their truthfulness" (Asad 1993: 129).

31 Asad bemängelt generell die Inkonsequenzen in der Terminologie von Geertz' Symboldefinition und dessen Nutzung, insbesondere was die Ambivalenz der Ex- und Intrinsität der Symbole betrifft (vgl. Asad 1993: 123).

32 Asad geht davon aus „that a symbol is not an object or event that serves to carry a meaning but a set of relationships between objects or events uniquely brought together as complexes or as concepts, having at once an intellectual, instrumental, and an emotional significance" (Asad 1993: 31).

härenten machtrelevanten bzw. (sozial-)strukturierenden Qualität. Er sieht darin ein statisches Modell.[33] Diese Einschätzung teilen auch andere Autoren:

33 In diesen Diskussionen widerspiegeln sich unterschiedliche metatheoretische Positionen bezüglich des Stellenwerts von Struktur respektive von (inter-)subjektiven Interpretationsleistungen im Hinblick auf eine Konzeptualisierung von Kultur. In (post-) strukturalistischen Positionen wird die Ansicht vertreten, klassisch-moderne Ansätze hätten das Subjekt (verstanden als autonomen, bedeutungsstiftenden Akteur) regelmäßig überschätzt. Dem wird eine Minimierung des Subjekts entgegengestellt, welches nur noch als Produkt oder ‚Vollstrecker' kultureller Strukturen in Erscheinung tritt. Die Auffassung von Kultur als Konstellation symbolischer Strukturen ist mit einer Neuausrichtung des Machtbegriffs verbunden (vgl. Reckwitz 2004). Diese existiert nicht außerhalb der Kultur, sondern die symbolischen Codes werden in dieser Tradition als Ort aufgefasst, „an dem Macht ihre subtilste Wirkung entfalten kann" (ebd. 2004: 23). Die symbolischen Codes beschränken einerseits das Sagbare, Denkbare, Wünschbare. Andererseits bringt die Macht symbolischer Codes auch bestimmte Denk-, Wahrnehmungs-, und Handlungsweisen hervor und ist somit auch produktiv. Die phänomenologisch-hermeneutische ‚interpretative' Tradition fokussiert in ihrem Verständnis von Kultur (als symbolische Ordnungen) die Verstehensleistungen der Subjekte (vgl. Reckwitz 2004). „Kultur ist hier etwas, was allein in den Zuschreibungen von Sinn und Bedeutungen durch Subjekte in bestimmten Situationen gegenüber bestimmten Gegenständen existieren kann" (ebd.: 23). In diesem Verständnis ist Sinn immer als intentional, als Sinn ‚von etwas' zu verstehen, mit dem Subjekte sich die Welt verstehbar und handhabbar machen. Im interpretativen Paradigma wird folglich der situative und intersubjektive Charakter von Sinnzuschreibungen hervorgehoben. Interpretation wird als Ergebnis von Bedeutungsaushandlungen (in mehrdeutigen Situationen oder zwischen mehreren Akteur/innen) verstanden. Das interpretative Kulturverständnis vertritt die Meinung, die klassisch-modernen Theorien hätten den Status des Subjekts nicht über-, sondern, im Gegenteil, unterschätzt und arbeitet auf eine „Rehabilitierung subjektiver Verstehensleistungen als unhintergehbarer Hintergrund allen Handelns" (Reckwitz 2004: 24) hin. Indem der Stellenwert interpretierender Akteur/innen gegenüber übersubjektiven Strukturen hervorgestrichen wird, werden auch Bedeutungsinstabilitäten und situative Transformationsmöglichkeiten der Kulturen sichtbar (vgl. Reckwitz 2004). Es erscheint mir wichtig, auf ein Verständnis von Kultur hinzuarbeiten, das diesen vermeintlichen Antagonismus überwindet. Ich möchte der Arbeit ein bedeutungsorientiertes Kulturverständnis zugrunde legen, das dessen Konstruiertheit, Kontingenz und Interessengeleitetheit ebenso berücksichtigt wie symbolische Ordnungsstrukturen, die Sinnoptionen einschränken und mit sozialen Ordnungen verwoben sind. ‚Kultur' soll dabei weder auf eine unveränderliche und

> [Geertz] interpretative theory ends up essentially denying the material, coercive side of the state, claiming that it is primarily a system of symbols'. The same is true of his interpretative theory of religion: Geertz largely ignores religion's social or material aspects, treating it as a template that shapes people's lives but not vice versa. As others have complained, this leads to a static view of culture (Schilbrack 2005: 440).

Geertz' apolitische Interpretation von Kultur kritisierte schon Keesing 1987 indem er dem interpretativen Ansatz vorwarf, einer konfliktfreien, herrschaftsfreien Sicht von Kultur Vorschub zu leisten. Wer in einer Kultur Wissen kontrolliere und wessen Interpretationen sich durchsetzten, sei unter anderem eine Frage der Macht (vgl. Keesing 1987). Die Forderung, soziale und ‚materiale' sowie machttheoretische Aspekte in die Religionsforschung zu integrieren, erscheinen mir berechtigt. In dieser Arbeit werden individuelle Bedeutungszuschreibungen und Sinnkonstruktionen in Bezug auf religiöse Kleidung untersucht und der Versuch unternommen, diese in ihren sozial-strukturellen Zusammenhängen zu verorten.

3.2.3 Religiosität und ‚mehrdimensionale Ergänzungen'

Es wird davon ausgegangen, dass Subjekte Religion gemäß ihren Erfahrungen und Bedürfnissen subjektiv (um-)deuten und aneignen und auf diese Weise „zur unterschiedlich relevanten ‚Privatangelegenheit' machen" (Mecheril und Thomas-Olalde 2011: 39). In einer solchen Perspektive wird „das Subjekt zum Erkenntnis strukturierenden Zentrum, von dem aus nicht mehr von ‚Religion' sondern nunmehr von ‚Religiosität' gesprochen werden kann" (ebd.)

Für die empirische Untersuchung der individuellen Aneignungen religiöser Symbolsysteme, insbesondere aber auch im Hinblick auf die konkrete Frage, wie die spezifische Kleidungspraxis vor dem Hintergrund der eigenen religiösen Orientierung (bzw. der subjektiven Religiosität) der Akteur/innen thematisiert wird, erweist sich die Operationalisierbarkeit von Geertz' Ansatz heuristisch gesehen, als unzureichend. Geertz' Verständnis von „Kultur als Text" erlaubt zwar eine Konzeptualisierung von Kultur bzw. Religion als intersubjektive Wissensordnungen und bietet in verschiedener Hinsicht einen passenden theoretischen Hintergrund, insbesondere auch, was die angesprochenen wechselseitigen Plausibilisierungsmechanismen von Praktiken und Vorstellungen anbelangt. Bei Geertz' Symbolsystem „fällt [allerdings] unter den Tisch, dass Religion auch eine persönliche, individuelle Seite hat" (Bochinger 2009: 6). Es stellt sich also die Fra-

---

unausweichliche ‚prägende Schablone' reduziert, noch ausschließlich in autonomer/individueller Bedeutungsstiftung verortet werden.

ge, wie, bzw. auf welcher(n) Ebene(n) ein Symbolsystem jeweils von Seiten der Individuen angeeignet wird. Im bisherigen Teil dieses Kapitels ging es im weitesten Sinn darum, darzulegen, was im Rahmen dieser Arbeit unter Religion verstanden wird. Im Folgenden geht es um die Frage, wie sie in der empirischen Wirklichkeit zu finden ist, bzw. auf welchen Ebenen sie ihren Ausdruck findet.

Um mögliche Ebenen zu identifizieren, erwies es sich heuristisch als sinnvoll, ergänzend zu Geertz bedeutungsorientiertem Ansatz ein mehrdimensionales Verständnis von ‚Religiosität'[34] heranzuziehen. Dies geschah im vorliegenden Projekt in Anlehnung an die Religionsdefinitionen von Ninian Smart (1973) und Franz-Xaver Kaufmann (1989: 70-88) als heuristische Hilfsmittel. Dabei wurde in der Phase der Datenauswertung, unter Rückgriff auf die (genannten) bestehenden polythetischen Modelle, ein System verschiedener Dimensionen von Religiosität entwickelt, welches jeweils der Analyse der Beziehung zwischen spezifischer Kleidungspraxis und eigener religiöser Orientierung der Akteur/innen zugrunde gelegt wurde.[35]

Ninian Smart bezieht sich auf die Sprachphilosophie Wittgensteins und versucht den Begriff Religion, als einen Gegenstand zu verstehen, der nicht durch einen gemeinsamen Wesenskern zu definieren ist, sondern durch komplexe, ineinandergreifende und sich überlappende Familienähnlichkeiten bestimmt wird (vgl. Smart 1973: 8). Smart entwickelte im Anschluss an Charles Y. Glock[36] folgende sechs Dimensionen, die es seiner Meinung nach erlaubten, von Religion zu sprechen, wenn diese gleichzeitig auftreten und zudem in mehrfacher Weise aufeinander bezogen seien: 1) Lehren/Dogmen (d.h. Gesamtdeutung von Welt und Mensch), 2) Mythen, 3) ethische Überzeugungen bzw. Glaubensvorstellungen, 4) Rituale, 5) soziale Interaktionen und Institutionen und zuletzt 6) religiöse Erfahrungen (ebd.). Später fügte er eine siebte, „materiale" Dimension hinzu

34 Christoph Bochinger plädiert dafür, Religion als Oberbegriff zu handeln und diesem die Begriffe ‚Religiosität' (als die subjektive Seite von ‚Religion') und ‚religiöses Symbolsystem' (als deren „objektive, kollektive Seite") unterzuordnen (Bochinger 2009: 6).

35 Dies geschah mittels einer Verschränkung von induktiver und deduktiver Vorgehensweise, als zyklischer Prozess von Datenauswertung und theoretischer Reflexion. Die identifizierten Ebenen (Dimensionen), auf denen sich individuelle Religiosität ausdrückt, erwiesen sich für das vorliegende Projekt als hilfreich, was nicht heißen soll, dass prinzipiell nicht auch andere hätten gefunden werden können.

36 Glock begriff Religiosität als mehrdimensionales Phänomen und unterschied als Merkmalskategorien eine intellektuelle, ideologische, erfahrungsbezogene, rituelle und ethische Dimension von Religiosität (vgl. Glock 1962).

(vgl. Smart 1996: 275). Im Gegensatz zu Smarts deskriptiven Dimensionen fokussiert der Religionssoziologe Franz-Xaver Kaufmann in seinem mehrdimensionalen Religionsverständnis verstärkt funktionale Aspekte. Als wichtigste Funktionen von Religionen arbeitete er die Dimensionen: 1) Identitätskonstitution (Affektbindung und Angstbewältigung), 2) Handlungsführung im Außeralltäglichen, 3) Kontingenzbewältigung, 4) Legitimation von Gemeinschaftsbildung und Sozialintegration, 5) Kosmisierung (einheitliche Deutungsprinzipien von Mensch und Welt) und 6) Weltdistanzierung (d.h. Motivation zu sozialreformerischem Protest) heraus.

Die beschriebenen Modelle und ihre entsprechenden Dimensionen von Religiosität wurden dabei, wie bereits erwähnt, *nicht eins-zu-eins* auf das vorliegende Projekt übertragen, sondern dienten als *Anregung* zur Entwicklung einer eigenen, für das Projekt relevanten, heuristisch-analytischen Kategorisierung. Diese umfasst folgende (sich teilweise überlappende) Dimensionen: eine intellektuelle/lehrhafte, eine normative, eine emotionale (erfahrungsbezogene), eine identitätsbezogene und eine soziale Dimension (siehe dazu Kapitel 4.3.2).

3.3 IDENTITÄT

Im Folgenden soll der Begriff Identität bzw. einige darunter verhandelte Aspekte, die für den vorliegenden Kontext als relevant erscheinen, umrissen werden. Da in dieser Arbeit subjektive Sichtweisen, Motivationen, Absichten, Reflexionen und Deutungen in Bezug auf das eigene (religiös-)vestimentäre Handeln der Akteur/innen im Zentrum der Betrachtung stehen, drängt es sich auf, einerseits von einem *personalen Identitätsverständnis* auszugehen, das heißt von einem Identitätskonzept, welches individuelle Handlungsmotive, Ziele und Strategien zu fassen vermag. Zu diesem Zweck wird auf sozialpsychologische Ansätze zurückgegriffen. Insbesondere Heiner Keupp hat hier einen sehr differenzierten Ansatz entwickelt, der verschiedene vorangegangene Überlegungen zur (personalen) Identität integriert und im Gegensatz zu rigiden und essentialistischen Identitätskonzepten deren Prozesshaftigkeit betont. Identität lässt sich auf diese Weise als angestrebtes Produkt einer fortwährenden, reflexiv und narrativ verankerten, Identitätsarbeit verstehen. Keupp übersieht aber, dass neben solchen *kognitiven* Identitätsmerkmalen auch deren *leiblich-körperliche* Grundlegung eine wichtige Rolle spielt, die auf einer vorreflexiven Ebene u. a. ein Gespür für Identität respektive für ein adäquates, authentisches Handeln bereitstellt. Auf diese Dimension von Identität verweist Gugutzer ebenso wie Bourdieu mit seinem Habituskonzept.

Identitätsarbeit kann nicht in einem sozialen Vakuum erfolgen, sondern wird maßgeblich in interaktiven Dynamiken ausgeformt. Insbesondere im Hinblick auf Aspekte der Sichtbarkeit wird daher die Berücksichtigung interaktionistischer Herangehensweisen erforderlich, um Prozesse individueller Identitätskonstruktion fassbar zu machen.

Da davon ausgegangen wird, dass Identität nicht nur auf einer personalen Ebene und in konkreten Situationen sozialer Interaktion geprägt wird, sondern auch diskursiven Subjektivierungspraktiken unterliegt und mit sozialen Positionen und Positionierungen einhergeht, werden die beschriebenen personalen Zugänge zu Identität mit einem diskursiven bzw. *relationalen Ansatz* in Verbindung gebracht. Dieser Ansatz erweist sich für die vorliegende Arbeit insofern als fruchtbar, als über die Kleidungspraxis bewusst und unbewusst immer Prozesse der Zuordnung/Zuschreibung bzw. Abgrenzung/Ausgrenzung sichtbar (gemacht) werden, bzw. sich darüber auch konstituieren. Es geht in diesem Identitätsverständnis (oder besser: ‚Identifikationsverständnis') also um relationale respektive positionale Aspekte, darum, wie sich Träger/innen religiöser Kleidung innerhalb spezifischer Machtkonstellationen vermittels Kleidung sozial verorten und positionieren, respektive positioniert *werden.* (vgl. Konzept der „translocational positionality" Kapitel 3.4).

In diesem Zusammenhang kommen unweigerlich auch Fragen nach Differenzkonstruktion und Grenzziehungsprozessen zum Tragen. Die verschiedenen Konzeptionen von Identität respektive Identifikation, die sonst eher in Opposition zueinander gestellt werden, werden dabei nicht als widersprüchlich verstanden, sondern als einander ergänzende bzw. überlagernde Gesichtspunkte gedacht, die jeweils an verschiedenen Angelpunkten der Subjektwerdung ansetzen. Dabei wird den Akteur/innen eine gewisse intentionale und zweckorientierte Selbstgestaltungsmacht zugestanden, die aber nicht unabhängig von den sozialen Kontexten, Machtverhältnissen und kollektiven Konstruktionslogiken, in die sie eingebunden sind, gedacht werden können.

3.3.1 Personale Identität

In der sozialpsychologischen Identitätsforschung wird die Aufrechterhaltung eines individuellen Kohärenzgefühls und die soziale Darstellung eigener Identität als ein Ergebnis von „Identitätsarbeit" (Cohen und Tylor 1977) bzw. von „alltäglicher Identitätsarbeit" (vgl. Keupp 1997) in den Blick genommen. Indem Keupp Identität als „einen fortschreitenden Prozess eigener Lebensgestaltung, der sich zudem in jeder alltäglichen Handlung neu konstituiert" versteht und voraussetzt, dass Subjekte, indem sie handeln, permanent an ihrer Identität arbeiten (Keupp et al. 1999: 215), geht er von einem dynamischen Identitätsverständnis, einem steten In-Bewegung-Sein aus. Hier liegt der Fokus auf der individuellen Konstruktionsleistung der Subjekte, deren Bedingungen und intendierten ‚Endpunkten', aber nicht auf dem Aspekt sozialer Verortung bzw. diskursiver Konstruktion(en), die bei den relationalen Ansätzen (vgl. Kapitel 3.3.3/ 3.4) im Vordergrund stehen.

Identitätsarbeit hat als Bedingung und Ziel die Schaffung von Lebenskohärenz. Während die Bereitschaft zur Übernahme vorgefertigter Identitätspakete als zentrales Kriterium der Überlebensbewältigung früherer gesellschaftlicher Epochen charakterisiert werden kann, so kommt es heute auf die individuelle Passungs- und Identitätsarbeit, also auf die Fähigkeit zur Selbstorganisation, zum „Selbsttätig werden" oder zur „Selbsteinbettung" (Keupp 2005: 9) an. Dabei bemisst sich das subjektive Gelingen dieser Identitätsarbeit nach inneren und äußeren Kriterien. Als eher nach außen gerichtet lässt sich die Dimension der Passungs- und Verknüpfungsarbeit bezeichnen. Unumgänglich ist hier die Aufrechterhaltung von Handlungsfähigkeit und von Anerkennung und Integration. Eher nach innen, auf das Subjekt, bezogen ist Synthesearbeit zu leisten, hier geht es „um die subjektive Verknüpfung der verschiedenen Bezüge, um die Konstruktion und Aufrechterhaltung von Kohärenz und Selbstanerkennung, um das Gefühl von Authentizität und Sinnhaftigkeit" (Keupp 2004: 10).

Die reflexive Verknüpfungsarbeit bedeutet die Reflexion, Evaluation und Integration unterschiedlicher, teils widersprüchlicher Realitäten und Formen von Selbsterfahrung (vgl. ebd.: 20), was individuelle Gestaltungskompetenz und die „Überwindung des Eindeutigkeitszwangs"[37] (ebd.: 21) erfordert. Das weitgehende Fehlen bzw. der Rückgang allgemein akzeptierter Normen und Verhaltensregeln in der erfahrbaren Alltagswelt verlangt zudem die Fähigkeit zum ständigen *Aushandeln* von Regeln, Normen Zielen und Wegen und die damit verbundene Fähigkeit, Konflikte auszutragen und auszuhalten. Als entscheidendes Medium der Identitätsarbeit ist in Übereinstimmung mit neueren Identitätstheorien die Narrationsarbeit[38] zu nennen (vgl. Keupp 1997, Hall 2004), also die „Selbstnar-

37 Die psychische Voraussetzung für eine solche „positive Verunsicherung" sei eine gewisse Ambiguitätstoleranz, als „die Fähigkeit, sich auf Menschen und Situationen offen einzulassen, sie zu erkunden, sie nicht nach einem ‚Alles-oder-nichts-Prinzip' als nur gut oder nur böse zu verurteilen" (Keupp 1997: 21) versteht.

38 Identität vermittels Narration zu konstruieren, meint dabei die Art und Weise, wie Geschehnisse und Handlungen zueinander in Beziehung gesetzt, mit Bedeutung versehen und dargestellt werden. Je nach Selbstbild, wird die Geschichte unterschiedlich erzählt. Die Narration als identitätsstiftender Prozess ist dann erfolgreich, wenn andere

rationen" (vgl. zusammenfassend Kraus 1996). Diese Selbstnarrationen sind aber intersubjektiv hergestellt:

> Die Geschichten, die wir erzählen, sind keine individuellen Besitztümer, sondern als Produkte des sozialen Austausches zu verstehen. Insofern sind Identitätsprojekte als Narrationen auch nicht die Kopfgeburten von Einzelnen, sondern sie gründen im sozialen Austausch (Kraus 1996: 170).

Maßgeblich beeinflusst ist die Identitätsarbeit auch durch den Zugang zu ökonomischen, kulturellen und sozialen *Ressourcen*. Drei der wichtigsten Syntheseleistungen der Identitätsarbeit unter den gegenwärtigen gesellschaftlichen Bedingungen sind 1) die Herstellung von Kohärenz, die für das Subjekt eine „offene Struktur"[39] hat und sich im Gefühl „subjektiver Stimmigkeit" (Kohärenzgefühl)[40] bemerkbar macht (vgl. Keupp 2004: 243) und 2) „Anerkennung" als eines der zentralen Identitätsziele (ebd.: 261) sowie 3) „Authentizität", also das Gefühl des Individuums, die verschiedenen Elemente der Identitätsarbeit in ein „stimmiges Passungsverhältnis" gebracht zu haben (ebd.: 263). Mit Judith Butler lässt sich fragen, inwiefern Identität eher ein normatives Ideal als ein deskriptives Merkmal der Erfahrung darstellt. „Kohärenz und Kontinuität der Person sind keine logischen oder analytischen Merkmale der Persönlichkeit, sondern eher gesellschaftlich instituierte aufrecht erhaltene Normen der Intelligibilität" (Butler 1997: 38).

Kohärenz ist also nicht ein konstituierendes Element von Identität, sondern ihr angestrebter (sich ständig verschiebender) Endpunkt und in diesem Sinn eher als ein handlungsleitendes Ideal denn als Zustand zu verstehen, auf die die „alltägliche Identitätsarbeit" abzielt. Die beschriebenen individualistischen theoretischen Zugänge zum Konzept der Identität sind zwar vielversprechend für die

---

Akteur/innen die Darstellung in der Zeitlinie bestätigen und mittragen (vgl. Keupp 2002: 207-214).

39 Gemeint ist hier eine Kohärenz, die die Vereinbarung widersprüchlicher Elemente erlaubt.

40 „Als Kohärenzsinn wird ein positives Bild der eigenen Handlungsfähigkeit verstanden, die von dem Gefühl der Bewältigbarkeit von externen und internen Lebensbedingungen, der Gewissheit der Selbststeuerungsfähigkeit und der Gestaltbarkeit der Lebensbedingungen getragen ist. Der Kohärenzsinn ist durch das Bestreben charakterisiert, den Lebensbedingungen einen subjektiven Sinn zu geben und sie mit den eigenen Wünschen und Bedürfnissen in Einklang bringen zu können" (Keupp 2004: 14-15, in Anlehnung an Antonovsky 1987).

Untersuchung der Rolle von Kleidung im Hinblick auf Prozesse individueller Identitätskonstruktion, reichen aber in ihrer einseitigen Betonung kognitiver Aspekte der Identitätsarbeit meines Erachtens nicht aus. Sie vernachlässigen inkorporierte respektive habituelle Aspekte, die in die Konstruktion von Identität verwickelt sind. Robert Gugutzer weist in seiner phänomenologisch-soziologischen Untersuchung zur personalen Identität auf die Dimension der Körperlichkeit bzw. Leiblichkeit,[41] die jedem personalen Identitätskonstruktionsprozess zu Grund liege, hin. In Anlehnung an Johnson (1987) geht der Autor davon aus, dass leibliche Erfahrungen die vorbegriffliche Grundlage von Sprache und Denken (vgl. Gugutzer 2002: 139) darstellen. Damit strebt Gugutzer eine körperliche Grundlegung der kognitiven Identitätsmerkmale Narration und Reflexion an. So bedürfe beispielsweise die narrativ konstruierte biographische Identität, ebenso wie die Identifikation mit sozialen Rollen, Eigenschaften, Fähigkeiten, Einstellungen oder Überzeugungen, einer spürbaren (leiblich-affektiven) Stützung, damit sie auf „sicheren Beinen" stehe (vgl. ebd.: 129). Um eine aus der Sicht des Subjekts „echte Selbstidentifikation" (vgl. ebd.) handelt es sich folglich erst dann, wenn die konstruierte Kontinuität der eigenen Lebensgeschichte auch empfunden wird. Ein besonderes Kennzeichen dieser spürbaren Stützung und deshalb auch der Identität ist dabei ihre *Unverfügbarkeit*. Das Kontinuitätsemp-

41 In Anlehnung an Maurice Merleau-Ponty, Helmut Plessner und Herrmann Schmitz differenziert er analytisch zwischen Leib und Körper, die als in einer Subjekt-Objekt-Beziehung verstanden werden können. Wie es bei Plessner heißt ist der Mensch sein Leib und hat seinen Körper. Leibsein meint bei Plessner, eine biologisch-organische Existenz zu sein und im Hier und Jetzt, also „zuständlich" zu sein. Körperhaben beziehe sich hingegen auf den Körper als Gegenstand, den es zu beherrschen gelte, und der als instrumentelles oder expressives Medium eingesetzt werden könne. Körperhaben impliziere daher die Fähigkeit eines Individuums zur reflexiven Selbstdistanzierung. Der Leib sei, so Gugutzer in einer phänomenologischen Konkretisierung Plessners durch Schmitz, ein Zustand eigenleiblichen Befindens, der gespürt werde, ein Spüren, dem in aller Regel ein affektives Moment korrespondiere. Umgekehrt sei meist auch der affektive Bezug zur Umwelt leiblich erfahrbar. Der Körper hingegen wird verstanden als ein von außen wahrnehmbarer, sicht- und tastbarer Körper, also der sinnlichen Erfahrung zugänglich. Gegenüber der universellen Strukturalität der Leiblichkeit, sei der Körper ein kulturelles Phänomen. So seien beispielsweise Körperhaltung, Umgangsformen mit dem Körper, Körperwissen oder Darstellungs- und Inszenierungsweisen des Körpers sozial-strukturell und von sozio-kulturellen Diskursen und Wissensbeständen geformt (vgl. Gugutzer 2002: 124).

finden kann nicht willentlich (zumindest dauerhaft) hervorgerufen werden und entzieht sich der bewussten Hervorbringung (vgl. ebd.).

Mit sich selbst identisch zu sein, heißt in einem entscheidenden Maß auch, sich als mit sich selbst identisch zu empfinden, d.h. eine aus der Sicht des Subjekts echte, glaubwürdige Selbstidentifikation resultiert aus einem Wechselspiel von Wissen, das versprachlicht wird (z.B. in der Selbstnarration) und Spüren bzw. „spürender Stützung". Dieses Wechselspiel macht sich im Falle einer überzeugenden Selbstidentifikation als spürbare Selbstgewissheit bemerkbar. Umgekehrt erfordert die spürbare Selbstgewissheit wiederum der sprachlichen Stützung, da die Verbalisierung eine Vergewisserung der Glaubwürdigkeit der Empfindung zur Folge hat (vgl. ebd.: 130). Eine authentische Selbstidentifikation entsteht also durch eine Übereinstimmung der narrativ konstruierten Lebensgeschichte mit einer leiblich spürbaren Stützung derselben.

Zentral ist also in Gugutzers Identitätsmodell das Verhältnis von Leib zu Denken/Sprache, in deren Wechselspiel es dem Individuum überhaupt erst möglich wird, eine Identität auszubilden. Der Leib hat aber nicht nur in seiner Wechselbeziehung zu kognitiven Prozessen der Selbstentwerfung eine Bedeutung, sondern auch im Hinblick auf seine vorreflexive Vermittlungsfunktion zwischen dem Ich und der Kultur respektive der Gesellschaft (vgl. ebd. 132). Diese Vorstellung des Leibs führt Gugutzer in die Nähe von Bourdieus Habituskonzept.[42] Dabei rückt er den Habitus (den er in diesem Zusammenhang auch als „leiblich-praktischen Sinn" bezeichnet) als *Einverleibung* und *Verkörperung* gesellschaftlicher Strukturen in den Mittelpunkt. Daran schließt er die Betrachtung des Habitus in seiner handlungsgenerierenden Wahrnehmungsfunktion an. Das meint, den Habitus „als eine Art Spürsinn für die soziale Praxis zu verstehen, der gesellschaftlich geprägt ist und gerade wegen seiner Vorreflexivität zu situationsadäquatem Handeln führt" (ebd. 109). Identitätsrelevanz gewinnt der Habitus zum einen, indem er dem Individuum (auf einer vorreflexiven Ebene) anzeigt, welche Handlungen und Erfahrungen zu ihm passen und welche nicht. Somit fungiert er als Instanz der Selbstvergewisserung, indem er auf spürbare Weise

42 „Die Konditionierungen, die mit einer bestimmten Klasse von Existenzbedingungen verknüpft sind, erzeugen die Habitusformen als Systeme dauerhafter und übertragbarer Dispositionen, als strukturierte Strukturen, die wie geschaffen sind, als strukturierende Strukturen zu fungieren, d.h. als Erzeugungs- und Ordnungsgrundlage für Praktiken und Vorstellungen, die objektiv an ihr Ziel angepasst sein können, ohne jedoch bewusstes Anstreben von Zwecken und ausdrückliche Beherrschung der zu deren Erreichung erforderlichen Operationen vorauszusetzen" (Bourdieu 1987: 98f, Herv. im Orig.).

deutlich macht, was für einen selbst ‚stimmig' oder echt ist. Zum anderen liegt die Identitätsrelevanz des Habitus darin, Routinehandlungen (die einen Großteil sozialer Handlungen darstellen) anzuleiten und damit für psychische Entlastung zu sorgen (vgl. ebd.).

3.3.2 Interaktionistische Ansätze

Identität konstituiert sich nicht aus sich selbst heraus, sondern immer in der interaktiven Auseinandersetzung mit der sozialen Umwelt, also intersubjektiv. Interaktionistische Identitätstheorien setzen den Akzent auf die an den (widersprüchlichen) Erwartungen und (Rollen-)Zuschreibungen des „Anderen" orientierten Prozesse der Identitätsarbeit. Identität ist in dieser Sicht zugleich Voraussetzung und Resultat der Interaktionsbeteiligung.

George Herbert Mead ging davon aus, dass Individuen sich zum einen in die Rolle des Gegenübers, des „signifikanten Anderen" (Mead 1992: 200-207) versetzen, um aus dessen Sicht heraus sich selbst betrachten zu können (*taking the role of the other*). Das Individuum antizipiert die impliziten Verhaltenserwartungen anderer und stellt sein Verhalten darauf ein. Zum anderen findet die Entwicklung der Ich-Identität in dem Prozess statt, in dem der Einzelne die übergreifenden Gruppenhaltungen seiner Gesellschaft als die Haltungen des „verallgemeinerten Anderen" (*taking the role of the generalized other*) (ebd.)[43] übernimmt und für sich strukturiert. Signifikante und generalisierte Andere fungieren also für das Individuum als Spiegel seiner selbst, und über diesen Umweg der Selbstobjektivierung entwickelt es seine Identität. Diese Selbstobjektivierung findet auf der Basis symbolisch vermittelter Interaktionen statt. Mead betont hier v. a. die Sprache. Gregory Stone erweiterte Meads auf verbale Interaktion fokus-

43 In diesem Zusammenhang führt Mead die Konzepte „me" und „I" ein, als Bezeichnung der von ihm vorausgesetzten zwei Bestandteile des „self" (Selbst/Ich-Identität) ein. Das „me" bezeichnet dabei die übernommenen und inkorporierten Haltungen des „generalisierten Anderen", wodurch ein Teil seiner selbst, das „me" durch die Wertvorstellungen und Erwartungen der Gesellschaft bestimmt wird. Das „I" reagiert und antwortet auf „me" spontan, frei und unberechenbar und verkörpert den individuellen Impuls eines Individuums, die persönliche, vorsoziale und subjektive Instanz der Persönlichkeit (vgl. Mead 1992: 217-258). „Die Identität ist unter diesen Voraussetzungen die Handlung des „I" in Übereinstimmung mit der Übernahme der Rolle Anderer im „me". Die Identität besteht sowohl aus dem „I" wie aus de „me" (Mead 1992: 324). Indem der Einzelne die Haltungen des generalisierten Anderen in ihrer organisierten Form übernimmt und inkorporiert, bildet er in seinem Selbst ein „me".

sierten Ansatz um die Ebene der *appearance*, und integriert somit nicht-verbale Kommunikationsmedien wie Gesten, Kleidung, etc. Er betont in diesem Zusammenhang die ‚Nicht-nicht-Kommunizierbarkeit' von *appearance*. Man kann sich also, gemäß Stone, der „visuellen Kommunikation" nicht entziehen. Stone argumentiert, dass *appearance* eine zwingende Vorstufe der Interaktion sei, da die Identifikation (anderer) vorrangig auf visueller Ebene ablaufe und den Verlauf der Interaktion maßgeblich beeinflusse.

> Appearance, then, is that phase of the social interaction, which establishes identification of the participant. As such it may be distinguished from *discourse,* which we conceptualize as the text of the transaction – *what* the parties are discussing. Appearance and discourse are two distinct dimensions of the social transaction. The former seems the more basic. It sets the stage for, permits, sustains and delimits the possibilities of discourse by underwriting the possibilities of meaningful discussion (Stone 1962: 21).

Das Erscheinungsbild, das maßgeblich über die Kleidung gesteuert wird, wird von Interaktionspartnern in der Regeln wahrgenommen und interpretiert, noch bevor verbal kommuniziert oder gehandelt wird. In den Worten Niklas Luhmanns treten die Körper durch die Wahrnehmung von Kleidung „in ein Zusammenspiel wechselseitig evozierter Spezifikation" (Luhmann 1984: 331). Nicht nur die Kommunikation, sondern auch Handeln und Verhalten der Interaktionspartner sind dabei durch die Kenntnisnahme von Kleidung beeinflusst (vgl. Lüddeckens 2013). Die Rezeption der Kleidung kann also über wechselseitige Identitätszuschreibungen, bzw. durch „Steigerung der Komplexität der optischen Erscheinung ihres Trägers" (Berlejung 2001: 1410) Interaktionen von Anfang an spezifizieren und somit der Klärung einer jeweiligen Situation dienen (vgl. Goffman 1977: 16, vgl. dazu auch Kapitel 3.1). Die Konstitution und Konstruktion des „Selbst", verläuft also zu großen Teilen über die visuelle Selbstdarstellung und die damit verbundene Fremdwahrnehmung (vgl. Stone 1962). In Bezug auf die *appearance* unterscheidet Stone zwischen *program* („responses made about the wearer by the wearer") und *review* („responses made about the wearer by others"). Als dritten Modus nennt er „the wearer's imagination of other's response to his dress" (vgl. Stone 1962: 22). Wenn *program* und *review* übereinstimmen, wird das Selbst des Trägers bzw. der Trägerin, dessen/deren Kleidung eine solche „Antwort" elizitiert hat, bestätigt oder etabliert.[44] Weichen die ‚Ant-

44 „The meaning of appearance therefore is the establishment of identity [...] for the one who appears by the coincident programs and reviews awakened by his appearance" (Stone 1962: 23).

worten‘ voneinander ab, wird das Selbst des Trägers oder der Trägerin herausgefordert (vgl. ebd.).

Das persönliche visuelle Erscheinungsbild bewirkt also in der sozialen Interaktion eine Bestätigung oder eine Herausforderung (*challenge*) des Selbst und ist somit, im Hinblick auf das Bestreben nach Anerkennung, als individuelles Ziel von Identitätsarbeit (vgl. Kapitel 3.3.1) in hohem Maß identitätsrelevant.[45] Das Erscheinungsbild wird auch bewusst manipuliert, um bestimmte Zwecke zu erreichen. Erving Goffmans rückt den Aspekt der *appearance* im Lichte der *Selbstdarstellung* bzw. Selbstinszenierung in der Interaktion in den Vordergrund und betont somit ein *strategisches, zielgerichtetes* Moment, in der (u. a. sichtbaren) sozialen Präsentation des Selbst. Das Selbst wird dargestellt, konstruiert, verworfen, beurteilt und bewiesen auf den „Bühnen des Alltags“.[46]

Das Individuum versucht (bewusst oder unbewusst) entsprechend den mit den jeweiligen Rollen verbundenen eigenen Erwartungen und denen der Interaktionspartner, sein Selbst in ein möglichst gutes Licht zu rücken und dadurch Anerkennung zu erlangen (bzw. sein „Image zu wahren“).[47] Soziale Anerkennung erhält dabei am ehesten derjenige, der sich gemäß den gesellschaftlichen Identi-

---

45 In seinen Überlegungen zur Bedeutung des Körpers hinsichtlich der Aufrechterhaltung kohärenter Selbstkonstruktionen verweist auch Antony Giddens u. a. auf die Bedeutung des Aspekts der appearance: „[...] the body is not just a physical entity which we ‚possess‘, it is an action-system, a mode of praxis, and its practical immersion in the interactions of day-to-day life is an essential part of the sustaining of a coherent sense of self-identity. Several aspects of the body having special relevance to the self and self-identity can be distinguished. Bodily appearance concerns all those features of the surface of the body, including modes of dress, and adornment, which are visible to the individual and the other agents, and which are ordinarily used as clues to interpret actions. Demeanour determines how appearance is used by the individual within generic settings of day-to-day activities: it is how the body is mobilized in relation to constitutive conventions of daily life. The sensuality of the body refers to the dispositional handling of pleasure and pain. Finally we have the regimes to which the bodies are subject“ (Giddens 1991: 99).

46 Goffman bedient sich in seinen Analysen vielfach einer Theatermetaphorik. Siehe dazu u. a. „Wir alle spielen Theater“ (Goffman 1983).

47 Dabei handelt er auf der Grundlage des sogenannten „Rahmens“. Darunter versteht Goffman durch Sozialisation erlernte Erfahrungsschemata, deren Benutzung unbewusst ist und die dem Individuum helfen, Situationen sinnhaft wahrzunehmen. Diese Erfahrungsschemata sind wichtig zum richtigen Erkennen von Situationen (vgl. Goffman 1977: 376) und leiten entsprechendes situations-adäquates Handeln an.

tätsnormen, entsprechend der an bestimmte soziale Rollen gebundenen *normativen* Erwartungen verhält (vgl. Goffman 1975: 160f). Diese Identitätsnormen verstehe ich als diskursiv verhandelt und verhandelbar. Die Darstellung des Selbst vollzieht sich also in der sozialen Interaktion, wobei die Handlungen der Interaktionspartner aufeinander abgestimmt, bzw. ausgehandelt werden. Das Selbst existiert folglich nicht unabhängig, sondern konstituiert sich erst über die Anerkennung durch „Mitspieler" und „Publikum" (ebd.).

Somit ist die Außenperspektive, also die Zuschreibung einer Identität durch andere, eine entscheidende Komponente der Selbstkonstitution. Der sichtbare Körper erscheint dabei als das prädestinierte Medium für gezielte Identitätsarbeit, um in sozialen Interaktionen den gezielten Effekt zu erreichen. Jede Person muss dabei permanentes „Identitäts-Management" (ebd.) betreiben, damit ihr die für die Identität wichtige soziale Anerkennung zuteil wird. Der Körper wird bewusst als Projektionsfläche für Selbstentwürfe instrumentalisiert. Darin zeigt sich eine „mediale Identitätsfunktion" des Körpers. Der beschriebene Ansatz ist für die vorliegende Betrachtung insofern von Interesse, als bei den einbezogenen Protagonist/innen über die Kleidungspraxis wirksame zielgerichtete Strategien der Selbstdarstellung beobachtbar sind, die in Goffmans Terminologie fassbar werden.

In der analytischen Auseinandersetzung mit dem Konzept der Identität ist es hilfreich, die verschiedenen Perspektiven, welche damit angesprochen sind, auseinanderzuhalten. Lewin (2001) systematisiert die Multiperspektivität des Konzeptes, indem er es auf zwei Ebenen definiert, einer personalen und einer sozialen, bzw. einer individuellen und einer kollektiven. Auf jeder der beiden Ebenen greifen sowohl Mechanismen der Selbst- wie der Fremdzuschreibung. Diese Überkreuzung individuell/kollektiver Ebenen mit der subjektiven bzw. ‚objektiven' Perspektive ergibt bei Lewin vier Kategorien von Identität (vgl. Tabelle 1).

Während subjektive Identität auf personaler Ebene auf das Individuum in Abgrenzung zu Anderen fokussiert, beschreibt subjektive Identität auf kollektiver Ebene eine Sicht des Selbst als Mitglied verschiedener Kategorien, über die Gemeinsamkeit(en) mit Anderen. ‚Objektive' Identität auf individueller Ebene charakterisiert die Zuschreibung von Rollen und Charakteristiken eines Individuums durch andere. Bei der objektiven Identität auf kollektiver Ebene erfolgt die Charakterisierung eines Individuums auf Grund von angenommenen Eigenschaften der sozialen Gruppen, denen das Individuum zugeordnet wird (vgl. Lewin 2001).[48]

48 Gemäß Thoits und Virshup (1997: 122) erschließen sich über kollektive respektive individuelle Identitäten unterschiedliche Aspekte des Selbst-Verständnisses: „‚Me's' are

	subjective perspective	**objective perspective**
Personal Level	*Subjective individual identity* The individual ascribes to himself/ herself certain attributes (without necessarily feeling himself/ herself to be part of a certain group)	*Objektive individual identity* The individual is defined and categorised on the basis of what others believe to be his/ her characteristics.
Social Level	*Subjective collective identity* The individual recognises the categorisation of himself/ herself as a member of a social group.	*Objective collective identity* The individual is defined and categorised on the basis of what others believe to be the characteristics of certain social groups to which he/ she is ascribed member.

Tabelle 1: Zitiert nach Lewin (2001)

Diese verschiedenen Ebenen von Identität formieren sich letztlich über Prozesse der Grenzziehung, über Identifikation und das Postulieren bzw. Markieren von Differenz. Die subjektive und die ,objektive' Ebene stehen dabei in einer Wechselwirkung zueinander. Im Rahmen der vorliegenden Studie wird auf die subjektive Perspektive fokussiert – auf individueller wie auf kollektiver Ebene. Zu deren Erhebung ist insbesondere relevant, wie aus dieser Warte die ,objektive' Perspektive, also die „wahrgenommene Fremdwahrnehmung" erfahren wird, die hier als dritte (imaginäre) Perspektive in Lewins Systematik eingeführt werden könnte. Ich möchte mich allerdings auf Grund seiner naturalisierenden und statischen Implikationen vom Begriff der ,objektiven' Perspektive distanzieren und werde stattdessen von Fremdwahrnehmung und im Fall subjektiver Bezugnahme darauf, von „wahrgenommener Fremdwahrnehmung" sprechen.

In Anlehnung an Mead unterteile ich diese wahrgenommene Fremdwahrnehmung (also die imaginierte Sicht der/s Anderen auf das Selbst) in zwei Perspektiven: in einen signifikanten und einen generalisierten Anderen. Ersterer meint ein konkretes menschliches Gegenüber in sozialen Interaktionssituationen, während hier mit dem generalisierten Anderen auch die subjektive Wahrnehmung gesellschaftlicher Diskurse (im Sinne Foucaults) bzw. von Repräsentationspraktiken wie beispielsweise das Stereotypisieren (vgl. Hall) gemeint ist.

---

identifications of the self as an X (I'm a mother), while ,we's' are identifications of the self with other X's".

Zusammengefasst verstehe ich (persönliche) Identität prozesshaft als Identitätsarbeit, als die vielfältigen (bewussten, reflexiven und vor- bzw. unbewussten, oder leiblich-affektionalen) Prozesse, Bemühungen, Strategien, Aushandlungen, Konstruktions- und Syntheseleistungen, die darauf abzielen, ein Gefühl von Kohärenz, Authentizität und Anerkennung aufrechtzuerhalten, zu evozieren, bzw. situations- und kontextgerecht zu (re-)konstruieren. Diese Identitätsarbeit vollzieht sich u. a. in der interaktiven Auseinandersetzung mit dem *signifikanten* und *verallgemeinerten* Anderen, wobei die Sichtbarkeit eine bedeutende Rolle spielt. Das Identitätskonzept, von dem hier ausgegangen wird, integriert zudem eine weitere Dimension, die Identität (bzw. Identifikation) als soziale Verortung versteht und somit differenztheoretische Aspekte mit einschließt. Identifikation impliziert dabei zugleich, dass der Prozess der Positionierung und Situierung von außen *und* von innen (Selbst- und Fremdpositionierung) vollzogen wird und bezieht sich sowohl auf individuelle als auch auf kollektive Ausprägungen. Ich fasse also Identität an der Schnittstelle zwischen persönlicher Interessensgeleitetheit ihrer Subjekte und deren diskursiver Konstruiertheit. Im Folgenden sollen die relationalen, differenztheoretischen Aspekte ausgeführt werden.

3.3.3 Das dezentrierte Subjekt: relationale und positionale Aspekte von Identität

Wie Stuart Hall bemerkte, „hat die Diskussion über Identität in den letzten Jahren einen explosiven Aufschwung erlebt und zugleich rückte Identität selbst in den Mittelpunkt der Kritik“ (Hall 2004: 167). Daher schlägt er vor, den Begriff als durchgestrichenen (*under erasure*) zu verstehen, als einen Begriff, der sich im Übergang der Bedeutung formiere, zwischen seiner Aufhebung und seinem Auftauchen, der nicht mehr in seiner alten Weise und zugleich ohne die bisherigen zentralen Fragen gedacht werden könne. Das nicht reduzierbare Konzept von Identität sieht er dabei im Zusammenhang mit der zentralen Bedeutung von Politik und Handlungsfähigkeit, wobei er sich von „der Rückkehr zur Vorstellung eines unvermittelten und sich selbst transparenten Subjekts, oder von der Identität als zentrierte Autorin der sozialen Praxis“ (ebd.) distanziert. Mit Foucault teilt er die Ansicht, dass die Herausforderung diesbezüglich „nicht eine Theorie des wissenden Subjekts, sondern vielmehr eine Theorie diskursiver Praxis“ sei (Foucault 1971: 15). Aus dieser Dezentrierung folgert er aber nicht, „das Subjekt“ aufzugeben oder zu eliminieren, sondern es in seiner neuen verschobenen oder dezentrierten Position ins Paradigma aufzunehmen“ (Hall 2004: 168). Den Begriff der Identität, bzw. der Identifikation, den er bevorzugt, verortete er neu in der Reartikulation der Beziehung zwischen Subjekten und diskursiven

Praktiken bzw. als „Prozess der Subjektivation durch diskursive Praktiken" (ebd. 168).

Im Gegensatz zur vorherrschenden Semantik könne eine kritische Begrifflichkeit von Identität nicht an einem stabilen Kern des Selbst festhalten, „ein Selbst, das sich von Anfang bis Ende durch alle Schicksale und Wechselfälle der Geschichte ohne Veränderung entwickelt, das immerzu ‚dasselbe' bleibt, identisch mit sich selbst durch die Zeit" (ebd.: 170). Auch dann nicht, wenn dieses „essentialisierende Konzept" auf die Ebene der kulturellen Identität übersetzt würde, ein Selbst, welches vorgäbe, eine unverwandelbare Einheit oder kulturelle Zugehörigkeit stabilisieren, fixieren oder garantieren zu können und dabei alle äußerlichen Differenzen unterstreiche (vgl. Hall 1994: 26f). Dagegen begreift Hall Identitätskonstruktionen als Gegenstand „einer radikalen Historisierung", welche sich in ständiger Transformation befinde und somit als instabil und prozesshaft, als Identifizierung verstanden werden muss.

> Obwohl Identitäten auf einen gemeinsamen Ursprung in der historischen Vergangenheit zurückgreifen, auf den sie sich bis heute berufen, wird der Bezug zum Gebrauch von Ressourcen der Geschichte, der Sprache, und der Kultur vielmehr in einem Prozess des ‚Werdens' denn des ‚Seins' hergestellt" (Hall 2004: 171).

Indem er Identitäten auf die Narrativierung des Selbst zurückführt, verweist er auf eine ihnen inhärente fiktionale Natur, was aber keineswegs deren diskursive, materiale und politische Effektivität unterminiere (vgl. ebd.).

Floya Anthias schließt an das von Stuart Hall in Abgrenzung zum Identitätsbegriff entworfene Verständnis von Subjektpositionierung als ein „Nieankommen" und „Immer-in-Bewegung-sein" an. In Anlehnung an Hall definiert sie Identitäten als „Knotenpunkte, an denen subjektivierende Diskurse und Praktiken mit Selbstsituierung zusammentreffen, in denen sich das Subjekt prozesshaft durch Vernetzung, Situierung und Verortung konstituiert" (Anthias 2003). Anthias knüpft hier mit ihrem biographie-theoretischen Konzept der „narratives of belonging" (Anthias 2003: 21) an. Dabei verwirft sie (ebenfalls) Vorstellungen von Identität in einem essentialistischen Sinn und rückt stattdessen die Beschreibung von Individuen über relationale Prozesse – über ihre Positionierung in der sozialen Ordnung – in den Fokus (vgl. dazu das Konzept der „translocational positionality" Kapitel 3.4).

3.4 DIFFERENZ UND GRENZZIEHUNG

Die Fokussierung auf Zugehörigkeit respektive Identifikation ohne ein gleichzeitiges Mitdenken von Differenz ist eine analytische bzw. heuristische Verengung. Identität und Differenz sind zwei Seiten einer Medaille und letztlich nicht ohne einander denkbar. Identität definiert sich immer über Differenz, und Differenz(ierung) bringt Kategorien hervor.[49] Kollektive werden um Grenzen konstruiert, welche die Welt in „wir" und „Ihr/Sie" separieren (vgl. Yuval-Davis und Stoetzler 2002). Es wird hier von einem Ansatz ausgegangen, der (die Feststellung, bzw. das Postulieren von) Differenz und dadurch hervorgebrachte soziale Kategorien (‚Identitäten'/ Identifikationen) nicht als natürlich, als gegebene Aufteilung der sozialen Welt versteht, sondern als interaktiv (re-)konstruiert und diskursiv verhandelt – als Folge reversibler sozialer und symbolischer Prozesse der Grenzziehung. In den Worten Stuart Halls:

> Wie alle kennzeichnenden Praktiken, ist Identifikation dem ‚Spiel' der différance unterworfen. Sie gehorcht der Logik des Mehr-als-Eins. Und weil Identifikation als Prozess sich gegen Differenz richtet, erfordert sie Diskursarbeit das Ziehen und Markieren symbolischer Grenzen, die Produktion von ‚Grenz-Effekten'. Identifikation erfordert das, was ausgelassen wird, sein konstitutiv Äußeres, um den Prozess zu festigen (Hall 2004: 169)

Ich möchte hier den Aspekt der „Grenzziehung" herausgreifen, da er es ermöglicht, die Kontingenz, Historizität und Konstruiertheit von Gruppen bzw. kollektiven Identitäten angemessen zu berücksichtigen und gleichzeitig konzeptuell sowohl innen (Identität) wie außen (Differenz bzw. das Differente) zu integrieren. Der Grenzziehungsansatz denaturalisiert somit die Unterscheidung zwischen Minderheiten (etwa von Immigranten) und der Mehrheitsbevölkerung. Stattdessen rücken die Bedingungen und Mechanismen der Erzeugung von Kategorien in den Vordergrund (vgl. Wimmer 2008b). Zur Charakterisierung von Grenzziehungsprozessen lassen sich vier axiomatische Annahmen heranziehen: die kon-

49 „Letztlich sind Identitäten vor allem auf der Grundlage von Differenz konstruiert und nicht jenseits von ihr, d.h. im Gegensatz zu der Form, in der man sich gewöhnlich auf sie beruft. [...] die positive Bedeutung jeder Bezeichnung – und somit Identität – [kann] nur über die Beziehung zum Anderen, in Beziehung zu dem, was das konstitutive Außen genannt wurde" (Hall 2004: 171), bestimmt werden.

struktivistische, die subjektivistische, die prozessualistische und die interaktionistische (vgl. Wimmer 2008b).[50]

Das konstruktivistische Prinzip besagt, dass Gruppen sich immer über Grenzziehungen konstituieren und nicht auf einer gegebenen Unterteilung der sozialen Welt beruhen (ebd.). Dass sich diese Perspektive auf die Prozesse der Erzeugung von Gruppen und nicht vornehmlich auf die Geometrie von Gruppenbeziehungen konzentrierte (prozessualistische Annahme), impliziere dabei nicht, dass sich alle Kategorien und Gruppen fortwährend nach Belieben manipulativer Akteur/innen veränderten, wie es überzogene Versionen des konstruktivistischen Paradigmas unterstellten (vgl. ebd.: 68). Der Grenzziehungsansatz eignet sich vielmehr auch dazu, die „Entstehung und die Bedingungen der Reproduktion historisch stabiler und situativ kaum variierender Grenzen, die nur wenig Raum für individuelle Beeinflussung lassen, zu analysieren" (ebd.: 68). Außerdem markieren Akteur/innen Grenzen anhand jener kulturellen Diakritika, die sie als relevant erachten (ebd.: 67). Dazu zählen Sprache, Dialekt, Kleidungsstile, Familienstrukturen, Bauarten von Häusern oder auch phänotypische Merkmale wie Hautfarbe oder Gesichtsmerkmale. Als subjektivistische Annahme gilt, dass diese Diakritika von Gesellschaft zu Gesellschaft variieren und kein Äquivalent zur Summe der „objektiven" kulturellen Unterschiede darstellen, die ein Betrachter von außen finden mag (vgl. ebd.: 67).

Den Umstand, dass „Grenzen aus Handlungen von Individuen auf beiden Seiten der Grenze und aus ihrer Interaktion über die Grenzen hinweg" (ebd.: 67) resultieren, ist als interaktionistische Annahme zu bezeichnen.

Während Frederik Barth „Ethnizität" als primäre Kategorie zur Dichotomisierung des sozialen Feldes in „Wir" und „Sie" verstand, führten Anthias und Yuval-Davis (1983, 1992), Denis (2001) und Yuval-Davis und Stoetzler (2002)

---

50 Andreas Wimmer entwickelte diese Annahmen in Anlehnung an Frederik Barths Kritik am Herderschen Ansatz, in Bezug auf ethnische Grenzziehungen (vgl. Wimmer 2008b). Als Herderschen Trugschluss bezeichnet er dabei, dass sich ethnische Einheiten wie „Türken", „Schweizer", „Asiaten", etc. durch gemeinschaftliche Solidarität, kulturelle Differenz und geteilte Identitäten auszeichnen. Ob und inwieweit es zur sozialen Schließung entlang ethnischer Linien komme, ob und inwiefern Solidaritätsnetzwerke ethnischer Natur seien und ob und bis zu welchem Grade sich die Mitglieder solcher Kategorien tatsächlich miteinander identifizierten, seien Fragen, die es empirisch zu beantworten gelte (vgl. Wimmer 2008b: 73). „Barth broke away from the Herderian canonic anthropology, according to which each ethnic group represented a historically grown, uniquely shaped flower in the garden of human cultures" (Wimmer 2008a: 971).

die Gender-Kategorie in die *boundary* Diskussion ein. Gemäß Denis (2001) sind Ethnizität, Gender und Klasse die Basis von multidimensionalen und intersektionalen Statusgruppen. Afshar (1987), Denis (2001), Verdery (1994) und Yuval-Davis (1997) erweiterten die Theorie um die Kategorien Nation und Nationalismus (vgl. Herzig 2006). Im Rahmen dieser Arbeit wird Religion als weitere mögliche Kategorie sozialer Grenzziehungen theoretisch miteinbezogen (vgl. dazu auch Mecheril und Thomas-Olalde 2011).

In den theoretischen Ansätzen der *boundary*-Theorie[51] werden also Ethnizität, Gender, Klasse, Nation und Religion als soziale Beziehungen der Differenzierung und Hierarchie wahrgenommen, welche Prozesse von Exklusion und Inkorporierung beinhalten (vgl. Herzig 2006). In der im amerikanischen ‚schwarzen Feminismus' wurzelnden Intersektionalitätsanalyse (vgl. Lutz et al. 2010) werden die Wechselwirkungen und Überschneidungen verschiedener solcher Differenzlinien im Hinblick auf soziale Ungleichheit untersucht (vgl. dazu Collins 1986, 1998, Degele und Winker 2010). Ein Vorteil des Intersektionalitätskonzepts besteht darin, dass soziale Akteur/innen analytisch nicht mehr einer exklusiven Statusgruppe oder kollektiven Identitätskategorie zugeordnet werden. Vielmehr sind die Individuen so etwas wie Schnittpunkte, an denen sich verschiedene und zueinander quer liegende Differenzachsen kreuzten (vgl. Fraser 2003). „In der Regel auf einigen Achsen benachteiligt und zugleich auf anderen bevorzugt, führen sie im modernen Regime ihre Kämpfe um Anerkennung" (ebd.: 80). Differenzkategorien werden in diesem Verständnis nicht mehr als essentielle Kategorien konzipiert, sondern als symbolisches Kapital, das in unterschiedlichen Situationen unterschiedlich eingesetzt werden kann. Ethnizität, Klasse, Geschlecht und Religion können also als Diskriminierungs- *und* als Aktionsressourcen relevant werden (vgl. Lutz und Davis 2005).

Die verschiedenen Kategorien von Differenz sind zuallererst Produkte der Imagination, werden aber auf Grund sozialer Praktiken zu sozialen Realitäten (vgl. Anderson 1983). Es ist davon auszugehen, dass nicht jede Ausprägung von Differenz in jedem Fall sozial relevant werden muss. Die Signifikanz bzw. die Feststellung respektive (Re-)Aktivierung von Differenz ist abhängig von Situation, Kontext und historischen und diskursiven Entwicklungen. Welche Diakritika im Hinblick auf eine soziale Ordnung relevant werden, ist letztlich kontingent.

51 Die *boundary*-Theorie hat ihre Vorläufer in zahlreichen Konzepten symbolischer bzw. sozialer Grenzziehung. Zu nennen wären u. a. Arbeiten von: Max Weber, Emil Durkheim, Karl Marx, Thorstein Veblen, Norbert Elias, Mary Douglas, Pierre Bourdieu (vgl. Lamont und Molnar 2002), sowie Claude Lévi-Strauss and Victor Turner (vgl. Schwartz 1981).

Differenzen sind also nicht zwingend relevant für die Organisation sozialer Beziehungen in binäre bzw. hierarchische Oppositionen.

Lamont und Molnar unterscheiden zwischen *symbolic* und *social boundaries*. Mit Ersteren meinen sie:

> [...] conceptual distinctions made by social actors to categorize objects, people, practices, and even time and space. They are tools by which individuals and groups struggle over and come to agree upon definitions of reality. Examining them allows us to capture the dynamic dimensions of social relations, as groups compete in the production, diffusion, and institutionalization of alternative systems and principles of classifications (Lamont und Molnar 2002: 168).

Symbolische Grenzen vermögen Gefühle von Gleichheit und Zugehörigkeit zu generieren (vgl. Epstein 1992: 232). Unter „*social boundaries*" verstehen Lamont und Molnar objektivierte Formen sozialer Differenzen, welche sich in ungleichem Zugang und ungleicher Distribution von materiellen und nicht materiellen Ressourcen sowie dem Zugang zu sozialen Möglichkeiten manifestieren. Symbolische Grenzen werden dabei als nötige aber unzureichende Bedingung sozialer Grenzen dargestellt (vgl. Lamont und Molnar 2002: 168).

Aus der Perspektive poststrukturalistischer Ansätze sind Differenzen, die sich in binären Gegensätzen wie Wir/ Sie manifestieren, immer hegemonial organisiert. So bemerkt etwa Jacques Derrida, dass diese „nichts mit friedvollen Koexistenzen zu tun haben [...], sondern mit einer gewaltförmigen Hierarchie. Einer der beiden Begriffe regiert den anderen oder hat die Oberhand" (Derrida 1972: 41).[52] Stuart Hall spricht in diesem Zusammenhang von der Macht der Repräsentation, also von der Macht zu kennzeichnen, zuzuweisen und zu klassifizieren (Hall 2004: 145). Sein Machtverständnis umfasst in Anlehnung an Michel Foucault neben ökonomischer Ausbeutung und physischem Zwang auch kulturelle und symbolische Formen der Machtausübung. Letztere schließt die Macht mit ein, jemanden auf eine bestimmte Art und Weise innerhalb eines be-

52 Ähnlich argumentiert Niklas Luhmann, wenn er schreibt: „Klassifikationen sozialer Gruppen, bzw. ihrer Mitglieder sind also eng mit der Reproduktion sozialer Ungleichheit und sozialer Hierarchien verschränkt. Differenzierungen zwischen Männern und Frauen, Einheimischen und Fremden, Heterosexuellen und Homosexuellen, Gebildeten bzw. Ungebildeten [...] usw. sind asymmetrisch konstruiert, d.h. sie etablieren eine Hierarchie zwischen den beiden Seiten der getroffenen Unterscheidung und legen damit Hierarchien als Form der sozialen Ordnungsbildung nahe" (Luhmann 1996: 107).

stimmten Repräsentationsregimes zu repräsentieren. Stereotypisierung versteht er demnach als wesentlichen Bestandteil der Ausübung symbolischer Gewalt, als eine „hegemonische und diskursive Form der Macht, die genauso durch Kultur, Produktion von Wissen, Bildsprache und Repräsentation wirkt, wie durch andere Mittel" (Hall 2004: 152). Nach dieser Sichtweise ist also bereits die Feststellung von Differenz mit der Ausübung bzw. Operation von Macht verbunden. Dabei ist „die poststrukturalistische Analytik der Macht [...] aufs engste mit der Frage nach dem Subjekt verknüpft" (vgl. Foucault 1994).[53]

Floya Anthias erhebt mit ihrem Konzept der „translocational positionality" den Anspruch, über das Intersektionalitätskonzept und poststrukturalistische, machtbasierte Differenz-Ansätze hinauszugehen bzw. diese zu integrieren und sie erweitert diese um die Annahme, dass kategorische Ansprüche und Zuschreibungen bzw. Differenzen und Hierarchien grundlegend vom Kontext abhängen und „situiert" sind und in komplexen und veränderbaren, sich laufend verändernden Verortungen prozesshaft produziert werden (vgl. Anthias 2002a: 276).

„Translocational Positionality" („translokationale Positionalität") beschreibt die Wechselwirkung verschiedenster Verortungen in Bezug auf Gender, Ethnizität, Rasse und Klasse und deren manchmal widersprüchliche Effekte (vgl. Anthias 2002a: 275). Der Ausdruck „positionality" kombiniert dabei Referenzen auf soziale Position (als Set von Effektivitäten: als „outcomes") und soziale Positionierung (als Set von Praktiken, Aktionen und Bedeutungen: als Prozess). Positionality ist somit der Raum, in dem sich soziale Position und Praxis/Bedeutung kreuzen (ebd. 2008: 15). Zum Begriff „translocational" schreibt Anthias:

> The notion of ‚location' recognizes the importance of context, the situated nature of claims and attributions and their production in complex and shifting locales. The term ‚translocational' references the complex nature of positionality faced by those who are at the interplay of a range of locations and dislocations in relation to gender, ethnicity, national belonging, class and racialisation. Positionality is about more than identification as it is also about the lived practices in which identifications are practiced/ performed as well as the intersubjective, organizational and representational conditions for their existence (Anthias 2008: 15).

Zuschreibungen und Identifikationen sind also vor diesem Hintergrund nicht mehr als zwei getrennte, sondern als zwei sich gegenseitig konstituierende Pro-

53 Wie bei Michel Foucault und Stuart Hall sind auch für Judith Butler die Machtverhältnisse diskurstheoretisch die Bedingung von Subjektivität und Identität.

zesse (vgl. Kapitel 3.4) von sozialer Position (bezieht sich auf gesellschaftliche Strukturen) und sozialer Positionierung (bezieht sich auf aktive Einflussnahme von Akteur/innen auf ihre soziale Position), in ihren sozialen ‚Vollzugskontexten‘ die gemeinsam eine „transloka(tiona)le Positionalität“ ergeben.

Die Position(alität) und die jeweils involvierten Machtbeziehungen werden dabei in Abhängigkeit vom Zugang zu Ressourcen bestimmt, wobei hier nicht nur ökonomische Ressourcen gemeint sind, sondern, im Verständnis Bourdieus, ebenso andere Kapitalsorten wie symbolische, kulturelle und soziale. Die Verfügbarkeit von Kapital strukturiert die Positionierung von Personen oder Gruppen im sozialen Raum.

3.5 DIE SICHTBARKEIT VON DIFFERENZ

In Bezug auf Grenzziehungsprozesse und damit einhergehende soziale bzw. hierarchische Verortungen kommt sichtbaren Identitätsmarkern eine prominente Rolle zu (vgl. Anthias 2002a). Gerade in öffentlichen Interaktionskontexten wird Differenz oft erst anhand sichtbarer Diakritika festgestellt bzw. postuliert. Dabei vollzieht sich „die Einbeziehung des Körpers in soziale Machtverhältnisse nicht in allen Handlungsfeldern gleich, sondern insbesondere in Situationen, in denen Individuen der Sichtbarkeit unterworfen sind“ (Koppetsch 2000: 12). Sichtbare Identitäts-Marker, u. a. Kleidung, kennzeichnen zugleich aber auch wesentliche Elemente von Zugehörigkeit, sowie für spezifische Zwecke artikulierte Forderungen. Demnach können sie auch als *Ressourcen* funktionieren, welche kontextuell und situativ eingesetzt werden können. Wesentlich ist, dass sie dabei gleichzeitig als ein Set von Selbstzuschreibungen und der Zuschreibung durch andere wirken (vgl. Anthias 2002a: 276).

Sichtbare Grenzziehungen funktionieren also wechselseitig, indem einerseits Zuordnung und Abgrenzung vorgenommen und andererseits von außen zugeschrieben wird. Sie werden von verschiedenen Bezugspunkten her konstruiert und mit Bedeutung versehen. Zuschreibungen, Charakterisierungen, Positionierungen und Bewertungen von außen können dabei stark von den Selbstkonzeptionen und Selbstzuordnungen von Akteur/innen abweichen, beeinflussen diese aber auch erheblich.

Differenz wird zunächst über visuelle Merkmale postuliert bzw. festgestellt und dann aufgrund individueller und kollektiver (inkorporierter) Wissensbestände bzw. Erfahrungen sowie kontextueller Erwägungen kategorisiert und bewertet. Dies sowohl bewusst als auch unbewusst. Wahrnehmung impliziert stets eine Synthese von Empfindung und Erfahrung (vgl. Barlösius 2000: 19). Die besondere praxisrelevante Befähigung der Sinne besteht also darin, zu empfinden und gleichzeitig zu beurteilen. In der gesellschaftlichen Praxis kommt somit das sinnliche Vermögen zur intuitiven, vorreflexiven Synthese häufiger zum Einsatz als die kognitive Fähigkeit zur exakten, reflektierenden Analyse der Außenwelt (vgl. ebd.).

Es muss hier darauf hingewiesen werden, dass es sich auch bei Sichtbarkeit bzw. sichtbarer Differenz keineswegs um objektive Gegebenheiten oder Unterschiede handelt. Welche Diakritika bei der Konstruktion von Grenzen zwischen „innen" und „außen" resp. „Wir" und „Sie" überhaupt relevant werden, also welche Differenzen als solche sichtbar werden, ist das Produkt historisch, diskursiv und kontextuell-interaktiv bedingter Prozesse der Bedeutungsproduktion und somit kontingent (vgl. Kapitel 3.4). Die Kulturwissenschaftlerin Johanna Schaffer verweist auf die diskursive Konstruiertheit von Sichtbarkeit und stellt dabei, in Anlehnung an Michel Foucault und Tom Holert, die Produziertheit von Sichtbarkeit in einen Zusammenhang mit Wissen und Macht (vgl. Schaffer 2008).[54] Es wird in dieser Arbeit davon ausgegangen, dass Visualität nicht ein „spezifisches universales Vermögen" darstellt, sondern vielmehr „kulturellen Sehkonventionen folgt" (Schnettler und Pötzsch 2007: 479), die den Möglichkeitsrahmen dessen festlegen, was gesehen wird und was unsichtbar bleibt. Dies ergibt sich aus dem Umstand, dass Visualisierungen nicht in einem schlichten Abbildungsverhältnis zur Wirklichkeit stehen, sondern vielmehr das Ergebnis kulturell geprägter Darstellungs- und Rezeptionsweisen sind, die Sehen nicht als ein rein natürliches, sondern ein soziokulturell bedingtes Vermögen verstehen. Visuelle Wahrnehmung wird dabei nicht lediglich als ein den Gesetzen der Optik folgender, mittels Sinnesphysiologie und Wahrnehmungspsychologie erklärbarer Vorgang betrachtet (ebd.: 479). Vielmehr ist das Auge als ein „sozial und kulturell, vor allem aber auch medial eingestelltes und stimuliertes Organ der Wahrnehmung" (Soeffner und Raab 2004: 254) zu verstehen. Jonathan Crary spricht von einer Disziplinierung des Sehens, die eine Aufmerksamkeitssteuerung produziere, welche uns Dinge nach strikten Ordnungsmustern wahrnehmen lasse (vgl. Crary 2002). Das als natürlich erachtete Sehen ist also soziokulturellen Selektionspraktiken untergeordnet, die entscheiden, was überhaupt gesehen werden kann und, was das Gesehene bedeutet (vgl. Schnettler und Pötzsch 2007).

Aus der soziokulturellen Bedingtheit des Sehens folgt, dass es verschiedene Arten des Sehens gibt und sich diese verändern können.

54 Die Bedeutung der Sichtbarkeit für die Ausübung von Macht und die Herstellung von Kontrolle und Konformität findet sich auch bei Erving Goffman. So betont er u. a. deren Relevanz für die Ausbildung und Erhaltung von Stigmata (Goffman 1975: 64ff).

What we see depends on our interpretation. [...] There is no innocent eye, seeing is an active and not a passive process. The *share of the beholder* is a decisive one. [...] Reading images means mainly: to recognize conventional schemes. Different cultures developed different schemes for identical objects and identical to different objects. We believe we recognize likeness but in fact we only recognize stereotypes well known in our culture (Kippenberg 1985: 7-8).

Diese verschiedenen Arten des Sehens unterliegen aber, so Hal Foster in seinem 1988 herausgegebenen Sammelband „*Vision and Visuality*", diskursiven Mechanismen und Prozessen, die dazu tendieren, diese Verschiedenartigkeiten zu unterlaufen und einem vermeintlich ‚essentiellen Sehen' zu unterwerfen und somit zu naturalisieren.[55] Der Prozess des Sehens ist folglich „als ein Prozess des Erkennens grundsätzlich von Verkennen charakterisiert" (Schaffer 2008: 113). Verkannt wird, „dass jegliches Sehen, jegliches Wahrnehmen durch gesellschaftliche Konventionen, das Feld der Sichtbarkeit, bedingt und mediiert ist" (ebd.).[56]

In ihrem Buch „*The Threshold of the Visible World*" (1996) untersucht die feministische Filmtheoretikerin Kaja Silverman Möglichkeiten und Bedingungen der Veränderung gesellschaftlich vorherrschender Weisen der Wahrnehmung und des Sehens. In diesem Zusammenhang unterscheidet sie, in Anlehnung an

---

55 „Why vision and visuality. Why these terms? Although vision suggests sight as a physical operation, and visuality sight as a social fact, the two are not opposed as nature to culture: vision is social and historical too, and visuality involves the body and the psyche. Yet neither are they identical: here, the difference between the terms signals a difference within the visual – between the mechanisms of sight and its historical techniques, between the datum of vision and its discursive determinations – a difference, many differences, among how we see, how we are able, allowed, or made to see, and how we see this seeing or the unseen therein. With its own rhetoric and representations, each scopic regime seeks to close out these differences: to make of its many social visualities one essential vision, or to order them in a natural hierarchy of sight" (Foster 1988a: 9).

56 Als besonders prekär erachtet sie, dass Sehen in der Moderne dabei zugleich einen besonderen Wahrheitsgehalt impliziere (vgl. Schaffer 2008). Oder mit einem Zitat Tom Holerts: „Im Unterschied zum alten Postulat von der ‚Unsichtbarkeit des Realen', das Certeau als vor-moderne Kondition charakterisiert, herrscht im ‚Mythos' der Moderne der Imperativ der Sichtbarkeit, das heißt, geglaubt wird nur, was gesehen wird" (Holert 2002: 200).

Jacques Lacan, drei Dimensionen des Sichtfeldes: *screen*, *gaze* und *look*.[57] Der *screen*[58] umfasst die Gesamtheit kultureller Repräsentationspraktiken, die spezifischen Repräsentationslogiken und die Weisen des Wahrnehmens und Wahrgenommen Werdens einer jeweiligen Gesellschaft sowie die verfügbaren Technologien der Produktion und Reproduktion von Bildern. Zusammengenommen ergeben sie das „Feld der Sichtbarkeit",[59] das ständig erweitert wird und dessen Bedingungen durch politische und soziale Diskurse beeinflusst werden. Das Feld des Sichtbaren oder das Bildarchiv bestimmt somit in einer Gesellschaft Sichtbarkeit, Lesbarkeit und Verstehbarkeit ebenso wie die Unsichtbarkeit und Unlesbarkeit (vgl. Silverman 1996: 195f). Der *screen* ist somit eine unabdingbare, sozio-historische Voraussetzung jeder Wahrnehmung und Darstellung. Indem der *screen* sämtliche Repräsentationspraktiken einer Gesellschaft umfasst, bezieht er sich auch auf vestimentäre Praktiken. Über ihn bestimmt sich, welche Variationen als konform gelten und verstanden werden können und welche Bilder von Devianz aktivieren. Das Bildarchiv einer Gesellschaft ist dabei nicht einheitlich, sondern heterogen und setzt sich u. a. zusammen aus dem visuellen Material verschiedener Subkulturen, Klassen (vgl. Engel 2002) oder Religionsgemeinschaften.

Als *gaze*[60] (im Folgenden auch: Blickregime) bezeichnet Silverman kollektive Blickweisen, denen aufgrund ihrer normativen, regulierenden und kontrollierenden Effekte eine große soziale Wirkmächtigkeit zukommt. Der *gaze* ist ein „ungeschriebenes, gewohnheitsmäßiges Regelwerk, sind strukturelle und soziale Codes der Verstehbarkeit, ist quasi die Institution des Sehens, die das Feld des Sichtbaren in bestimmter Weise gliedert und organisiert" (Engel 2002: 150). Das

57 Die Begriffe entlehnt sie Jacques Lacan, modifiziert aber deren Bedeutung. Beispielsweise versteht sie *gaze* historisch und kulturelle spezifisch, also kontingent, was ihn von Lacans ‚monolithischer symbolischer Ordnung' unterscheidet (vgl. Engel 2002).

58 Screen definierte sie zu einem früheren Zeitpunkt als „kulturell generiertes Bildrepertoire, durch das Subjekte nicht nur konstituiert, sondern auch differenziert werden in Bezug auf Klassenzugehörigkeit, Rassisiertheit, Sexualität, Alter und Nationalität" (Silverman 1992: 150).

59 Der Begriff screen, der wörtlich Bildschirm oder Leinwand bedeutet, also eine Projektionsfläche, auf der etwas Sichtbarkeit erlangt, wird von Noack und Buergel (1996) mit „Feld des Sichtbaren" übersetzt.

60 Silvermans *gaze* bezieht sich dabei auf Lacans *le regard* und interpretiert diesen um. Die deutsche Übersetzung ‚Blickregime' wurde ebenfalls von Noack und Buergel (1996) eingeführt.

Blickregime repräsentiert die Gegenwart des Anderen *als solchem* (vgl. Silverman 1992). Gemäß Silverman werden Subjekte durch ein Blickregime konstituiert und entwerfen sich zugleich selbst als ein solches, als erkennbares Subjekt für das Blickregime, um erkennbar zu sein. Das Blickregime bestätigt und bewahrt die Identität des Subjekts. Es ist einerseits historisch, gesellschaftlich und kulturell strukturiert und wirkt im Gegenzug strukturierend auf die Wahrnehmung. Dabei wird es von Machtbeziehungen geprägt, es repräsentiert und sichert dominante Ordnungen und Wertungen. Das Blickregime bildet ein Repertoire an kulturell verfügbaren Darstellungskonventionen (vgl. Silverman 1997). Silverman spricht sich dabei explizit für eine historische Lesart des Blickregimes aus. Sie geht von unterschiedlichen und veränderbaren Codes der Sichtbarkeit aus. Das Blickregime und das Feld des Sichtbaren sind in ihren Augen soziohistorisch bedingt und durch spezifische und einander wiedersprechende Elemente charakterisiert (vgl. ebd. 1996: 133f).

In das vom Blickregime strukturierte Feld des Sichtbaren schließlich fügt sich der *look*, verstanden als individueller Blick ein (vgl. ebd. 163f). Dieser bezeichnet den Blick eines konkreten Individuums in einer spezifischen Situation. Zwar ist der *look* dem *gaze* untergeordnet und auf den *screen* angewiesen, geht aber über diese anderen beiden Dimensionen hinaus und kann damit in Widerspruch geraten (vgl. Engel 2002: 150). Ein Individuum (er)blickt nicht nur, sondern ist auch bestrebt, selbst erblickt zu werden. Um allerdings als Subjekt wahrgenommen und also selbst sichtbar zu werden, muss sich das Individuum „a) identifikatorisch mit dem *screen* verbünden (d.h. im Archiv des kulturellen Materials ein Bild finden, von dem es sich repräsentiert fühlt) und b) vom *gaze* in dieser Form erfasst werden“ (ebd.). Dies folge aber, so Silverman, nicht der freien Gestaltung der Individuen, sondern durch den *gaze* und den *screen* würden bestimmte normative Angebote und Vorgaben gemacht, die kulturell sanktionierte Identitäten und Differenzen definierten, zu denen jeder und jede sich unausweichlich ins Verhältnis setzen müsse (vgl. ebd.: 151). Die Identifizierung wird in Silvermans Theorie weitgehend als unbewusster Prozess verstanden, über den die Individuen kaum eine Kontrolle haben was aber nicht bedeutet, dass sie diesen Prozessen wehrlos ausgeliefert wären (vgl. ebd.). Silvermans Herangehensweise ist für die vorliegende Arbeit interessant, da sie in Bezug auf Visibilität die strukturelle Ebene in ihrer sozialen und historischen Konstruiertheit und Determiniertheit mit dem individuellen Blick als visuelle Praktik verbindet und diesem somit Handlungsspielräume zugesteht. Außerdem geht sie von einer Veränderbarkeit der Arten und Bedingungen des Sehens aus.

4. Methoden

Eine Fragestellung, wie die in Kapitel 1 formulierte, die sich mit der Innenperspektive von Akteur/innen, mit der Wirklichkeit aus der subjektiven Perspektive von Handelnden und deren Deutungen und Praktiken befasst, erfordert eine methodische Herangehensweise, die eine größtmögliche Sensibilität und Offenheit für diese Perspektiven und die Kontexte, die sie prägen, gewährleistet. Die Wahl der Erhebungsinstrumente fiel daher auf Methoden aus dem Bereich qualitativer Sozialforschung. Qualitative Forschungsmethoden eröffnen der Religionswissenschaft „Einblicke in die soziale Wirklichkeit der Religion, die ihr durch die Beschränkung auf philologische Zugänge zu literarischen Textzeugnissen verwehrt blieben" (Kurth und Lehmann 2011: 160). Sie können dazu beitragen, Religion zu erforschen „wie sie uns in religiösen Individuen entgegentritt" (ebd.). Ähnlich betont Peter Antes, Religionswissenschaft habe mit Religion nicht nur als kultureller Erscheinung zu tun, sondern insbesondere „im Sinne des in den Gläubigen ausmachbaren Selbstverständnisses" (Antes 1997: 276). Religion soll also nicht nur als abstraktes Phänomen verstanden werden, sondern auch in ihren Diskurs- und Handlungskontexten untersucht werden (vgl. Gladigow und Kippenberg 1993).

4.1 Datenerhebung

Zur Datenerhebung wurden im Sinne der Methodentriangulation (vgl. Flick 2007) Interviewtechniken mit partizipativen und audiovisuellen Methoden (fokussierte Ethnographie, Knoblauch 2001: 132) kombiniert. Die Verbindung unterschiedlicher methodischer Zugänge hat den Vorteil, dass Schwächen und blinde Flecken einer jeweiligen Methode, mit einer anderen Herangehensweise kompensiert und komplementiert werden können. Die Gegenstandsangemessenheit einer Untersuchung kann so erhöht werden.

4.1.1 Interviews

Zur Sondierung des Feldes und zur Konkretisierung einer vorläufigen Fallauswahl wurden zunächst explorative Interviews durchgeführt. Mit einer Kombination aus problemzentrierten Leitfadeninterviews (vgl. Witzel 1985, 2000) und dem verstehenden Interview (Kaufmann 1999) wurden danach subjektive Sichtweisen, Deutungen und Erfahrungen der zu befragenden Personen bezüglich ihrer spezifischen Kleidungspraxis erhoben. Das problemzentrierte Interview als Sonderform qualitativer Leitfadeninterviews kombiniert narrative und dialogische Befragungselemente, wobei insbesondere *biographische* Daten im Hinblick auf ein bestimmtes Problem thematisiert werden.[1] Die Methode zielt darauf, die subjektive Problemsicht der Akteur/innen, deren „individuelle Handlungen, subjektive Wahrnehmungen und Verarbeitungsweisen gesellschaftlicher Realität" (Witzel 2000: 1) möglichst unvoreingenommen zu erfassen. Die subjektiven Sichtweisen und Erzählungen der untersuchten Einzelfälle werden dabei vor dem Hintergrund fokussiert, dass in der „Konkretheit des individuellen Falls Allgemeingültiges [...] verborgen ist" (Alheit 1992: 20).

Es wird also eine Dialektik von Individuellem und Gesellschaftlichem[2] vorausgesetzt und versucht, das Zusammenspiel von individuellen Sinnkonstruktionen einerseits und sozialer Struktur andererseits zu analysieren. Das Projekt fragt demnach, gemäß den Prämissen biographischer Interviewformen u. a. nach „individuellen Aneignungs- und Verarbeitungsmustern gesellschaftlicher [und referenzgruppen-spezifischer, Anm.: J.G.] Bedingungen zu einem spezifischen historischen Zeitpunkt" sowie nach deren „Re-Aktualisierung in der konkreten Forschungssituation" (Bauschke-Urban 2010: 127). Der narrative Zugang erlaubte es u. a. nachzuzeichnen, wie in biographischen Erzählsequenzen gesellschaftliche (Selbst-)Positionierungen entlang von Differenzkategorien erzeugt und zugleich von den erzählenden Individuen reflektiert und auf die eigene und fremde Kleidungspraxis bezogen werden. Wie Floya Anthias bemerkt, geben die „Erzählungen über Zugehörigkeit" (vgl. Anthias 2003) Einblick in die subjekti-

---

1 Drei zentrale Kriterien kennzeichnen das problemzentrierte Interview: Problemzentrierung d.h. „die Orientierung des Forschers an einer relevanten gesellschaftlichen Problemstellung" (Witzel 1985: 293), Gegenstandsorientierung, (die Entwicklung und Modifikation der Methode orientiert sich maßgeblich am Gegenstand) und schließlich Prozessorientierung – bezogen auf Forschungsprozess und Gegenstandsorientierung (Flick 1995: 105-106).

2 Hierbei wird Bezug genommen auf die Grundannahmen des Paradigmas des Symbolischen Interaktionismus.

ven und gesellschaftlichen Prozesse sozialer Differenzierung aus dem Blickpunkt der Erzählenden. Erzählungen können in diesem Sinn gleichzeitig als Herstellungsakte und als Repräsentationen von biographischen Positionierungen verstanden werden (vgl. Anthias 2003, vgl. auch Bauschke-Urban 2010: 127).[3]

Stärker noch als im problemzentrierten Interview wird im verstehenden Interview (vgl. Kaufmann 1999) die Erhebungssituation als eine Interaktion begriffen, die vom Interviewer statt Neutralität – wie im formalisierten Methodenkanon üblich – Engagement und Empathie fordern. So erst eröffne sich für den Informanten die Möglichkeit, den Interviewer einzuordnen, sich auf das Gespräch einzulassen und die Hierarchie zwischen Befragtem/r und Befrager/in zu durchbrechen (vgl. Kaufmann 1999: 70f, 77f). Denn, so die Annahme Kaufmanns, „Die Zurückhaltung des Interviewers löst bei der befragten Person eine ganz spezifische Vorsicht aus, die verhindert, dass sie sich allzu sehr auf das Interview einlässt: auf die Nicht-Personalisierung der Fragen folgt das Echo der Nicht-Personalisierung der Antworten" (Kaufmann 1999: 24f.).[4]

Aus den explorativen Interviews ergaben sich folgende Überlegungen bzw. Fragenkomplexe, die die Erstellung des Leitfadens für die nachfolgenden Interviews lenkten:

- Symbolische Bezüge und Verbindlichkeitsvorstellungen im Zusammenhang mit der religiösen Kleidungspraxis
- Beweggründe/Motivationen für die Kleidungspraxis
- Bedeutung der religiösen Sozialisation im Hinblick auf die Entscheidung für eine jeweilige Kleidungspraxis
- Probleme im Zusammenhang mit dem Tragen religiöser Kleidung
- Erfahrungen von Anerkennung oder Nichtanerkennung durch das gesellschaftliche Umfeld/gesellschaftlichen Selbstverortung
- Bedeutung der Referenzgruppe im Hinblick auf die Kleidungspraxis

3 Narrativ-biographisch orientierte Interviewsequenzen können also als Prozesse narrativer Positionierung begriffen werden, in denen sich die „autobiographische Darstellung von Positionierung mit der performativen und interaktiven Produktion von sozialer Verortung ihres subjektiven Erlebens vollzieht. [….] so rückt der reflexive Herstellungsprozess der sozialen Positionierung in den Blick" (Bauschke-Urban 2010).

4 In der Praxis erwies sich dieser Zugang als sehr fruchtbar, da in den Interviews eine Vertrauensbasis aufgebaut werden konnte; allerdings auch als Herausforderung, da die Gefahr einer Beeinflussung der Interviewpartner durch die ‚Natürlichkeit' der Gesprächssituation erhöht wird. Diese Gefahr kann allerdings in der Interviewauswertung wieder ‚aufgefangen' respektive minimiert werden.

- Fragen nach Identifikationskategorien im Zusammenhang mit der Kleidung und Situationen/Kontexte ihrer Aktivierung (schweizerisch, islamisch, tibetisch, jüdisch, buddhistisch, türkisch, kosmopolitisch, etc.)

4.1.2 Beobachtungsverfahren und (audio-)visuelle Methoden

Zur Vorbereitung des Beobachtungsverfahrens wurden die Befragten gebeten, zu den Themen „Fremdheit" und „meine religiöse Identität" Fotografien zu erstellen, welche später gemeinsam diskutiert wurden. Diese Fotobesprechungen sollten, neben den Leitfadeninterviews, Hinweise für die Auswahl geeigneter Beobachtungssituationen geben, erwiesen sich aber darüber hinaus als bedeutende Ergänzung zu den Interviews, da Themenvorgabe und Relevanzsetzung viel stärker den Informant/innen überlassen waren und so von deren Seite gänzlich neue Aspekte zur Sprache kamen und somit wichtige Erkenntnisse gewonnen werden konnten.[5]

Das Beobachtungsverfahren diente erstens dazu, die in den Gesprächen gesammelten Informationen aus der Außenperspektive zu validieren und *kontextuell* zu *verorten*. Zweitens wurden durch die unmittelbare Erfahrung von Situationen Aspekte des Handelns und Interaktionssituationen beobachtbar, die in den Interviews nicht kommuniziert wurden. So wurde es beispielsweise möglich zu beobachten, wie das vestimentäre Handeln der Akteur/innen an unterschiedliche Kontexte und Situationen angepasst wurde, wie Betrachter auf die Kleidung reagierten und welche Reaktionen dies wiederum bei den Akteur/innen auslöste.

Die Beobachtung liefert Informationen aus erster Hand. Dem Gesagten kann also ein Bild zugeordnet werden, und umgekehrt kann das Bild, das der Forscher bzw. die Forscherin über bestimmte Aspekte eines sozialen Zusammenhangs skizziert hat, durch Gespräche mit den Informant/innen ergänzt werden. Beobachtungsverfahren haben den Vorteil, dass die Äußerungen, Gespräche oder Diskussionen auf den jeweiligen Handlungskontext über den geredet wird, bezogen werden können (vgl. Bohnsack 1993: 219). Neben den Zugängen zu subjektiven Sichtweisen, die mittels Interviews erhoben wurden, eröffnete sich durch das Beobachtungsverfahren so eine weitere Forschungsperspektive – auf Prozesse der Herstellung sozialer Situationen.

Ergänzend zu den Interviews und den Sequenzen teilnehmender Beobachtung kam für die Datenerhebung auch ein audiovisueller Zugang zur Anwendung.

---

5 Zur Methode der reflexiven Fotographie vgl. Dirksmeier 2007.

Dieser hatte forschungspraktisch nicht primär – respektive nicht nur – eine filmische Darstellung der Ergebnisse zum Ziel. Der Prozess des Filmens ist u. a. auch als methodisches Instrument einsetzbar, das zu einer intensiveren Auseinandersetzung sowie einem vertieften Verständnis des Forschungsthemas führen kann.

Wie die Ethnologin Beate Engelbrecht feststellte, findet „in jeder Phase der Filmherstellung Forschung statt“ (Engelbrecht 1995: 143). Mittels ethnographischer Filmherstellung können also neue, forschungsrelevante Erkenntnisse im Untersuchungsfeld gewonnen werden (vgl. Engelbrecht 1995). Die filmische Arbeit wird dabei als Kommunikationsform zwischen Akteur/innen und Forscherin und als kooperatives Projekt verstanden und auf diese Weise als erkenntnistheoretisch wertvolles methodisches Instrument eingesetzt.

Welches ist nun, methodisch gesehen, der konkrete Nutzen audiovisueller Vorgehensweisen? Ethnographisch filmische Arbeit bedeutet, dass eine intensivere Zusammenarbeit zwischen Forscherin/Filmerin und Informant/innen erreicht wird als beispielsweise durch Interviewtechniken, teilnehmende Beobachtung oder quantitative Methoden. Gerade diese Zusammenarbeit lässt die Filmaufnahmen auf vielfältige Weise zu einer sozialwissenschaftlichen Forschungsmethode werden, die sowohl in ethischer als auch in inhaltlicher Hinsicht besonders fruchtbar sein kann (vgl. Engelbrecht 1995: 149). Einerseits betrifft dies die Beziehungsebene. Der ethnographische Filmemacher Hans-Dieter Grabe betont die Bedeutung einer guten Vertrauensbasis (zwischen Filmer/in und Gefilmten) für den Zugang zu Informationen (vgl. Grabe 2010). Andererseits findet in der Regel, haben die Informant/innen der Teilnahme an einem Filmprojekt einmal zugestimmt, eine Identifikation mit dem Projekt statt, was zu einem erhöhten Interesse an einer erfolgreichen Durchführung führt. Das Forschungsprojekt wird als interaktives Unternehmen erfahren, wobei die Protagonist/innen von der Rolle der beobachteten Forschungsobjekte zu Subjekten werden, die aktiv teilnehmen, Anregungen einbringen, Entscheidungen kritisieren, vernachlässigte Aspekte thematisieren, Sichtweisen der Forschenden kommentieren und komplementieren. Dies erlaubt Einblicke in subjektive Relevanzsetzungen und individuelle Deutungsmuster der Akteur/innen. Was die Gefilmten zu zeigen bereit sind, wie sie es zeigen und was sei preiszugeben glauben, wenn sie es zeigen, gibt Aufschluss darüber, welche Bedeutung und Gewichtigkeit sie dem Visuellen zuweisen und welche nicht-verbalisierten, emischen Repräsentationstheorien dem zu Grunde liegen (vgl. Keifenheim 1995). Dies macht insbesondere Sinn in einer Arbeit, die sich mit Sichtbarkeit befasst. Darüber hinaus werden Selbstdarstellungsstrategien, wie sie sich im Hinblick auf ein vermutetes größeres aber unbestimmtes Publikum (voraussichtliche Rezipient/innen des Films) manifestieren, beobachtbar und mit der (Selbst-)Darstellung in anderen Kontexten vergleichbar. Im Unterschied zu einem einmaligen und punktuellen Interview, wurden die Protagonist/innen über einen gewissen Zeitraum hinweg begleitet, so dass es möglich wurde, auch Veränderungen und Entwicklungen in den Lebenszusammenhängen und den darauf bezogenen subjektiven Deutungen zu erfassen.

Die Anwesenheit der Kamera ist ein in der ethnographischen Filmtheorie wichtiges und vieldiskutiertes Problem. Dabei lassen sich zwei Standpunkte unterscheiden. Während ersterer eine maximale Reduzierung des Einflusses der Kamera propagiert (*direct cinema*) um die gefilmten Vorgänge möglichst nicht zu stören, betrachtet der zweite Standpunkt die Kamera als ein Element, das sich nicht vom Prozess des Filmens trennen lässt (*cinéma vérité*)[6] (vgl. MacDougall 1984).[7] Eine völlig „leidenschaftslose und neutrale Beobachtung" (Kaczmarek 2008: 7) ist in dieser Sichtweise nicht möglich. Dies kann als Nachteil gesehen, methodisch aber auch als Vorteil gewertet werden. Im zweiten Zugang, der auch partizipierender Filmstil genannt wird, wird davon ausgegangen, dass die Gegenwart der Kamera die Handlungsweisen der gefilmten Akteur/innen beeinflusst (vgl. MacDougall 1984). Die Situation des Filmens wird als sozialer Prozess verstanden, der bestimmte Interaktionen hervorbringt, die für den Film respektive für den Forschungsprozess epistemologisch genutzt werden können (vgl. ebd.).

Die Anwesenheit der Kamera hilft, so Jerzy Kaczmarek, interessante Daten zu finden und „löst ein bestimmtes, vielleicht seit langem reprimiertes Verhalten aus, ohne dass sie es einfach erzeugen würde. Vielmehr ‚provoziert' die Kamera es – im positiven Sinn – und erleichtert damit den Zugang zur vollen Wahrheit über die Wirklichkeit" (Kaczmarek 2008: 7). In der Beziehung zwischen Filmer und Gefilmten schafft die Kamera einerseits Distanz, ermöglicht der/m Filmenden somit aber zugleich eine unbefangenere und angstfreiere Annäherung an das zu filmende Ereignis (vgl. Ballhaus 1995: 32). Die Kamera hilft Distanz zu be-

6 Der Begriff geht auf den Filmemacher und Ethnographen Jean Rouch zurück.

7 Der ‚beobachtende' Filmstil (*direct cinema*) zielt dabei auf eine Beobachtung der Wirklichkeit, weshalb der Einfluss der Filmenden weitgehend minimiert werden soll. Dabei wird davon ausgegangen, dass die Ereignisse so ablaufen, wie sie sich auch ohne Gegenwart der Kamera abspielen würden. Im ‚partizipierenden' Filmstil dagegen, wird der Kamera eine wichtige Rolle im Prozess des Filmens beigemessen, und es wird davon ausgegangen, dass ihre Anwesenheit bei den Gefilmten bestimmte Reaktionen auslöst (vgl. MacDougall 1984).

wahren und gleichzeitig Nähe herzustellen.[8] Vertrautes wird fremd, und zu Fremden/m wird unverhoffte Nähe geschaffen. Dabei handelt es sich „ohne Frage um einen kameraspezifischen Aneignungsprozess“ (ebd.). Das Filmen kann als Vorgang gesehen werden „in dem sich Nähe und Distanz auf seltsame, aber fruchtbare Weise verschränken“ (ebd.). Die filmische Annäherung vermittelt, so Ballhaus, ungewohnte und detaillierte Einblicke, Erkenntnisse und offenbart darüber hinaus Befindlichkeiten und emotionale Standorte von Beobachteten und Beobachtern (vgl. ebd.).

Während der Forschungsarbeit machte ich die Erfahrung, dass meine Rolle im Feld mit der Kamera klarer definiert war, als in reinen Beobachtungssituationen, was den Protagonisten (und mir selbst) mehr Sicherheit, Selbstverständnis und Natürlichkeit vermittelte. Ich wurde (als sichtbar Nichtzugehörige) wiederholt auf mir zunächst verborgen gebliebene Teilaspekte von Vorgängen hingewiesen und selbstverständlich in ein jeweiliges Geschehen miteinbezogen.[9] David MacDougall kam in diesem Zusammenhang zum Schluss „dass Leute sich manchmal natürlicher verhalten, wenn sie gefilmt werden, als wenn ein gewöhnlicher Beobachter anwesend ist. Ein Mann mit einer Kamera hat ganz offensichtlich eine Arbeit zu tun, d.h. zu filmen. Seine Darsteller verstehen das und überlassen es [das Filmen, Anm.: J.G.] ihm“ (MacDougall 1982: 18). Im Gegensatz zum/r teilnehmenden Beobachter/in, der/die mitunter Probleme hat „im Wechselspiel zwischen Teilnahme und Beobachtung eine eindeutige und für alle Seiten akzeptable Identität zu finden“ (Ballhaus 1995: 33), sind Identität und Absicht der/s Filmemachers/in für alle Teilnehmenden offen sichtbar und nachvollziehbar. Dies lässt sie/ihn vom/von der Beobachter/in zum/r Beteiligten werden. Der Filmethnograph Jean Rouch beobachtete:

> Ich glaube heute, dass die gefilmten Leute sehen, wie sich unter ihren Augen die Person des Filmemachers verwandelt […]. Paradoxerweise kann sich der Filmemacher aber gerade dank des ganzen Zubehörs, dank des anderen Verhaltens (das nichts mit dem Verhalten der Person, wenn sie nicht filmt, gemeinsam hat) eng an das Ritual heften, sich einbeziehen und ihm Schritt um Schritt folgen: eine merkwürdige Choreographie, die, wenn sie ‚inspiriert‘ ist, den Kameramann […] nicht unsichtbar, sondern zu Teilnehmern der Zeremonie macht (Rouch 1982: 12).

8 Diese Nähe bezieht sich explizit nicht auf die Zoom-Funktion der Kamera, sondern auf den sozialen Prozess! (vgl. Ballhaus 1995).

9 Zu nennen wären hier beispielsweise eine muslimische Hochzeit, eine buddhistische Puja, eine Strategie-Sitzung der Nonnen des Klosters Ingenbohl, ein Konzert der Schwarzen Braut.

Zusammenfassend kann der audiovisuelle Zugang als Kommunikationsprozess zwischen Akteur/innen und Forscherin verstanden werden, der zu neuen Erkenntnissen im Forschungsfeld führt. Dies geschieht unter anderem durch eine Stärkung der Vertrauensbasis, eine Intensivierung von Austausch und Interaktion, eine größere Involviertheit der Protagonisten in das jeweilige Projekt und eine vermehrte und selbstverständlichere Einbezogenheit der Forscherin in die Handlungsfelder der Akteur/innen.

4.2 FALLAUSWAHL

In qualitativen Studien geht es nicht um die Repräsentativität von Ergebnissen, sondern darum „die Strukturiertheit [eines] Phänomens und das Spektrum seiner Ausprägungen zu erfassen" (Wohlrab-Sahr und Przyborsky 2009: 176). Die Fallauswahl ist theoretisch begründet und orientiert sich am Erkenntnisinteresse der Untersuchung. Das vorliegende Forschungsprojekt fragt nach der Spannbreite möglicher Sichtweisen und Deutungen von Träger/innen religiöser Kleidung auf deren Kleidungspraxis und die Konsequenzen und Strategien, die sich daraus ergeben. Dem Prinzip der Varianzmaximierung (vgl. Patton 2002) folgend, war es das Ziel der Samplingstrategie, eine möglichst heterogene, in relevanten Merkmalen maximal kontrastierte Auswahl von Informant/innen für die Untersuchung zu gewinnen (vgl. Reinders 2005: 134f). Die Varianzmerkmale orientieren sich dabei an forschungstheoretischen Aspekten.

Die konkrete Fallauswahl erfolgte in mehreren Schritten. In einem ersten Schritt wurden einundzwanzig[10] Personen ausgewählt. Zentrales Auswahlkriterium war zunächst die vestimentäre Sichtbarkeit religiöser Identität. Berücksichtigt wurden also Träger/innen religiöser Kleidung, wobei eine gewisse visuelle Auffälligkeit gegeben sein sollte, das heißt, dass nach *alltagsweltlichem Verständnis* eine religiöse Konnotation der Kleidung nahe gelegt werden konnte. Dies war insbesondere darum von Bedeutung, weil sich das Forschungsinteresse u. a. auf das Spannungsfeld Selbst- und Fremdwahrnehmung richtete und somit aus der Außensicht eine religiöse Zuordenbarkeit gegeben sein sollte. Voraussetzung

---

10 Dabei handelte es sich um: fünf Musliminnen, zwei orthodoxe Juden und zwei orthodoxe Jüdinnen, drei Sikhs, drei katholische Nonnen, zwei Hare Krishnas (diese wurden nicht in die weiter Auswahl aufgenommen, da sie in den letzten Jahren nur noch im Tempel ihre spezifische Kleidung tragen und sich in der Öffentlichkeit ausschließlich in Alltagskleidung zeigen), zwei buddhistische Mönche und zwei Vertreter der ‚Schwarzen Braut'.

zung war außerdem, dass die religiöse Kleidung permanent, also auch im Alltag getragen wird. Kleidung, die „nur" im Rahmen zeitlich und oder räumlich begrenzter ritueller Kontexte Verwendung findet (Priestergewand, Brautkleid, etc.), wurde nicht berücksichtigt.

In explorativen Interviews wurde verifiziert, ob die Interviewpartner/innen ihre Kleidungspraxis selbst als religiös konnotiert wahrnahmen oder sich eher aus der subjektiv wahrgenommenen Außenperspektive als Träger/innen religiös konnotierter Kleidung verstanden fühlten bzw. erlebten. Außerdem wurden anhand einer ersten Interpretation dieser Gespräche Varianzmerkmale entwickelt, die bei der Auswahl der zwölf Gesprächspartner/innen für die vertieften Leitfadeninterviews Ausschlag gebend waren. Als relevant erwiesen sich dabei: unterschiedliche religiöse Selbstverortung (‚Religionszugehörigkeit'), religiöses Laientum versus Spezialistentum, Geschlecht, Herkunft (‚heimisch' versus ‚zugewandert') sowie soziale und gesellschaftliche Selbstpositionierung (in Bezug auf die wahrgenommene Privilegierung respektive Unterprivilegierung). Aus den zwölf Interviewpartner/innen wurden zunächst vier und später zwei weitere, also insgesamt sechs für eine weitere Mitarbeit im Projekt und die vertieften Einzelfallanalysen ausgewählt. Dabei waren auch forschungspraktische Kriterien ausschlaggebend, wie die Bereitschaft zur weiteren Teilnahme am Projekt seitens der Akteur/innen, sowie die Beschränkung auf den Kanton Zürich als Wohnort.

Die Fallauswahl erfolgte also in einer Kombination induktiver und deduktiver qualitativer Samplingstrategien. Damit sollte verhindert werden, dass sich vorschnelle Einschätzungen der Forscherin auf die Wahl der Fälle auswirkten. Die definitive Fallauswahl ergab sich anfangs aus dem Vorwissen/den Vorannahmen der Forscherin bezüglich religiöser Kleidungspraxis und dann sukzessive aus den im Erhebungsprozess gewonnenen, forschungsrelevanten Erkenntnissen (und kann dementsprechend als Mischform von vorab festgelegtem und theoretischem Sampling verstanden werden.[11]

11 Aus dem Sampling resultierte folgende Auswahl: 1) eine katholische Ordensfrau der Barmherzigen Schwestern zum Heiligen Kreuz (Schwester Marianne), die ihre Ordenstracht immer trägt, also nicht von der Möglichkeit Gebrauch macht, „zivil" zu tragen. Sie lebt außerhalb der Ordensgemeinschaft, steht aber mit dieser in engem Kontakt; 2) eine junge muslimische Frau der zweiten Einwanderungsgeneration, türkischer Herkunft, mit Kopftuch (Frau Güney); 3) ein junger Sikh mit Turban, Informatiker, der seit sechs Jahren in der Schweiz lebt (Herr Singh); 4) ein tibetisch-buddhistischer Mönch, der seit acht Jahren jeweils die Hälfte des Jahres in der Schweiz und die andere in Australien verbringt (Geshe Do); 5) ein jüdisch-orthodoxer Mann der Gemeinschaft der Chassidim, der in Zürich geboren wurde und aufwuchs

4.3 AUSWERTUNG

Methodisches Ziel der Datenerhebung war es, u. a. mittels der im Leitfaden festgehaltenen Themenvorgaben eine Vergleichbarkeit der einzelnen Interviews zu erhalten und gleichzeitig eine größtmögliche Offenheit für die darauf gerichteten Perspektiven zu gewährleisten. Diese Kriterien sollten auch bei der Datenanalyse erfüllt sein.

4.3.1 Mehrstufiges thematisches Kodieren

Die Auswertung des Datenmaterials orientierte sich am Verfahren des „mehrstufigen thematischen Kodierens“ welches von Flick (1995) in Anlehnung an Strauss' *Grounded Theory* (1996) entwickelten wurde. Flicks Modifikationen zielen dabei auf die Vergleichbarkeit von Gruppen und Einzelfällen. So wurde das Verfahren für vergleichende Studien mit aus der Fragestellung abgeleiteten, vorab festgelegten Akteur/innen (bzw. Gruppen) entwickelt. Der Forschungsgegenstand ist dabei die Vielfalt und Verteilung von Perspektiven auf ein Phänomen oder einen Prozess (Flick 2007: 271) und nicht ein Vergleich der Fälle im Sinn einer Herausarbeitung von Unterschieden und Gemeinsamkeiten sowie entsprechender Erklärungsansätze (vgl. Kapitel 1). Im Sinn Jonathan Smith's wird als das Ziel des Vergleichs nicht der Vergleich *an sich* gesehen, sondern eine „redescription of the exempla (each in the light of the other)“ und eine „rectification of the academic categories in relation to which they have been imagined“ (Smith 2000: 239).

Das mehrstufige thematische Kodieren erwies sich für die vorliegende Untersuchung insofern als angemessen, als sie eine Gegenüberstellung *verschiedener Sichtweisen* auf die Bedeutung der Visibilisierung religiöser Identität anstrebt, mit dem Ziel, ein Spektrum möglicher Bedeutungsräume religiös konnotierter Kleidung im religiösen Selbstbezug wie im Hinblick auf soziale Ein- und Ausgrenzungsmechanismen aufzufächern. Gemäß Flick richtet sich der erste Schritt des theoretischen Kodierens:

> […] auf die einbezogenen Fälle, die in einer Reihe von Einzelfallanalysen interpretiert werden. Zu einer ersten Orientierung wird eine Kurzbeschreibung des jeweiligen Falles erstellt, der im Lauf seiner weiteren Interpretation kontinuierlich überprüft und gegebe-

---

(Herr Wyler); und 6) ein Anhänger der sogenannten „Schwarzen Braut“ (eine christlich orientierte Bewegung aus der Subkultur der Gothics/ Metal), (Martin Steiner). Die Namen wurden geändert.

> nenfalls modifiziert wird. […] Diese Kurzbeschreibung hat zunächst heuristischen Wert für die anschließende Analyse. Nach Abschluss der Fallanalyse ist sie (eventuell in überarbeiteter Form) Bestandteil der Ergebnisse (Flick 1995: 206).

Damit der Sinnzusammenhang der Auseinandersetzung der jeweiligen Akteur/innen mit der Thematik erhalten blieb, wurden für alle einbezogenen Fälle Einzelfalldarstellungen gewählt. Ziel dieser Einzelfallauswertungen war das Verstehen des subjektiven Sinns, also die Rekonstruktion von Motiven, Einstellungen, Wissensbeständen, Erklärungen, Wahrnehmungen, Erwartungen, Deutungen und Weltsichten der Akteur/innen. Aus diesen ersten Interpretationsschritten ergaben sich fallbezogene Darstellungen der Auseinandersetzung der beteiligten Träger/innen religiös konnotierter Kleidung mit dem Untersuchungsgegenstand, woraus sich fallspezifische Leitthemen bzw. thematische Schwerpunkte herauskristallisieren ließen. Um den Sinnzusammenhang dieser Auseinandersetzung der jeweiligen Interviewpartner/in mit dem Thema möglichst erhalten zu können, wurden die Analysen relativ nahe am Material, an den Deutungen und Aussagen der Akteur/innen entwickelt. Theoretisches Wissen wurde in dieser Phase bewusst zurückhaltend eingebracht, um eine prinzipielle Offenheit gegenüber der Empirie zu gewährleisten. Gemäß den Grundsätzen der qualitativ empirischen Untersuchung, wonach der Forschungsprozess zirkulär organisiert wird (vgl. Flick 2007), sollte eine Erhebung nicht von konkreten Hypothesen geleitet sein und sich zunächst den subjektiven Beschreibungen der Akteur/innen zuwenden und daraus, im Lauf des Forschungsprozesses, Arbeitshypothesen entwickeln, die dann weiter bearbeitet werden.

In einem zweiten (theoretisierenden/systematisierenden) Schritt wurde nun die thematische Struktur der Fälle einander gegenübergestellt und unter Berücksichtigung „sensibilisierender Konzepte" (Blumer 1954: 7) zentrale Spannungsfelder und Hypothesen herausgearbeitet. Nach Blumer sollen theoretische Konzepte weder – gemäß der phänomenologischen Analyse – „eingeklammert", noch als definitive Konzepte und Hypothesen behandelt, sondern im Sinn der genannten „sensitizing concepts" expliziert werden und auf diese Weise Eingang in die Analyse finden. „Whereas definitive concepts provide prescriptions of what to see, sensitizing concepts merely suggest directions along which to look" (Blumer 1954: 7).

Der Korpus theoretischer Instrumente wurde nicht zu Beginn der Untersuchung festgelegt, sondern entwickelte sich während der Auswertungsphase in kontinuierlicher Auseinandersetzung mit dem empirischen Material. Wie auch Witzel im Hinblick auf die Methode des problemzentrierten Interviews feststellt, entsteht theoretisches Wissen in der Auswertungsphase durch den Einbezug der genannten „sensitizing concepts", wird in der weiteren Analyse fortentwickelt und mit empirisch begründeten Hypothesen am Datenmaterial erhärtet. Diese „elastische Vorgehensweise" soll verhindern, dass die Problemsicht des Wissenschaftlers diejenige der Befragten überdeckt und den Daten von vornherein Theorien übergestülpt werden (vgl. Witzel 2000: 3). Mit dem beschriebenen Vorgehen wird also das Ziel verfolgt, den vermeintlichen Widerspruch zwischen Theoriegeleitetheit und Offenheit zu überwinden und stattdessen, den „Erkenntnisgewinn sowohl im Erhebungs- als auch im Auswertungsprozess [...] als induktiv-deduktives Wechselverhältnis zu organisieren" (ebd. 2000: 1, 3).

4.3.2 Einzelfallauswertungen

Zur Erstellung der Einzelfallauswertungen wurde zunächst für jeden Fall eine Kurzbeschreibung erstellt. Danach wurden die Interviewtranskriptionen einem mehrstufigen, computergestützten[12] Kodierungsverfahren unterzogen. Dabei wurde jeweils eine Kodeliste für den einzelnen Fall entwickelt, ein Vorgehen, das sich einerseits an der forschungsleitenden Fragestellung und an den inhaltlichen Vorgaben des Interviewleitfadens orientierte und andererseits – mit dem Ziel begrifflicher und konzeptueller Offenheit für den einzelnen Fall – die Generierung thematischer Bereiche und Kategorien aus dem einzelnen Fall heraus verfolgte. Bei der Kodierung wurde also ebenfalls induktiv und deduktiv vorgegangen. Die entwickelten Kategorien und thematischen Bereiche der ersten Fallauswertungen wurden den weiteren Fällen zugrunde gelegt, angepasst und abgeglichen. Somit wurde aus den ersten Fällen eine thematische Struktur entwickelt, die an den weiteren Fällen kontinuierlich überprüft und – wenn sich neue oder ihr widersprechende Aspekte ergaben – entsprechend modifiziert bzw. ergänzt wurde (vgl. Flick 2007: 274).

In der analytischen Bearbeitung und in der fortlaufenden Gegenüberstellung und Kontrastierung der Einzelfallauswertungen mit vorangegangenen Fällen wurde das der Analyse zugrunde liegende Kategoriensystem kontinuierlich verfeinert und differenziert. Im Gegensatz zu der sehr zeitaufwändigen Bearbeitung der ersten Fälle, konnte somit die themenanalytische Darstellung der gegen Schluss ausgewerteten Fallbeispiele weniger umfangreich ausfallen, da epistemologisch und analytisch auf vorangegangene Arbeitsschritte und Erkenntnisse zurückgegriffen werden konnte. Im Hinblick auf ihren heuristischen Nutzen für die systematisch-theoretisierende Analyse konnten diese also gezielter und effi-

12 Es wurde dazu mit dem Programm Atlas.ti, das sich zur Unterstützung qualitativer Datenauswertung eignet, gearbeitet.

zienter analysiert werden. In den ausformulierten Ergebnisdarstellungen erscheinen sie daher als Kurzauswertungen.

Im Hinblick auf die Frage nach der Bedeutung der spezifischen Kleidungspraxis für die eigene religiöse Orientierung (bzw. die subjektive Religiosität) der befragten Akteur/innen ergab sich im Lauf der Auswertung aus dem Datenmaterial, dass zugunsten einer besseren analytischen Operationalisierbarkeit im Sinne eines polythetischen Verständnisses von Religiosität auf einer metatheoretischen Analyseebene verschiedene Dimensionen von religiöser Orientierung differenziert werden mussten (vgl. Kapitel 3.2.3). Dieses Vorgehen erhöhte einerseits (wiederum) die Vergleichbarkeit der einzelnen Fälle. Andererseits, und das war von vorrangiger Bedeutung, konnte damit die Komplexität der Bezugnahme bzw. die Mehrschichtigkeit der Verweisungszusammenhänge, in denen die jeweilige Kleidungspraxis in Relation zu Aspekten individueller Religiosität gesetzt wurde, berücksichtigt werden.

In Anlehnung an die mehrdimensionalen Religionsdefinitionen von Ninian Smart (1973: 8) und Franz-Xaver Kaufmann (1989: 70-88, vgl. Kapitel 3.2.3) wurde, in kontinuierlicher Rückspiegelung auf das Datenmaterial, ein System projekt- bzw. fallrelevanter Dimensionen von Religiosität entwickelt, welches jeweils der Analyse und Darstellung der Beziehung zwischen spezifischer Kleidungspraxis und eigener religiöser Orientierung der Akteur/innen zugrunde gelegt wurde. Ausgehend von Kaufmanns und Smarts Konzepten wurde also im Prozess des thematischen Kodierens in kontinuierlicher Überarbeitung bzw. Überprüfung des Datenmaterials eine Selektion und Anpassung als relevant erachteter Dimensionen vorgenommen und angewendet. Im Folgenden wird das Verständnis der Dimensionen, wie sie dieser Arbeit als *heuristische Werkzeuge* zugrunde liegen, einerseits in einer allgemeinen Formulierung und andererseits mittels konkreter, auf die Kleidungspraxis fokussierender Fragen erläutert. Die Dimensionen lassen sich dabei nicht scharf voneinander abgrenzen, sondern zeigen Überlappungen.

Intellektuelle, lehrhafte Dimension

Unter der intellektuellen bzw. lehrhaften Dimension von Religiosität wird in dieser Arbeit der wissensbezogene, inhaltliche Bezugsrahmen eines religiösen Symbolsystems, d.h. die systematischen Formulierungen religiöser Lehren in einer intellektuell kohärenten Form verstanden. Konkret wird danach gefragt, inwiefern die verschiedenen Akteur/innen zur Begründung, Erklärung, Rechtfertigung oder Beschreibung ihrer Kleidungspraxis explizit auf diese religiösen Lehren, Dogmen, Schriften oder Lehrsätze verweisen bzw. sich darauf beziehen.

Normative Dimension
Die normative Dimension der religiösen Orientierung meint die in den oben genannten Lehren, Dogmen und Schriften (oder in Ordensregeln) festgehaltenen und übermittelten Regeln oder Empfehlungen, welche sich auf alltägliche Handlungen und Verhalten sowie Interaktionen im zwischenmenschlichen Bereich richten. Im vorliegenden Projekt wird dabei nach konkreten Bezügen auf explizi(er)te, kleidungsrelevante Regeln und deren persönliche Auslegung gesucht: Wie gestalten sich diese Regeln nach dem Verständnis der Akteur/innen konkret aus? Wie werden sie tradiert, erklärt, interpretiert und plausibilisiert? Wer wird als Urheber dieser Regeln verstanden, und als wie verbindlich werden sie wahrgenommen? Unter welchen Umständen werden sie umgedeutet oder relativiert? Mit welchen Konsequenzen muss bei einer Missachtung der Regeln (von welcher Seite) gerechnet werden?

Die erfahrungsbezogene Dimension der Religiosität
Die erfahrungsbezogene Dimension der Religiosität meint ‚religiöse Erfahrungen' und/oder damit verbundene emotionale Implikationen, Zustände wie Angst, Schuld, Ehrfurcht, Hingabe oder Gefühle einer Verbundenheit mit Gott, die im Zusammenhang mit Aspekten eines jeweiligen religiösen Symbolsystems beschrieben und darauf bezogen werden. Inwiefern wird im Zusammenhang mit der spezifischen Kleidungspraxis (oder deren Unterlassung) auf derartige erfahrungs- respektive emotionsbezogene Aspekte verwiesen? (Wie) werden diese Emotionen in Verbindung mit der Kleidung gebracht?

Die identitätskonstituierende Dimension von Religiosität
Die Dimension der Identitätskonstitution bezieht sich auf die Prozesse der Konstruktion und Aufrechterhaltung von (religiöser) Identität. Inwiefern wird auf die Kleidungspraxis, als konstituierendes Element ‚religiöser Selbstkonzeption' rekurriert? Inwiefern verweisen die Informanten auf die Kleidung als relevant für Prozesse der individuellen Identitätskonstruktion bzw. der Aufrechterhaltung ihrer Identität? Damit in enger Verbindung steht die:

Soziale Dimension
Mit der sozialen Dimension von Religiosität sind Prozesse (religiöser) Vergemeinschaftung angesprochen. Inwiefern wird über die Kleidungspraxis Zugehörigkeit zu einer religiösen Referenzgruppe konstituiert, proklamiert, aufrechterhalten oder angezeigt?

5. Ergebnisse

Im diesem Kapitel werden die Ergebnisse der sechs Einzelfallanalysen dargelegt, wobei die ersten vier Fälle ausführlicher ausfallen als die folgenden, die als Kurzdarstellungen erscheinen (vgl. Kapitel 4.3.2). Einführend erfolgt jeweils eine kurze Charakterisierung der Akteur/innen anhand biographischer Eckdaten. Dem folgt eine Thematisierung der religiösen Kleidungspraxis unter dem Gesichtspunkt der jeweiligen religiösen Orientierung der Informant/innen. Anschließend werden Aspekte der religiösen Kleidungspraxis in Bezug auf Identitätskonstruktion, Referenzgruppe und Gesellschaft diskutiert.

5.1 Einzelfallauswertung Frau Güney

Frau Güneys Eltern sind türkischer Herkunft. Sie selbst ist in der Schweiz geboren und aufgewachsen. Zum Zeitpunkt der Datenerhebung war sie Anfang zwanzig und besuchte eine Hochschule, wo sie sich zur Lehrperson ausbilden ließ. Mit ihren Eltern und ihren drei Geschwistern zusammen wohnt sie in einer Gemeinde im Kanton Zürich. Die ältere ihrer beiden Schwestern trägt, wie sie selbst auch, ein Kopftuch. Ihre jüngere Schwester verzichtet darauf. Frau Güney gehört einer türkischen Moscheegemeinde an, zu der sie eine sehr lose Beziehung pflegt. Ihre Leben orientiere sie, wie sie sagt, an der ‚islamischen Philosophie‘ und Denkweise und richtet es nach „der Sunna und den Weisheiten des Sufismus“ (EM: 02.10.14) aus.

5.1.1 Sichtbar gemachte religiöse Identität im Fokus der eigenen religiösen Orientierung

Frau Güneys religiöse Sozialisation vollzog sich im Rahmen der türkisch-muslimischen Tradition ihrer Herkunftsfamilie. Die ursprüngliche Entscheidung, das Kopftuch im Alter von zwölf Jahren anzulegen, leitete sich aus dieser Tradition und den impliziten Erwartungen der Familie ab. „Es war gerade, als ich in die Sek [Sekundarschule, Anm.: J.G.] gekommen bin. Und da war es für mich eigentlich normal, weil meine Cousine, die ist älter als ich, hat das Kopftuch angezogen und dann meine ältere Schwester. Dann war es auch normal für mich" (I5[1]: 4-6). Hinter dem Selbstverständnis zum Tragen des Kopftuches bzw. zum Einhalten normativer Vorgaben wie der Kleidungsvorschriften stehen verinnerlichte Vorstellungen über religiöse Konsequenzen des individuellen Handelns. „Vereinfacht gesagt: Himmel oder Hölle, darauf kommt es schlussendlich an!" (I5: 835). Hier zeigt sich ein orthopraktisches Religionsverständnis. Frau Güney will es richtig machen um nicht in der Punkteauswertung des Jüngsten Gerichts auf die negative Seite zu fallen.[2] „Es steht ja im Koran, dass man die Haare bedecken soll. Das mache ich halt" (I5: 842-843).

Das Jüngste Gericht sollte gemäß Frau Güneys Überzeugung stets im Bewusstsein gehalten werden. Allerdings, wie sie betont, nicht in Furcht, wohl aber mit einem gewissen Respekt „damit man nicht so viel sündigt" (I5: 838). Auf die

---

1 Abkürzungsverzeichnis zu den Nachweisen des Datenmaterials: siehe Anhang.

2 „[...] wir glauben daran, dass alles aufgeschrieben wird. Wir haben zwei Engel, wie es auch im christlichen Glauben [...] ist, – die alles Gute aufschreiben und alles Schlechte, das wir auf den Schultern haben. Und das ist wie ein Buch, das unser Leben aufgeschrieben hat. [...] Und nach dem Tod, am jüngsten Gericht, wird dann alles angesehen, ob man eher ein schlechter Mensch war oder eher Gutes getan hat. [...] Es ist das Gleiche, wenn man nicht betet, oder wenn man den Ramadan nicht einhält, nicht fastet während dem Ramadan, oder wenn man schlecht über jemanden redet oder wenn man zu viel isst. Es hat zwar schon Grade von Schlecht oder von Gut. Beispielsweise hinter dem Rücken über jemandem zu reden ist eine der schlimmsten Sachen, die man machen kann. Schlimmer als nicht zu beten oder nicht das Kopftuch anhaben usw. Also wie schwierig oder wie schlecht etwas ist, weiß man schon nicht genau, aber – es gibt so Abgrenzungen von großen Sünden und weniger schlimmen Sünden. Z.B., wenn man zu viel isst und sich vollstopft, das ist auch eine Sünde, oder Alkohol trinkt, oder raucht, ist auch eine Sünde. Das Selbe ist es bei den guten Sachen. Es ist so ein Punktesystem, so sehe ich das ein bisschen. Wenn man z.B. spendet, ist das etwas Gutes und dann ist so wie ein Punkt aufgeschrieben: das hast du gut gemacht. Oder wenn man betet, oder wenn man, wenn man sich um ein Kind kümmert, das ist auch schon etwas Gutes. Es gibt sehr viel, was eigentlich schon gut ist. Oder wenn man jemandem hilft oder solche Sachen. Oder eine Pflanze aufzieht, oder so [lacht], oder eben, wenn man das Kopftuch trägt, dann ist das etwas Gutes" (I5: 813-833).

Frage nach möglichen Vorteilen, welche ihr durch das Kopftuch erwüchsen, antwortete sie: „Also Vorteile sehe ich nicht. Also nur persönliche Vorteile, ich fühle mich sicherer da, also für mich im Gewissen. Mit meiner Religion, im Glauben" (I5: 131). Dieses Gefühl der Sicherheit, ist vor dem Hintergrund des erwähnten Jenseitskonzeptes zu sehen. Verinnerlichte Vorstellungen über bzw. Respekt vor den möglichen religiösen Konsequenzen des eigenen Handelns, und die daraus folgende prinzipielle Notwendigkeit sich richtig zu verhalten, sind so letztlich als Grundmotiv ausschlaggebend für die konkrete Ausgestaltung der individuellen Kleidungspraxis.[3] Eine vertiefte, kognitive Auseinandersetzung mit möglichen religiösen Begründungen traditionell-muslimischer Kleidungsvorschriften und ein kritisches Hinterfragen der eigenen Kleidungspraxis vor diesem Hintergrund stellte sich bei Frau Güney im Gymnasium, als Folge eines von außen an sie herangetragenen Interesses[4] für die Motive ihrer spezifischen Kleidungspraxis, ein.

> Dann habe ich zuerst einmal zu Hause gefragt und im Internet recherchiert [...] erst dann habe ich einmal theoretisch alles angeschaut und dann selber überlegt, ob ich zufrieden bin, ob es mich stört und so weiter. Und ich habe mich damit zurecht gefunden. Ich bin recht frei, also in der Kleidung. Nicht nur mit dem Kopftuch. [...] Und ich fühle mich nicht irgendwie eingeengt, weil ich eigentlich alles anziehe, was ich will. Und von da her ist es für mich überhaupt kein Problem (I5: 49-54).

Der Anstoß zur Problematisierung ihrer visuellen Differenz und der darauf folgende Impuls zur Beschäftigung mit muslimischen Lehren kamen also aus der sozialen Umwelt. Der eigentliche Gewinn dieser Auseinandersetzung liegt allerdings, so legt Frau Güneys Darstellung nahe, nicht in erster Linie in einem argumentativen Werkzeug zur Erklärung bzw. zur Rechtfertigung ihrer Kleidungspraxis gegenüber außen, sondern in einer religiös fundierten, intellektuell vollzogenen bewussten Annahme und Selbstbestätigung ihres bis dahin wenig reflektierten ‚differenten' Erscheinungsbildes. Durch die vertiefte Reflexion der eigenen religiösen Tradition wurde ein Prozess der Hinwendung zu ihrer Religion und der individuellen Aneignung des Islam ausgelöst. Die kognitive Auseinandersetzung mit den muslimischen Lehren halfen ihr, in verschiedener Hin-

3 Wie sich noch zeigen wird, muss die Beurteilung dessen, was „richtig" ist, in individuellen und interaktiven Interpretationsprozessen nach Bedarf neu aushandelt werden.

4 Im Gymnasium begannen Mitschüler/innen, sich im Rahmen ihrer Maturaarbeiten zu religiösen Themen für die Hintergründe von Frau Güneys Kleidungspraxis zu interessieren.

sicht Widersprüche, welche sich aus ihrer Sicht aus den teilweise divergierenden Ansprüchen, Werten und ästhetischen Präferenzen von Herkunfts- und Migrationskontext ergeben, besser zu integrieren. Die bessere Kenntnis von Inhalten der religiösen Lehren eröffnete ihr zudem einen größeren Spielraum für die subjektive Deutung und Anpassung der als verbindlich wahrgenommenen Regeln, was wiederum deren Vereinbarung mit ‚modernen', westlich geprägten Werte, erleichterte.[5]

5.1.2 „Ich habe da ein wenig meine Grenzen erweitert": Auslegung und Handhabung der Kleiderregeln

Frau Güneys Verständnis der konkreten Ausgestaltung der Kleiderregeln, auf die sie rekurriert, zeigt sich in folgendem Zitat.

> Also, es ist eigentlich ganz klar. Im Koran steht ja, dass man den Kopf bedecken soll und den Hals. [...] Ja und erlaubt ist eben, also nicht erlaubt – das was man zudecken muss – ist der Kopf, die Haare. Das Gesicht ist erlaubt, die Hände sind erlaubt. Und die Füße. Unter den Frauen ist es dann etwas anders. Unter den Frauen ist es – vom Knie bis zum Bauchnabel muss man verdeckt sein und den Rest darf man sehen (I5: 248-258).

An einer anderen Stelle ergänzt sie: „Man sollte die Silhouette eines Menschen nicht klar erkennen können. Das heißt, auch wenn man lange Sachen anhat und es ist eng, dann ist es genau so schlimm, wie wenn man etwas Kurzes anhat" (I5: 845-848). Wie in den Gesprächen mehrfach zum Ausdruck kommt, handhabt sie die beschriebenen Regeln in Bezug auf die eigene Kleidungspraxis mit einer gewissen Flexibilität: „Ich habe da ein wenig meine Grenzen erweitert, ich ziehe jeweils etwas kürzere Röcke an, [...] oder ebenso dreiviertel Ärmel usw. Oder wenn es sein muss, im Sport oder so – kurzärmlig. Aber das Kopftuch trage ich immer und dann meistens vorne zu" (I5: 258-261). Mit Ausnahme des Kopftuchtragens wertet sie den Wunsch, sich frei bzw. nicht eingeschränkt zu fühlen, höher als eine strikte Befolgung der dargestellten Kleidungsrichtlinien. Sie zieht „eigentlich alles an" (I5: 56) was sie will, „auch Hosen und manchmal auch enge Sachen" (I5: 522). Dem Bedecken von Kopf, Haar und Hals schreibt sie eine

5 Vergleichbare Ergebnisse bei muslimischen Frauen der zweiten Einwanderungsgeneration in Deutschland finden sich u. a. bei Gritt Klinkhammer (1999, 2000) und Sigrid Nökel (1999a, b, 2002).

größere Notwendigkeit zu als dem Verbergen der Glieder und der Silhouette.[6] In der Öffentlichkeit darauf zu verzichten, bedeutet eine größere Überwindung, als beispielsweise den Turnunterricht „kurzärmlig" zu bestreiten.

Während ihres ersten Praktikums im Rahmen ihrer Ausbildung zur Lehrerin wurde es ihr, nach anfänglichen Zugeständnissen, untersagt, mit dem Kopftuch zu unterrichten, was sie in einen inneren Konflikt führte. „[...] die Nacht vorher [...] kam das Telefon von meiner Mentorin: ‚Ja – es geht *doch* nicht'. Das war ein ziemlicher Schock, und ich musste dann eine Weile weinen. Und dann – es war zum ersten Mal seit sechs, sieben Jahren, das ich es geöffnet habe – dann war es für mich ziemlich krass!" (I5: 64-69). Eine Weigerung hätte bedeutet, das Praktikum nicht durchführen, und in letzter Konsequenz die Ausbildung nicht absolvieren zu dürfen. Frau Güney gelang es, diesen inneren Konflikt für sich aufzulösen, indem sie mit Rückbezug auf den Islam als Orientierungssystem und Deutungsgrundlage die als verbindlich wahrgenommenen (Kleidungs-)Regeln umdeutete, bzw. relativierte und somit zu einer Neuinterpretation der Situation gelangte, die ihr erlaubte, das Kopftuch im Rahmen des Praktikums abzunehmen.

> Ich musste mir selber überlegen – weil das Kopftuch, also im Islam allgemein gilt kein Zwang und wenn – v. a. gilt, es soll dich nicht daran hindern, am Leben, am Erfolg. Und ich habe mir überlegt; wenn ich studieren muss – oder ich will studieren – dann muss ich eben ein Opfer bringen. [...] und dann konnte ich mich damit zurecht finden, dass ich es mir erlauben darf, vom Islam her. Und dann konnte ich mich... ruhig das angehen. Also ich hatte kein schlechtes Gewissen. Zuerst eben schon (I5: 74-80).

Auch im Hinblick auf ihre beruflichen Zukunftsaussichten zeigt sie eine pragmatische Haltung. Sie lässt es offen, ihre Haltung bezüglich des Kopftuchs zu gegebener Zeit neu zu definieren. Sie nennt die Möglichkeit, an einer Privatschule zu unterrichten, wo sie eventuell das Kopftuch anbehalten dürfte. Schlimmstenfalls, so meint sie, mache sie es halt ohne Kopftuch. „Es ist für mich auch immer noch Job, Karriere und Erfolg. [...] Also ich meine, es [das Kopftuch, Anm.: J.G.] soll mich ja nicht daran hindern, am Leben" (I5: 160-162). Diese flexible Haltung wird in der nächsten Aussage noch deutlicher:

6 Hier liegt die Vorstellung zu Grunde, dass Regelübertritte von Gott (bzw. den Engeln) nicht nur quantitativ nach Häufigkeit, sondern auch graduell-qualitativ beurteilt und registriert werden.

> Früher hatte ich eher das Gefühl: Ja das Kopftuch. Aber jetzt habe ich eben das Gefühl, wegen dem Praktikum und so [...]: Ja ich muss mich gar nicht entscheiden – zwischen. Wenn ich ohne Kopftuch gehe, ist das für mich Schule, und mein Privatleben ist immer noch mein Privatleben, und dort kann ich sein, wie ich will. [...] Es ist allgemein im Islam so, auf das, was man will, kommt es darauf an und nicht darauf, was man dann schlussendlich macht (I5: 164-170).[7]

Die Absicht ist in Frau Güneys Perspektive also höher zu gewichten als das Resultat. Hier kommt, wieder mit Verweis auf die Lehre bzw. den Islam, ein neuer, relativierender Deutungsaspekt hinzu, der in seiner relativ breiten allgemeinen Handlungsdirektive einen genügend großen Interpretationsspielraum eröffnet, um auch zunächst als widersprüchlich wahrgenommene Grundvoraussetzungen zu integrieren.

Der Bezug zum Koran und den Lehrsätzen dient ihr als persönlicher Deutungshintergrund, als richtungweisendes Orientierungssystem, wenn es darum geht, auf einer intellektuell reflektierenden Ebene (neue) Grenzziehungen zwischen Erlaubtem und Unerlaubtem individuell zu verhandeln und die Angemessenheit der eigenen Kleidungspraxis zu überdenken (vgl. dazu für den Kontext Deutschland: u. a. auch Karakaşoğlu 1998, Nökel 1999a/b, Klinkhammer 1999, Rommelspacher 2008). Der Koran bzw. der Islam dient somit als übergeordneter Bezugsrahmen, der einerseits die normative Voraussetzung für das vestimentäre Handeln bereitstellt und andererseits als argumentative Grundlage zur Rechtfertigung bzw. Relativierung von Übertretungen dieser Vorgaben herangezogen wird.

Die Reflexion der (religiösen) Angemessenheit muslimischer Kleidungspraxis entspinnt sich aber nicht nur entlang der eigenen Person (was darf ich anziehen? Was ziehe ich an? Wann und warum überschreite ich Grenzen? Wie rechtfertige ich das?), sondern – wie noch zu zeigen sein wird – auch über eine Beurteilung visueller Selbstdarstellungspraktiken anderer muslimischer Frauen, die in den Interviews und Gesprächen mit Frau Güney einen relativ großen Raum einnimmt.

Frau Güneys Kleidungspraxis, die Entscheidung wann, wie und warum diesbezüglich religiös motivierte Grenzen gezogen bzw. wieder überschritten wer-

---

7 Interessanterweise findet hier in Bezug auf den (möglichen) zukünftigen Einsatzbereich des Kopftuches eine Umkehrung der traditionellerweise vorgesehenen Dichotomisierung von öffentlicher und privater Sphäre vor, indem das Kopftuch dem Privaten zugewiesen und für die Öffentlichkeit (die Schule) die Selbstdarstellung ohne Kopftuch in Betracht gezogen wird.

den, ist das Resultat eines ständigen Aushandlungsprozesses, der sich zwischen der subjektiven Auslegung und Umdeutung normativer religiöser Vorgaben, dem Verhalten und den Erwartungen (bzw. der Interaktion mit) der muslimischen und nicht-muslimischen sozialen Umwelt, sowie dem Wunsch nach individuellem Ausdruck bewegt.

5.1.3 „Es wird eben auch als Modeschmuck angesehen"

Modische Aspekte der religiös konnotierten Kleidung nehmen im Alltag Frau Güneys eine zentrale Rolle ein. So beschreibt sie das Kopftuch u. a. mehrfach explizit als Modeaccessoire. Diese Haltung spricht sie auch anderen jungen Musliminnen in der Schweiz zu: „Bei dieser Gesellschaft da [der schweizerischen Gesellschaft, Anm.: J.G.], vielleicht nicht so wirklich, aber bei immigrierten Muslimen in der Schweiz sieht man es auch als Modestück. Weil, sehr viele machen es ja auch verschieden und wollen es auch zeigen" (FB1: 189-191). Das Kopftuch wird hier zu einem wichtigen Element individueller, ästhetischer Selbstdarstellung. Ausführlich erläuterte sie die Entwicklungen der Kopftuch-Mode der letzten Jahre, erzählte vom Wandel in Farbe, Musterung, Beschaffenheit der Stoffe, von aktuellen Trends und von den vielfältigen Möglichkeiten, die Tücher zu binden und auf diese Weise kunstvolle Verzierungen zu schaffen. Während in einem Jahr unifarbene, glänzende Stoffe als modisch gelten, werden im nächsten bunt gemusterte Tücher mit Blumen- Giraffen- oder Leopardenprints bevorzugt.

Mit großem Interesse verfolgt sie die Variationsbreite und Gestaltungsvielfalt der Kleidungs- respektive Kopftuchpraktiken anderer junger Musliminnen und liest daraus deren Herkunft, Grad an Religiosität, Zugehörigkeit zu bestimmten Moscheevereinen und ob eine Trägerin eher als „Tussi" oder als „altmodisch" einzustufen sei. Frau Güney gleicht ihre Kleidungspraxis mit derjenigen, anderer muslimischer Frauen ab und bewertet, in Auseinandersetzung damit, ihre eigenen visuellen Repräsentationstechniken. „Manchmal habe ich schon das Gefühl, ich hätte es lieber einmal ausprobiert [kunstvolle Techniken des Kopftuchbindens, Anm.: J.G.], wenn ich an Feste gehe, gehe ich immer gleich [lacht]. Und die einen sind dann wieder sehr geschmückt und ‚frisiert' sage ich dem jetzt" (I5: 474-477).

5.1.4 Religiös konnotierte Kleidung und Identität

Frau Güneys Kleidungspraxis – und das Kopftuch im Besonderen – verleiht ihrer Identität nicht nur sichtbar Ausdruck, sondern wird als wesentlicher Teil dieser

Identität empfunden. Dies wird aus der Erzählung der ‚Praktikums-Episode', wo sie sich gezwungen sah, das Kopftuch abzunehmen, deutlich: „Und das war ziemlich schwierig für mich, nach so vielen Jahren, so auf Befehl sich ändern, unnatürlich sein, nicht sich selbst sein" (I5: 107-108). Hier weist sie das Kopftuch explizit als konstituierenden Bestandteil ihres Selbst aus, ohne das sie nicht ‚mit sich identisch' ist. Die Praktikumsepisode erschütterte Frau Güney nicht nur, weil sie dabei zunächst in einen religiösen Gewissenskonflikt geriet. Der Verzicht auf das Kopftuch bedeutete auch eine Abweichung von vertrauten Selbstdarstellungspraktiken, was sie stark verunsicherte. „Auch an meinem Verhalten merkte man dann: Ja, es kommt gar nichts!" (I5: 70).

Das Kopftuch ist Ausdruck zentraler Identifikationskategorien. In ihrer Selbstbeschreibung rekurriert Frau Güney darüber auf religiöse und geschlechtliche Merkmale. Sie fühle sich in erster Linie „als muslimische Frau" (I5: 891). Dabei verweist sie auf ihr gleichberechtigtes Ideal der Geschlechterbeziehungen, indem sie zwar große Unterschiede zwischen Mann und Frau konstatiert (die sie auf biologisch-physiologische Grundvoraussetzungen und die daraus resultierende gerechte Aufteilung spezifischer Aufgabenbereiche) zurückführt (vgl. I5: 900-918), diese aber, in ihrer Interpretation der Geschlechterverhältnisse aus Sicht des Islam, in eine gleichwertige Beziehung zueinander setzt. Sie vertritt die Ansicht: „Wenn man den Islam so praktizieren würde, wie er wirklich ist, dann ist es gerechter, also gerechter als da [in der Schweiz, Anm.: J.G.]" (I5: 896-897). Frau Güney geht hier von der Vorstellung eines ‚reinen Islam' aus, eines ‚Islam, wie er wirklich ist'. Existente Formen asymmetrischer Geschlechterbeziehungen innerhalb islamisch geprägter Gesellschaften verweist sie somit implizit auf kulturell-traditionell gefärbte Verfälschungen dieses „wahren Islam" (vgl. dazu u. a. auch Klinkhammer 2000).

Frau Güney versteht sich als moderne Muslimin. Explizit spricht sie damit ihren modischen Kleidungsstil und im Besonderen die moderne Art und Weise, das Kopftuch zu binden an. Stärker noch gewichtet sie „den mentalen Aspekt [...] also eigentlich, die islamische Haltung in modernes Wissen und Leben einflechten zu können" (EM: 2.10.14). Ihr Verständnis einer ‚modernen Muslimin' lässt sich auch im Bestreben nach beruflichem Erfolg und Karriere, in der selbstverständlichen Vereinnahmung des öffentlichen Raumes sowie aus der Verfechtung von Idealen wie Gleichberechtigung und Selbstbestimmung erkennen. Dies kommt auch in ihren Selbstdarstellungspraktiken bzw. in den darauf bezogenen Erklärungen zum Ausdruck.

Frau Güney distanziert sich durch ihre Kleidungspraxis von den klassisch-traditionellen Geschlechterrollen und Frauenbildern ihres muslimisch-türkischen Herkunftskontextes. Innerhalb ihrer subjektiv abgesteckten Grenzen des religiös

Vertretbaren bekommt beispielsweise auch das zur Schau stellen oder Betonen von mit Weiblichkeit und Schönheit assoziierten Attributen einen Platz in ihrer Selbstdarstellung. „Wenn ich das Gefühl habe, jetzt will ich mich etwas aufmöbeln, dann mach ich's, und dann ziehe ich mich schön an, schminke mich, gehe raus, und dann merke ich es auch, dass mich Leute anschauen, und ich habe es auch gerne" (I5: 545-548).

Abbildung 1: Frau Güney beim Kauf von Schuhen. „Ich bin Fan der hohen Schuhe in letzter Zeit!" © Rudolf Seher.

5.1.5 „Da speziell und dort speziell"

Durch die Kleidung kommuniziert Frau Güney nicht nur ihr muslimisches respektive weibliches Selbstverständnis, sondern sieht darin v. a. auch eine Möglichkeit, ihre Persönlichkeit und Individualität auszudrücken. „Ich trage gerne etwas verschiedenes, was die Leute sonst nicht anhaben – und das macht bei mir – eher mich aus. Nicht das Kopftuch. Außer jetzt, wenn ich so angezogen bin, also nichts Besonderes – dann ist es schon das Kopftuch, das mich zeigt" (I5: 627-631). In dieser Aussage konstruiert sie Identität über die für sich beanspruchte Einzigartigkeit ihres vestimentären Ausdrucks und somit über Abgrenzungs- und nicht Zuordnungsprozesse. Sie versteht sich als „nicht nur da [in der Schweiz, Anm.: J.G.] speziell, sondern auch in der Türkei speziell" (FB1: 649). Diese doppelte Distanzierung kommt im Bestreben nach einer vestimentären

Akzentuierung persönlicher Individualität zum Ausdruck. Sie ziehe das an, was ihr gefalle, je nach Lust und Laune etwas, das auffalle oder eben nicht. Es macht ihr Freude, es „speziell zu machen" (I5: 279) und amüsiert sie, wenn ihre Mutter sich beklagt, sie würde auf Hochzeiten auftreten wie eine Bäuerin und auf der Straße wie für eine Hochzeit.

Besonders in ihrem türkischen Umfeld setzt sie sich gerne über Konventionen hinweg, provoziert, demonstriert Andersartigkeit und genießt es, damit Aufsehen zu erregen. Etwa, wenn sie ein altes Kleid ihrer Mutter anzieht, in der Öffentlichkeit ein schlichtes Baumwollkopftuch umbindet, das eigentlich nur für zu Hause vorgesehen ist oder sich im Fünf-Sterne-Hotel in der Türkei in einem „Shalwaar" – einem traditionellen, als äußerst provinziell geltenden Kleidungsstück[8] präsentiert.

Durch die gezielte Betonung der Individualität ihrer Kleidungspraxis grenzt sie sich explizit von ihrem Herkunftskontext ab. Insbesondere gilt dies für traditionelle Aspekte ‚türkisch-muslimischer Kultur', wie sie sie etwa von der ersten Einwanderungsgeneration verkörpert sieht. „Also ich bin jemand, der das anzieht, was die andern nicht so oft anziehen. Vor allem nicht, was die Türken anziehen!" (I5: 635-636).[9] Zugleich verweisen implizite (habituelle) Wahrnehmungs- und Beurteilungsmuster, die in der alltäglichen Kleidungspraxis und in den Aussagen darüber was ‚schön und passend' ist, zum Ausdruck kommen, auch auf eine ästhetische Orientierung an ihrem Herkunftskontext.

---

8 Ein Shalwaar ist eine aus einem großen Stück Stoff gefertigte Hose, welche optisch wie ein weiter, knöchellanger Rock wirkt, der aber zwischen den Füssen zusammengenäht ist, so dass nur zwei schmale Beinöffnungen bleiben. An der Taille wird das Kleidungsstück mit einem Gummiband zusammengezogen. „Das zieht man nicht in der Stadt an. [...] Aber ich ziehe es... ich habe es sogar mal in der Schweiz angezogen [lacht]. Mir gefällt es auch wenn mich die Leute dann anschauen, v. a. schauen mich dann nicht Schweizer an, weil sie es sowieso nicht kennen, sondern Türken schauen mich dann speziell an. Und ich trug es auch mal – also es ist nicht ein No Go, aber man sieht es überhaupt nie, ich trug es im Fünf-Sterne-Hotel in der Türkei, und dann hat mich jeder angeschaut und jedes Mal: ‚Oaa, Shalwaar!' gerufen [lacht] (FB1: 640-649).

9 Diese Aussage bestätigte sich im Lauf der teilnehmenden Beobachtung mehrfach. So erschien Frau Güney beispielsweise am Hennaabend (den sie als „Polterabend für muslimische Frauen" bezeichnet) ihrer Schwester im seidenen Sari, reich mit goldfarbenen Ketten und Ringen geschmückt und mit kunstvoll drapierter Haarpracht.

Die Widersprüchlichkeit von doppelter Abgrenzung *und* Zuordnung zum traditionell-türkischen *und* schweizerischen Kontext lässt sich im Rekurs auf persönliche Individualität überwinden und positiv besetzen.

Dabei werden die sich überlagernden und teils als widersprüchlich empfundenen Achsen der Identifikation (‚religiös', ‚modern', ‚türkisch', ‚schweizerisch'…) durch die Kleidungspraxis nicht nur ausgedrückt, sondern auch aktiv konstruiert und integriert.

5.1.6 Die Kleidungspraxis im Spannungsfeld zwischen religiöser Orientierung und Referenzgruppe

Die religiöse Referenzgruppe ist im Fall von Frau Güney nicht so eindeutig identifizierbar wie sich vermuten ließe. Zugehörigkeit scheint eher auf einer imaginären Ebene zu gründen als auf der Ebene von sozialer Interaktionen und Verbindlichkeiten. In den Interviews bezieht sich Frau Güney einerseits auf „die Muslime", in anderen Verweisungszusammenhängen rekurriert sie auf „immigrierte Musliminnen in der Schweiz", auf „türkische Muslime" oder auf „moderne Musliminnen" als religiöse Bezugsgruppe. Für die Identifikation mit der religiösen Referenzgruppe stehen weder Gemeinschaftlichkeit oder direkter Austausch noch eine Form von Institutionalisierung oder Organisation im Vordergrund, sondern der Bezug auf gemeinsame religiöse und kulturelle Wurzeln, den Islam als gemeinsames (wenn auch individuell gedeutetes) Orientierungssystem und beim Bezug auf „moderne Musliminnen" außerdem ein sehr dynamisches, geteiltes ästhetisches Wahrnehmungs- und Beurteilungsschema im Sinne eines „neo-muslimischen" (vgl. Nökel 2006) Habitus.

Somit manifestiert sich auch der Einfluss der Referenzgruppe auf die effektive Kleidungspraxis nicht auf der Ebene direkter Interaktion, etwa mittels explizit ausgedrückter Erwartungen, Zurechtweisungen oder sozialer Konsequenzen. Mit anderen, Kopftuch tragenden Frauen hat sie, abgesehen von der Mutter und der Schwester, wenig direkten Kontakt. „Ich habe schon Kolleginnen, die auch das Kopftuch haben, aber ich bin jetzt nicht so oft mit denen zusammen. Höchstens an Veranstaltungen und so. Also man kennt sich […] von den Moscheen und so, aber sehr viel mit denen zu tun habe ich nicht" (I5: 466-469). Die Beeinflussung der Referenzgruppe auf das Kleidungsverhalten erfolgt auf einer visuellen Ebene. In einer ständigen Auseinandersetzung mit der visuellen Selbstrepräsentation anderer muslimischer Frauen bzw. Kopftuchträgerinnen, im Prozess einer fortwährenden Ablehnung beziehungsweise Anerkennung (sich wandelnder Formen) sichtbarer muslimischer Identitätsrepräsentation konkretisiert und entwickelt sie ihre eigene Position.

Es gibt auch Leute, die normalerweise das Kopftuch anhaben, und wenn sie baden gehen, haben sie ein Bikini an – finde ich ganz komisch! Am Strand – also ziehen sich dann ganz aus, dann haben sie ein Bikini an. Also ich habe es mir wirklich überlegt und gedacht – ich glaube das könnte ich nicht. Ist irgendwie... entweder bist du so oder so! Aber du kannst irgendwie nicht beides sein. Weil das ist ein Glaube, den du hast, wo du dran glauben musst. Weil sonst ist es ja blöd! Also sonst bringt es nichts, ist nicht echt! Und dann kann man nicht irgendwie etwas ganz anderes machen! (FB1: 466-473)

In der kontinuierlichen Beurteilung muslimischer Kleidungspraxis anderer Trägerinnen wird religiöse Authentizität verhandelt und auf eigene Praktiken zurückgespiegelt. In diesen Auseinandersetzungen kommen auch Widersprüche zum Ausdruck, die nicht im Zusammenhang mit der eigenen Person gesehen werden wollen, aber durchaus auch für die eigene Person eine gewisse Gültigkeit haben. Dies wird vor allem vor dem Hintergrund diverser Ausführungen zu den eigenen Kleidungspraktiken evident.

Ich habe mir auch Gedanken darüber gemacht und gedacht: Ja, wahrscheinlich hat sie [die Bikiniträgerin, Anm.: J.G.] im Herzen noch irgendwas, das sagt: ‚Nein, das will ich unbedingt machen!‘ Sie kann es irgendwie nicht akzeptieren, dass man das einfach nicht machen sollte im Islam, drum macht sie es trotzdem. [...] Leute, die jetzt mega enge Hosen anhaben und das Kopftuch trotzdem schön, dann denke ich: ‚Aha, sie hat noch irgendetwas drin gehabt im Herzen, das sie unbedingt ausprobieren wollte. [...] Ich finde es nicht so schlimm. ‚Dann hast du es halt gemacht. Aber dann willst du noch irgendetwas, hast du noch einen Wunsch, etwas was nicht zum Islam gehört. Also [...] dein Herz ist nicht vollständig im Islam drin!‘ (FB1: 490-500).

Auffällig ist hier die Diskrepanz zwischen dem postulierten Ideal eines „vollständig im Islam drin-Seins“, der klar gezogenen Unterscheidung dessen, was quasi authentisch und unveränderbar „zum Islam gehört“ und was nicht und der in Bezug auf die Ausgestaltung der eigenen Kleidungspraxis sehr flexibel gestalteten Interpretation der Kleiderregeln. Frau Güney empfindet es als schwierig, sich zwischen den verschiedenen beobachteten neuen Auffassungen und Auslegungen muslimischer Kleiderordnung zu positionieren und betont in diesem Zusammenhang die Bedeutung der aktiven Reflexion, um nicht die Orientierung zu verlieren.

Es ist auch schwierig, nur irgendwohin zu gehören, und dann hörst du das andere und dann denkst du: ‚Hm, stimmt wohl das noch? Mach ich das auch noch mit? Probiere ich das auch?‘ Dann schaust du, was rauskommt, und so. Ja ich denke eben, wenn man selber nicht sehr viel überlegt und immer nur den anderen zuhört, passiert das eher, [dass man einen Minirock[10] und gleichzeitig das Kopftuch anzieht, Anm.: J.G.] als wenn man selber überlegt, und eine Idee selber macht! (FB1: 513-517).

Die Sichtbarkeit anderer sie umgebender muslimischer Identitätsrepräsentationen stellt für Frau Güney eine ständige Herausforderung dar, zwingt sie, in fortwährenden und individuell vollzogenen Aushandlungsprozessen, ästhetisch-modische Präferenzen gegen religiöse Vereinbarkeit abzuwägen.

Aber es ist noch schwierig natürlich da, wenn du alles andere siehst: ‚Aha! Die ziehen sich so an!' Und du hast natürlich auch einen Wunsch, einen – v. a. bei der Kleidung jetzt: ‚Das hätte ich auch gerne angezogen', oder so. Oder auch – ich muss sagen in der Türkei – das habe ich zwar da noch nie gesehen, aber einen Minirock habe ich gesehen mit dem Kopftuch [lacht]. Also es sieht alles komisch aus. Aber ich meine, wenn du es die ganze Zeit siehst, dann hast du es irgendwann mal im Kopf [...]. und dann probierst du es halt aus (FB1: 503-507).

Die Beurteilung der verschiedenartigen sichtbaren Identitätsrepräsentationen von Vertreterinnen der Referenzgruppe bietet ihr auch die Möglichkeit, eigene Widersprüche außerhalb ihrer Selbst zu orten und zu verarbeiten.

Man verdeckt sich, man will etwas nicht zeigen, aber man will sich doch zeigen, indem man sich schminkt und aufmacht und [...] Verzierungen usw. Ja, für mich auch ein Widerspruch [lacht]. Aber mit dem kommen eben viele klar. Wenn sie sagen: ‚Ja, wenn ich mich so mache, wenn ich mich so zeigen kann, dann mache ich das Kopftuch'. Und dann sind sie irgendwie im Gewissen beruhigt, weil sie ein Kopftuch tragen, aber sie können sich doch so machen, so schön darstellen wie sie wollen, also aufgemacht (I5: 502-508).

Interessanterweise wird das Kopftuch, das traditionellerweise der Verhüllung weiblicher Reize zugeordnet wird, hier explizit als Mittel dargestellt, welches den (anderen) Trägerinnen die Freiheit gibt, sich „schön zu machen", bzw. sich „aufgemacht" zu präsentieren, was wohl u. a. bedeutet, die mit ‚weiblichen Reizen' in Verbindung gebrachten Attribute zu unterstreichen. Zur Klärung der Frage des Einflusses der Kleidungspraxis auf die Zugehörigkeit zur religiösen Referenzgruppe muss im Fall von Frau Güney die Fluidität und Dynamik in der Bestimmung dieser Referenzgruppe beachtet werden. Im Fall der (Selbst-)

10 Wie Frau Güney selbst anmerkt, versteht sie bereits einen knielangen Rock als Minirock.

Zuordnung zur imaginären Kategorie „moderner [Kopftuch tragender, Anm.: J.G.] Musliminnen“, die sich u. a. in einer Bezugnahme auf eine visuell-modische Orientierung äußert, spielt die Kleidung eine entscheidende Rolle.

Gerade die Kombination eines „schicken“ Kopftuches mit modischer Kleidung, kennzeichnet nicht nur die Zugehörigkeit zu dieser Kategorie, sondern konstituiert sie auch. Es kann allerdings nicht von institutionalisierten (kleidungsbezogenen) Einschluss- und Ausschlusskriterien für die Zugehörigkeit zur Referenzgruppe gesprochen werden. Vielmehr handelt es sich dabei um habituelle vestimentäre Codes, (deren religiöse Legitimität, wie sich gezeigt hat, ständig neu hinterfragt, bestätigt oder verworfen wird), wobei das Tragen des Kopftuchs unter der Bedingung der Einhaltung spezifischer „moderner“ Tragweisen zum zentralen Code der Zuordnung wird.

5.1.7 Die Kleidungspraxis im Spannungsfeld zwischen religiöser Orientierung und „der Gesellschaft hier“

5.1.7.1 Differenzwahrnehmung

Frau Güney schreibt der Sichtbarkeit ihrer religiösen Identität im Hinblick auf die Beziehung zur „Gesellschaft da“ (FB1: 188) eine klar alienierende Wirkung zu. Auch wenn sie schon als Kind das Gefühl vermittelt bekam „etwas anders als die anderen“ (FB1: 561) zu sein, weil sie „keine Salamibrötchen der andern Kinder essen“ (FB1: 563) durfte, so verstärkte sich diese Differenzwahrnehmung mit der Visibilisierung ihrer religiösen Identität, da diese Differenz nun nicht mehr nur über die Selbstwahrnehmung empfunden, sondern auch von außen lesbar und an sie herangetragen wurde.

Diese Differenz wird aber je nach Kontext unterschiedlich intensiv erlebt und emotional besetzt. Grundsätzlich unterscheidet sie zwischen städtischem und ländlichem Umfeld. „Wenn ich in einen anderen Kanton – ich war mal in Glarus und dort war es ziemlich komisch. V. a. war es ein Dörfchen, und dann hat natürlich jeder schräg geschaut. Allgemein in Städten, in Basel, Zürich, Genf – ist es überhaupt kein Problem mehr!“ (FB1: 147-151). Die kulturelle Vielfalt in den Städten empfindet sie als befreiend, und die Städter erlebt sie generell als toleranter, als indifferenter gegenüber „Anderen“: „Dort sind sie [die Städter, Anm.: J.G.] sich auch daran gewöhnt, dass es viele verschiedene Leute hat, und dort behandeln sie dich wirklich ganz normal!“ (FB1: 248-250). Je mehr „Fremde“ es an einem Ort habe, desto wohler fühle sie sich.

Fremdheit, bzw. die „Fremden“ konstruiert sie entlang der Linie ‚immigriert‘ versus ‚nicht immigriert‘, also über die Migrationskategorie und ordnet sich selbst der Kategorie der „Fremden“ und nicht „der Gesellschaft da“ zu, wobei die „Gesellschaft da“ in ihrer Wahrnehmung „den Schweizern“ vorbehalten zu sein scheint. Dem Aspekt der Sichtbarkeit schreibt sie, wie sich auf folgender Aussage ableiten lässt, eine zusätzlich distanzierende Wirkung zu. „Man wird halt schon komisch angeschaut, v. a. [...] wenn man kein Schweizerblut hat und dann wenn du noch das Kopftuch hast oder anders aussiehst! Dann beginnen sie vielleicht zu reden – hochdeutsch [...]. Auf jeden Fall, anders behandeln tun sie dich immer“ (I5: 136-139).

Über die sichtbare Differenz wird diese Fremdwahrnehmung in alltäglichen Interaktionen mit der sozialen Umwelt ständig neu produziert und reproduziert. Diese Selbstzuordnung zur Kategorie der Fremdheit belegt sie allerdings nicht ausschließlich negativ.

5.1.7.2 (Selbst-)Verortung aus subjektiv wahrgenommener Außenperspektive

Von der subjektiv wahrgenommenen Antizipation ihrer Person durch das gesellschaftliche Umfeld („die Schweizer“) zeichnet Frau Güney ein tendenziell positives Bild. Abgesehen von bösen Blicken, welche sie vor allem von älteren Leuten ernte, mache sie auf der Straße wenig negative Erfahrungen, könne sich kaum noch an ein konkretes Ereignis erinnern. Sie wundere sich sogar über die zahlreichen negativen Berichte anderer Kopftuch tragender Bekannter. Diese positive Darstellung relativiert sie allerdings mit Bezug auf konkrete Zugangsmöglichkeiten zu öffentlichen Institutionen, besonders zur Arbeitswelt, wo sie klare Benachteiligungen für sich selbst und muslimische Kopftuch tragende Frauen im Allgemeinen beobachtet.

> Jetzt höre ich es fast nie, so Sprüche auf der Straße. Ich verstehe es dann meistens nicht, aber es ist irgendein Gemurmel mit Kopftüchern und so. Aber sonst habe ich eigentlich kein Problem da, auf der Straße und sonst im allgemeinen Leben. Außer du willst irgendetwas machen, willst studieren, willst irgendetwas erreichen, Arbeit finden. [...] Also, die Wahrscheinlichkeit ist fast bei Null, würde ich sagen, so Arbeit zu finden (I5: 144-152).

Am eigenen Leib erfuhr Frau Güney diese beschriebene Diskriminierung, als sie sich im Rahmen des Praktikums genötigt sah, das Kopftuch abzunehmen, was sie als einschneidendes Erlebnis schildert. Die Reduktion ihrer Person auf ein distinguierendes visuelles Merkmal empfand sei als erniedrigend. „Ich hätte die ganze Zeit weinen können. Ich habe es ziemlich persönlich aufgefasst, weil sie mich nicht so wollten wie ich bin, obwohl ich nicht anders war ohne Kopftuch.

Ja, […] es hat mir ziemlich wehgetan!" (I5: 88-92). Das Kopftuchverbot als Ablehnung bzw. Herabwürdigung eines Teils ihrer Identität empfand sie als Machtausübung und Übergriff auf die Integrität der Persönlichkeit. „Mich hat auch gestört, dass sie zuerst einmal gesagt haben o. k. du darfst kommen und dann doch nicht, du musst es ablegen, so quasi: […] ‚wenn du so kommst, wie wir es wollen, dann ist gut'. Und das war ziemlich schwierig für mich" (I5: 105-107). Als besonders herabwürdigend empfand sie die wohl als schaulustig interpretierten Blicke derer, die wussten, dass sie zuvor ein Kopftuch getragen hatte und denen sie nun unbedeckt gegenübertreten musste.

Auch im Studienalltag an der Hochschule sah sie sich mit Vorurteilen konfrontiert. „Ich bin die Einzige mit dem Kopftuch, und dann schaut man: ‚Aha, kann sie das, kann sie Deutsch, wie gut kann sie Deutsch? Wie ist das Verhalten vor der Klasse? Spielt die Religion eine Rolle?' So Sachen. Und dann schaut man mir auf die Fingerspitzen" (I5: 681-683). Dabei entstand das Gefühl, mit anderen Maßen gemessen zu werden als die anderen Studierenden. „Auf jeden Fall musste ich dann beweisen, dass ich das kann, was andere können. Und manchmal eher ein bisschen mehr" (I5: 684-686).

Die beschriebenen negativen Erfahrungen bleiben aber die Einzigen, die Frau Güney im Zusammenhang mit ihrer Person schildert. Aussagen, die auf die Schwierigkeiten kopftuchtragender muslimischer Frauen in der schweizerischen Gesellschaft verweisen, bewegen sich vorwiegend auf einer allgemeinen Ebene.

5.1.7.3 Verortung der Referenzgruppe aus subjektiv wahrgenommener Außenperspektive

In Bezug auf die von ihr beobachtete Wahrnehmung von Muslimen bzw. Kopftuch tragenden muslimischen Frauen durch die schweizerische Gesellschaft differenziert Frau Güney zwischen denjenigen, die informiert seien über den Islam, ein gewisses Interesse zeigten und auch bereit wären, sich (mehr) Wissen anzueignen und denjenigen, die sich klar distanzierten und kaum etwas über den Islam wüssten. Auf diese Unwissenheit führt sie auch Vorurteile wie die Vorstellungen zur Unterdrückung der Frau im Islam zurück. Frau Güney identifiziert dieses fehlende Wissen über den Islam als eine der Hauptursachen für die ablehnende Haltung gegenüber Muslim/innen in der Schweiz und ortet hier auch eine Möglichkeit zur Lösung des Problems. Der erleichterte Zugang zu Wissen über den Islam[11] und vermehrte Interaktionsmöglichkeiten mit den zunehmend am öffentlichen Leben partizipierenden muslimischen Frauen würden früher oder spä-

11 Hier meint sie v. a. das Internet.

ter zu einer offeneren Haltung gegenüber den Muslim/innen in der Schweiz führen.

Ich hoffe es, und ich sehe [...] dass auch immer mehr der Zugang da ist, um Wissen über den Islam zu bekommen oder Personen zu fragen. Auch dass islamische Frauen jetzt mehr in der Gesellschaft drin sind. Also nicht nur in tieferen sozialen Schichten, sondern sich immer mehr steigern und jetzt studieren, es studieren recht viele. Das gab es früher ja nicht. Das ist eher die neue Generation. Und jetzt ist eben die Zeit da, wo wir auch ein wenig steigen und auch in höheren Positionen da vertreten sind. Von dem her ist der Zugang – öffnet sich immer mehr. Man hat mehr Möglichkeiten, Kontakt zu finden zu so Leuten, eben islamischen Frauen oder auch Männern (I5: 856-864).

Auch wenn Frau Güney es nach wie vor als schwierig erachtet, in der Schweiz das Kopftuch zu tragen und betont, dass es innere Stärke und Selbstvertrauen erfordere, weil man hier unter einem starken Druck stehe, ist sie optimistisch „Ich habe das Gefühl, dass es jetzt viel lockerer ist. Entweder merke ich es nicht mehr [die ablehnende Haltung gegenüber Musliminnen, Anm.: J.G.], oder es hat sich wirklich verändert.[12] Ich habe das Gefühl, es hat auch viel mehr Frauen mit Kopftuch" (FB1: 174-175). Diese Sichtbarkeit von Musliminnen in der Öffentlichkeit und in öffentlichen Institutionen würden zu einer Gewöhnung, einem größeren Selbstverständnis und somit mehr Akzeptanz führen, was wiederum zur Folge habe, dass mehr muslimische Frauen den Mut fänden, zu ihrem Kopftuch zu stehen. In ihrer Darstellung vollzieht sich der gesellschaftliche Integrationsprozess, ausgehend von der vermehrten sichtbaren Präsenz muslimischer Kopftuchträgerinnen, mit der Zeit quasi von selbst.

Als große Hürde sieht sie lediglich den Zugang zur Arbeitswelt. „Es ist nur noch die Arbeitswelt, die noch geöffnet werden muss für uns. Und dann kommt es langsam, auch mit den Menschen. [...] wenn wir keine Möglichkeiten haben zu arbeiten, [...] dann wird es schwierig. Aber ich meine, es muss ja langsam kommen" (I5: 169-176).

12 An verschiedenen Stellen lässt Frau Güney Zweifel erkennen, ob sich die beschriebenen Veränderungen nun wirklich in der Gesellschaft vollzögen, oder ob sie diese eher ihrer persönlichen Wahrnehmung zu verdanken habe.

5.1.8 „Ich kenne keine Grenzen"

Frau Güney hat im Umgang mit der Differenzwahrnehmung im Lauf der Jahre persönliche Strategien entwickelt, die ihr erlauben, sich emotional davon zu distanzieren.

> Das Fremdsein verstehe ich wahrscheinlich nicht gleich wie andere. Ich fühle mich schon fremd hier, auf der Straße werde ich klar angeschaut, aber ich merke es nicht mehr, ignoriere es, oder es ist mir einfach egal. Ich empfinde es nicht so wie wenn ein Schweizer – und diese Erfahrung habe ich neulich erst auf der Studienreise in Bosnien gemacht – in einem fremden Land ist. Ich fühle mich also nicht schlecht, es ist mir nicht unangenehm (aus einem E-Mail, 8.10.2008).

Während sie in den Anfangszeiten ihres Kopftuchtragens noch verunsichert gewesen sei und aufmerksam die Reaktionen der Umgebung beobachtet habe, spüre sie diese Verunsicherung heute nur noch an unbekannten Ort. Doch irgendwann mache es „klick und ich beachte es [die Reaktionen der Umgebung, Anm.: J.G.] nicht mehr, und dann geht es wieder" (FB1: 302-303). Als weitere persönliche Strategie im Umgang mit Differenzwahrnehmung, Ausgrenzungserfahrungen und Vorurteilen lässt sich die Flucht nach vorne ausmachen: „Wenn du zum Beispiel als Einzige irgendwo hingehst, wo nur du das Kopftuch trägst oder nur du fremd bist dann wird es schon etwas unangenehm. Aber dann bin ich extra dort und warte. [...] Ich will eigentlich dort mich nicht unwohl fühlen, und darum gehe ich an so Orte" (I5:188-192). Frau Güney setzt sich den Blicken aus, sucht absichtlich Orte auf, an denen sie sich als fremd wahrgenommen fühlt. Damit beweist sie sich selbst und der Umwelt, dass sie sich durch das Tragen ihres Kopftuchs in nichts einschränken lässt und folglich auch dazugehört.

> Also, ich bin sehr oft und gerne unter Leuten. Und ich zeige mich auch extra, und ich gehe auch dorthin, wo es z.B. normalerweise keine Leute mit Kopftuch hat, also z.B. im Theater oder Kino usw. hat es ziemlich wenig [Frauen mit Kopftuch, Anm.: J.G.] gehabt und jetzt immer mehr. Also ich gehe überall hin. Ich kenne keine Grenzen, ich mache alles. Also ich möchte nicht irgendwie eingeengt sein von gesellschaftlichen Druck (I5: 175-180).

Frau Güney versteht die Sichtbarkeit ihrer religiösen Identität als Beitrag, das Bild der unterdrückten muslimischen Frau „Unterdrückung usw., dass Frauen vieles nicht machen können, was andere machen. Oder was Männer machen" (I5: 227) zu verändern. „Und eben darum, aus diesem Grund, mache ich eigentlich auch alles. Ich gehe überall hin, an Konzerte usw. Dass sie auch sehen; ‚Aha! Solche Leute kommen auch hierher! Also sie machen doch alles‘. Schwimmen gehe ich auch“ (I5: 227-231). Es geht ihr bei der Visibilisierung ihrer religiösen Identität nicht um ein Postulieren ‚traditioneller islamischer Werte‘, eine Kritik an westlichen Werten oder eine Betonung der kulturellen Differenz, wie häufig unterstellt wird (vgl. Plüss und Portmann 2011), sondern im Gegenteil um eine sichtbar gemachte Demonstration prinzipieller Vereinbarkeit.

5.1.9 Zusammenfassung

Frau Güney sieht das Bedecken von Kopf und Silhouette als religiöse Pflicht, deren (kumulierte) Missachtung eine wenig wünschenswerte Vergeltung im Jenseits nach sich zieht. Auf einer religiösen Ebene ist der Glaube an bzw. der Respekt vor religiösen Konsequenzen ausschlaggebend für ihre Motivation, das Kopftuch zu tragen bzw. sich an die religiösen Kleidungsvorschriften zu halten. Frau Güneys Auffassung vom Islam ist stark orthopraktisch orientiert. Ihre Religiosität manifestiert sich u. a. durch das Sprechen der Gebete, das Tragen des Kopftuches, das Einhalten des Ramadans und eine generelle Orientierung an religiös begründeten Pflichten und Verboten und einer, wie sie es ausdrückt, islamischen Philosophie und Denkweise.

Die über die Sichtbarkeit an sie herangetragene Fremdzuschreibung seitens der Mitschüler/innen am Gymnasium und das Interesse, das diese für die Gründe ihrer visuellen Differenz aufbrachten, gaben Frau Güney den Anstoß zu einer individuellen Beschäftigung mit dem Islam. Somit hatte die Sichtbarkeit letztlich eine Hinwendung zum Islam zur Folge wobei die Bedeutung dieser vertieften Auseinandersetzung mit dem Islam weniger in der Anhäufung dogmatischen Wissens liegt, als in der individuellen Aneignung des Islams. Der Zugang zu Inhalten der religiösen Lehren eröffnete Frau Güney einen größeren Interpretationsspielraum für die subjektive Deutung und Anpassung der als objektiv wahrgenommenen (Kleider-)Regeln, was ihr wiederum in verschiedener Hinsicht eine Annäherung an bzw. die Vereinbarkeit mit ‚modernen‘, westlich geprägte Werten erleichtert(e).

Die Visualisierung ihrer religiösen Identität und die Fremdzuschreibung, der sich Frau Güney damit im schweizerischen Migrationskontext aussetzte, führten zu einer intensiven und dynamischen Auseinandersetzung mit ihrer Religion: „In der Schweiz muss man sich mehr überlegen als in der Türkei. Dort macht man es einfach. Hier tut man's entweder, oder man tut es nicht, aber es ist eine *bewusste* Wahl…“ (FN: 14.12.2008). Religiöse Zugehörigkeit und religiöse Praxis werden damit zu einer Frage der individuellen *Entscheidung*.

Das Setzten und Überschreiten von Grenzen des religiös Vertretbaren (sowohl in Bezug auf die visuelle Selbstrepräsentation wie auf das Verhalten im Allgemeinen) wird kontinuierlich individuell ausgehandelt. Dieser Prozess bewegt sich zwischen der subjektiven Deutung religiöser Pflichten in einer aktiven Beschäftigung mit dem Islam, dem Verhalten und den Erwartungen der muslimischen und nicht muslimischen sozialen Umwelt und dem Wunsch nach individuellem Ausdruck. Frau Güneys Auffassung einer Muslimin deckt sich keineswegs mit traditionellen Geschlechterrollen und schon gar nicht mit dem Bild der „unterdrückten muslimischen Frau“, das sie in den Köpfen vieler Schweizer/innen vermutet. Diese Distanzierung wird auch aus ihren explizit individualistischen, auf Freiheit, Unabhängigkeit und Selbstbestimmung zielenden Äußerungen deutlich. „Ich setzte mir keine Grenzen, will sicher etwas nicht *nicht* machen wegen dem Kopftuch“. Auch die Ambivalenz in der Darstellung ihres Körpers zeugt von einer Abkehr von traditionell muslimischen Frauenbildern.

In Bezug auf die konkrete Ausgestaltung ihrer Kleidungspraxis spielt die religiöse Referenzgruppe, die sich am ehesten als ‚moderne, immigrierte Musliminnen‘ charakterisieren lässt, eine bedeutende Rolle. Deren Einfluss zeigt sich aber nicht mittels verbaler Bestätigung, Zurechtweisung oder sozialen Konsequenzen, sondern es handelt sich um eine visuell vermittelte Beeinflussung. Anhand der in stetem Wandel begriffenen, sichtbaren religiösen Identitätsrepräsentationen von Vertreterinnen dieser Referenzgruppe reflektiert Frau Güney die eigene Kleidungspraxis sowie deren Angemessenheit aus religiöser Perspektive und verarbeitet auf diese Weise eigene Widersprüche.

Umgekehrt liegt die Bedeutung der individuellen Kleidungspraxis in Bezug auf die Zugehörigkeit zur religiösen Referenzgruppe in der dadurch vollzogenen, sichtbaren Zurechnung. Somit wird die Referenzgruppe gleichzeitig performativ mitkonstruiert. Neben diesen visuell vollzogenen Inklusionsmechanismen werden durch die Kleidungspraxis gleichzeitig interne Differenzierungen möglich und lesbar.

Obwohl Frau Güney der Sichtbarkeit ihrer religiösen Identität im Hinblick auf die umgebende Gesellschaft eine distanzierende Wirkung zuschreibt und ihren Handlungsspielraum im öffentlichen Leben durch ihre Kleidungspraxis eingeschränkt sieht (v. a. in Bezug auf berufliche Möglichkeiten), zeichnet sie doch tendenziell ein positives Bild der subjektiv wahrgenommenen Antizipation ihrer Person. Die negative Wahrnehmung von Muslim/innen in der Schweiz, die Frau Güney bei einem Teil der Bevölkerung feststellt, führt sie auf fehlendes oder falsches Wissen über den Islam zurück. Nach wie vor stünden Kopftuch tragende muslimische Frauen unter einem großen Druck und würden mit Vorurteilen und mit Benachteiligungen konfrontiert. Allerdings prognostiziert sie diesbezügliche eine positive Entwicklung. Der verbesserte Wissenszugang und die größere sichtbare Präsenz muslimischer Frauen in der Öffentlichkeit und in öffentlichen Institutionen (sowie die vermehrten Begegnungsmöglichkeiten, die sich dadurch ergäben) führten nach ihrer Ansicht zu einer kulturellen Annäherung und größerer Akzeptanz der Musliminnen in der Schweiz.

Durch die Darstellung ihrer Identität als moderne muslimische Frau will sie ein Zeichen setzten, sich aktiv und sichtbar gegen die in der Schweiz vorherrschenden, pauschalisierten Vorstellungen wehren. Aus diesem Grund präsentiert sie sich mit Absicht an Orten, an denen „Leute mit Kopftuch" nicht erwartet werden, um deren Selbstbestimmtheit zu demonstrieren.

Die Kleidungspraxis und die religiöse Orientierung stehen bei Frau Güney in einer Wechselwirkung. Einerseits beeinflusst die religiöse Orientierung (über die wahrgenommenen religiösen Kleidungsvorschriften) die Kleidungspraxis. Andererseits wird die Kleidungspraxis über den Umweg der Fremdwahrnehmung zu einem Katalysator, der die Einstellung zur Religion bzw. die Ausprägung der eigenen Religiosität beeinflusst und verändert, indem sie die Auseinandersetzung damit vertieft, die individuelle Reflexion darüber anregt und somit letztlich zu einer individualisierten Aneignung des Islam führt.

5.2 EINZELFALLAUSWERTUNG SCHWESTER MARIANNE

Schwester Marianne wurde im Kanton St. Gallen als mittleres von drei Geschwistern geboren. Im Alter von 24 Jahren, – sie absolvierte gerade den Diplomkurs ihrer Ausbildung zur Krankenschwester – entschied sie sich dem Orden der Barmherzigen Schwestern vom heiligen Kreuz in Ingenbohl beizutreten. Ihre Familie, die sie als religiös katholisch beschreibt, war gegen diese Entscheidung gewesen, ließ sie aber dennoch gehen. Zunächst lebte sie mehrere Jahre in einer Gemeinschaft der Ingenbohl Schwestern in Zürich, bevor sie gemeinsam mit einer Gruppe von etwa zwanzig Schwestern in eine andere Gemeinde beordert wurde. Sie arbeitete als Krankenschwester, später während Jahrzehnten als Lehrperson und in der Leitung einer Schule. Heute lebt die Ordensschwester außerhalb der Gemeinschaft in einer Wohnung und arbeitet als Sterbebegleiterin und Gerontologin. Außerdem ist sie in ihrer Kirchgemeinde als Seelsorgerin für alte Menschen tätig. Regelmäßig besucht sie die Ordensgemeinschaft in Zürich zum Austausch und zum gemeinsamen Gebet und zieht sich einmal jährlich während einer Woche für ihre Exerzitien ins Kloster zurück.

5.2.1 Die Kleidungspraxis im Fokus der eigenen religiösen Orientierung

Ausschlaggebend für das Anlegen der Ordenstracht war bei Schwester Marianne die übliche klösterliche Praxis der „Einkleidung“, die den Eintritt in die Klostergemeinschaft markiert.

> Ja, also ich bin vor 44 Jahren in den Orden eingetreten, ins Kloster Ingenbohl, und damals hat das einfach dazu gehört, dass man eine Ordenstracht bekommt bei der Einkleidung. Das war völlig die Norm. Und ich habe mich dazu entschieden und habe gewusst, dass ich nachher rein durch diese Kleidung für etwas erkennbar bin und fand; ja, das ist gut für mich. [...] ich war jung und habe mir auch nicht so riesig überlegt, ich habe einfach gewusst, es gehört dazu und – ja, es war gut für mich (I8: 3-9).

Zur normativen Begründung der spezifischen Kleidungspraxis bezieht sich Schwester Marianne auf die Ordensregeln ihres Franziskanischen Ordens. Das Ablegen der Ordensgelübde beim Eintritt in die Klostergemeinschaft verpflichtete zu Armut, Keuschheit und Gehorsam sowie zur Befolgung der Ordensregeln, die die Ausprägung dieser Gelübde im Detail sowie das gemeinschaftliche, klösterliche Leben regeln.

> Es gibt ja vom heiligen Benedikt her, vom 4./5. Jahrhundert die erste Ordensregel. Und er beginnt auch mit der Gemeinschaft als wichtigster Faktor, weil er da auf die Urchristen zurückgeht, die ja auch in einer ganz kleinen Gemeinschaft gelebt haben [...]. Und jeder Orden, also wir sind jetzt ein franziskanischer [...]. Aber auch der Franziskus hat die Hauptaspekte der Regeln von Benedikt übernommen. Also alle Ordensregeln gehen auf den heiligen Benedikt zurück (I8: 246-254).

Die Kleidungsvorschriften als Teil der Ordensregeln begründet sie über das Armutsgelübde, das auf die Lossagung von weltlichen und materiellen Bedürfnissen zielt, über das Ideal der Gleichheit vor Gott sowie über das Sichtbarmachen der religiösen Zugehörigkeit. Der Aspekt der durch die Tracht visualisierten Zugehörigkeit nimmt in Schwester Mariannes persönlicher Beurteilung eine zentrale Rolle ein. Damit meint sie einerseits die Ordensgemeinschaft, andererseits die christliche Gemeinschaft im Allgemeinen und letztlich ihre Beziehung zu Gott: „Aber ich denke schon, es ist v. a. das äußere Zeichen der inneren Verbundenheit mit Gott, das ist das Größte an der Tracht“ (I8: 48-49).

Das Kreuz als unverzichtbares Element der Ordenskleidung (auch derer, die „zivil gehen“[13]) wertet sie als wichtigsten Bestandteil ihrer Tracht. Als religiöses Zeichen verweist es über Aspekte der Verbundenheit und Zugehörigkeit hinaus und wird als „großes Zeichen der Auferstehung“, als „größtes Zeichen des Heils“ beschrieben. „Der Kreuzestod und die Auferstehung, das sind die Zeichen des großen Heils im Christentum. Und ich denke, das [Kreuz, Anm.: J.G.] ist das größte religiöse Zeichen, das wir haben können“ (I8: 241-244).

Als Folge der Veränderungen durch das Zweite Vatikanische Konzil (1962-1965)[14] wurden am folgenden internationalen Generalkapitel der Ingenbohl-schwestern die Kleidungsvorschriften des Ordens gelockert und entschieden, dass sich die Schwestern durch ein gut begründetes Gesuch teilweise oder ganz von der Habitpflicht entbinden dürfen.[15] Schwester Marianne blieb bei der Tracht. Die konsequente Einhaltung der Kleidungsnorm ist zum persönlichen Grundsatz geworden. So orientiert Schwester Marianne ihre Aktivitäten und ihr Alltagsleben kompromisslos an der Vereinbarkeit mit dem Habit, selbst in Situationen in denen es ihr erklärtermaßen schwer fällt, sich einschränken zu müssen.

> Also, es gibt einfach Grenzen! Ich kann z.B. nicht klettern, ,z'Berg' gehen, da müsste ich jetzt zivil gehen, das ist klar. Und ich habe da einen Mann im Haus und noch einen daneben, mit denen gehe ich ,z'Berg'. Und die sagen dann: ,Du, Marianne, kannst du dich nicht anders anziehen!' [Lacht]. Sage ich: ,Entweder nehmt ihr mich so, oder ich komme nicht! [Lacht] Es gibt so Grenzsituationen. Aber [...] meine Devise war immer [...]: Ich mache es soweit mit, wie ich es kann in der Tracht, so wie es für mich stimmt in der Tracht, und dann ist einfach die Grenze. Und das war gut für mich (I8: 156-168).

Diese konsequente Haltung entspringt einer inneren Überzeugung und dem Bedürfnis, ihrer „tiefen Verbundenheit mit Gott“ (I8: 45) und der Zugehörigkeit zu ihrer Glaubensgemeinschaft visuell Ausdruck zu verleihen und somit ein Zeichen zu sein. Für die Anliegen ihrer Mitschwestern, die ihre Tracht bei der Arbeit außerhalb des Klosters als hinderlich empfinden, zeigt sie allerdings Ver-

13 Unter dem Begriff „zivil“ versteht sie alltagsweltliche Kleidung.

14 Seit dem Zweiten Vatikanischen Konzil ist die Entscheidung, ob die Nonnen und Mönche sich im Habit zu kleiden haben oder zivil tragen dürfen, den einzelnen Klostergemeinschaften überlassen.

15 Da die Tracht, insbesondere von den Ordensmitgliedern, die in der Öffentlichkeit arbeiteten, als nicht mehr zeitgemäß und hinderlich empfunden wurde, hatten diese ein entsprechendes Gesuch eingereicht. Die Abwendung von der Habitpflicht führte innerhalb des Ordens zu Auseinadersetzungen.

ständnis und engagiert sich dafür mit großem Engagement. Für eine weltweite Gemeinschaft wie die ihres Ordens fordert sie Toleranz und Anpassung von allen Seiten. Generell vertritt sie die Ansicht, dass man nicht nur durch die Kleidung ein Zeichen sei: „Man muss ja da irgendwie durch die Haltung, durch sein ganzes Sein das Zeichen sein. Und das sind ja alle meine Mitschwestern auch, die zivil gehen" (I8: 169-173). Außerdem verweist sie auf das Kreuz, das von allen Schwestern getragen würde und die sichtbare Markierung der Zugehörigkeit auch bei „den Zivilen" gewährleiste.

5.2.2 Die religiös konnotierte Kleidung als Teil der eigenen Identität

Zentraler Bezugspunkt in Schwester Mariannes sozialer Selbstverortung ist die Ordensgemeinschaft. Sie definiert sich vorrangig über die kollektive Zuordnung, als Teil der Gemeinschaft. Die Tracht als einheitliches visuelles Zeichen dieser Zugehörigkeit stellt sie als unverzichtbaren Bestandteil ihrer Identität dar: „Mit der Zeit fühlt man sich eigentlich nur da drin richtig wohl und zu Hause und bei sich!" (I8: 497-498). Die Annahme und Verinnerlichung ihrer Identität als Ordensschwester vollzog sich nicht unmittelbar mit dem Anlegen des Habits sondern prozesshaft. „Ich kann ja nicht einfach etwas ganz anderes anziehen und bin innerlich schon voll identisch mit dieser ganzen neuen – doch zum Teil neuen Spiritualität und neuen Lebensform für mich. Da musste ich den Weg suchen" (I8: 213-216).

Sie verbindet den Begriff der Identität (als Ordensfrau) mit einer spezifischen „Spiritualität" und „Lebensform", in die sie hineinwachsen musste. Die Schwierigkeit, zu einer glaubwürdigen Selbstidentifikation mit ihrer neuen sozialen Rolle (die durch die Kleidungspraxis bereits nach außen repräsentiert wurde) zu finden, wurde verstärkt durch die Tatsache, dass sie sich im ersten Jahr nach ihrem Klostereintritt nicht in der klösterlichen Gemeinschaft aufhielt, sondern eine öffentliche Sprachschule in London besuchte. Ihre auffällige visuelle Differenz und die Fragen seitens ihrer Mitschüler/innen konfrontierten sie ständig mit der Diskrepanz zwischen dargestellten und gespürten Anteilen ihrer Identität.

Eine öffentliche Schule, natürlich. Eine Sprachschule. Und ich bin noch nicht sicher gewesen in mir selber, mit meinem neuen Status. Ich kann jetzt nicht sagen, ich sei schon eine Ordensfrau gewesen. Ich war ja eben in einer Kandidatur, in einer Prüfungsphase, oder. Und das hat mich schon manchmal etwas geschleudert. Drum war das dort in London für mich persönlich schwierig (I8: 200-204).

Erst nach ihrer Rückkehr in die Uniformität der klösterlichen Gemeinschaft entwickelte sie ein Gefühl von Authentizität.

Abbildung 2: Schwester Marianne in der Klosterkirche Ingenbohl.
© Jacqueline Grigo.

Mittlerweile bezeichnet sich Schwester Marianne als „bestandene Klosterfrau" (I8: 230-231), die wisse, wo sie hingehöre. Durch die Sichtbarkeit wird ihre Identität als Nonne tägliche bestätigt und reproduziert.

Bis heute durchlebt sie allerdings auch Phasen des Zweifels. „Es schleudert mich manchmal wieder ein bisschen und – ja, da ist man, glaube ich, nicht gefeit, bis ans Lebensende, oder." (I8: 471-473) So zeichnet sie ihre Lebensgeschichte als eine Geschichte wiederkehrender Grenzgänge. Als Beispiel einer solchen „Gratwanderung", erwähnt sie die Begegnung mit einem Mann bei der „erstaunlicherweise trotz Tracht", bei beiden „etwas angeklungen" (I8: 418) habe. Implizit wird die Tracht hier als Grenzmarker verstanden, der nicht nur die religiöse Zugehörigkeit sichtbar absteckt, sondern gleichzeitig das Gefühlsleben einzugrenzen hat. In Anlehnung an das Keuschheitsgelübde wird über die Tracht eine normative Geschlechteridentität (re)konstruiert und kommuniziert, die die Möglichkeit einer (sexuellen) Anziehung grundsätzlich negiert. Obwohl Schwester Marianne diese Begegnung als schmerzhafte Erfahrung erlebte, bewertet sie sie rückblickend positiv und schreibt ihr einen „heilsamen" Effekt auf ihre Selbstwahrnehmung als „normale Frau" zu. „Es ist gut zu wissen, dass man noch normal Frau ist, dass man noch Gefühle und Regungen hat. [...] Und ich denke, man bleibt Frau, auch im Kloster und – ja, für mich war es eine gesunde Erfahrung – obwohl es mir wehgetan hat! [Lacht]“ (I8: 425-428).

5.2.3 Aspekte des „Frauseins“ und persönliche Individualität

Die Konstruktion ihrer geschlechtlichen Identität wird maßgeblich geprägt durch das klösterliche Keuschheitsgelübde und den damit verbunden Verzicht auf das Ausleben sexueller Bedürfnisse bzw. reproduktiver Prozesse, was durch das Tragen des Habits sichtbar kommuniziert (und verinnerlicht) wird. Aspekte ihrer Geschlechteridentität thematisiert Schwester Marianne vorwiegend über Kompensationssemantiken. Um nicht zu „versauern“ (I8: 448), versucht sie in ihrem Alltag auf verschiedene Weise einen Ausgleich zu schaffen und ihrem „Frausein“ einen Platz in ihrem Leben einzuräumen. „Man kann ja nicht alles einfach nur sublimieren. Das ist gar nicht möglich. Ich denke, ich musste in meinen Leben einfach schauen, [...] dass ich gute Ausgleiche habe, dass ich irgendwie mein Frausein auf eine gute Art leben kann!“ (I8: 432-435).

In diesem Zusammenhang erwähnt sie das Berufsleben (als Krankenpflegerin und später als Lehrerein und Schulleiterin), das ihr in verschiedener Hinsicht die Möglichkeit geboten habe, „mütterliche Anteile“ ihrer Person auszuleben. „In einem sozialen Beruf leben Sie ja vieles aus! [...] ich hatte die Verantwortung für 300 junge Leute, und die kamen mit allen Problemen zu mir. Also da konnte ich eigentlich viel vom mütterlichen Anteil leben. Und das war auch gut für mich“ (I8: 435-439). Hier werden das ‚Mütterliche‘ und implizit das ‚Fürsorgliche‘ als weibliche Qualitäten identifiziert und im Berufsleben als Ausgleich zu den „sublimierten“ Anteilen des klösterlichen Frauseins integriert. Außerdem legt Schwester Marianne Wert auf freundschaftliche soziale Beziehungen, die ihr ein Stück weit Familienersatz sind. In Bezug auf ihre Selbstwahrnehmung als Frau schätzt sie besonders den Kontakt zu männlichen Freunden.

> Ich habe zwei, drei ganz gute Freunde, die verheiratet sind, bei denen ich wie ein bisschen ein Teil der Familie bin. Das brauche ich auch. Weil irgendwie, ich brauche auch zu meinem normalen Frausein ein Stück diesen männlichen Kontakt oder den Austausch. Den brauche ich, und den habe ich auch, weil ich wirklich ganz gute Freunde habe (I8: 440-446).

Einen wichtigen Ausgleich schafft sie sich auch in ihrer Freizeit, indem sie sich ganz bewusst Beschäftigungen sucht, die sie innerlich erfüllen, „damit ich nicht irgendwie meine, ich hätte etwas zu wenig im Leben!“ (I8: 449) So betreibt sie verschiedene Kunsthandwerke, spielt Geige und besucht regelmäßig kulturelle

Anlässe. Auch wenn sie durch die Ausübung dieser Aktivitäten gelegentlich in einen Gewissenskonflikt mit ihrer klösterlichen Identität und den damit verbundenen Einschränkungen kommt. „Ich müsste jetzt vielleicht sagen: ‚Ich bin eine etwas unverschämte Klosterfrau, wenn ich an die Armut denke. Das ist nämlich ein etwas teures Hobby'"[16] (I8: 455-457), so betont sie im Gegenzug die Wichtigkeit, eigene Bedürfnisse wahrzunehmen und dafür einzustehen und ergänzt ironisierend, so erspare sie sich den Psychotherapeuten.

Die Integration und das bewusste Ausleben als weiblich definierter Anteile des Selbst beschreibt Schwester Marianne also als Voraussetzung psychischer und physischer Gesundheit. Mit diesen weiblichen Anteilen verbindet sie Aspekte ihrer individuellen Persönlichkeit, der sie über die Selbstverwirklichung im musisch-künstlerischen Sinn Ausdruck verleiht. Als Gegenpol zu den stark über die Kollektivität und die visuelle Uniformität der Ordensgemeinschaft gesteuerten Mechanismen der Selbstzuschreibung schafft sie sich hier, thematisiert unter dem Konzept des „Frauseins", einen Raum für den Ausdruck persönlicher Individualität. Hier zeigt sich eine latente Spannung zwischen gelebter Kollektivität und inkorporierten gesellschaftlichen Individualisierungsnormen.

Ihre Vorliebe für schöne Kleider identifiziert Schwester Marianne als weitere weibliche Eigenschaft. Die Tatsache, dass sie in Bezug auf ihre persönliche Kleidungspraxis die Ordenstracht gewählt hat, bedeutet nicht, dass sie modischen und ästhetischen Aspekten von Kleidung gleichgültig gegenüberstünde. Im Gegenteil verfolgt sie aktuellen Modeströmungen mit Interesse. „Positiv fällt mir eigentlich auf, dass Frauen in der letzten Zeit wieder ein bisschen fraulicher daherkommen. Das gefällt mir eigentlich [...]. Ich habe gerne, wenn die Leute etwas modisch daherkommen [...]. Ich schaue gerne in Modegeschäfte rein" [lacht] (I8: 520-525). Auch im folgenden Zitat wird dies deutlich: „Ich habe immer gerne Mini gehabt bei den jungen Mädchen bei mir in der Schule. [...] wenn sie Topfiguren haben, fand ich das so schön! [...] Ich finde die Mode lustig. Ich habe gerne, wenn mal jemand verrückt angezogen ist, ein bisschen speziell zurechtgemacht ist! (I8: 520-530).

In Schwester Mariannes Beurteilungen von Mode und Kleidungspraxis weltlich gekleideter Frauen kommen Ideale von „Fraulichkeit", Schönheit und Individualität zum Ausdruck, die durch die eigene vestimentäre Selbstdarstellung nicht gelebt werden (können). „Wenn ich dann, je nachdem, eine Frau sehe, wo ich denke: Wow! Bist du toll angezogen! Dann denke ich: ui, das wäre schon schön, und so. Das ist schon so. Aber nicht, das ich es jetzt unbedingt will, aber

16 Hier spricht sie das Kunsthandwerk des Reliquienfassens an, wobei Andachtsbilder und Reliquienschreine mit Gold- und Silberdraht verziert werden.

ich kann ja sagen: doch, das würde mir jetzt auch gefallen!" (I8: 505-508). Die *traditionelle* Ordenskleidung lässt grundsätzlich kaum Raum für die Darstellung persönlicher Individualität. Diese ist im Gegenteil unerwünscht, ist es doch gerade Zweck des Habits, sichtbare individuelle Unterschiede zwischen den Angehörigen eines Ordens auszugleichen und deren kollektive Identität zu unterstreichen. „Also man muss auch ein Stück von der Individualität zurückstellen, weil man sich ganz bewusst entscheidet, in einer Gemeinschaft zu leben" (I8: 258-269). Mit bunten Halstüchern erlaubt sie sich eine kleine Eigenwilligkeit in ihrer Selbstdarstellung, mit der sie die Tracht „aufhellt" – „Ich brauche etwas Farbe!" (I8: 549) und sich zugleich von der Uniformität der anderen Schwestern visuell abhebt. „Ich habe ja meisten ein Halstuch an, oder. Das haben nicht alle! Und bei mir weiß man, das ist die Marianne mit dem Halstuch" [lacht] (I8: 297-299). Diesen individuellen Akzent, die Abweichung von der Norm, rechtfertigt bzw. verteidigt sie mit dem Verweis auf ihre korrekte innere „Haltung", auf die es in letzter Konsequenz ankäme. „Also, ich denke, es kommt ein wenig darauf an, wie man selber ist, wie man sich gibt, wie man in der Haltung sich präsentiert" (I8: 299-301).

5.2.4 Die Kleidungspraxis im Spannungsfeld zwischen religiöser Orientierung und Referenzgruppe

Als religiöse Referenzgruppe ist die Ordensgemeinschaft von zentraler Bedeutung für Schwester Marianne. „Wir leben ja in einer Gemeinschaft, und das ist ganz, ganz etwas Wichtiges in dem Orden. Man kann über die Schwierigkeiten reden, man hat Ansprechpersonen, man ist unter Seinesgleichen" (I8: 221-223). Neben der zwischenmenschlichen Komponente, der Zuwendung und Unterstützung, die ihr in der Gemeinschaft zuteilwird, trägt diese auch zu einer Selbstvergewisserung bei, die ihr gerade in der Interaktion mit der Außenwelt die nötige Sicherheit und Stabilität gibt. „Also auch wenn ich jetzt in der Schule jahrelang mit jungen Leuten gearbeitet habe, [...] die nicht ins Kloster gegangen sind, das machte nichts, weil ich bin immer wieder am Tisch in der Gemeinschaft gewesen, beim gemeinsamen Gebet und im Austausch" (I8: 223-228).

Unter Berufung auf die Ordensregeln und deren Bezug auf die urchristliche Gemeinschaft sowie unter Betonung des hohen Stellenwerts des gemeinsamen Gebets, verweist sie auf die Bedeutung des klösterlichen Gemeinschaftslebens als kollektivierter Form der Religionsausübung. Diese macht einen wichtigen Teil ihrer Religiosität aus. Schwester Marianne befindet sich, verglichen mit der klösterlichen Norm, in einer speziellen Lage. Sie lebt als Folge einer berufsbedingten Ausnahmeregelung seit einigen Jahren nicht in einer Ordensgemeinschaft, sondern allein (bzw. mit der Frau, die sie betreut) in einer Wohnung. Den Alltag als Ordensfrau außerhalb der Klostermauern ohne den täglichen Rückhalt der Gemeinschaft zu bewältigen beschreibt sie als nicht einfach und betont ihre nach wie vor starke innere Bindung an die Ordensgemeinschaft, die sie regelmäßig zum gemeinsamen Gebet, zur Vorbereitung liturgischer Feste oder zur gemeinsamen Auseinandersetzung mit spirituellen Themen besucht.

Die Gemeinschaft ist also in verschiedener Hinsicht zentral für Schwester Mariannes religiöses Selbstverständnis. Sie bildet eine Voraussetzung für die religiöse Praxis und Identität, aber auch für ihre individuelle Religiosität, indem sie den Ethos, die spezifische Lebensweise und religiöse Sinnkonstruktionen bestätigt. Sie vermittelt Zugehörigkeit, bietet emotionalen Rückhalt, Sicherheit und stellt die Grundlage sozialer Selbstverortung dar.

Als sichtbares Zeichen kommuniziert (und stärkt) die Tracht Schwester Mariannes Gefühl der Verbundenheit mit dem Orden. „Für mich war es dann klar, ich gehöre nach Ingenbohl, und das ist jetzt ein äußeres Zeichen" (I8: 29-30). Dabei betont sie u. a. den Aspekt visueller Wiedererkennbarkeit in der Öffentlichkeit und die emotionale Verbundenheit, die sich dabei – auch zwischen ordensfremden Schwestern einstelle. „Also ich sehe sofort, ob jetzt eine nach Menzingen gehört oder auf Ingenbohl. Das ist schnell erkennbar, [...] wenn eine Schwester daherkommt, auch wenn es eine Diakonisse ist, sagen sofort alle ‚Grüezi'. Es ist so eine schöne innere Verbundenheit" (I8: 76-79).

Schwester Marianne hebt die kohäsive Funktion der Ordenskleidung hervor. Durch die Uniformität der Kleidung werde das Gemeinschaftsgefühl gestärkt. Außerdem hat die weitgehende visuelle Nivellierung individueller Unterschiede auf die Gemeinschaft insofern einen positiven Einfluss, als sie eine über die Selbstdarstellung ausgetragene Rivalität zwischen den Ordensangehörigen verhindert. Auf Kosten der individuellen Entfaltung vermittelt die Uniformität der Kleidungspraxis so innerhalb des Ordens (idealerweise) ein Gefühl der Geborgenheit.

Auf die soziale Dynamik des Ordens wirkt dies stabilisierend und auf das individuelle Selbst entlastend. Diese Funktion der Ordenstracht bestätigt Schwester Marianne ex negativo, indem sie die Auseinandersetzungen anspricht, welche als Folge der Auflockerung der Kleiderregel und der damit einhergehenden visuellen Differenzierung innerhalb ihrer Ordensgemeinschaft ausgebrochen seien. „Es gab auch Konflikte mit denen, die bei der Tracht geblieben sind. Die meinten: ‚Ja, jetzt gehen die zivil und brauchen so viel Geld für Kleider, und gehen auch noch zum Coiffeur!'" (I8: 292-294).[17]

5.2.5 Die Kleidungspraxis im Spannungsfeld zwischen religiöser Orientierung und Gesellschaft

Schwester Marianne beurteilt die Akzeptanz christlicher Ordensleuten in der Gesellschaft und insbesondere bei älteren Bevölkerungsschichten als außerordentlich hoch, was sie auf die historische Verwurzelung der christlichen Orden und auf deren sozialen Auftrag in der Gesellschaft zurückführt.

> Ich denke, das hat zum Teil auch zu tun mit der geschichtlichen Entwicklung der Orden. Die hat man immer geschätzt. [...] und ich denke, das hat schon auch viel damit zu tun, dass wir draußen sind, wir sind ja ein karitativer Orden, die haben schon seit 150 Jahren einen sozialen Auftrag erfüllt in der Gesellschaft und erfüllen ihn jetzt noch, und das gibt eine bestimmte Akzeptanz auch (I8: 694-700).

Die zahlreichen Annerkennungsbezeugungen, die sie erhalte und die vorwiegend positiven Erfahrungen, die sie in der Öffentlichkeit mache, bestätigen diese Einschätzung. Nur selten bekomme sie despektierliche Bemerkungen, wie: „Jö, der Pinguin!" (I8: 115), oder: „Schau, der Kohlensack!" (I8: 114) zu hören, denen sie aber mit Humor begegne. Angst bekomme sie nur, wenn sie auf der Straße Rechtsextremen begegne oder Gruppierungen, die mit Okkultismus zu tun hätten; „Also da bekomme ich Panik. Dann habe ich immer den Eindruck, für die bin ich ein Anziehungspunkt" (I8: 640-641). Abgesehen davon erachtet sie ihre Tracht als Schutz vor tätlichen Übergriffen. „Jeder weiß, ob er Christ ist oder Moslem oder Atheist: ‚Die gehört einer religiösen Gemeinschaft an', also nor-

17 Im Rahmen einer telefonischen Anfrage um die Erlaubnis, im Kloster zu filmen, zeigte sich, dass dieser Konflikt, der von Schwester Marianne als abgeschlossen geschildert wird, innerhalb der Klostergemeinschaft Ingenbohl nach wie vor stark emotional aufgeladen ist. Die Verweigerung der Erlaubnis, im Kloster filmen zu dürfen, wird von der Klosterleitung damit begründet, dass die Thematik „Tracht", bzw. „zivil" im Kloster eine „große Brisanz" hätte und zu Auseinandersetzungen führe. Die zivilen Schwestern, so die Erklärung der Klosterleitung, fühlten sich durch die Trachtträgerinnen „herabgewürdigt und benachteiligt". Man wolle nicht mit einer expliziten Thematisierung der Kleidungspraxis „zusätzlich Öl ins Feuer gießen". Die Tracht sei außerdem nicht mehr als das Zeichen der Zugehörigkeit zu werten, sondern das Brustkreuz, dass von allen Schwestern getragen werde, auch von den zivilen.

malerweise: ‚Die greife ich nicht an'. Es ist eine Schwelle da, wenn jemand in einer Ordenstracht ist. Ich denke, es ist ein Schutz vor kriminellen oder sexuellen Übergriffen" (I8: 180-183).

Gleichzeitig schafft die Nonnentracht aber auch eine Nähe und nimmt die Scheu, in eine Interaktion zu treten: „Wenn ich im Hauptbahnhof stehe, bin ich ein allgemeines Auskunftsbüro! Wobei ich ja dann gar nichts weiß [lacht]. Aber es kommen einfach alle und meinen, die Schwester kann man schon fragen!" (I8: 106-109). Dieses Gefühl der Distanzlosigkeit geht so weit, dass fremde Leute sie im Zug ansprechen und ihr intimste Probleme anvertrauen oder sie darum bitten, für sie zu beten:

> Noch nicht lange her, kam mir im Hauptbahnhof in Zürich eine jüngere Frau entgegen, greift in den Sack, stößt mir eine zwanziger Note in meinen Mantelsack, schaut mich einen Moment an und sagt: ‚Bitte Schwester, beten Sie für mich!' und ist – zack – wieder verschwunden! Ich hatte keine Ahnung, wer das ist! So werde ich oft angesprochen, dass jemand sagt: ‚Sie, beten Sie! Ich habe ein Anliegen, ein Problem, beten Sie!' Und ich denke, dafür ist es gut, wenn man ein äußeres Zeichen ist, oder. Die Leute haben keine Scheu, überhaupt nicht (I8: 99-107).

Schwester Marianne wird als Vermittlerin zwischen Gott und der Welt verstanden, deren Gebeten man eher zutraut, Gehör zu findet als den eigenen. In dieser Hinsicht bewertet Schwester Marianne die Sichtbarkeit ihrer religiösen Identität als positiv, weil dadurch eine Vertrauensbasis gelegt werde. Sie lässt aber auch Ambivalenz erkennen, wenn sie einwendet: „Also es ist manchmal auch nicht so angenehm. Man ist so ein bisschen Allgemeingut!" (I8: 96-97) Die Institutionalisierung ihrer Person und den von außen an sie herangetragenen Anspruch ständiger Verfügbarkeit bei allen möglichen Problemen seelsorgerischer oder praktischer Art empfindet sie zuweilen als ermüdend. Außerdem widerstrebt ihr die realitätsferne Überhöhung ihrer Person, und die auf ihre Identität als Ordensfrau bezogene Zuschreibung übermenschlicher Attribute. „Eine Ordensfrau ist ein Mensch wie jeder andere auch und kein Überwesen! [...] Wir haben auch Grenzen! Dass man alles kann, oder unendlich verfügbar ist, einfach weil man Ordensfrau ist, das ist schon auch etwas, das manchmal Mühe macht" (I8: 724-729). So wehrt sie sich auch gegen die ihr häufig unterstellte Frömmigkeit. „Also, so fromm bin ich gar nicht, wie viele meinen! [Lacht] [...] Man muss sich die Zeit zum Beten oft auch stehlen – gerade wenn man arbeitet. [...] diese Vorstellung, dass man so hyper-fromm sei, das macht mir manchmal etwas Mühe". [Lacht] (I8: 685-690).

Die Ordenstracht schafft also in Schwester Mariannes Beziehung zur gesellschaftlichen Umwelt gleichzeitig Nähe und Distanz. Einerseits wird durch die sichtbare Erkennbarkeit als Ordensfrau eine Grenze aufgebaut, die Unantastbarkeit und Respekt vermittelt und somit einen Schutz vor Übergriffen darstellt. Andererseits vermag die Tracht über eine Institutionalisierung, bzw. Entpersonalisierung ihrer Trägerin die Hemmschwelle, in Kontakt zu treten oder Ansprüche zu formulieren zu senken. Die ungeschriebenen Grenzen, die normalerweise zwischen Unbekannten bestehen, werden aufgelöst bzw. verschoben. Während sie die Sichtbarkeit in ihrer karitativen Funktion gut heißt, da sie ihr hilft, ihre Mission als Zeichen christlicher Nächstenliebe zu erfüllen, bedeutet der Anspruch auf ständige Verfügbarkeit und die Überhöhung bzw. Sakralisierung ihrer Person bisweilen auch eine Überforderung.

5.2.6 Die Sichtbarkeit religiöser Identität als Mittel zur Propagierung christlicher Werte

Bezogen auf die schweizerische Gesellschaft sieht Schwester Marianne einen wichtigen Aspekt ihres Habits in dessen Funktion als sichtbares christliches Zeichen in der zunehmend von religiöser und kultureller Vielfalt geprägten Umgebung.

> Aber für S. [Ortsbezeichnung, Anm.: J.G.], auch wenn das sehr sozialistisch ist, auch heute noch zum Teil, denke ich, hat es trotzdem noch eine Bedeutsamkeit, wenn einfach auch noch jemand da ist von der christlichen Seite, der – ich will jetzt nicht sagen, das zur Schau stellt, überhaupt nicht! Aber einfach auch noch ein Zeichen ist! Weil, wir haben 47 Prozent Ausländer in S. Wir haben alle Religionen da. Wir haben Hindus, wir haben Moslems, wir haben alles. Und dann finde ich, ja – es ist gut, wenn auch noch ein anderes Zeichen sichtbar ist. Für die Leute meine ich, ob reformiert oder katholisch oder Atheisten ist das... Also, ich habe den Eindruck, ich habe eine volle Akzeptanz da. Und, ja... ist eigentlich schön, wenn es einem so geht (I8: 145-154).

Die Grenze zwischen Fremdem und Eigenem, das es über das „sichtbare Zeichen“ zu repräsentieren bzw. zu verteidigen gilt, wird hier über eine auf religiösen, nationalen und polit-parteilichen Kriterien beruhenden Kategorisierung konstruiert. Auf der einen Seite stehen die „Sozialisten“, „die Ausländer“, und anders-religiöse Akteure. Auf der anderen Seite, als dem ‚Eigenen‘ zugeordnet: Reformierte, Katholiken und Atheisten. Indem in dieser Dichotomisierung Atheisten implizit dem Eigenen zugerechnet werden, wird die Tracht über das religiöse (christliche) Zeichen hinaus, gleichzeitig zum kulturellen bzw. nationalen

Zeichen erhoben. Die Grenze (bzw. die Inklusion derjenigen, die durch die Tracht als sichtbares Zeichen der eigenen Kultur angesprochen werden) wird hier so gezogen, dass konfessionelle Differenzen und sogar Unterschiede zwischen Religiösen und Nicht-religiösen verwischt werden, solange sie der „christlichen Kultur" in einem erweiterten Sinne angehören. Die zunehmende religiöse Pluralisierung ihrer Umwelt und die beobachtete gleichzeitige Erosion christlicher Werte nimmt sie als Bedrohung der Gesellschaft wahr.

Also in der heutigen Zeit müsste ich jetzt sagen, wäre ich froh, wenn in unserer Gesellschaft, vor allem jetzt auch in unserer multikulturellen Gesellschaft – wenn der christliche Aspekt, die christliche Werthaltung, das Christentum auch wieder einen genug großen Stellenwert hätte. Einfach, ich denke, am Schluss lassen wir uns überrollen von allen, einfach, weil wir gar nicht mehr zu unserer christlichen Kultur groß stehen. Also, das ist das, was mir manchmal schon Mühe macht (I8: 703-709).

Es ist ihr ein Anliegen, diesem Verlust des Stellenwertes der „christlichen Kultur" im Allgemeinen entgegenzuwirken. Da die Bevölkerung durch traditionell-kirchliche Formen christlicher Glaubensvermittlung und -ausübung nicht mehr in genügendem Ausmaß erreicht werden könne, sieht sie die Notwendigkeit offensiverer oder niederschwelligerer Vorgehensweisen. „Wir können nicht die Kirchen füllen, wie wir das vor 50 Jahren hatten. Das ist ein Traum, ein falscher Traum […]. Wir müssen mehr raus gehen. Wir müssen eine Geh-hin-Kirche sein. Wir müssen das Christentum in der Gesellschaft vielleicht noch bewusster leben" (I8: 709-715). Unter diesen Bedingungen erhält die Sichtbarkeit christlicher Identität als „Zeichen" eine neue Wendung, indem sie auf eine gesellschaftliche Rehabilitierung und Propagierung christlicher Werte zielt.

5.2.7 Differenzwahrnehmung

In ihren Ausführungen zur subjektiven Differenzwahrnehmung nimmt Schwester Marianne Bezug auf die historische Entwicklung der Ordenstrachten. Die Kleidung der verschiedenen Frauenklöster im Mittelalter und bis ins 19. Jahrhundert hinein habe sich wenig von der normalen Frauenkleidung unterschieden, wodurch die Nonnen in der Öffentlichkeit kaum aufgefallen seien. Im Unterschied dazu unterscheiden sich die Ordenstrachten, die sich im Laufe der Jahrhunderte wenig verändert haben, offenkundig stark von der sich schnell wandelnden weltlichen (Frauen-)Bekleidung und sind daher optisch sehr auffällig geworden. Diese Erfahrung visueller Auffälligkeit im öffentlichen Raum steht in großem Kontrast zur Uniformität der Kleidung innerhalb des Ordens.

Bedingt durch ihre karitative Tätigkeit außerhalb der Ordensgemeinschaft sieht sich Schwester Marianne täglich mit ihrer visuellen Andersartigkeit konfrontiert. Ihre subjektive Differenzwahrnehmung hat sich allerdings innerhalb der letzten zwanzig Jahre stark verändert. Während an den zahlreichen außerkirchlichen Tagungen und Gremien, denen sie beigewohnt hatte, früher jeweils mehrere andere Vertreter/innen klösterlicher Gemeinschaften teilgenommen hätten, sei sie heutzutage an solchen Veranstaltungen ausnahmslos die einzige Ordensfrau. Da werde sie anfangs „schon immer etwas seltsam angeschaut" (FB8: 12.2008). Mit dem Rückgang der sichtbaren Präsenz von Ordensleuten im öffentlichen Raum fühlt sie sich, besonders in größeren Städten wie Zürich, mehr und mehr als „Exotin" (I8: 98). Während es in St. Gallen, wo es noch viele Ordensleute gäbe, besser sei, werde sie „in Zürich, in der Stadt [...] manchmal etwas komisch angesehen. Aber nicht dass mich das groß stört, oder dass ich jetzt da enorm auffallen würde. Wenn ich mich normal benehme, dann ist es auch schnell gut" (I8: 588-592). Das hier noch zurückhaltend formulierte Unbehagen gegenüber der je nach Kontext als mehr oder weniger exotisierend empfundenen Antizipation ihrer Person wird später noch deutlicher zum Ausdruck gebracht: „Ich denke manchmal: wenn ich es überwunden habe, ist es gut!" (I8: 602-603). Die mit subjektiver Differenzwahrnehmung verbundenen emotionalen Implikationen variieren je nach Umgebung und Situation. In ihrer Wohngemeinde empfindet sie ihre Auffälligkeit nicht als unangenehm. Durch ihren hohen Bekanntheitsgrad und die Vertrautheit ihres lokalen Umfeldes mit der Tracht verschwimmt die Differenz. „Ich wohne schon 38 Jahren in S. und arbeite in der Seelsorge für alte Menschen, in der Sterbebegleitung im ganzen Tal. Da kennen mich viele Leute, vor allem ältere Leute, und für die ist eine Tracht etwas Vertrautes. Ob sie jetzt reformiert oder katholisch sind, sagen mir alle ‚Grüezi, Schwöster!'" (I8: 88-92).

Besonders „deplatziert" fühlt sie sich dagegen im Kino, das sie aus diesem Grund nach Möglichkeit meidet. Auch Konzertbesuche kosten sie einige Überwindung. „Also, ich denke manchmal sogar, wenn ich in die Tonhalle [Konzerthalle in Zürich, Anm.: J.G.] gehe: Ich will ja auch nicht immer angesehen werden! Wobei ich jetzt denke, in ein Konzert kann man gut in der Tracht gehen. Aber... ja, es ist manchmal bis ich drin bin... und dann ist es gut" (I8: 603-608). Wie unter anderem aus diesem Zitat hervorgeht, empfindet Schwester Marianne in solchen Situationen die auf sie gerichteten Blicke aus der Umgebung als visuellen Übergriff auf ihre Person. Im Zusammenhang mit dem Gefühl von Deplatziertheit schildert sie einen Jahrmarktbesuch, als sie plötzlich das starke Bedürfnis hatte, den Platz fluchtartig zu verlassen. Das Gefühl des ‚Nichtpassens' leitete sich aber, wie sie nachträglich reflektiert, nicht aus Reaktionen anderer Jahrmarktsbesucher ab. „Das war ich, die Leute waren ganz normal eigentlich, aber ich hatte den Eindruck, ich passe nicht hier hin" (I8: 632-633).

Die Differenzwahrnehmung entspringt also einerseits der wahrgenommenen und subjektiv gedeuteten Antizipation ihrer Person durch die gesellschaftliche Umwelt, den Blicken, Bemerkungen oder (unterstellten) Einstellungen, Werthaltungen und Sehgewohnheiten. Andererseits beruht sie auf der eigenen Einschätzung der Angemessenheit ihres Auftritts in einer bestimmten Umgebung. Diese wiederum wird beeinflusst von normativen Vorgaben bzw. Beurteilungen dessen, was sich für eine Ordensfrau gehört bzw. nicht gehört.

5.2.8 Zusammenfassung

Das Tragen der Tracht begründete sich bei Schwester Mariannes Ordenseintritt über die in den Ordensregeln festgehaltene klösterliche Norm. Das Ablegen der Alltagskleidung und das Anlegen der Tracht ist untrennbar mit der Aufnahme in den Orden verbunden und wurde daher nicht hinterfragt. Die Bedeutung, die die Tracht für Schwester Marianne einnimmt, weist aber weit über die Orientierung an klösterlicher Tradition und die Befolgung von Regeln hinaus.

Am stärksten gewichtet sie deren Funktion als sichtbares Bekenntnis ihrer tiefen inneren Verbundenheit mit Gott, welche durch die Möglichkeit des visuellen Ausdrucks noch bestärkt wird. In verschiedenen Zusammenhängen beschreibt sie die Tracht als Zeichen, das neben ihrer Verbundenheit mit Gott vor allem ihre Zugehörigkeit zum Orden, ihre religiöse Gesinnung und, in Abgrenzung zu einer als zunehmend von religiösem Pluralismus gekennzeichneten Schweiz, ihr Eintreten für christliche Werte anzeigt. Die mit dem Begriff ‚Zeichen' angesprochene Kommunikationsleistung der Tracht richtet sich also sowohl nach außen als auch, bezogen auf die Identitätskonstruktion und -wahrung der Gemeinschaft wie der einzelnen Individuen, nach innen.

Die Ordenstracht als einheitliches visuelles Zeichen kommuniziert und bestärkt die interne Gruppenzugehörigkeit. Die Uniformität der Kleidungspraxis unterläuft, andernorts über Selbstinszenierung ausgetragene Konkurrenzmechanismen und vermittelt so tendenziell ein Gefühl von Geborgenheit und Sicherheit. Dieses Gefühl von Zugehörigkeit zur Ordensgemeinschaft gewinnt angesichts des mehrheitlich externen Wirkungsbereichs von Schwester Marianne (im Rahmen der Diakonie) und der damit verbundenen gesteigerten Differenzwahrnehmung, als Selbstversicherung und -bestätigung ihrer religiösen Identität zusätzlich an Bedeutung.

Die angesprochenen Vorteile der Ordenstracht gehen auf Kosten der (u. a. über visuelle Selbstinszenierung gesteuerten Anteile) individuellen Entfaltung und des Auslebens persönlicher Individualität. Dieses Problem thematisiert Schwester Marianne implizit unter dem Begriff des „Frauseins“, das es für den Erhalt psychischer und physischer Gesundheit auszuleben gilt und verbindet damit (kompensatorisch) unter anderem Aspekte individueller Selbstverwirklichung.

Die fehlende vestimentäre Anpassungsmöglichkeit an soziale Situationen wirkt sich negativ bzw. verstärkend auf ihre subjektive Differenzwahrnehmung aus. So fühlt sie sich fremd und von Blicken bedrängt in Kontexten, in denen die eigene Selbstdarstellung in einer Dissonanz zu den als adäquat empfundenen Formen visueller Selbstinszenierung steht.

Durch die zunehmende Vervielfältigung von Handlungskontexten und die kulturelle und religiöse Ausdifferenzierung der sie umgebenden Gesellschaft verstärkt sich diese Tendenz. Die Differenzwahrnehmung bewegt sich also zwischen der ‚visuellen Verschmelzung‘, und dem damit verbundenen Gefühl von Aufgehoben-Sein und Integration in der weitgehenden Uniformität innerhalb der Ordensgemeinschaft einerseits und andererseits einem Gefühl wachsender Befremdung und Differenz in der Öffentlichkeit, welches durch den Rückgang der öffentlich sichtbaren Präsenz anderer Ordensleute und die wachsende religiöse und kulturelle Pluralisierung der schweizerischen Gesellschaft noch verstärkt wird. Die historische Entwicklung einer im Verhältnis zur umgebenden Gesellschaft zunehmenden Obsoleszenz der Ordenstracht setzt sich so in Schwester Mariannes biographischer Perspektive fort.

Der festgestellte Rückgang des Stellenwertes christlicher Werte bedeutet auch einen Rückgang der gesellschaftlichen Legitimierung des Ordensstatus und ist verbunden mit einer wahrgenommenen gesellschaftlichen Infragestellung klösterlicher Identität. In dieser Beziehung mag auch die visuelle Differenz ihren Teil zur gelegentlichen Erschütterung von Schwester Mariannes Selbstverständnis als Ordensfrau beitragen. Gerade in diesem Zusammenhang kommt der klösterlichen Gemeinschaft eine wichtige das (religiöse) Selbst vergewissernde und stabilisierende Funktion zu.

Nicht nur in der Selbstwahrnehmung tritt die persönliche Individualität von Schwester Marianne hinter ihre kollektivierte Identität als Ordensmitglied zurück. Auch die in der Fremdwahrnehmung über die Sichtbarkeit vollzogene Festlegung ihrer Person auf eine ‚fixe‘ kollektive religiöse Identität geht mit einer vergleichsweise stärkeren Stereotypisierung einher. So beurteilt sie ihre Antizipation durch die Umwelt zwar mehrheitlich positiv, lehnt aber die beobachtete Tendenz zur Reduktion ihrer Person auf ihren Ordensstatus und die damit verbundenen Erwartungen ab.

5.3 EINZELFALLAUSWERTUNG HERR SINGH

Herr Singh wurde 1983 in Nordindien, in der Provinz Punjab geboren. Seine Eltern, wie auch er selber, zählen sich zur Religionsgemeinschaft der Sikh. Herr Singh trägt seinen Turban schon von Kindheit an. Er ließ sich in Indien zum Fachmann für Elektronik und Kommunikation (IT) ausbilden. Seit 2003 lebt er in der Schweiz, wo er sich zuerst im französischsprachigen Landesteil als Student niederließ. Im Rahmen eines Praktikums übersiedelte er nach eineinhalb Jahren in den Kanton Zürich. Da er Schwierigkeiten hatte, mit dem Turban eine Arbeitsstelle zu finden, beschloss er, Haar und Bart zu schneiden und sich vom Turban zu trennen, kam aber nach drei Jahren wieder auf seine traditionelle Kleidungspraxis zurück. Derzeit arbeitet er als Serviceangestellter in einem indischen Restaurant, sucht aber eine Stelle als Informatiker. In seiner Freizeit ist er als DJ an selbst organisierten Bollywood Partys in Zürich tätig, wo er auch Tanzunterricht in Bhangra[18] erteilt.

5.3.1 Die Kleidungspraxis im Fokus der eigenen religiösen Orientierung

Herr Singh beruft sich zur Begründung seiner religiösen Kleidungspraxis (dabei handelt es sich namentlich um das Tragen der fünf K's[19]) auf die Entstehungsgeschichte des Sikhismus. Die auf das 17. Jahrhundert zurückreichenden Weisungen des zehnten und letzten von den Sikhs verehrten lebenden Guru (Guru Gobind Singh Ji) zur Kleidung werden als verbindliche religiöse Pflicht akzeptiert. Ihre Gültigkeit und Ausprägung wird aus Herrn Singhs Sicht grundsätzlich nicht hinterfragt oder neu interpretiert.

5.3.1.1 Religiös-normative und funktionale Begründungen der spezifischen Kleidungspraxis

Zur Erläuterung des Ursprungs dieser Pflicht verweist er auf das religions- bzw. identitätsstiftende Bestreben Guru Gobind Singhs und dessen egalitäres Ideal, welches durch den fortan all seinen Anhängern gemeinsamen Nachnamen *Singh*

---

18 Banghra bezeichnet einen traditionellen Musik- und Tanzstil aus dem Gebiet Punjab. Er stammt zwar aus dem Norden Indiens, findet aber inzwischen in ganz Indien großen Anklang. Auch die Bollywood Industrie bedient sich des Banghra, so ist dieser Stil in den Bollywood Filmen mittlerweile der vorherrschende folkloristische Tanz.

19 Vgl. nächstfolgende Fußnote.

(Löwe) für Männer und *Kaur* (Prinzessin) für Frauen und die spezifische Kleidungspraxis sichtbar zum Ausdruck gebracht werden soll.

Because when the religion started [...] it was basically created to finish the problems in India – because Hindus and Moslems always had problems in India – and somehow religion was based when we started protecting people, to help them and then it was a big community. But there was no name for the religion, there was no identity. Before there were Gurus, for example Guru Nanak Dev, Guru Angad Dev. But they were not Sikhs, they were just men of god. So our Guru, Guru Gobind Singh Ji said: ‚I want to make my community'. And then he created our Sikh community.[20] He said: ‚After today whatever...

20 Herr Singh nimmt hier auf folgende historische Begebenheit Bezug: Zur Verteidigung gegen die Unterdrückung durch die Mogul-Herrscher und gegen Konkurrenten und Splittergruppen in der eigenen Sikhgemeinschaft, gründete Guru Gobind Singh am Baisakhi-Fest (das Erntedank- und Neujahrsfest, das heute zum wichtigesten Feiertagder Sikhs geworden ist) im April 1699 in Anandpur die Khalsa. Dabei handelt es sich um eine (bis heute existierende und) als ‚Gemeinschaft der Reinen', bezeichnete Bruderschaft. Diese ist bereit für ihren Glauben auch mit Waffen zu kämpfen. Ausserdem zeichnet sie sich aus durch absolute Loyalität zum Guru und durch ihr Khalsa-Versprechen, bestimmte Verhaltensregeln (*rahit*) einzuhalten, wie beispielsweise dem Tragen der sogenannten „Fünf K's" (*Pañj Kakār*) (vgl. Figl 2003: 372). Diese sind: 1) ungeschnittenes Haar (*kesh*). Dieses repräsentiert Ehrerbietung gegenüber Gottes Schöpfung und wird mit einem langen Tuch (Turban) geschützt; 2) ein Holzkamm (*kangha*); als Symbol für Sauberkeit und Disziplin in allen Aspekten des Lebens; 3) ein Stahlarmreif am Handgelenk (*kara*), der Stärke, Zusammengehörigkeit und Unendlichkeit symbolisiert (die Kreisform steht für die Einheit der Sikhs und die Verbundenheit mit Gott); 4) ein Schwert oder Dolch (*kirpan*), Symbol für den Kampf gegen den Feind in sich selbst und als Erinnerung für die Schwachen ein zu stehen; und 5) eine nicht über das Knie reichende Unterhose (*kachh*), als Teil der Khalsa-Uniform. Sie ist Symbol der Bescheidenheit und zugleich Abgrenzung gegenüber hinduistischen Gruppierungen, die einen *doti*, ein Hüfttuch trugen. Durch den Turban wird außerdem die Identität der Sikh sichtbar zu Schau gestellt und abgegrenzt (vgl. ebd). Mit der Aufnahme in die Bruderschaft ist ein Initiationsritus (*amrit sanskar*) verbunden. Bis heute wird großer Wert auf die Unterscheidung von Khalsa-Sikhs und den nicht zur Khalsa gehörenden Sikhs gelegt. Im weiteren Sinn werden heute auch die Keshdhari Sikhs (welche nicht formal in die Khalsa aufgenommen sind, aber trotzdem langes Haar tragen und im Idealfall auch die anderen äußerlichen Symbole und Verhaltensregeln übernehmen) zu den Khalsa gezählt. In Abgrenzung dazu heißen Gläubige,

we all have the Singh name, without any casts, without any barriers of rich or poor, of women or men'. And he said that we have to keep the long hair and wear the turban (I6: 37-45).

Im Gegensatz zu den umgebenden hinduistisch geprägten Gemeinschaften, wo der Turban nur der Kaste der Brahmanen vorbehalten war und somit die hierarchische soziale Ordnung sichtbar machte, sollte der Turban der Sikhs, der von allen gleichermaßen getragen wurde, fortan die Aufhebung jeglicher Unterscheidungen bezüglich Kaste, Besitz oder Geschlecht, also die Gleichwertigkeit seiner Mitglieder visuell unterstreichen.

Der Turban steht also in Herrn Singhs Erklärung für die Konkretisierung einer religiösen Gruppenidentität und damit verbunden, eine angestrebte, äußerlich sichtbare Identifizierbarkeit der ursprünglichen Reformationsbewegung, aus der der Sikhismus hervor gegangen war, sowie für das Sichtbarmachen des egalitären Ideals der Religionsgemeinschaft. Bezug nehmend auf Guru Gobind Singh begründete Herr Singh das Gebot, sich die Haare nicht zu schneiden (*kesh*) mit der Ehrerbietung gegenüber Gott und dessen Schöpfung, zu der auch das Haar gezählt wird. „Because it's [das Haar, Anm.: J.G.] something given from god, we should respect it. But if we can't, still we should try to respect it. So that's why they say, that everything given from god is a blessing. So we should respect it" (I6: 98-11).

Auch das Tragen eines Turbans (*dastar*), der das Haar vor Verunreinigung schützt, ist letztlich ein Zeugnis bzw. ein Akt des Respekts gegenüber Gott. „And if we keep long hair, it's not so good, when we keep it open, because then all dust comes in and it's no respect" (I6: 45-47). Auf der Toilette und beim Essen, wo die Gefahr der Verschmutzung am größten sei, ist das Tragen des Turbans unerlässlich. Der Turban gilt als Geschenk des Gurus und wird somit selbst als etwas Heiliges betrachtet, mit dem auch die Verehrung des Gurus und der Wunsch, dessen Beispiel zu folgen, ausgedrückt wird. Auch der Turban unterliegt einem Reinheitsgebot. Das Konsumieren von Tabak bei gleichzeitigem Tragen des Turbans beispielsweise würde zu dessen Verunreinigung führen.

Der Turban wird mit einer Krone verglichen und soll (selbst-)bewusst und mit Stolz getragen werden, da er seinen Träger über die dadurch angezeigte Zugehörigkeit zum Sikhismus quasi adelt. Die folgende Aussage unterstreicht den Stellenwert, den der Turban in Herrn Singhs religiösem Verständnis einnimmt: „Somehow, religion is not only with turban. It should be inside as well. But it's

die ‚nur' die heiligen Schriften und die Gurus in Ehren halten, Sahajdhari-Sikhs. Diese lassen sich auch die Haare schneiden (vgl. ebd.: 373).

an important *part* of the religion, to tie a turban. That's what we are always asked to do, and I think, that's how we should do!" (I6: 33-35).

Um die allgemeine Gültigkeit der eigenen Kleidungspraxis zu untermauern, verweist Herr Singh auf ähnliche Praktiken bei Göttern und Propheten anderer Religionsgemeinschaften: „If you go through history, all religious people, all big gods you can say, for Christians, for Muslim, for Hindu, for Sikh, they always preferred to cover their hair. [...] Because it's something given from god and we should respect it" (I6: 94-98). Das Anlegen der „Krone", also das Binden des Turbans unterliegt religiös begründeten ästhetischen Ansprüchen und bedarf einer gebührenden Sorgfalt. „Like for kings, they have their crown. It's a crown for us. And we have not to do just as a formality. It's like jewellery [...]. We have to tie the turban as a proper jewellery [...]. Because it's a gift, given from the Guru and we should respect it" (I6: 47-52). Dabei ist es unerlässlich, dass der *dastar* täglich frisch gebunden wird. Je kunstfertiger und versierter – desto größer ist die Respektbezeugung gegenüber Gott und dem Guru.

Bezüglich der Farbwahl der Tücher bestehen kontextspezifische Weisungen. So werden die Farbe weiß und orange als angemessen für das Betreten des Gurdwara (Gebetshäuser der Sikhs) angesehen, während ein Turban zum Jahresfest der Sikhs möglichst bunt und geschmückt sein sollte. Darüber hinaus ist die Wahl der Farbe dem Träger überlassen. Neben den genannten normativ-religiösen Gründen zum Tragen des Turbans nennt Herr Singh auch funktionale Vorteile wie den Schutz vor Staub und Witterungseinflüssen (Hitze, Kälte, Regen, Sonnenstrahlung) und vor übermäßigem sexuellem Begehren. Außerdem fördere der sanfte Druck um den Kopf das Konzentrationsvermögen.

5.3.1.2. Subjektive Gewichtung und Handhabung der religiösen Kleiderregeln

Für Herrn Singh ist also das Tragen des Turbans grundsätzlich eine unhinterfragbare und religiös begründete Pflicht. Dementsprechend bringt er auch wenig Verständnis auf für die Argumentation der von ihm zitierten „coming generation" (I6: 124), die den Turban in die Gefilde des Kulturellen entsendet, ihm keine religiöse Bedeutung schenkt und darauf verzichtet, ihre religiöse Zugehörigkeit sichtbar nach außen zu tragen. Diese Tendenzen einer individuellen Aneignung der Religion, die individuelle Auslegung und Handhabung der religiösen Pflichten bei der jüngeren Generation, deutet er als Distanzierung von der Religion. „The coming generation, they are not so close to religion, they say: ‚It [das Tragen des Turbans, Anm.: J.G.] is culture... god is inside! Why do we have to show it?'" (I6: 124-125).

Den (leichtfertigen) Verzicht auf den Turban sieht er als ein Symptom der von ihm beobachteten Tendenz junger Sikhs, ihre Religion mit Rückständigkeit zu verbinden und abzuwerten. „Because in India, in Punjab, the new generation just thinks, that they have to be modern, be cool. They think what a lot of people want to say about religion and stuff: it is not so important“ (I6: 235-237). Diese Entwicklung bringt er in Zusammenhang mit einem allgemeinen Bedeutungsverlust der Religion zugunsten anderer Lebensbereiche, etwa der Arbeitswelt. Die abnehmende Bedeutung von Religion äußere sich u. a. in einer Vernachlässigung des generationenübergreifenden Transfers religiösen Wissens, wodurch im Gegenzug der Bedeutungsverlust noch beschleunigt werde. Die religiösen Wissenslücken beeinträchtigten das Bewusstsein der Notwendigkeit und die Argumentationsgrundlage zur Behauptung der spezifischen Kleidungspraxis in einem modernen Umfeld.

> But now, all over the world, people they [...] think: ‚It's much easier, it looks good, when you cut your hair'. [...] Because in many countries we have problem, they don't go to temples and they don't provide the required Information at home. They are just working and just busy with their stuff and they forget that there is something important. To tell the children who we are, how we are and why we are (I6: 230-235).

Die zunehmend stärkere Gewichtung anderer Lebensbereiche bringt er also mit Brüchen in der Vermittlung und Kontinuität religiöser Identität bei der jungen Generationen in Verbindung. Herr Singh verbindet das Rasieren des Haares bzw. den Verzicht auf den Turban aber nicht ausnahmslos mit religiöser Ignoranz oder gar mit einer expliziten Abwendung von der Religion, sondern deutet es in manchen Zusammenhängen als charakterliche Schwäche oder fehlendes Gottvertrauen.[21] Gerade angesichts veränderter äußerer Bedingungen wie etwa den vestimentären Konformitätsansprüchen der modernen Arbeitswelt, welche das Einhalten dieser religiösen Pflicht zunehmend erschweren, wird deren Missachtung aus seiner Sicht nachvollziehbar. „Because now, many people think: ‚O.k. if we

21 Zum Beweis dafür, dass mit dem ‚rechten Glauben' einem erfolgreichen Leben auch mit einem Turban nichts im Wege stünde, verweist er auf einflussreiche Sikhs aus dem wirtschaftlichen und politischen Wirkungsbereich: „People, all big business people, if you check in America and England, there are many many big business men. They all wear big beards with big turbans. But if you say: ‚No, it doesn't work', than it's your belief. Because if I belief: ‚O.k. I cannot do like this!' So it's me who is weak. Not my religion. Manmohan Singh, Prim Minister of India is a Sikh. He is with the Turban, with the beard. It depends on how strong you are“ (I6: 103-114).

have a turban, we cannot have a good job'. [...] I will say that it is not so – against the religion. But it is sure not good" (I6: 139-142). Er differenziert also zwischen Ignoranz respektive Abkehr von der Religion und Charakterschwäche (in Verbindung mit äußeren Zwängen) als Gründe für den Verzicht auf das Tragen des Turbans. Bei einem gläubigen Sikh, so seine Überzeugung, würde sich früher oder später die Gewissheit über die Unrichtigkeit des Verzichts auf *kesh* (ungeschnittenes Haar) und Turban einstellen. Diese Annahme spiegelt sich in seinen eigenen Erfahrungen wieder. Mit der Aussicht auf eine Arbeitsstelle hatte er Haare und Bart rasiert und während drei Jahren den Turban abgelegt, was er sich rückblickend als Fehler eingesteht, den er bereut. „But when I thought about it, I felt bad. I knew, I did something wrong and I have to recover it" (I6: 132-134). Durch den begangenen Regelverstoß hat er sich als *khalsa sikh* bzw. als *amritdhari*[22] ‚religiös disqualifiziert'. Obwohl es ihm sein religiöses Gewissen erlaubt, bzw. befiehlt, den Turban wieder anzulegen, erachtet er sich nicht mehr als legitimiert, den Dolch zu tragen. In diesem Zusammenhang legt er mehrfach Wert darauf, zu betonen, dass das Tragen bzw. Nicht-Tragen eines Turbans nicht den Schluss zulasse, ob jemand ein „guter" oder „schlechter Mensch"[23] sei („Because it's not that if you are without turban, you are not a good person. It doesn't mean that" [I6: 138-139]), noch über dessen Nähe zu Gott etwas aussage; („But it is not – for sure not that if someone is with turban, without turban he is close to god. That is important!" [I6: 147-149]). Auf der einen Seite steht die stark verinnerlichten Überzeugung der grundsätzlichen religiösen Notwendigkeit, sich als Sikh an die spezifische Kleiderregel zu halten und eine in den Gesprächen wiederholt durchscheinende Missbilligung der Missachtung dieser Pflicht bei anderen Sikhs, die häufig mit dem Vorwurf einer Zurückweisung der Religion verbunden wird. Auf der anderen Seite wird das Bemühen deutlich, aus religiös-ethisch motivierten Ansprüchen heraus die Kleidungspraxis anderer Sikhs neutral zu bewerten.

---

22 Unter Khalsa-Sikhs bzw. *amritdhari* wird die Bruderschaft der „reinen Sikhs" verstanden, welche getauft sind und sich zum Tragen der *five k's* verpflichten. Vgl. dazu den Konflikt zwischen Khalsa-Sikhs und Nicht-Khalsa-Sikhs. Letztere beanspruchen für sich, ‚vollwertige' Sikhs zu sein, während erstere den Nicht-Khalsa-Sikhs vorwerfen, ihre religiöse Überzeugung preis zu geben (vgl. Figl 2003).

23 Gemäß dem religiösen Verständnis der Sikhs werden Menschen, die eine ‚gute' Lebensführung vorzuweisen haben, nach ihrem Tod sofort mit Gott vereint, während solche mit ‚schlechter' Lebensführung in 80 Mio. verschiedene Tiere nacheinander verwandelt würden und als diese leben müssen (vgl. FN: 15.02.2009).

Aber ich z.B. – ich sehe jemanden mit Turban, jemanden ohne Turban – es ist mir gleich. Wichtig ist, ob die Person gut ist. Weil ich bin eine religiöse Person und [...] ich will nicht schlecht über jemanden denken. Und wenn mir jemand etwas erzählt worüber ich nicht froh bin, dann spielt das keine Rolle ob er einen Turban hat oder nicht. Ich will einfach den Menschen sehen und Turban oder Religion oder reich oder arm, das spielt keine Rolle. Wichtig ist, die Person muss gut sein (I6: 149-157).

Der mit Reuegefühl verbundene eigene vestimentäre Regelverstoß, wird durch die Betonung innerer Werte in der Beurteilung anderer Akteur/innen abgeschwächt bzw. relativiert.

5.3.2 Kleidung und Identitätskonstitution

Herrn Sikhs primäre Kategorie sozialer Selbstzuordnung ist, durch seine Geburt bedingt, der Sikhismus. Begründet durch sein schweizerisches Domizil beruft er sich auch auf eine nationale (schweizerische) Identität. „I'm living in Switzerland, I'm a full Swiss as the others" (I6: 333). Seine nationale (indische) Herkunft hingegen findet in seinen Narrationen kaum Niederschlag, während die Region Punjab als geographisch-historischer bzw. politischer Zuordnungsraum (der Sikhs) für die Konstruktion der eigenen Identität mehr Bedeutung erfährt.

5.3.2.1 Die religiös konnotierte Kleidung als Teil persönlicher Integrität

Der Stellenwert, den Herr Singh dem Turban in Bezug auf Prozesse seiner Identitätskonstruktion einräumt, zeigt sich deutlich in folgendem Zitat: „It's very important to tie a turban – for me especially because I was always like this, and it's a part of me. Without turban I feel incomplete" (I6: 19-20). Der Turban ist Teil seiner selbst, ohne den er seine Integrität verliert. Seine Identität drückt sich über den Turban nicht nur sichtbar aus, sondern konstituiert sich bzw. definiert sich in seinen Darstellungen auch über dieses sichtbare Merkmal von Zugehörigkeit. Nachdem er sein Haar geschnitten und den Turban abgenommen hatte, fühlte er sich verloren. „And – especially like if you cut your hair, than it's not that you are bad, or you are not a Sikh, but it is showing, that you are lost. That's what I felt" (I6: 131-132). Dabei schreibt er gerade im Hinblick auf die Konzeption der eigenen Identität dem Aspekt der *sichtbaren Identifizierbarkeit* in seiner Zugehörigkeit zum Sikhismus einen besonderen Stellenwert zu. „A Sikh without turban is still a Sikh, but he cannot be recognised as a Sikh. The Turban is very important for a Sikh – because it is a part of his identity!" (FB2: 14.02.2009). Das Nichttragen des Turbans bzw. das nicht als Sikh Erkennbar Sein wirkt sich nicht so sehr auf seine Beziehung zu Gott oder auf sein Gefühl der Zugehörigkeit zur Gemeinschaft der Sikhs (seine subjektive kollektive Identität) aus, dekonstruiert aber sein Gefühl von Kohärenz. Ohne dieses sichtbare Merkmal, das seine Identifizierbarkeit als Sikh gewährleistet, ist er ein anderer, da er als ein anderer wahrgenommen wird.

In der Betonung der *Identifizierbarkeit* zeigt sich die Bedeutung der Fremdwahrnehmung für die Konstruktion der eigenen Identität. „For example if there are ten people standing and you are with turban, the people know: ‚He is a Sikh!‘ If you are without turban, now one knows who you are. So somehow it's a kind of different identity" (I6: 128-130). In Bezug auf die explizite Bedeutung, die er der Sichtbarkeit seiner religiösen Zugehörigkeit beimisst, betont er: „It is important to be who you are! Because I want to be me!" (I6: 153). Sich selbst sein ist also in Herrn Singhs Formulierung gleichbedeutend damit, ein Sikh zu sein und über die äußerlich sichtbaren und zugleich stark verinnerlichten Identitätsmerkmale als solcher visuell *erkennbar* zu sein und *erkannt* zu werden. Dies verweist auf starke Überschneidungen in der Konstruktion von individueller und kollektiver (religiöser) Identität. Es wird noch zu zeigen sein, inwiefern das Bedürfnis, als Sikh identifizierbar zu sein, im Migrationskontext in der Schweiz noch zusätzliche Bedeutung erfährt.

Die subjektive Bedeutung des Zusammenhangs zwischen Sichtbarkeit, kollektiver Identität und der Konstruktion der personalen Identität hat seine Wurzeln in religiösen Deutungsmustern und wird in folgender Aussage noch einmal hervorgehoben: „I think it is important to be identified [als Sikh, Anm.: J.G.], because it's like a blessing you get from god. And you should use it to be yourself" (I6: 163-164). Die Identifizierbarkeit, also die sichtbare Religionszugehörigkeit, wird als Geschenk Gottes dargestellt, welches eine Selbstidentifikation erlaubt, also neben der sozialen Zuordnung ein individuelles Identitätsangebot bereitstellt. Die mehrfache explizite Betonung des Aspektes der Sichtbarkeit bzw. der sichtbaren Identifizierbarkeit als Sikh, der durch den Turban im Idealfall gegeben ist, verweist nicht nur auf die Bedeutung der Referenzgruppe als soziale Zuordnungsgröße für die Definition des Selbst, sondern hebt gleichzeitig den Stellenwert der Fremdwahrnehmung, also der Außensicht für die individuelle Identitätsarbeit hervor.

5.3.2.2 Persönliche Individualität und ästhetische Aspekte der religiösen Kleidungspraxis

Jeder Sikh entwickle, so Herr Singh, seinen eigenen Stil, den Turban zu binden, und dieser sei somit auch als Ausdruck „seiner selbst" zu verstehen. Im Zusammenhang mit dem Turbanbinden werde von einer Kunst und von einem Wettbewerb gesprochen, der darin bestehe, einander bezüglich Größe, Perfektion, Originalität und gelungener Kombination mit der übrigen Kleidung zu übertreffen. Die visuelle Inszenierung persönlicher Individualität im Sinn einer Betonung der eigenen Besonderheit – bzw. das Bedürfnis nach einer solchen – spielt in Herrn Singhs expliziten Aussagen eine untergeordnete Rolle. Die Thematisierung ästhetischer Aspekte der spezifischen Kleidungspraxis bezieht sich vielmehr auf religiöse Ambitionen (Ausdruck einer Wertschätzung Gottes und des Gurus) als auf eine Akzentuierung individueller ästhetischer Selbstdarstellung. Eine höhere Gewichtung religiöser Gesichtspunkte der Kleidungspraxis gegenüber strategisch-ästhetischen zeigt sich auch in folgender Aussage, wo er auf den Einwand von Freunden, ohne Turban sehe er besser aus, mit Verärgerung reagiert: „And they say: ‚Before, you looked good' – because before I was without turban – ‚Now it's not good'. But I should feel good! It's not about if I look good or if people say I look good or bad! We should feel that we are good or not good!" (I6: 25-28).

Wie aus der Beobachtung und aus impliziten Äußerungen hervorgeht, werden mittels vestimentärer Praktiken durchaus auch Strategien individueller Inszenierung verfolgt, die über religiöse Beweggründe hinausgehen. An den von Herrn Singh zyklisch organisierten Bollywood Partys, wo er als DJ auftritt beispielsweise und mit denen er ausdrücklich auch ein schweizerisches Publikum anzusprechen sucht, verfolgt er mit einem explizit traditionellen Kleidungsstil eine Selbstinszenierung, mit der kulturelle Differenz betont exotisiert und ästhetisiert wird. „The Swiss like other cultures" (FN: 10.06.2010). Der Turban, der je nach Anlass oder Kontext, neben praktisch-funktionalen, rituellen oder ästhetischen Gesichtspunkten auch strategisch angepasst wird, ist durchaus auch Modeströmungen unterworfen. Dabei verändern sich Farbpräferenzen und Farbkombinationen sowie bevorzugte Techniken, den Turban zu binden.

5.3.3 Die Kleidungspraxis im Spannungsfeld zwischen religiöser Orientierung und Referenzgruppe

Die Bedeutung des Turbans für die Zugehörigkeit zur Religionsgemeinschaft der Sikhs wird von Herrn Singh, im Zusammenhang mit der Darstellung der Entstehungsgeschichte des Sikhismus, historisch begründet, wobei er das Kleidungsstück in diesem Zusammenhang als bewusst eingesetztes, sichtbares Kennzeichen kollektiver (religiöser) Identitätsbildung hervorhebt (siehe Kapitel 5.3.1). Im vorhergehenden Kapitel wurde die Bedeutung des Turbans als sichtbares Merkmal der religiösen Zuordnung für die persönliche Identitätskonzeption beleuchtet. Bevor nun auf die Frage eingegangen werden kann, inwiefern Herr

Singh dem Tragen bzw. Nicht-Tragen des Turbans Auswirkungen auf die Zugehörigkeit zu einer konkreten religiösen Gruppen bzw. das Verhältnis zu seiner religiösen Referenzgruppe beimisst, muss geklärt werden, wie auf diese Referenzgruppe Bezug genommen wird oder anders gesagt, wer dazu gezählt wird und welche Modalitäten diese Zugehörigkeit bestimmen.

Herr Singh ordnet sich der weltweiten Gemeinschaft der Sikhs zu, wobei er zwischen „white", „american" bzw. „new mexican" und „Sikhs from Punjab", bzw. „Sikhs from Punjab in other countries" differenziert. Als der Gemeinschaft der Sikhs zugehörig gilt, wer als Sikh geboren wurde oder wer zum Sikhismus konvertiert ist, wobei die Konvertiten aus seiner Sicht besonderen Respekt verdienen. Da sie sich die Religion aus eigener Überzeugung angeeignet haben und zumeist mit großem Aufwand das religiöse Wissen (Gebete, Kenntnis der Rituale und des heiligen Buches „Guru Granth Sahib") angeeignet haben, schätzt er sie hoch und beurteilt sie generell als „reiner" als die gebürtigen Sikhs.

> I have a Swiss friend. He is from B. [Anonymisierung: J.G.], if you know him. Mr. Y. [Anonymisierung: J.G.] Singh […] he took this five ahmerid and now he is a Sikh. He is better than me, I will say. Yes, he has so long beard, and he goes with the much better turban than me. And he is praying and… I just respect him from inside because he is really some kind of a model for us, because he learned so much. He went to England, he went to Germany for some schools to learn more about Sikhism. He knows praying, he knows the gatka, the Sikh martial arts, yes! And I would say it's a big thing what he did! […] I am born in a Sikh family. This is o.k. But to come from another community and become a Sikh, I think, this is very, very, very respectful! (I6: 183-195).

Interessant ist hier die Beurteilung des betreffenden Konvertiten als ‚besseren Sikh' u. a. aufgrund vestimentärer Kriterien („He is better than me, […] has so long beard, and he goes with the much better turban than me" (I6: 186). Die angestrebte Sorgfalt und Perfektion des Turbanbindens, die vorrangig als religiöses Motiv formuliert wird, erlangt so zugleich eine Bedeutung in Bezug auf interne soziale Statusdifferenzierungen. Somit durchbricht der Turban selbst – als Symbol der Gleichheit – diesen Anspruch auf Nivellierung von Hierarchien wieder.

In Bezug auf (intra-religiöse) soziale Interaktionen und die Ausübung kollektiv religiöser Praktiken ist die klar umrissene Gemeinschaft der in der Schweiz lebenden Sikhs (die er auf etwa 500 fünfhundert Familien schätzt) für Herrn Singh von zentraler Bedeutung. Ein besonderer Stellenwert kommt dabei dem Gurdwara als Treffpunkt zu, da hier die Ausübung, Vermittlung und Kontinuität der Religion gesichert, gemeinsame Aktivitäten koordiniert und das Gefühl der Zusammengehörigkeit gepflegt werden können.

Neben emotionalen Gesichtspunkten der Anwesenheit einer Sikh-Gemeinschaft in der Schweiz (wie dem Gefühl von Unterstützung und Aufgehobensein) hebt er Aspekte der öffentlichen Beachtung und Akzeptanz in Abhängigkeit von der Gruppengrösse hervor. Je grösser die Gemeinschaft sei, desto eher finde sie mediale Beachtung, desto eher könne sie mit verschiedenen Veranstaltungen auf ihre (religiösen, wirtschaftlichen, sportlichen und kulturellen) Aktivitäten aufmerksam machen und desto eher sei die Identifizierbarkeit und Anerkennung der Gruppe und deren Anhänger gegeben. „Because we are hard working people. And most of the people of the community are self-dependent, ‚selbstständig'. And then, when you are like, growing [...] than people realize: ‚Oh! These people are doing this! Here is a such community' – that now, one realizes!" (I6: 419-424).

Herr Singh betont, dass die Kleidungspraxis keine Auswirkungen auf die Zugehörigkeit zur religiösen Gemeinschaft der Sikhs habe, da diese Entscheidung in letzter Konsequenz jedem selbst überlassen sei. Soziale Konsequenzen im Sinn von Ausschluss oder Zurechtweisung bei Nicht-Beachtung der religiösen Kleidungsvorschriften sind nicht zu erwarten. Die religiöse Gemeinschaft betrachte einen kurzhaarigen Sikh vielmehr wie ein Kind, das vom rechten Weg abgekommen sei und nehme ihn dennoch im Gurdwara auf, wie auch alle Menschen anderer Religionen willkommen seien. Damit ein Sikh die Wichtigkeit des Turban Tragens für seine Identität wieder erkenne, würde im Gurdwara für ihn gebetet, statt über ihn gerichtet, so werde keine „negative Energie" erzeugt. Als er selbst sich von Haar und Turban trennte, sei dies von Seiten der Gemeinschaft nicht kritisiert worden. „I cut my hair and no one said me something. Everyone said: ‚O.k. it's your wish!'" (I6: 132-133). Dass er aber bei einigen älteren Sikhs deutlich eine Enttäuschung gespürt hat, zeigt, wie auch implizite Erwartungen doch einen gewissen Druck erzeugen können.

5.3.4 Die Kleidungspraxis im Spannungsfeld zwischen eigener religiöser Orientierung und der schweizerischen Gesellschaft

Herr Singh bewertet das Ansehen der Sikhs grundsätzlich als sehr positiv, was er unter anderem auf deren religiös bedingtes Bemühen um eine ethisch korrekte Lebensführung und die fleißige Arbeitshaltung zurückführt. Diese wahrgenommene positive Antizipation knüpft er allerdings an die Bedingung einer korrekten Identifizierung seiner religiösen Referenzgruppe, welche er in Europa (und unter Anders-Religiösen im Allgemeinen „all outsiders") auf Grund von Wissensdefiziten als nur unzureichend gegeben sieht.

Abbildung 3: Herr Singh an der Zürcher Bahnhofstrasse. © Jacqueline Grigo.

Gerade das zentrale religiöse Identifikationsmerkmal der Sikhs, der Turban, wird seiner Erfahrung nach falsch dekodiert und gibt Anlass zu einer gravierenden Verwechslung mit der terroristischen Untergrundorganisation Taliban.

Here it's not easy to walk on the street with turban, because people don't know – especially after September 2001, I think, because of these al-Kaida-Bombs in America. So it affects much more Sikhs because Moslem people don't go with turban. Sikhs will go with turban and all European People and all outsiders, who don't know which religion – they think, that we are also Taliban (I6: 10-14).

Durch Blicke und Bemerkungen in der Öffentlichkeit und Schilderungen befreundeter Sikhs fühlt er sich in dieser Einschätzung bestätigt. „You walk on thstreet and all people look at you and they are like: ‚Oh, today something is going to happen!' For example I go into the tram and people are like: ‚Oh, god! Bring me home safely today!' Because they see Turban, they see beard, they see brown, they say: ‚Oh, Taliban!'" (I6: 283-286).

Das Ansehen der Sikhs in der Schweiz sieht er aber nicht nur durch die falsche Kontextualisierung seitens der hiesigen Bevölkerung in Verruf gebracht, sondern auch durch eine intendierte Diffamierungskampagne indischer Akteure anderer religiöser Zugehörigkeit. Deren Anzahl schätzt er zwar als relativ gering ein, hält aber die negativen Auswirkungen auf die Akzeptanz seiner Referenzgruppe für unbestritten.[24]

Konkrete negative Konsequenzen, die ihm persönlich aus solchen falschen Zuschreibungen religiöser Identität erwachsen, ortet er, neben den beschriebenen verbalen Übergriffen in der Öffentlichkeit, vor allem in Bezug auf die Zugangsmöglichkeit zur Arbeitswelt.

> If I go for a job, they say me no, even before they see my documents. [...] For some people its important how you look, and some people don't know. Some people are afraid to take someone with the turban and afterwards they are not sure, how will the other people look at him. But for example I have friends here, who are working in big companies. They are educated; they are with turban, with beards. They are working as engineers and... It is hard I will say, to enter in a company with a turban, but if you're there, than it's no problem (I6: 269-278).

Trotz der beschriebenen Diskriminierungserfahrungen und eingeschränkten Handlungsmöglichkeiten, die sich aus seiner sichtbaren Differenz ergeben, nimmt er die schweizerische Bevölkerung nicht grundsätzlich als fremdenfeindlich wahr. Im Gegenteil attestiert er den Schweizer/innen generell Aufgeschlossenheit bzw. ein positives Interesse an kultureller Vielfalt. „Before 2001 it was very normal that you are with turban. [...] because here in Switzerland they like very much cultures and turban. But they don't know. If someone knows, that I'm a Sikh, they come to me, they say: ‚He Mr Singh, can we take a picture'" (I6: 15-18). Hier zeigt sich erneut die Wichtigkeit, die dem Motiv der sichtbaren

24 „Hast du schon Erfahrungen gemacht mit den Leuten mit Turban, die Hand lesen auf der Straße? Bitte aufpassen! Sie sehen aus wie Sikhs, sind aber keine! Es sind einfach Leute, die versuchen den Namen der Sikhs runter zu machen. Und sie lesen Hand aber eigentlich steht nichts hier. Dort steht schon etwas, aber niemand kann es lesen. Und sie sagen den Leuten auf der Straße: ‚Ich kann die Zukunft sehen. Du bekommst ein Problem. Gib mir Geld, dann kann ich dir helfen'. Sie betrügen die Leute und das ist eigentlich nicht so gut. Nachher denkt die Person, die die Erfahrung gehabt hat, immer wenn sie jemanden mit Turban sieht: ‚Der ist auch so!' Also bitte, aufpassen mit solchen Sachen! Das gehört nicht zum Sikhismus! Das ist alles politisch. [...] Sie möchten nicht, dass die Sikhs oben gehen [an Einfluss gewinnen, Anm.: J.G.]. Das machen sie schon in Indien und jetzt wo sie wissen, dass viele Sikhs im Ausland sind, schicken sie gut bezahlte Leute mit Turbanen ins Ausland um dort Leute zu betrügen, damit die ‚western community' denkt, die Sikhs seien schlecht!" [Leichte orthographische Anpassungen: J.G.] (I6: 607-639).

Identifizierbarkeit beigemessen wird, in diesem Zusammenhang allerdings nicht aus einem religiösen Deutungshintergrund heraus oder in Bezug auf die Konstruktion kollektiver bzw. personaler Identität, sondern im Hinblick auf die soziale Positionierung innerhalb eines religions- bzw. kulturfremden Kontextes. In folgenden beiden Textstellen kommt die emotionale Bedeutung, die dieser Identifizierbarkeit als Sikh für Herrn Singh, auch oder gerade, im schweizerischen Migrationskontext beigemessen wird, besonders deutlich zur Geltung:

I was in the tram in Zürich. And I was sitting in the front seat, and there was a kid, and he asked his father: ‚Father, who is he?‘ and he said: ‚Son, they are Sikhs‘. And he asked: ‚But father, why is he wearing that thing on his head?‘ He said: ‚Because this is their crown‘. It was a Swiss guy and I was like… really I just felt like crying! That… so nice explanation! And he said: ‚This is their crown and they are supposed to wear turban and they are Sikhs from North- India‘. [Lacht] Yea! No, really this was really good, when I was at that tram, so good to hear. I was like: oh, he asks now he says … […] [lacht]. Yea, yea it was like this! I really felt very happy! (I6: 351-364)

So once, it was a Saturday night, I was in the train and I met some people some young Swiss people, three or four guys and two or three girls, and first they were all just making, like enjoying, because it was Saturday night all drunk and stuff. And I also start talking to them slowly, slowly and they were like: ‚Ah, you're from Taliban?‘ I said: ‚No!‘ and one of them said: ‚You are Hindu!‘ I said: ‚No!‘ and there was a Turk guy and he says: ‚No, no, no guys, he's a Sikh!‘ and this was so good, because this were all young people but this guy knew, that I was a Sikh! I felt so good! That's what I want to… that here some people… know about us (I6: 292-299).

Die beschriebenen (negativen) Reaktionen auf seine Person in anonymen öffentlichen Kontexten stehen im Kontrast zu Herrn Singhs ausgedehntem sozialem Beziehungsnetz. Als offene und freundliche Person – wie er sich selbst beschreibt – pflegt er, trotz seiner relativ kurzen Aufenthaltsdauer in der Schweiz (zum Zeitpunkt des ersten Interviews lebte er seit fünf Jahre in der Schweiz und seit zwei Jahren in Zürich) vielfältige freundschaftliche Beziehungen zu Schweizerinnen und Schweizern. Bei denjenigen, die ihn ohne Turban kennen gelernt haben, stößt der Turban allerdings auf ambivalente Reaktionen, die Herr Singh mit einer religiösen Ignoranz bzw. Unkenntnis begründet.

Many people ask: ‚Why you tie turban? Are you getting old?‘ or; ‚Why are you behaving like old people?‘ I said: ‚This is not for old people, this is something religious, it's not for old, it's not for young, it's for everyone!‘ […] Some of my friends, they say: ‚Hey, what's wrong?‘ But some say: ‚It’s very good‘ also. People who know, what is religion, what is culture, they say: ‚This is very good, because you come back to your religion, this is very good‘ (I6: 23-33).

Über die Organisation von Bollywood Partys und Banghra Tanzkursen tritt er mit „the Swiss“ in einen andern Interaktionskontext als auf der Straße, wo seine visuelle Differenz einerseits auf Grund seiner sozialen Rolle als Gastgeber, DJ oder Tanzlehrer und andererseits wegen der Erwartungshaltung vieler Gäste auf ein exotisches Erlebnis, positiv gelesen wird. Das Interesse der Partiebesucher sieht er dabei allerdings weniger auf seine religiöse Zugehörigkeit als auf seine indische Herkunft gerichtet.

5.3.5 Konsequenzen

Die Organisation von Bollywood Partys und Bhangra Tanzkursen versteht Herr Singh als aktive Integrationsbemühung. Als positiv konnotierte Interaktionsplattformen nutzt er diese Veranstaltungen u. a. als Ort der Aufklärung, an denen er auf die (kulturell bereichernde) Präsenz von Sikhs in der Schweiz aufmerksam machen kann und wo er im Rahmen lockerer Gesprächen mit den Gästen über seine Identität als Sikh und die religiöse Bedeutung des Turbans informiert. Integration findet hier nach seinem Verständnis über die musikalische und visuelle Zelebration und somit Betonung kultureller Differenz statt.

Allerdings ist ihm bewusst, dass er dadurch nur eine kleine (und schon von Beginn an positiv eingestellte) Bevölkerungsgruppe erreicht und nicht die breite Masse. „The normal people, who are walking in the street, should also know: ‚O.k. this is religion. This is not a terrorist group or something. This is religion‘“ (I6: 340-342).

Der große Druck, dem sich Herr Singh im schweizerischen Kontext mit dem Tragen des Turbans in der Öffentlichkeit ausgesetzt sieht, zeigt sich im vorübergehenden Verzicht auf den Turban. Die Unvereinbarkeit dieser Strategie der Anpassung mit seinem religiösen Gewissen und seiner Selbstkonzeption bewogen ihn dazu, seine traditionelle Kleidungspraxis wieder aufzunehmen und seine ‚Taktik‘ zu verändern. Obwohl oder gerade weil er sich damit zunächst erneut den wahrgenommen Vorurteilen und all ihren negativen Folgen aussetzte, erfüllt ihn seine Entscheidung mit Stolz. „I’m happy, I feel proud, that I did a big thing. To cut is very easy. But to keep hair again and to tie it is very, very hard! Very hard! Especially you can say in Switzerland“ (I6: 279-281).

Seither ist er aktiv um die Aufklärung über die Identität der Sikhs bemüht. „If someone asks you, sit down, or say maybe: ‚Please give me two minutes, I can explain you what it [der Sikhismus, Anm.: J.G.] is.‘ Because I think, the more you try to stop, the more it is going black. We should communicate“ (I6: 304-306). Auf diesem Weg versucht er, die wahrgenommenen Defizite bei der visuellen Identifizierung zu kompensieren. Seine Absicht, einen Informationsstand zu betreiben, um die schweizerische Bevölkerung über den Sikhismus aufzuklären („to tell them, what Sikhism is about“) verdeutlicht die Ernsthaftigkeit seines Anliegens. Große Hoffnungen in Bezug auf die Verbreitung von Informationen über die Sikhs setzt er auf die Medien. „I think it's good if it would be on the television and maybe some small interview in the newspaper also. It would be good because newspaper is a very good storyteller to people, because people believe what they read“ (I6: 323-326).

Von der schweizerischen Bevölkerung erwartet er, dass sich diese nicht voreiligen Urteilen hingibt, sondern sich auch eigenständig um die nötige Informationsbeschaffung zu religiösen Hintergründen des Turbans kümmert. Ist der Irrtum bezüglich der Turbane einmal aus dem Weg geräumt, so seine Überzeugung, werde sich die Situation der Sikhs in der Schweiz schnell verbessern. Mit Blick auf die Zukunft seiner Religionsgemeinschaft in der Schweiz stellt er grundsätzliche eine positive Prognose.

> Slowly, slowly I think it is getting better. Like last year you had this Indian ‚Grüezi India‘. It was a big festival at the main station. And there were three days of shows, dancing… I was there as well to play music. It was very good. I was with turban there. And it was so great! Yea, I think it's getting better slowly, slowly – with you guys, [hier meint er die Forschungsgruppe, Anm.: J.G.] with the media. Because I think, media is the best thing. (I6: 382-387)

5.3.6 Zusammenfassung

Für Herrn Singh bedeutet die Einhaltung der religiösen Kleiderregeln eine Gott und dem zehnten Guru (Guru Gobind Singh) geschuldete und in diesem Sinn unumstößliche religiöse Pflicht. Während das Haar, als Teil der göttlichen Schöpfung, verehrt und deshalb nicht geschnitten werden darf, stellt der Turban, dessen Ursprung historisch in enger Verbindung mit der Genese des Sikhismus gebracht wird, ein Geschenk (*blessing*) des Gurus dar. Da er die sichtbare Identifizierbarkeit der neu entstandenen religiösen Gemeinschaft gewährleistet und somit die Bildung einer gemeinsamen Identität mit beeinflusste, wird er als etwas Heiliges verehrt.

In der von Herrn Singh dargelegten historischen Perspektive spielte der Aspekt sichtbarer Identifizierbarkeit und Abgrenzung zu den umgebenden religiösen Traditionen bei der Religionsgründung eine zentrale Rolle. Dabei wird diese Identifizierbarkeit *selbst* als Geschenk des Gurus bezeichnet, die neben einer kollektiven religiösen Zuordnung explizit auch ein personales Identitätsangebot mit einschließt. Die personale Identität wird also in enger Verbindung mit der (kollektiven) religiösen Identität konstruiert und von der sichtbaren Erkennbarkeit abhängig gemacht.

Die Bedeutung des Motivs visueller Erkennbarkeit religiöser Zugehörigkeit findet sich aber nicht nur in den Erklärungen zum Ursprung des Turbans (bzw. der religiös begründeten Turbanpflicht) und in Prozessen der Identitätskonstruktion, sondern spiegelt sich auch in seiner Wahrnehmung der gesellschaftlichen Antizipation Turban tragender Sikhs, die durch Verkennung und folglich fehlende Akzeptanz gekennzeichnet ist. Dieser Umstand hat weit reichende negative Konsequenzen für das subjektive Wohlbefinden und die Handlungsmöglichkeiten der Mitglieder seiner Referenzgruppe, insbesondere was den Zugang zur Erwerbstätigkeit betrifft.

Die falsche Identifizierung auf Grund äußerer Identitätsmerkmale ist auch im Fall der beschriebenen Verschwörung durch indische Aktivisten, die angeblich bewusst den Ruf der Sikhs im Ausland zu schädigen versuchen, das zentrale Problem – nur hier mit umgekehrten Vorzeichen. In beiden Fällen verbindet er falsche Identitätszuschreibung mit negativen Folgen für die Sikhs. Auf diesen Missstand reagiert er aktiv, indem er bewusst auf Menschen zugeht und das Gespräch sucht bzw. Interaktionszusammenhänge schafft, die seine visuelle Differenz positiv kontextualisieren. Damit erhofft er sich letztlich eine verbesserte Akzeptanz und arbeitsmarktliche Integration der Sikhs in die schweizerische Gesellschaft.

Herr Singh besetzt seine visuelle Differenz nicht negativ, sondern versteht sie im Gegenteil als positive Voraussetzung seiner Identität und betrachtet sie als religiöse Notwendigkeit. Das vordergründige Problem ist hier nicht die Differenz an sich, sondern deren falsche Dekodierung. Auch die Integration in die schweizerische Gesellschaft vollzieht sich in seiner Logik über eine Akzentuierung von Differenz.

5.4 EINZELFALLAUSWERTUNG GESHE DO

Geshe Do wurde 1951 in Tibet geboren. Nach dem Einmarsch chinesischer Truppen in Tibet floh er im Alter von acht Jahren zusammen mit seiner Familie nach Nepal und von dort aus nach Indien, wo er verschiedene englische Schulen besuchte. Nach seinem Schulabschluss 1971 reiste er nach Nepal, und trat dort eine Stelle als Lehrer an. Als er in Kathmandu zum ersten Mal in Kontakt mit „Westlern" und der Hippiebewegung kam, wundert er sich über deren reges Interesse am Buddhismus, für den er selber bislang kaum Interesse aufbringen konnte. Eine ernsthaft Tuberkuloseerkrankung führte ihm, wie er sagt, aus eigener Erfahrung die Bedeutung von *samsara*, den in den buddhistischen Lehren beschriebenen leidvollen Zyklus des Seins, vor Augen. An der Schule, an der er unterrichtete, machte er die Bekanntschaft eines älteren tibetischen Mönchs, der ihm im Austausch gegen Englischstunden sporadisch Inhalte der buddhistischen Lehren vermittelte und ihn wiederholt ermunterte, Mönch zu werden. Zu dieser Zeit sei sein Interesse am Buddhismus erwacht.

Doch erst die Erkenntnis der Vergänglichkeit materieller irdischer Freuden und der daraus resultierende Mangel einer tieferen inneren Befriedigung ließ in ihm die Entscheidung reifen, den Weg zum Mönchtum einzuschlagen und das Erlangen der Erleuchtung zu seinem höchsten persönlichen Ziel zu erklären.[25] Die finanzielle Unterstützung durch seine Schwester und seinen Schwagers er-

25 „Because my sister had a shop, so I was a sales person. I could just, because the westerners were selling all kinds of things, you know, from boots to... you know, camping equipment to jeans and all sorts of things, when they went back to their country, they sold everything. So we could afford to wear all those. But when I wore these things, the fancy western clothes, I was quite happy for a week or something, but then again, I was not interested in all the clothes that I thought that were interesting – they weren't interesting anymore. So that sort of told me the Buddhist explanation of the transcend nature of things. That everything is very fleeting. It doesn't stay for ever. You just have a very short sort of interest. The songs are very beautiful for a while, but than after a while it's not very interesting anymore, than you buy another one. You know? And that red dress you where quite interested for a while – but after that again, you need another one, just to make you happy. So I just saw the transcending nature, the very fleeting nature of everything. So that evening I told this monk, that this is what I feel. And that [...] this kind of happiness, this kind of fun hasn't got much value. And he said: ‚Oh, that's interesting!' And he said, ‚that's good!' He said, ‚that you said this kind of thought doesn't last'. ‚But how ever', he said ‚it's a good beginning in a Buddhist way of thinking', he said ‚because you have to develop your mind'. And in order to achive enlightenment you, the individual does have to have a certain amount of disenchantment towards the samsara things. If we are very attached to the samsara things then of course we want to stay here. We don't want to go anywhere else. But only when you have disenchantment, then you want to be free from that. ‚So' he said ‚that was a good start', he said. ‚Anyway', so he said, ‚why don't you become monk now?' So I said: ‚o.k.!, you know!'" [Lacht] (I3: 77-102).

möglichte es ihm, ein Studium an der buddhistischen Klosteruniversität Sera in Südindien aufzunehmen. Während zwei Jahrzehnten widmete er sich dem Studium der buddhistischen Philosophie und erlangte die akademische Auszeichnung als Geshe Lharampa. Danach besuchte er das Gyumed Tantric College in Dharamsala, um seine Ausbildung im Tantra zu vervollständigen. 1996 wurde er nach Australien eingeladen und gründete ein Zentrum für tibetische Philosophie und Kultur, dem er als spiritueller Leiter und Lehrer vorsteht. Auf Wunsch des 14. Dalai Lama kam er für einige Jahre in die Schweiz mit dem Auftrag, sich für die Wahrung der tibetisch-buddhistischen Kultur bei den Exil-Tibeterinnen und Tibetern zu engagieren.

5.4.1 Die Kleidungspraxis im Fokus der eigenen religiösen Orientierung

Die Robe tibetisch-buddhistischer Mönche besteht aus einer um die Hüfte geschlagenen *maroon lower robe*, die *shamtab* genannt wird, einem gleichfarbigen Schultertuch, welches über die linke Schulter geschlagen wird, genannt *zen* und einer safranfarbenen Weste *düngga*, die darunter getragen wird sowie einem safranfarbenen Obertuch, das nur bei speziellen, rituellen Anlässen zum Einsatz kommt. Außerdem wird ein Gürtel, bestehend aus einem schmalen Stoffband oder einer Kordel, erwähnt, mit dem die untere Robe befestigt wird. Geshe Do verweist bei der Beschreibung und Erklärung der konkreten Ausgestaltung seiner Mönchsrobe vor allem auf die semantischen Bezüge ihrer verschiedenen Bestandteile.

5.4.1.1 Religiös-semantische Bezüge der Robe zur buddhistischen Lehre

Den verschiedenen Elementen und Gestaltungsformen der Robe, von der Art des Faltenwurfs über die Farbe des Stoffes bis hin zu eingenähten Einsätzen, wird je eine Bedeutung zugeordnet, die in Zusammenhang mit der buddhistischen Lehre gestellt wird. Die untere Robe wird in je zwei gegenläufigen Faltenwürfen getragen, welche die vier edlen Weisheiten (*the four noble truths*) symbolisieren:

The Buddhist philosophy is based on the four noble truths, which are: the truth of the suffering, the truth of the cause of suffering, the truth of the cessation and the path. So what it goes to show is, that first, one must be aware of the suffering nature of our existence. And then, once you are aware of that suffering in samsara, in this world and within ourselves, then we have to find out what is the cause of this suffering. So the Buddha told, first the suffering, to be aware and then, once you know that you have suffering, you look for the cause [...] and then avoid or prevent creating such cause in the first place. The second two truths show then that there is an end of suffering – cessation of suffering. But in order to achieve that end of suffering one must also meditate on the path (I3: 189-206).

Die beiden rechtsseitigen, nach hinten weisenden Falten stehen für das, was überwunden werden bzw. zurück gelassen werden soll, also das Leiden und seine Ursachen: „These are things which we have to get rid of, which we have to eliminate. So it goes this way [macht eine rückwärts weisende Geste]. Discard, throw away“ (I3: 208-220), während die zur Vorderseite des Körpers weisenden Falten auf der linken Körperhälfte, für die Überwindung des Leids, die Erleuchtung stehen, sowie den Weg (*path*), der dorthin führt. „For an individual to achieve enlightenment there is the two practices of compassion and wisdom mind in order to achieve the ultimate goal. So, to represent that, there are two folds“ (I3: 207-223).

In der Körpermitte kommen zwei Falten des Gewandes zusammen und verkörpern die Flügel des Vogels *garuda*, der die Weisheit repräsentiert. Ein Einnäher unter dem Arm der so genannte *elephant tooth*, soll den Träger an die Vergänglichkeit allen Seins erinnern und soll dazu beitragen, ihn vor dem Anhaften zu bewahren.

It reminds me of the impermanent nature of things. ‚Impermanent‘ means, that everything changes. It never lasts that we are human beings now, but from here, after fifty years I'll be gone, you know – may be thirty years even – which means, that always when we put them on, they remind us that you are not going to remain here forever. So, I do not get attached to everything. Because one day not only all the things that you have today, but even your body, you will have to leave behind. So always remind of the impermanent nature of things, fleeting nature of things so that we are not attached, do not cling to things. So, to remind that, we have the elephant's tooth (I3: 231-241).

Die zwei Schulterteile der *düngga* repräsentieren die Löwenmähne. Diese steht für die angestrebte Furchtlosigkeit beim Entwickeln und Vertreten eigener Standpunkte der Analyse in der philosophischen Debatte der Lehren. Diese Praxis erhält ihre Bedeutung angesichts des Ermahnungen Buddhas, seine Lehre nicht für bare Münze zu nehmen, sondern mittels eigener Reflexion stetig zu analysieren und zu überprüfen.

That Buddha has said; ‚you must analyze thoroughly what I have said. [...] you must analyze through your own wisdom and then you come to your conclusions. But not out of respect for me‘. [....] the lion's sort of mane signifies [...] that we should not be scared that we should not be frightened of anybody that we have analyzed in such a way that we need not to fear if you like. To demonstrate that, we have the lion's mane (I3: 240-252).

In der Beschreibung seiner konkreten Kleidungspraxis nimmt Geshe Do also über semantische Zuordnungen Bezug auf zentrale Pfeiler der buddhistischen Lehre. Der Kleidung kommt unter diesem Aspekt die Funktion zu, diese als wesentlich erachteten Elemente der Lehre durch die sinnliche Wahrnehmung täglich neu zu vergegenwärtigen.

5.4.1.2 Funktionale und normative Begründung der Robe

Beim Eintritt ins Kloster wurde Geshe Do, der Tradition seines Ordens folgend, das Haar geschoren und die Mönchsrobe überreicht. „I just came down to south India, than in the monastery they cut your hair, you know. You have to change your clothes. They took me to my teacher and he just gave me some instructions and then they cut my hair, completely now, and I was vested with robes“ (I3: 122-125).

Zur Begründung der spezifischen Kleidungspraxis rekurriert er zunächst auf funktionale Aspekte der Kleidung, die sich insbesondere auf die Außenwahrnehmung und eine sichtbare Kennzeichnung des Mönchsstatus beziehen. So erklärt er die Praxis, sich das Kopfhaar zu rasieren, mit einer von Buddha beabsichtigten, friedvolleren Wirkung auf die Umgebung, da die Mönche auf diese Weise weniger angsteinflößend wirkten, als wenn sie stark behaart wären. „When you have hear, which is all very big, if you have a moustache, which is like that [deutet mit einer Geste der Hand einen großen Schnurrbart an] than you look a bit fearsome. You look a bit aggressive. Yes? [...] And Buddha wanted to make other people to feel comfortable with our company“ (I3: 164-168). Die Abgrenzung zwischen Laien- und Mönchsstatus stellt Geshe Do als eine wichtige Funktion der Robe dar.

And it is sort of differentiates, that you are not a lay person. So it reminds us, both – the way we chop the hair and also this dress – reminds us every day. And when we will become a monk, we also change the name. So when I become monk, I leave my name which I had in school and I get a new name. All these are meant to remind you that you are a monk. So therefore you cannot do the things that lay people does. [...] and now you must live by a certain code of conduct. And you cannot do that sort of things, those wild things, whatever you did, when you were not. So that's one of the reasons why we wear different clothes and shave hair and that (I3: 171-182).

Indem die spezifische Kleidungspraxis ihn täglich an seine Identität als Mönch und die Einhaltung damit verbundener Verhaltensregeln erinnert, kann sie als Unterstützung der angestrebten spirituellen Entwicklung gesehen werden.

5.4.1.3 Darstellung der Kleidungspraxis im Fokus des Regelkanons

Der Alltag tibetisch-buddhistischer Mönche ist durch den umfangreichen, verbindlichen Regelkanon,[26] den *code of conduct*, stark reglementiert. Geshe Do unterscheidet für seine religiöse Tradition verschiedene Arten buddhistischer Ordinationen,[27] denen je eine unterschiedliche Anzahl von Gelübden zugeordnet ist. Als voll ordinierter Mönch hat er sich zur Einhaltung von 253 Gelübden *vows* verpflichtet, deren Missachtung unterschiedliche Konsequenzen nach sich ziehen können. Diejenigen Regeln, deren Verstoß als sehr schwerwiegend erachtet werden, die *root vows*,[28] verlangen ein Ablegen der Mönchsrobe, *to disrobe*, was bezeichnenderweise mit einem Ausschluss bzw. Austritt aus der Klostergemeinschaft gleichgesetzt wird. Weniger gravierende Regelverstösse erfordern eine rituelle Läuterung und werden an den zyklisch abgehaltenen confessions abgegolten: „We have to purify, so we take confession, which is every fifteen days, which means, we all gather together and then recite all the kind of, you know, the transgressions that we may have committed. Then we have to purify, that's called confession" (I3: 255- 260).

---

26 Hier nimmt Geseh Do Bezug auf die im Vinaya enthaltenen Ordensregeln für buddhistische Mönche (und Nonnen) die Patimokkha (vgl. dazu: Davids und Oldenberg 1985)

27 Das christliche Verständnis von Ordination kann hier nicht eins zu eins auf die buddhistische Praxis übertragen werden. Das Spektrum dieser Ordinationen reicht von ordinierten Laienpraktizierenden, über Noviz/innen zu vollordinierten Mönchen.

28 "[…] if they have broken the ‚root vows' – there are four of them; like in Christianity, there are the four cardinal sins, as they call them – so, Buddhists have four, such as killing a human being intentionally, then stealing something valuable – where a person can be called a thief, and telling a lie to deceive people, telling that: ‚I have received enlightenment' or saying: ‚the Buddha was speaking to me', you know, these kind of lies to deceive people – and of course sexual – having sex, either with woman or with man or with an animal, that sort of act. Then they disqualify. Once they disqualify, they can't wear the monks robe, nor can they wear the yellow robe at all, and they can never wear anything like that. They cannot stay in the monastery, in the monk's community. They will go". (VA: 24.08.2009).

Einige Kategorien von Regelübertretungen ziehen verschiedene Formen von Bestrafung nach sich. In dem auf Buddha zurückgeführten Regelkanon für voll ordinierte Mönche sind auch vielfältige, die Kleidungspraxis und den Umgang mit der Robe betreffende Regeln enthalten.[29] Diese beziehen sich u. a. auf die Inbesitznahme, Beschaffenheit, Herstellung, Lagerung, Weitergabe und korrekte Aufbewahrung der Robe. Beispielsweise darf eine Robe nicht aus einem intakten Stück Stoff gefertigt sein, sondern sie muss, als Zeichen des Verzichts und um ihren Wert zu mindern und somit ein Anhaften zu verhindern („not to be attached with"), in einer genau festgelegten Weise aus einer bestimmten Anzahl zertrennter Stoffbahnen von darauf spezialisierten Schneidern in einer vorgegebenen Ordnung vernäht werden.[30] Die gelbe Robe wird außerdem einem besonderen rituellen Verfahren unterzogen. Bevor sie getragen werden darf, muss sie, mit dem Ziel das Bewusstsein dafür zu fördern, dass sie nicht dem Träger sondern der Mönchsgemeinschaft gehört, über Nacht an einen entfernten Ort gebracht werden. Danach wird sie von einem autorisierten Mönch im Rahmen eines „ritual of blessing" gesegnet. Diese Zeremonie darf nur während der Zeit des „rainy retreat"[31] abgehalten werden. Die Segnung der Robe bedingt eine vorangegangene Reinigung des zukünftigen Trägers im Rahmen einer „confession ceremony". Danach besteht für den Mönch die Verpflichtung, diese gelbe Robe immer bei sich zu tragen.

---

29 In einem zweiten Teil des Kanons werden die Regeln anhand narrativer Sequenzen, die konkrete Situationen aus deren Entstehungskontext beschreiben, anschaulich begründet.

30 Aus diesem Grund bezieht Geshe Do seine Roben in Indien, da nur dort Schneider/innen leben, die über das notwendige Wissen um die korrekte Herstellung verfügen.

31 Es handelt sich dabei um eine ebenfalls von Buddha eingeführte Verfügung, nach der die Mönche während der dreimonatigen Regenzeit, statt zu wandern und den Dharma zu predigen, an einem bestimmten Ort, sei es das Kloster oder ein Laienhaushalt (dem er dadurch viel Segen brachte) bleiben mussten. Geshe Do erklärt diese Praxis mit der Überlieferung, nach der die Laienbevölkerung sich geärgert habe, wenn die Mönche während der Regenzeit ‚die neu sprießenden Pflanzen' auf den Feldern zertrampelt hätten, was zu einer Unbeliebtheit der Mönche bei der bäuerlichen Bevölkerung geführt hätte. Außerdem hätten sich die Mönche in der Regenzeit vermehrt die Tötung ‚kleiner, bei Regen aus der Erde kommender Tiere' zu Schulden kommen lassen (VA vom 24.08.2009).

5.4.1.4 Zur Auslegung und Handhabung der Kleiderregeln

Die Kleidungspraxis Geshe Dos ist also über die im Regelkanon enthaltenen Richtlinien und die spezifisch lokale Tradition, die sich beispielsweise in gängigen farblichen Ausprägungen der verschiedenen Elemente der Robe manifestiert, stark reglementiert und wird als prinzipiell unveränderlich erachtet. Variationen finden sich lediglich im rituellen Kontext, wenn statt der für den Alltag vorgesehenen dunkelroten Robe[32] tibetischer Mönche eine safran-farbene angelegt wird oder wenn, ebenfalls im Rahmen ritueller Anlässe, der charakteristische, gelbe, spitz zulaufende Hut der *gelug* Schule getragen wird.

Das Tragen der Robe und das Rasieren der Haare ist für Geshe Do eine mit seinem Status als buddhistischer Mönch untrennbar verbundene Selbstverständlichkeit. Dennoch erwähnt er Ausnahmen.

> Well, in Australia when I go to the beach, I don't wear them, because on the beach, you go on a hot day, so this is a really [?] I just wear shorts. Yes. When I go to beach I wear a T-shirt and a short. Yes. That's all right. Initially I went with this dress, [deutet auf die Robe] but then a lot of people [...] everybody looking like this [imitiert jemanden, der große Augen macht], you know. And that was not good. I didn't feel very comfortable. So then I left it and go with shorts and nobody looks. So it was better. Yes. [Lacht] (I3: 600-606).

Kleinere Abweichungen von der verbindlichen Kleidernorm zeigten sich auch während eines gemeinsamen Ausflugs in die Berge, wo Geshe Do eine Mütze trug, um sich vor der brennenden Sonne zu schützen, was er als „properly speaking not allowed for monks" (VA: 24.08.2009) bezeichnete. Das gleiche gilt für seine Turnschuhe. Die Kleiderregeln versteht er als Hilfsmittel bei der religiösen Entwicklung, als Unterstützung auf dem Weg zum angestrebten Erleuchtung, und ihre Einhaltung ist letztlich der Eigenverantwortlichkeit geschuldet. Geshe Do betont die Freiwilligkeit der Übernahme des Mönchsstatus und verweist darauf, dass die Gelübde nicht als auferlegte Pflicht zu verstehen seien, sondern als von Buddha gegebene Wegweiser auf dem Pfad zur Erleuchtung (vgl. VA: 24.08.2009).

Die Verbindlichkeit einer adäquaten Kleidungspraxis unterliegt nicht ausschließlich der Eigenverantwortlichkeit, sondern darüber hinaus der Kontrolle

---

32 „In India they wear safran but in Tibet we wore this maroon. So that's because in Tibet it's very cold. So if you wear the maroon clothes it keeps the heat. It retains the heat within your body. So that's why they changed from safran to maroon" (I3: 182-186).

durch den *sangha*, die Mönchsgemeinschaft.[33] Die zweimal monatlich abgehaltenen *confession*-Rituale (siehe oben) erfordern ein Offenlegen sämtlicher Regelübertritte, gegenüber der versammelten Mönchsgemeinschaft, bevor mit der rituellen Rezitation des Regelkanons begonnen werden kann.[34]

Zusammengefasst: Der Alltag und die Kleidungspraxis Geshe Dos ist also durch die *Patimokkha* (den Regelkanon für ordinierte Mönche) stark reglementiert. Seine spezifische Kleidungspraxis begründet er allerdings nicht im Sinn einer Verpflichtung gegenüber einer wie auch immer gearteten höheren oder äußeren Instanz, sondern mit ihren verschiedenen Funktionen, insbesondere als praktisches Hilfsmittel zum Erreichen seines übergeordneten religiösen Ziels.

5.4.2 Identitätskonstruktionen und die Rolle der Kleidungspraxis

Geshe Do beruft sich einerseits auf seine tibetische Herkunft als zentrale Identifikationskategorie:

> I think, because I have been born in Tibet [...] and I was eight, when I left my country, so, whether I live in Switzerland, whether I live in India, where I spent most of my life, whether I live in Australia, I always feel I'm a Tibetan. Yes. I don't feel otherwise. I mean, I can – I feel grateful to Australia for... you know, to allow me to adopt that country to be my country, my adopted country – and I have my loyalties to Australia, no doubt. But still I feel that I am a Tibetan and I can say that I am an Australian Tibetan, if you like. In Switzerland I've been more or less like temporary. I just come here and teach and go back to Australia (I3: 272-281).

33 Die natürlich in letzter Konsequenz auch auf eine Unterstützung dieses religiösen Wachstumsprozesses zielt.

34 Eine besondere Herausforderung stellt eine der Regeln dar, die sich auf die zulässige Distanz zwischen Mönch und seiner safranfarbener Robe (eine gesegnete Robe, die nur zu speziellen Zeremonien und während der Lehrtätigkeit getragen wird) bezieht. Ein Mönch darf von ihr zu keiner Zeit räumlich getrennt sein, d.h. sie muss sich stets „unter demselben Dach" befinden, wie ihr Besitzer. Ansonsten verwirkt der Segen der auf der Robe liegt (VA: 24.08.2009). Die Befolgung dieser Regel erweise sich besonders bei Flugreisen zuweilen als kaum realisierbar, wenn er bei einem Zwischenhalt das Flugzeug verlassen oder wechseln müsse, und keine Kontrolle darüber habe, wo sich sein Gepäck befinde (vgl. VA: 24.08.2009).

Sein Herkunftsland Tibet erscheint hier als primordialer[35] Bezugspunkt, wobei die tiefe affektive Bindung über die Geburt und die dort verbrachten frühen Kindheitsjahre begründet werden. Es ist anzunehmen, dass, bedingt durch die politische Situation Tibets, die Geshe Dos Leben maßgeblich geprägt hat und noch immer prägt, (Flucht, Verlust der Eltern, Leben im Exil) die ethnische[36] Zugehörigkeit zusätzlich an Bedeutung gewinnt.

Darüber hinaus ist die Konstruktion der religiösen Identität als dem *tibetischen* Buddhismus verpflichtete stark an den Zuordnungsraum Tibet gebunden. Religiöse und ethnische Identifikationskategorien hängen zusammen. In der expliziten Thematisierung von Aspekten der Sichtbarkeit rekurriert er auf seine monastische Identität, die sein Selbstverständnis stark prägt. In der durch die Mönchsrobe zum Ausdruck gebrachten Identität überschneiden bzw. überlagern sich religiöse, ethnische und monastische Identifikationskategorien. Ein Verzicht auf die Robe heißt ein Verlust der Identität als Mönch.

> My identity is a monk and I can't think of taking this [zeigt auf die Robe] off because that means that I lose my identity [lacht]. I mean the peoples' attitude, for example, at least among the Buddhists, if I go like this would be an entirely different one, than say if I go with a pant. That will be another kind of way of looking at you, you know. So, just wearing the clothes changes the attitude. Yea! (I3: 651-655).

Die identitätsrelevante Qualität der Robe begründet er also an dieser Stelle in erster Linie mit der Wahrnehmung seiner Person und damit verbundener Einstellungen und Verhaltensweisen, die von großem Respekt und Wertschätzung ge-

---

35 Unter primordialen bzw. ursprünglichen Bindungen versteht Clifford Geertz in Anlehnung an Edward Shils jene Loyalitäten, die aus den Grundgegebenheiten der sozialen Existenz hervorgehen und als ‚natürlich' angesehen werden. Beispielsweise die, in der Kindheit erworbenen Gefühle der Zugehörigkeit zu den nächsten Verwandten, zu einer bestimmten Religion, zu einer besonderen Sprache, oder einem Dialekt, zu bestimmten Normen, Traditionen, Praktiken aber auch zu einem bestimmten Ort (vgl. Geertz 1963: 107).

36 Der Begriff wird hier in Anlehnung an Max Webers Begriff der Ethnizität verstanden als: „Menschengruppen, welche auf Grund von Ähnlichkeiten des äußeren Habitus oder der Sitten oder beider oder von Erinnerungen an Kolonisation und Wanderung einen subjektiven Glauben an eine Abstammungsgemeinschaft hegen, derart, dass dieser für die Propagierung von Vergemeinschaftung wichtig wird […], ‚ethnische Gruppen' nennen" (Weber 1922: 237). Der Begriff vermeidet die Essentialisierung kollektiver Identitäten, indem er auf deren subjektive Konstruktionsleistung fokussiert.

prägt sind (siehe dazu Kapitel 5.4.4). Die Robe wirkt also nicht nur, wie im folgenden Zitat angesprochen, durch eine gewohnheitsbedingte Verinnerlichung und eine damit verbundenen spezifischen Lebensweise auf das Selbstbild, sondern auch, indem sie ein hohes Maß an sozialem Ansehen mit sich bringt. Das Tragen der Robe erfüllt ihn mit Stolz. „Now of course, many years since 1973, it has become sort of part of my way of life. And I feel very comfortable. I feel just to be sort of proud to wear this. I just feel deep in my heart, I just can't do without it. I can't do without. You know? And it's also a kind of – habit maybe" (I3:159-162).

5.4.3 Bedeutung der Kleidungspraxis für die Zugehörigkeit zur Referenzgruppe

Als religiöse Referenzgruppe bezieht sich Geshe Do auf den *sangha*, die Mönchsgemeinschaft der tibetisch-buddhistischen Tradition der Gelbmützen (*gelug*), eine der vier Schulen des Tibetischen Buddhismus, die dem Mahayana Buddhismus zugeordnet wird. Der Mönchsgemeinschaft im Kloster misst Geshe Do in emotionaler und geistiger Hinsicht eine zentrale Bedeutung zu. Die emotionale Bedeutung beruht dabei weniger auf realen Beziehungen, als auf einem generellen Gefühl von Behagen und Geborgenheit, das sich in der Kollektivität der Mönchsgemeinschaft einstellt[37]. Freundschaftliche Beziehungen sind vor dem Hintergrund seiner religiösen Ziele wenig wünschenswert.[38] Der *sangha* er-

---

37 I always felt good, actually in the company of monks. It was a strange thing, maybe because I was not well. May be that was it. When some monks came to Kathmandu before I became monk, I just felt comfortable with the company of monks. And so when I came down to south India in the monastery, especially [...] in the pujas where there were heaps of monks, I just felt much more comfortable, a sense of peace, if you like (I3: 144-149).

38 „But if we talk about the real Buddhist concept for somebody who is truly devoted in their quest to achieve enlightenment, then they say it is better to have only a few friends. So that, like I was saying; if you live as a lay person with a household and family then you have so many things, then you cannot devote your attention for your practice. So in the same way, if you have too many friends [...] all your time is taken up, you know. So that's why it's better not to have too many friends [lacht]. So I don't have many contacts" (I3: 501-509). Nach buddhistischem Verständnisses der Unbeständigkeit allen Seins, werden affektive soziale Beziehungen außerdem unter der Perspektive ihres möglichen Verlustes und damit als potentiell schmerzhafte Erfahrungen gesehen und auch daher als nicht erstrebenswert erachtet. „There is nothing

scheint in Geshe Dos Darstellung als Zweckgemeinschaft, die die Praktizierenden auf verschiedene Weise in ihrer individuellen religiösen Entwicklung unterstützt und zugleich die buddhistische Tradition bewahrt und tradiert.

Die klösterliche Gemeinschaft bietet ein Umfeld, das die Weiterentwicklung des Geistes gemäß der buddhistischen Lehre fördert. Sie hält die buddhistische Lehre, *dharma*, in ständiger Präsenz und erleichtert das Mönch-Bleiben, indem sie die Praktizierenden von weltlichen Versuchungen fernhält.

> With the monks, the atmosphere and the spirit have always to do with the dharma as they call it. You get up in the morning, you go to the temple, you say your prayers, your meditation, you come back on the table, so you talk all about your dharma stuff, not about something else. So in this way, your mind is all focused on a white heart. But if you go somewhere else, where you have all your friends drinking and all that, your mind, not easily – slowly, slowly your wall of defense breaks down, you know. [...] That's easy because we have all these emotions there already, which are just sleeping, but they can be triggered easily (I3: 568-576).

Der Gemeinschaft kommt u. a. die Aufgabe gegenseitiger Kontrolle und der rituellen Neutralisierung von Übertretungen zu.[39] Auch die Bedeutung der Mönchsgemeinschaft sieht Geshe Do also primär vor dem Hintergrund des individuellen

---

wrong with making friends. That's a great thing. But then if you make lot of friends, that's – in my view also – while there is lot of good things, it also, like I was telling you, the Buddhist notion of impermanence – friends don't last forever. So you make lot of effort to make friends but it doesn't last. Some day, for what ever reason, it breaks up. Sometimes you feel unhappy, yea? So maybe if you can live without friends, it is best. You don't have any heart aches, you know? No problems! [Lacht] So, that's, in a core Buddhist concept, that's what they say, that we come to this world all by us. And when we go, we also go all by us. No matter how dear the friend is, no matter how dear the teacher, wife or husband is, you can't take anybody. You just go all by yourself. So that's the way you live also. You live by yourself" (I3: 530-540).

39 Eine besondere Bedeutung erhält der sangha in der Konfrontation mit den Verheissungen des Westens: „Nowadays many young people who became monks and nuns they distraught because they come to the west, everything is so flashy, everything's so gorgeous and the point of remaining like this? There is no point. You don't drink, and you don't smoke, you don't have any of all those, you know, no sex. And so this is useless. There is no point! Everybody is enjoying. So they have all these temptations taking over. So, they just immediately distraught, they break their vows" (I3: 553-559).

Ziels einer stetigen geistig-religiösen Entwicklung. Das Tragen der Robe ist in diesem Zusammenhang eine absolute Bedingung für die Zugehörigkeit zur Mönchsgemeinschaft. Der Übergang vom Laien- zum Mönchsstatus und damit die Aufnahme in die klösterliche Gemeinschaft wird u. a. durch das Anlegen der Robe und das Scheren des Haars ratifiziert, während ein Ablegen der Robe „to disrobe" den Ausschluss bedeutet. Eine Zugehörigkeit zum *sangha* ohne Robe ist undenkbar.[40] Über die Robe ist auch eine Erkennbarkeit des jeweiligen Ordens gegeben. So signalisiert die *düngga*, eine Anbindung an die Gelbmützentradition, während die bordeauxrote Farbe des Schultertuchs und der Unterrobe die tibetisch-buddhistischen Ausprägung generell markiert. Insgesamt wird aber über die Kleidungspraxis weniger der Aspekt der Zugehörigkeit zu einer Gemeinschaft hervorgehoben, als die Abgrenzung gegenüber dem Laientum.

5.4.4 Die Kleidungspraxis im Spannungsfeld zwischen religiöser Orientierung und sozialer Umwelt

Die Antizipation seiner Person durch die schweizerische Bevölkerung beurteilt Geshe Do als sehr positiv.[41] „I think it's a very good atmosphere here, and I do really feel very comfortable to be in Switzerland" (I3: 292-293). Wie aus seinen Aussagen hervorgeht, bezieht er die wahrgenommene affirmative Grundhaltung gegenüber seiner Person auf alle drei zentralen Identifikationskategorien (tibetische, buddhistische und monastische). So führt er die generell positiven Reaktionen auf seine Person auf die gute Akzeptanz der tibetischen Gemeinschaft in der Schweiz zurück.

> I think they [the Swiss people, Anm.: J.G.] have a far better sense of good feeling towards the Tibetans than maybe others. […] When I go around for a walk, […] even school children greeting us, which is very unique I suppose. I think that the Swiss have taken the Tibetans to their heart" (I3: 283-286).

40 Geshe Do stellt die unabdingbare Erwartung innerhalb des Klosters der relativen Freiheit außerhalb des Klosters gegenüber. „In the monastery you do have to wear the robe. Outside, you are free to do as you decide" (VA: 14.08.2009).

41 Diese Wahrnehmung bestätigte sich mir u. a. bei einem gemeinsamen Bergausflug, wobei sämtliche Begegnungen mit Wandernden und Ausflugsgästen im Restaurant von großem Respekt, einer fast überschwänglichen Höflichkeit und einem positiven Interesse geprägt waren.

Als mögliche Erklärung dafür nennt er die Ähnlichkeiten der beiden Völker (*people*), namentlich topographisch-geographische Parallelen („surrounded by mountains, many lakes, many flowers"…), ähnliche Charaktereigenschaften („humble", „well-behaved", „proud but not arrogant" (vgl. I3: 360-364) und die vergleichbare Populationsgrösse.

Abbildung 4: Geshe Do auf einem Ausflug in den Schweizer Bergen: Begegnung mit einem Unbekannten. © Jacqueline Grigo.

Weitere Gründe sieht er in der großen Integrations- und Anpassungsbereitschaft der Tibeter/innen, die sich unter anderem in der zunehmenden Zahl von Gemischtehen und der bereitwilligen Annahme von Sprache und Kultur zeige.[42]

42 Während er sich einerseits dankbar zeigt für die gute Beziehung zwischen der exiltibetischen Gemeinschaft und der schweizerischen Gesellschaft und diese als wichtige Voraussetzung für die Möglichkeit der Entfaltung bzw. den Fortbestand seiner bedrohten tibetisch-buddhistischen Kultur wertet, sieht er allerdings gerade in der von ihm beobachteten Integrationsfähigkeit der tibetischen Bevölkerung die Gefahr einer weitgehenden Assimilation und folglich eines kontinuierlichen Verlustes der tibetischen Kultur. Geshe Do wurde vom Dalai Lama in die Schweiz geschickt mit dem Auftrag, innerhalb der hiesigen schweizerisch-tibetischen Gemeinschaft das Bewusstsein für die eigenen kulturellen Wurzeln zu schärfen: „So because there is a Tibetan community then you know, the Tibetan Government – His Holiness – sent me here to inculcate our sense of awareness of our culture" (I12: 304-307).

Ferner führt er das Verhalten der Tibeter/innen als Grund für deren Beliebtheit in der Schweiz an: „the Tibetans, so far anyway, have been pretty good in not breaking laws and in behaving properly“ (I3: 291-291).

Dabei wirke sich auch die positive Wahrnehmung des Buddhismus, die Assoziationen der buddhistischen Kultur mit Friedfertigkeit und Aufrichtigkeit, auf das Bild der Tibeter/innen aus. „Buddhism has a good image […] not having violent sort of history. So they [die Buddhisten, Anm.: J.G.] are pretty good“ (I3: 453-454). Dies mache sie zu einer Gruppe bevorzugter Fremder. „I think that the Tibetans are seen as a peaceful People […] because of their Buddhist culture […] and I think that has really very much impact on the Swiss people, for the Tibetans to be accepted more than any other foreigner in this country“ (I3: 349-356).

Die Ausführungen zur Akzeptanz der tibetischen Gemeinschaft in der Schweiz beziehen sich nicht direkt auf den Aspekt der Sichtbarkeit, sind aber insofern von Bedeutung, als sie eine wichtige Interpretationsfolie bilden, vor deren Hintergrund Geshe Dos subjektive (Selbst-)Verortung eine sinnhafte Einordnung findet. Was seine visuelle Erkennbarkeit als Mönch betrifft, so vermittelt ihm diese, neben einem Gefühl entgegengebrachter Wertschätzung und Ehrerbietung, ein nachhaltiges Gefühl von Sicherheit und Unantastbarkeit. Er fühlt sich als „a different kind of human being“ (I3: 411), als „someone who is supposed to be peacefull“ (I3: 416), „… somebody who has devoted his or her life in a different kind of fate“ (I3: 412-413) wahrgenommen, was dazu führt, dass potenzielle Angreifer oder Störenfriede aber auch Behörden[43] ihn generell in Ruhe ließen (vgl. I3: 410).

43 Im Zusammenhang mit behördlichen Kontrollen erwähnt er allerdings auch Situationen, in denen ihn die Robe, in unangenehme Situationen bringt: „But I do find also, that, because there are a lot of Tibetans seeking asylum from India and across Europe and everywhere, many times I feel a bit unhappy, when everybody goes to… they stop me and look at my passport because they feel, I'm one of those illegal immigrants. So, I do find that, with the monks dress… because they maybe think: ‚Oh this is one of these Tibetan refugees again, seeking asylum‘, you know. Yes, that's not because of my dress, but probably because they just see me as a Tibetan. A Tibetan monk, I suppose“ (I12: 451-461). Im hier beschriebenen Kontext der Einwanderungskontrolle, verschieben sich die primäre Zuordnungskategorie und damit zusammenhängender Konnotationen seiner visuellen Erscheinung. Nicht mehr seine religiöse Identität und die damit assoziierte Respektabilität, stehen im Vordergrund der Identifizierung, sondern die im spezifischen Interaktionszusammenhang bedeutungsvollere (über diesel-

Geshe Do beschreibt auch negative Erfahrungen, die er auf die Sichtbarkeit seiner religiösen Identität zurückführt. Diese beziehen sich allerdings ausnahmslos auf den nicht-schweizerischen Kontext. Beispielsweise erwähnt er eine Situation in einem australischen Einkaufszentrum: „I just sat on a bench. And some guy came with a plastic bag in his hand, just straight to me and then he just said: [imitiert jemanden der mit Nachdruck spricht] ‚Yoouuu aare in the wrooong place!'" [Lacht] (I3: 424-426.) Die abweisende Haltung interpretiert er mit der Aversion einiger strenggläubiger Christen gegen mutmaßliche Missionsversuche von buddhistischer Seite.

Wie aus seinen Erzählungen hervorgeht, kommt es in Australien wiederkehrend zu Bemerkungen, die die Sichtbarkeit seiner religiösen Identität aus einem christlichen Selbstverständnisses heraus kommentieren. „Once I was crossing a road in Australia, and then a car was coming, and the guy said: ‚Jesus loves you!' [Lacht] So, you know, we face things like that. So probably he thinks that even though you are a – whatever they call us – that still Jesus loves us, you know? [Lacht] (I3: 434-440).

Neben solchen, in unterschiedlichem Maß als despektierlich empfundenen Äußerungen nennt er auch über das Medium des Blicks ausgedrückte Geringschätzung. „Sometimes then, I did find some people, just looking at me in a very nasty way, almost hateful looks. And when I just meet their eyes when I feel they are … immediately, I just turn away. So that sort of things happens, but […] just once in a month, twice, like that" (I3: 441-444). Geshe Do erlebt die Reaktionen auf seine Erscheinung in den verschiedenen geographischen Kontexten in denen er sich aufhält also sehr unterschiedlich.

5.4.5 Differenzwahrnehmung

Auf Grund der vorangegangenen Ausführungen kann festgehalten werden, dass Geshe Do visuelle Differenz (mit wenigen Ausnahmen) generell positiv besetzt. Dies gilt sowohl für seine angestrebte religiöse Entwicklung wie auch bezogen auf die (schweizerische) gesellschaftliche Umwelt. „There is nobody who is hostile and makes you feel that you are something different in that country" (I3: 393-394). Die Aussage wird allerdings relativiert, wenn es um verbale Interaktionen geht: „If you can't speak the language properly, they treat you sort of a bit dumb. They think: ‚Ou, funny Person, maybe it's pretty foolish or dumb'. […] when you don't speak the language then the people may get the idea that

ben sichtbaren Zeichen aktivierte), Kategorie der Illegalität. Statt der gewohnten Hochachtung erfährt er Misstrauen.

you are coming from a different kind of planet“ (I3: 619-625). Während Geshe Dos subjektive Differenzwahrnehmung sich in der Schweiz also vorrangig auf sprachliche und weniger auf visuelle Unterschiede bezieht, ist die Situation in Australien genau umgekehrt. Hier erfährt er negative Differenzwahrnehmung auf Grund seiner visuellen Erscheinung, während ihm die Möglichkeit verbaler Kommunikation, die sich aus der Kenntnis der Landessprache ergibt, ein Gefühl gesellschaftlicher Integriertheit vermittelt.)

> I feel very much sort of integrated in that society, because I speak the language. I just feel that I'm just part of that. Here [in der Schweiz, Anm.: J.G.], because of the language barrier, even though I feel comfortable, as I told you – but the language barrier doesn't allow me to integrate with the people, because I'm just stuck there, you know? Yea, [Lacht] lack of communication, you know? [Lacht] (I3: 395-402).

Was die positive respektive negative emotionale Besetzung von visueller Differenzwahrnehmung angeht, spielen die jeweiligen Interaktionskontexte und die darin wirksamen Konventionen eine entscheidende Rolle, wie sich unter anderem am Beispiel des Badestrandes in Australien zeigt, wo Geshe Dos subjektive Differenzwahrnehmung ein die individuelle Toleranzgrenze überschreitendes Ausmaß annimmt, was ihn schließlich dazu veranlasst, die Robe abzulegen und sich, entgegen religiöser Grundsätze, in T-Shirt und Shorts zu präsentieren. Anders verhält er dagegen in kulturell sehr heterogenen Umgebungen, die Differenz neutralisieren oder zumindest irrelevant erscheinen lassen. „In railway stations and airports – I think, maybe less problem. Because there are so many people from different countries that are travelling. So nobody really takes notice“ (I3: 614-615).

5.4.6 Zusammenfassung

Alle Bedeutungen und Begründungen, die Geshe Do mit der Robe verbindet, lassen sich letztlich auf sein individuelles religiöses Ziel, das Erreichen des Nirwana reduzieren. Dies gilt für ihre visuelle Abgrenzungsfunktion in Bezug auf das Laientum und die damit verknüpfte Verpflichtung zur Einhaltung der zahlreichen Gelübde ebenso wie für die Semantik ihrer einzelnen Bestandteile, die zentrale Elemente des buddhistischen Dogmas symbolisieren und vergegenwärtigen. In seiner Begründung zum Tragen der Robe treten also insbesondere religiös-funktionale Aspekte hervor.

Ebenso hat die klösterliche Mönchsgemeinschaft primär den Stellenwert, in verschiedener Hinsicht eine günstige Voraussetzung für die individuelle, geistigreligiöse Entwicklung zu schaffen – sei es durch das Erzeugen eines gesunden geistigen Klimas, das die Gedanken und Gespräche der Mönche auf den *dharma* und weg von den zahlreichen Versuchungen des Draußens lenkt, sei es durch die gegenseitige Kontrolle und Sanktionierung von Regelübertritten (bzw. deren kollektive, rituelle (Be-)Reinigung im Rahmen der *confession ceremonies*), die das Erreichen der religiösen Ziele gefährden bzw. verzögern könnten.

Der explizierte Zweck sichtbarer religiöser Identitätsrepräsentation liegt also in Geshe Dos Deutung weniger in einer nach außen gerichteten Signalisierung von Ein- bzw. Ausgrenzungsmechanismen, als in der Reproduktion und Bestätigung der eigenen religiösen Überzeugungen. Die Robe beansprucht weder, für andere ein Zeichen zu sein, noch Identifikation zu gewährleisten. Sie richtet sich in erster Linie an ihren Träger selbst. Unweigerlich stößt sie aber in der sozialen Umwelt auf Resonanz und erlangt Bedeutung für Geshe Dos Selbstkonzeption, da ihm dadurch (mehrheitlich) Anerkennung, Ehrerbietung und Respekt zuteilwird. In der Aussage, er würde, mit dem Verzicht auf die Robe seine Identität als Mönch verlieren, weil die Art und Weise, wie er von außen betrachtet und behandelt würde, dadurch eine komplett andere wäre, verweist auf die Bedeutung der (wahrgenommenen) Außenperspektive als identitätskonstituierender Größe.

Die generell affirmative Antizipation seiner Person in der Schweiz gründet dabei auf der großen Akzeptanz der tibetischen Gemeinschaft, im positiven Buddhismus Bild, und in der verbreiteten Achtung vor dem klösterlichen Lebensweg – erstreckt sich also auf alle drei seiner wesentlichen Kategorien der Selbstidentifikation.

5.5 Kurzdarstellung Herr Wyler

Herr Wyler[44] zählt sich zu einer ursprünglich aus Osteuropa stammenden jüdisch-orthodoxen Gemeinde der Chassidim. Geboren wurde er, als Kind liberaler Juden, in der Schweiz „Ich bin in Wirklichkeit ein Westeuropäer" (I12:14). Er kleidete sich in seiner Jugend „normal, so wie allgemein die Leute hier" (I12: 4). Erst nach seiner Heirat mit einer orthodoxen Jüdin beschloss er, sich der jüdisch-orthodoxen Gemeinschaft der Chassidim anzuschließen und begann; „die Kleidung, also langer Rock, Kaftan, und am Samstag den Pelzhut" (I12: 22-23) zu tragen. Dies begründet er einerseits damit, dass er sich zum orthodoxen Judentum hingezogen fühlte und andererseits mit einer Abgrenzung gegen seine El-

44 Auf ausdrücklichen Wunsch von Herrn Wyler werde ich darauf verzichten, an dieser Stelle Bildmaterial von ihm zugänglich zu machen.

tern: „Weil die Familie bei uns sehr nahe war, da hat jeder gemeint, er muss vom andern wissen, was läuft, und so konnten wir uns auch ein wenig abgrenzen: ‚Das sind wir, und das seid ihr, und lasst uns leben, so wie wir wollen'" (I12: 379-382). Herr Wyler lebt in Zürich und arbeitet als Lehrer an einer jüdischen Schule.

5.5.1 „Es gibt keine religiösen Gründe": Kleidung in Bezug auf religiöse Orientierung und Tradition

Herr Wyler bezieht sich zur Begründung seiner Kleidungspraxis nicht auf ein religiöses Diktum. Mit der Aussage: „Es gibt keine religiösen Gründe dafür" (I12: 43) verwehrt er sich explizit gegen eine orthopraktische Auslegung der chassidischen Kleidung.[45] Stattdessen betont er insbesondere identitätsbezogene Aspekte der Zuordnung respektive Abgrenzung, wobei die Kleidungspraxis unter diesem Gesichtspunkt auf eine Aufrechterhaltung respektive Bewahrung der jüdisch-orthodoxen Tradition und des Judentums generell zielt. Die Kleidungspraxis seiner religiösen Gemeinschaft verändere sich nicht. „Es tut sich immer verändern, ja, aber eben beim Chassidismus ist es eigentlich geblieben. Die ändern nichts und die haben das jetzt über Jahrzehnte weiter gehalten" (I12: 136-137).

Die Kleidung stellt er dabei in verschiedener Hinsicht in eine konstitutive Beziehung zu jüdischer Identität, so zum Beispiel indem er auf das Narrativ des Exodus verweist:

> Was wir ja sehen, ist das, was in unseren Büchern überliefert wurde. Der Auszug aus Ägypten sei wegen drei Sachen ausgelöst worden: Sie haben die Namen nicht verändert, Sprache und Kleidung. Das heißt, man hat sich nicht assimiliert, nicht in der Sprache, nicht in der Kleidung, nicht in den Namen. Schon damals war klar, dass die Kleidung dich abhebt von den anderen Religionen und dadurch wird die Tradition weitergeführt (I12:43-50).

Kleidungspraxis, visuelle Differenz und die Aufrechterhaltung der Tradition werden hier eng aufeinander bezogen. Dies gilt nicht nur für die Überlieferung, sondern auch für die Gegenwart. Auf einer individuellen Ebene wird ein Ver-

---

45 Gewisse Aspekte der Kleidungspraxis, auf die Herr Wyler eingeht, unterliegen allerdings auch religiösen Geboten. Diese beziehen sich aber nicht explizit auf die chassidische Tradition, sondern sind Teil der Halacha, also der 613 verbindlichen Verbote und Gebote (Mizwot), siehe dazu unten.

zicht auf die Kleidungspraxis mit der Gefahr eines Verlustes von Religiosität und religiöser Zugehörigkeit bzw. Identität in Verbindung gebracht:

Viele, die die Kleidung nicht mehr haben und denen die Tradition egal ist und so weiter, dann verwässert sich automatisch auch alles andere. Und mit der Zeit gibt's Leute, die dann überhaupt nicht mehr religiös sind oder ganz abkommen vom Judentum, oder gar nicht mehr wissen, dass sie überhaupt jüdisch sind (I12: 50-54).

Die Kleidungspraxis unterstützt also die religiöse Identität und stellt zugleich in direkter und indirekter Weise eine Hilfe zur Selbstkontrolle und bei der Einhaltung ethischer, religiöser und normativer Verhaltensvorgaben dar. Durch die Kleidung findet eine Repräsentation des Judentums statt, der das Individuum durch adäquates Verhalten gerecht werden muss.

Es kommt natürlich automatisch, mit dieser Kleidung spürt man auch mehr Verantwortung. D.h. ich kann mir Sachen nicht erlauben, die ich mir vielleicht ja erlaubt hätte. Also wenn ich jetzt ohne Bart und ohne Käppchen, mit Jeanshose, mit buntem Hemd gewesen wäre und ich hätte etwas gemacht, es hätte niemand gewusst, dass ich ein Jude bin. Jetzt weiß man automatisch durch meine Kleidung: ‚Ah, du bist jüdisch', also muss ich dadurch auch – lebe ich das Judentum bewusster und muss auch aufpassen, dass ich auch, in dem Sinn, keine Entweihung des Namens Judentum mache, indem ich schlechte Sachen mache, wo man sagt: ‚Ah, der Jude hat's gemacht!' (I12: 25.32).

Der Sichtbarkeit mittels Kleidung wird also nicht nur unter dem Aspekt der Identifizierung, Differenzierung und damit verbunden der Erhaltung der Tradition eine bedeutende Rolle zugewiesen, sondern auch unter dem Aspekt der Kontrolle. „In dieser Kleidung verpflichte ich mich auch. Dann musst du dich auch anständig aufführen" (I12: 326-318). Verhält sich ein Mitglied der Gemeinschaft in unangebrachter Weise und schadet somit dem Ansehen des Judentums, wird im äußersten Fall ein Ablegen der Kleidung erwartet. Allerdings wird versucht, dies zu verhindern, da davon ausgegangen wird, dass die Kleidung Verhaltensentgleisungen entgegenwirkt und Schlimmstes verhindern kann. Am Beispiel eines Jugendlichen aus der Gemeinschaft, dem schwerwiegende sittliche Verfehlungen vorgeworfen werden, veranschaulicht Herr Wyler diese Überzeugung:

Der hat dann später die Kleidung – also nicht ausgezogen, am Samstag läuft er noch immer so rum, aber unter der Woche läuft er – weiß ich wie – rum und hat wirklich Sachen gemacht, die unter der Gürtellinie sind. Ob er jetzt in Bordelle gegangen ist, oder die Frauen hereingeschmuggelt hat, solche Sachen. Weil er eben keinen Halt hatte, von innerlich so oder so nicht, und jetzt, da auch das äußerliche unter der Woche nicht mehr da war, dann ist die Barriere natürlich viel leichter zu überspringen. Ja, weil man hat automatisch eine Barriere mit der Kleidung (I12: 325-331).

Die Kleidung funktioniert hier also als ein Mittel sozialer Kontrolle, mit der die Konformität mit referenzgruppenspezifischen Normen und Werten sichergestellt und zugleich die Bindung an die Gruppe gefestigt werden soll. In Herrn Wylers Argumentation wirken diese verhaltensregulierenden und das ‚religiöse Gewissen' fördernden Funktionen der Kleidung vor allem über die Orientierung an Dritten, also an nicht-jüdischen Akteur/innen. Somit sind diese nicht nur als Abgrenzungsreferenz in die Identitätskonstruktion einbezogen, sondern über die Sichtbarkeit indirekt auch an Prozessen der Stabilisierung und Aufrechterhaltung individueller Religiosität[46] beteiligt.

Über die beschriebenen identitätsbezogenen und ethisch-religiösen Implikationen der Kleidungspraxis hinaus finden sich in Herrn Wylers Ausführungen auch Elemente der Kleidungspraxis, die sich direkt auf religiöse Regeln (Mizwot) beziehen. So verweist er auf die verschiedenen, in der Halacha festgehaltenen Regulierungen, die sich auf Kleidung beziehen. Einerseits nennt er den *Tallit katan*. Dieses viereckige Kleidungsstück, eine Variante des Tallit, trägt er über den Schultern am Körper, also unter seinem Hemd.[47] Seine Söhne hingegen, tragen das „Fransenhemd" gut sichtbar über dem Hemd. Zum Stellenwert der Sichtbarkeit dieses Kleidungsstücks in der Öffentlichkeit erzählt er folgende Anekdote:

Dann gibt es so eine lustige Geschichte. Ein Jude war an einem anderen Ort und hat nicht gewusst – wo? Was soll er machen? Und wo kann er einkaufen und so. Wir haben ja mit

46 Gemeint ist hier insbesondere die Einhaltung ethischer und religiöser Verpflichtungen als Teil der Halacha.

47 Den Tallit gibt es auch in anderen Ausführungen, etwa als Gebetsschal oder Gebetsmantel. Er muss den Oberkörper des Trägers größtenteils bedecken. Wichtig ist das Vorhandensein der Zizit, damit er seine religiöse Funktion erfüllt (vgl. TN: 11.2008). Herr Wyler bezieht sich dabei auf folgende Weisung: „Der Herr sprach zu Moses: Rede zu den Israeliten und befiehl ihnen: Sie sollen sich Quasten (zizijot) an die Zipfel ihrer Kleider nähen, sie und ihre Nachkommen [...]: Das soll für euch ein Zeichen sein. Wenn ihr es anseht, sollt ihr aller Gebote des Herrn Gedenken nach ihnen handeln und nicht abschweifen nach den Gelüsten eurer Herzen und Augen, durch die ihr euch verführen lasset. So sollt ihr all meiner Gebote eingedenk sein, sie tun und heilig sein vor eurem Gott" (Numeri 15, 37-41).

dem Essen... und speziell. Und dann hat er einfach folgendes gemacht: Er hat seine Schläfenlöckchen runtergelegt und hat das Kleid über das Hemd getan und ist so auf der Straße umhergegangen. Und da kommt ein Jude zu ihm: ‚Hey, das darf man nicht machen! Schau, was die nichtjüdischen Leute sagen!' ‚Genau dich habe ich gesucht!' [Lacht] Er hat genau gewusst, irgendein Jude wird kommen und sagen, man darf nicht so laufen! [Lacht] So wird er einen Juden finden und kann fragen. (I12: 148-156).

Von religiöser Bedeutung sind die Zizit, die wollenen Fransen, die an den vier Ecken des Gewandes angebracht sind. Sie sind mit Knoten versehen. Der Tallit, oder genauer die Zizit, sollen den Träger an die Einhaltung der Gesetze Gottes erinnern. Jede Franse steht dabei für eines der 613 Gebote. Der Tallit wird, gemäß der entsprechenden Regel, nur tagsüber getragen und (in seiner Gemeinschaft) ausschließlich von Männern (vgl. TN: 11.2008).

Aufgrund des Verbots, die Ecken des Haupthaares und des Bartes zu entfernen, lässt er das Haar an den Schläfen und den Bart stehen. Zudem erwähnt er die Vorschriften bezüglich der Vermischung von Stoffen (*Schatnes*). Demnach darf Kleidung, die aus einem Gemisch aus Lammwolle und Leinen gefertigt wurde, nicht getragen werden. Außerdem ist es Männern verboten, sich mit dem Gewand einer Frau zu kleiden. Dasselbe gilt in umgekehrter Weise:

Und bei uns gehen die Frauen ja nur mit Röcken. Und nicht mit Hosen. Und das hat verschiedene Gründe; also eines ist z.B. – eines der Gebote ist, ein Mann soll nicht als Frau sich kleiden, und Frauen sollen nicht Männerkleider anziehen. Jetzt können Sie sagen: ‚Kein Mann würde eine Frauenhose anziehen'. Stimmt, aber es ist noch etwas. Eine Hose bildet den Körper einer Frau sehr ab. Und die Frau ist bei uns eben das Versteckte, das sich nicht hervorzeigt und auch den Körper nicht mit engen Kleidern und so weiter vorzeigt, dass jeder Mann sich herumdreht und die mit den Augen halb auszieht. Damit das nicht passiert, das ist auch ein Grund, dass man keine Hose anzieht als Frau (I12: 214-223).

Die Notwendigkeit, sich den Kopf zu bedecken, sei es mit der Kippa, dem Streiml (Pelzhut) oder einem Hut, wird dagegen nicht von der Tora abgeleitet, sondern der Tradition zugeordnet und soll an die Existenz Gottes erinnern: „Das Käppchen wird einfach getragen, um sich bewusst zu sein: Es ist noch jemand über dir. Der liebe Gott ist auch noch da. Also das ist, dass man bewusst eigentlich den ganzen Tag lebt" (I12: 243-245). Die Praxis, in der Synagoge und am Sabbat eine besonders festliche Kleidung (dazu gehört auch der Streiml) zu tragen, wird mit der Ehrerbietung gegenüber Gott und dem Feiertag Samstag begründet: „Man will diese Feiertage speziell ehren, darum ziehen wir das [den

Streiml, Anm.: J.G.] an. Das ist eigentlich als Ehre für den Feiertag oder für den Samstag" (I12: 100-102).

Das Tragen langer Kaftane und des Streiml am Samstag leitet er aus der Tradition der ursprünglich aus Osteuropa stammenden jüdisch-orthodoxen Chassidim ab: „Diese Kleidung, war eigentlich eine Kleidung, die von früher kam, von den Fürsten in Polen, also die Höheren, die oberen Zehntausend, die haben so spezielle Kleider angezogen. Und dann fand man, das ist einfach etwas Spezielles. Und darum ziehen wir das an" (I12: 89-92). Innerhalb des Chassidismus werden Differenzierungen vorgenommen, die sich in subtiler Weise über die Kleidungspraxis manifestieren. Die Zugehörigkeit zu einer jeweiligen chassidischen Gruppierung formiert sich über den Bezug auf verschiedene rabbinische Schulen, die je unterschiedlichen, geographischen Regionen zugeordnet werden.

> Und dann gibt's eben unterschiedliche Hüte, die Pelzhüte haben Sie vielleicht schon mal gesehen. Und sie sehen z.B. dort oben hat es das Bild von meiner Tochter und zwei meiner Schwiegersöhne. Der eine hat einen etwas flacheren, und der andere hat einen etwas hohen. [...] Und das kommt darauf an, von welchem Ort man gekommen ist. Also die hohen, das waren mehr die von Russland, die anderen waren mehr von Polen, Rumänien. Und das hat sich halt einfach – ob man von der Gruppierung von diesem Oberrabbiner oder von diesen – das gibt es ja im Chassidismus, da gibt es verschiedene Gruppierungen von Rabbinern. Ja. Und je nachdem, in welcher Gruppierung man sich zuordnet und je nachdem, von wo der kommt, zieht man diesen Hut an oder diesen (I12: 102-115).

Die Zugehörigkeit zu einer jeweiligen Gruppierung lässt sich nicht nur an der Höhe des Pelzhutes ablesen, sondern auch an minimalen Unterscheidungsmerkmalen, wie an der Schleife des Samthutes (der wochentags getragen wird). „Und je nachdem, die eine Gruppierung zieht sie auf der rechten Seite an, die andere tut es umgekehrt, also auf der linken Seite" (I2: 121-122). Auch Unterschiede in der Form des Hutes, in der Art der Krempe, wie hoch sie gezogen wird, welchen Schwung sie aufweist etc. können Codes darstellen, die Differenzierungen zwischen verschiedenen Gruppen kennzeichnen. Im Gegensatz zur visuellen Abgrenzung gegenüber der nicht-jüdischen und liberal-jüdischen Umwelt, die sich in großer Deutlichkeit zeigt und durchaus auch intendiert ist, sind die internen Unterscheidungen sehr subtil und für Außenstehende oft schwer wahrnehmbar.

5.5.2 Konkrete Handhabung der Kleidungspraxis

Herr Wyler trägt „die Kleidung“ im Alltag und insbesondere beim Besuch der Synagoge, erhebt aber nicht den Anspruch, sie zwingend ständig tragen zu müssen.

> Gut, ich tu es nicht immer. Sagen wir so, wenn ich z. B. jetzt in den Ferien war: also sicher – wenn ich in die Synagoge gehe – dann ist immer diese Kleidung an. Aber wenn ich auf einen Ausflug gegangen bin, dann bin ich nicht mit dieser Kleidung gegangen. Es gibt andere, die auch beim Ausflug mit dieser Kleidung gehen (I12: 141-144).

Er erwähnt verschiedene Kontexte, in denen er seine Kleidung situativen Erfordernissen anpasst. „Wenn ich in ein Konzert gehe, in die Oper, sitze ich nicht mit dem Hut dort, sondern mit dem Käppchen, stört mich nicht. Oder wenn ich in ein Restaurant gehe, und wir gehen was trinken, das dürfen wir ja, das ist für mich kein Problem“ (I12: 394-397).

In den Ferien oder auf Ausflügen kleidet er sich „sportlich“, und auch beim Skifahren trägt er einen Ski-Anzug. An Eishockeyspielen, die er gerne besucht, ist er auf unauffällige Kleidung bedacht, die nicht auf seine jüdisch-orthodoxe Identität schließen lässt: „Wenn ich an einen Eishockeymatch gehe, dann gehe ich nicht mit dieser Kleidung. Dann gehe ich mit Hose und ziehe mir einen Pullover, eine Jacke und eine Schirmmütze an“ (I12: 207-210). Eine Anpassung der Kleidungspraxis findet auch beim Besuch der Synagoge der liberalen jüdischen Gemeinde statt.

> Die Gemeinde, in der ich aufgewachsen bin, das ist die westeuropäische Gemeinde […]. Dort gehe ich nicht mit dem Pelzhut hin. Mit dem Kaftan ja, aber mit dem Pelzhut nicht. […] Das ist die Gemeinde, in der man nicht so geht, da will ich mich nicht hervortun, auch nicht in der großen Synagoge in der Löwenstraße. Weil ich finde, dort geht niemand so, warum musst du dich dort herauszeigen. Weil, dann könnte man sagen ich halte mich für etwas Besseres. Nein, dann gehe ich mit meinen Kleidern, mit dem normalen Hut, aber den trage ich! (I12: 358-375).

Auch wenn die chassidische Kleidung in Herrn Wylers Selbstverständnis einen wichtigen Stellenwert hat – „ich würde mir fast ein wenig nackt vorkommen… es würde mir fehlen, wenn ich es nicht hätte“ (I12: 184-185) – handhabt er seine Kleidungspraxis undogmatisch, geht je nach Kontext in der traditionellen Kleidung aus dem Haus oder passt diese nötigenfalls den Erfordernissen eines jeweiligen Kontexts an.

Was die konkrete Beschaffenheit und Verarbeitung[48] der Kleidung, die traditionellerweise strengen formalen Kriterien unterliegt, betrifft, so legt er Wert auf Authentizität. Sie kann nur im Ausland erworben werden.

Weil diese Kleidung, die ich habe, bekomme ich in der Schweiz gar nicht. Ich bekomme sie in Belgien, ich bekomme sie in Israel, ich bekomme sie in Amerika, aber in der Schweiz darf man die gar nicht verkaufen. Das ist immer ein Nachteil. Und gerade jetzt, wo ich neue Kleidung bräuchte, eigentlich mit drei Nummern kleiner [lacht] ich habe Gott sei Dank so viel abgenommen [lacht]. [...] habe ich dann halt mit dem Gürtel etwas zusammengeschnallt (I12: 59-73).

5.5.3 Wahrgenommene Fremdwahrnehmung

Herr Wylers wahrgenommene Fremdwahrnehmung ist geprägt von antisemitischen Erfahrungen, die sich in ganz unterschiedlicher Weise äußern. So beschreibt er Benachteiligungen auf dem Wohnungsmarkt: „Ja, ebenso mit den Wohnungen, da hört man: ‚Euch Juden geben wir sie nicht‘, und so weiter“ (I11: 309-310), wiederholte Weigerungen, ihm etwas zu verkaufen, aber auch konkrete, verbale Anfeindungen: „Eben oder wenn ich auf der Straße laufe und manchmal wieder so einer ruft: ‚Saujude!‘ und so weiter. Kann man nichts machen“ (I12: 112-113). Neben solchen Beschimpfungen erwähnt er auch körperliche Übergriffe. „Ich war auf einem Eishockeymatch, und dann hat einer von oben Bier über mich gegossen und mich mit der Büchse beworfen. Obwohl ich normal angezogen war, aber mit Hut und Bart, da hat man halt doch gewusst, ich bin ein Jude“ (I12: 391-393).

Dies führt zu Einschränkungen seiner Bewegungsfreiheit, da er gewisse Kontexte aus Angst vor weiteren Anfeindungen und Übergriffen meidet. Beispielsweise besucht er nur noch Eishockeyhallen, die außerhalb der Stadt liegen. Von Fußballstadien hält er sich gänzlich fern. „Ich hätte heute Angst, dass man mich anpöbelt oder irgendwas, weil man mich als Jude erkennt. Und darum umgehe ich diese Sachen, gehe dem aus dem Weg“ (I12: 409-411). Generell führten diese Erfahrungen zu einer Skepsis und Vorsicht im Umgang mit seiner sozialen Umwelt, aber auch zu einer gewissen Pragmatik. Wenn er heute eine Wohnung mietet, kontaktiert er die Vermieter im Voraus telefonisch. „Und ich sage von Anfang an: ‚Sie sollen wissen, ich bin jüdisch, wenn es euch stört, sagen Sie es mir gleich von Anfang an‘. Bis jetzt bin ich immer gut gefahren damit“ (I12: 305-306).

48 Beispielsweise ist die Seite der Knopfreihe genau vorgeschrieben.

Die Ursachen solcher Diskriminierungen sieht er unter anderem in einer fehlenden Auseinandersetzung mit und falschem bzw. mangelhaftem Wissen über das Judentum und die jüdische Bevölkerung[49] sowie in medial vermittelten Stereotypen. „Also, eben es gibt auch viele Leute, die Vorurteile haben, viele Leute die keine Ahnung haben, und einfach auf Grund dessen, was in der Zeitung steht usw. bilden sie sich irgendwie ihre Meinungen. Und das ist schade!" (I12: 430-432). Oder an anderer Stelle:[50]

> Ich glaube, dass die Leute – was Sie zum Beispiel denken – Sie haben sich jetzt auseinandergesetzt mit dem Judentum. Darum wissen Sie, schauen Sie positiv darauf. Aber es gibt Leute, die sich z.B. nie damit auseinandergesetzt haben und immer hören von den Juden, Juden, Juden. Verbinden auch Israel mit uns, obwohl, was Israel ist, ist eine Sache, und was wir sind, ist wieder eine andere Sache, Ja? Und was die Regierung jetzt da in Israel macht, das ist auch nicht unbedingt unsere Meinung, und hat auch nicht unsere Unterstützung. (I12: 414-420).

Als besonders störend empfindet er vorschnelle Verallgemeinerungen, die dem Bild der Juden generell schaden würden. „Oder eben, dann hat's vielleicht gewisse Gruppierungen, die sich schlecht benehmen [...] und dann sagt man gleich: ‚Aha! Schau, diese!'. Grad verallgemeinern!" (I12: 434-436). Oder: „So wie das mal war vor Jahren, als der Kissinger der Präsident war von Amerika,

---

49 Ich hatte einen Kollegen, der mit mir studiert hatte, Psychologie, und dann sagt er: ‚Nicht wahr, ihr habt doch hunderttausend Judenbonzen in Zürich?' Sage ich: ‚Wie kommst du auf das?' ‚Ja, Freitagabend, wenn ich in der Weststrasse dort vorbeilaufe, dann ist nur noch schwarzes Meer'. Dann musste ich ihm erklären, dass in ganz Zürich nur achttausend Juden sind und davon vielleicht noch viertausend religiös sind und von denen, die so schwarz gehen, vielleicht nur gerade zweitausend [lacht]. Aber der hat das einfach empfunden. Die ganze Straße ist voll, das sind hunderttausend Leute! So nehmen die Leute das wahr, [lacht] obwohl das gar nicht so ist. Wir sind ja wirklich eine sehr kleine Minderheit (I12: 458-469).

50 Ein weiteres Beispiel, das die Unwissenheit in Bezug auf das (orthodoxe) Judentum demonstriert, erzählt er mit Belustigung: „Vor zwei Jahren haben wir mal einen Cousin getroffen in einem Restaurant auf der Autobahn, es war Winter und ich hatte meinen Pelz Hut, also einen russischen Pelz Hut, wegen der Kälte, ja? Und ich komme rein und da sagt ein Kind: „Schau mal Papa, der Nikolaus ist reingekommen!" [Lacht] Und dann musste ich sagen: „Ich bin nicht der Nikolaus, ich habe nichts bei mir!" [Lacht] Das war gerade vor Weihnachten. Ja, der hat mich als Nikolaus angeschaut. Weißer Bart und Hut" [Lacht] (I12: 397-403).

...und im Tages-Anzeiger stand: „der Jude Kissinger“. Was hat das zu tun mit den Juden?“ (I12: 437-441). Im Zusammenhang mit den wahrgenommenen Diskriminierungen betont er wiederholt die Notwendigkeit, das Wissen über das Judentum und die jüdischen Praktiken in der Gesellschaft zu verbessern. Als eine Möglichkeit sieht er dabei eine gezielte Aufklärung an den Schulen: „Ich finde man sollte auch rausgehen in die Schulen und erklären, warum geht man in solcher Kleidung, und warum ist das so, und so weiter“ (I12: 314-316). Eine eine andere im aktiven Suchen des Gesprächs[51] und der konstruktiven Auseinandersetzung, um so gegen Vorurteile anzukämpfen und eine Akzeptanz und eine differenziertere gesellschaftliche Wahrnehmung des Judentums zu erreichen. „Ich finde: ‚Akzeptiert mich wie ich bin – ich akzeptiere euch auch. Auch wie ihr seid‘. Dann geht es nämlich schon. Man muss nur das Gespräch miteinander suchen!“ (I12: 190-192).

5.5.4 Zusammenfassung

Herr Wyler spricht seiner chassidischen Kleidungspraxis explizit keine religiösen Gründe zu. Vielmehr argumentiert er mit identitäts- und traditionsbezogenen Begründungen. Über die Kleidungspraxis wird eine klar erkennbare visuelle Abgrenzung gegenüber der nicht-chassidischen und nicht-jüdischen sozialen Umwelt angestrebt, was zu einer Aufrechterhaltung der als bedroht wahrgenommenen Tradition beitragen soll, da die Kleidungspraxis u. a. als Schutz vor einer generellen „Verwässerung“ dieser Tradition betrachtet wird. Diese Argumentati-

---

51 Hierzu erzählt er folgendes Beispiel: „Vor fünf Jahren habe ich eine Wohnung gemietet in Klosters. Zuerst wollte sie sie uns nicht geben, und nach einem hin und her – also sehr Antisemitismus da gewesen – und dann am Schluss der zwei Wochen, die wir dort waren, habe ich gesagt: ‚Ja ich möchte mich mal mit Ihnen treffen – wir könnten mal runterkommen und ein wenig reden‘. Gut, sind wir runter gegangen, und dann habe ich gefragt: ‚Schauen Sie, ich würde gerne wissen, was haben Sie gegen die Juden?‘ ‚Ja Ihr immer, lauft immer mit weißem Hemd und schwarz umher, was ist denn das?‘ Dann habe ich Sie gefragt: ‚Darf ich fragen, was Ihr Mann arbeitet?‘ ‚Ja, er ist Bankdirektor‘. Dann habe ich ihn gefragt, ob er auch mit der Jeanshose oder den Shorts, die er trug, und dem roten Hemdchen in der Bank ist. Da sagt er: Nein, er hätte Anzug mit der Krawatte an. Da habe ich gefragt: ‚Ja, ich verstehe nicht, warum dort?‘ ‚Ja schauen Sie, ich muss doch etwas präsentieren. Ich habe doch Leute, die kommen zu mir!‘ ‚Das ist genau das gleiche, unsere Kleidung ist auch Repräsentation! Und so gehen wir halt. Genau so wie Ihr Mann in der Bank sich nie leisten würde, so... können wir auch nicht in die Synagoge und so weiter gehen“ (I12: 158-179).

on wird historisch begründet (am Beispiel des Exodus) aber auch in gegenwärtigen Erfahrungen und Beobachtungen verankert.

Gewisse Teile der Kleidung sind allerdings auch religiös reglementiert bzw. in der Halacha festgehalten und werden somit orthopraktisch begründet. Die Kleidungspraxis erscheint dabei zugleich als Instrument ‚religiöser' und sozialer Kontrolle, indem sie an die Einhaltung religiöser Regeln erinnert und die Konformität mit ethisch-normativen Verhaltensweisen und gruppenspezifischen Werten einfordert und gewährleisten soll.

In Herrn Wylers Interpretation besteht also zwischen korrekter Kleidungspraxis und rechtem oder rechtschaffenem Verhalten eine Korrelation. Als klar sichtbares Einschluss- respektive Ausschlussmerkmal wirkt die Kleidung zugleich kohäsiv auf den Gruppenzusammenhalt.

Die Schwierigkeiten, die sich für Herrn Wyler aufgrund seiner Kleidungspraxis im Hinblick auf die Beziehung zur gesellschaftlichen Umwelt ergeben, handhabt er pragmatisch.

5.6 KURZDARSTELLUNG HERR STEINER

Martin Steiner wurde 1979 in der Schweiz geboren. Er arbeitet als Mechaniker und lebt mit seiner langjährigen Partnerin und deren Sohn in einem Einfamilienhaus im Kanton Zürich. In seiner Freizeit ist er an der Organisation von szeneinternen Anlässe beteiligt und interessiert sich für Musik und Sport. Herr Steiner zählt sich zur Subkultur der Gothics und fühlt sich der „Kultur des Metal" verbunden.

Er trägt schwarze Kleidung und schwarze, schwere Stiefel. Sein Scheitelhaar ist lang und schwarz gefärbt, während die seitlichen Partien des Kopfes kurz rasiert sind. Zu besonderen Gelegenheiten wie Konzerten oder Gothic Festivals betont er schwarze Selbstinszenierungselemente stärker.[52] Seine religiöse Orientierung bezeichnet er als christlich-evangelisch. Die christlich orientierte (evangeli-

52 „Also, besonders gestylt, das gibt's eigentlich nur, wenn ich irgendwie an spezielle Anlässe gehe [...] dass ich dann eher barock, mittelalterlich aufgestylt bin. Eventuell noch leicht geschminkt. [...] Aber sonst kleide ich mich eigentlich nicht viel anders als jetzt. Manchmal trage ich ein langärmliges T-Shirt drüber statt eines Hemds, und je nach Temperatur draußen noch der lange Mantel, oder wenn es regnet dann halt die Lederjacke. Obwohl das ist jetzt nicht irgendwie eine Lederjacke mit Bierverschlüssen und x Nieten dran, sondern einfach eine normale schwarze Lederjacke" (I10: 226-238).

kale) Gemeinschaft der „Schwarzen Braut“, bietet ihm aber, wie er es ausdrückt, seine „geistige Heimat“.

Herr Steiner distanziert sich explizit vom Begriff „Religion“, die er als kanonisiertes, dogmatisches und sozial verpflichtendes Glaubenssystem begreift und spricht stattdessen im Hinblick auf seine christliche, religiöse Orientierung von „Spiritualität“ und „Glauben“.

Also, mit Religion kann ich relativ wenig anfangen. Ich bin gläubig. Ich bin Christ, und es tönt vielleicht im ersten Moment als Widerspruch, aber Religion ist für mich etwas vom Menschen geschaffenes, das sich vielen Regeln und Dogmen und auch sonstigen Gesetzen unterordnet, die nicht primär etwas mit Glauben zu tun hat (I11: 481-484).

Seine Kleidung versteht er selbst nicht als religiös. Religiöse Konnotationen seiner vestimentären Praxis erkennt er vor allem in der Fremdwahrnehmung seiner Person, indem er, seiner Erfahrung nach, häufig mit Okkultismus und Satanismus in Verbindung gebracht wird.

5.6.1 Kleidung und die Konstruktion der Referenzgruppe

Über seine Kleidungspraxis schafft Herr Steiner Bezüge zu verschiedenen Referenzgruppen; einerseits zur Gothic- und Metalszene und andererseits zur christlich orientierten Gemeinschaft der Schwarzen Braut. Diese werden im Folgenden skizziert:

5.6.1.1 Gothics

Martin Steiner konstruiert die Zugehörigkeit zur ‚Schwarzen Szene‘, wie die Gothic-Szene auch genannt wird, vorwiegend über stilistische Elemente der Selbstinszenierung. „Ich würde mich, jetzt vom Stil her, als der Gothszene zugehörig bezeichnen“ (I11: 271). Diese Zugehörigkeit zur Szene und ein damit verbundener szenespezifischer Habitus prägen seine alltägliche Kleidungspraxis. Sie stellen einen ästhetisch-normativen Rahmen bereit, der auf einer vorbewussten Ebene vestimentäre Codes des Möglichen bzw. Unmöglichen festlegt.

Szenen sind als „posttraditionale Gemeinschaftsformen“ respektive als „kollektives Sinnsystem“ (Hitzler et al. 2001: 20) zu verstehen, deren Vergemeinschaftungsform nicht mit gebräuchlichen Verbindlichkeitsansprüchen (wie beispielsweise der Rekurs auf Traditionen, eine ähnliche soziale Lage u. ä.) einhergeht, sondern die sich „via habitueller, intellektueller, affektueller und v. a. ästhetischer Geteiltheiten“ (Schmidt und Neumann-Braun 2008: 35) konstituiert. Hitzler et al. definieren Szenen idealtypisch als: „thematisch fokussierte kulturelle Netzwerke von Personen, die bestimmte materiale und/oder mentale Formen der kollektiven Selbststilisierung teilen und die Gemeinsamkeiten an typischen Orten und zu typischen Zeiten interaktiv stabilisieren und weiter entwickeln" (Hitzler et al. 2001: 20). Szenen dienen der sozialen Verortung, manifestieren sich aber, sowohl für Mitglieder und Außenstehende nur insofern, als dass sie sichtbar sind. Daher können sie als „Inszenierungsphänomene", bezeichnet werden (ebd.: 36). Die Sichtbarkeit und die visuelle Wahrnehmung sind also zentral für die Konstruktion von Szenen. Da es sich bei Szenen um frei gewählte Lebensformen handelt, ist ihre Existenz an eine fortwährende kommunikative Vergewisserung und Herstellung gemeinsamer Interessen gebunden. Über die Selbststilisierung mittels szenetypischer Zeichen und Rituale wird Zugehörigkeit angezeigt und die Szene mitkonstituiert (vgl. ebd.: 20f).

Abbildung 5: Gothic-Night Schloss Lenzburg: Warteschlange vor dem Salatbuffet. © Jacqueline Grigo.

Die herausragende Bedeutung ästhetischer (und habitueller) Aspekte für die Konstruktion der Zugehörigkeit zur Gothic-Szene zeigt sich u. a. in Herrn Steiners Unvermögen, konkrete Inklusionsmerkmale zu benennen. Weder lässt sich Zugehörigkeit demnach am Alter festmachen oder an einem bestimmten Musikstil, noch an einer politischen, ideologischen oder religiösen Ausrichtung, noch an anderen konkret benennbaren Merkmalen.

Ist sehr schwer [zu definieren was die Gothic-Szene ist, Anm.: J.G.]! In der Metal-Szene ist es klar, die definieren sich natürlich primär über die Musik, was bei der Gothic-Szene gar nicht der Fall ist. […] Sie [die Szene, Anm.: J.G.] zieht sich durch sämtliche Altersschichten. Gothic lässt sich definitiv nicht auf eine Jugendkultur beschränken, sondern ist eine ganze Subkultur, lässt sich aber auch nicht über Musik definieren, weil, das Musikspektrum ist *so* breit gefächert (…). Und auch an der Einstellung oder Religion lässt sich das nicht festmachen! (I11: 281-303).

Obwohl die Konstruktion der Referenzgruppe über sichtbare Erkennungszeichen gesteuert wird, die unzweifelhaft darüber entscheiden, wer dazu gehört und wer nicht, sind diese nicht explizit benennbar. Martin Steiners Versuch, die Szene in ihren vestimentären stilistischen Ausprägungen und Charakteristiken verbal zu fassen, ufert aus in einer Liste unzähliger möglicher Darstellungsweisen, ohne in einer Gemeinsamkeit zu münden – mit Ausnahme der Betonung von Sorgfalt und Individualität.

Abbildung 6: Gothic-Night Schloss Lenzburg. © Jacqueline Grigo.

Es gibt da Einflüsse, die eher Richtung Mittelalter, Barock gehen, dann gibt es Sachen, die gehen eher ins Militärische, dann fast Richtung Uniformierung. Dann wieder Leute, die sich eher metal-mässig aufstylen, mit Nieten und Stacheln und dem Ganzen. Und dann gibt's natürlich auch wieder solche, die eher Richtung Punkszene gehen, dort ihre Anleihen finden, bis hin zum ein bisschen rockabilly-mässigen. Und vielfach dann Vermischungen des Ganzen. Das ist wirklich sehr individuell, je nach persönlichen Präferenzen. Das Einzige, was gemeinsam ist, ist doch, dass es meistens sehr liebevoll und mit viel Aufwand gemacht ist und doch viel Wert auf Ästhetik gelegt wird (I11: 315-324).

Auf der Ebene visueller Wahrnehmung gelingt es Herrn Steiner allerdings, Zugehörigkeit und Nicht-Zugehörigkeit schnell zu ermitteln. Dies zeigte sich an verschiedenen Szene-Veranstaltungen, wo er aufgrund der Aufmachung der Teilnehmenden blitzschnell bestimmen konnte, wer als „echt" und „authentisch" einzustufen ist und wer nicht dazu gezählt werden kann.[53] Axel Schmidt und Klaus Neumann-Braun beobachteten in ihrer Untersuchung „*Die Welt der Gothics. Spielräume düster konnotierter Transzendenz*" verschiedene Formen der Distinktion. Neben der Abgrenzung gegenüber der „Normalgesellschaft" und der inter-szenischen Abgrenzung gegenüber anderen (Jugend) Subkulturen erwähnen sie zwei Formen von intra-szenischer Abgrenzung, nämlich eine horizontale und eine vertikale. Erstere bezieht sich auf Besonderheiten der einzelnen Subszenen, die sich vor allem entlang der unterschiedlichen Musikstile differenzierten.

Die vertikale intra-szenische Distinktion dagegen bezeichnet eine Hierarchisierung, je nach zugeschriebenem Grad an Authentizität (vgl. Schmidt und Neumann-Braun 2008: 206). Das Kriterium der Authentizität schlägt sich dabei in „gängigen Distinktionsformeln, wie ‚Subkultur', ‚Avantgarde' und ‚Underground' einerseits, versus ‚Mainstream' und ‚Massengeschmack' andererseits" nieder (ebd.: 206). Diese Beobachtung kann aus den Gesprächen mit Herrn Steiner und aus der teilnehmenden Beobachtung bestätigt werden. Interessant ist dabei insbesondere, dass Authentizität fast ausschließlich auf einer ästhetischen Ebene verhandelt wird und sich nicht oder nur schwer in verbalisierbare Konzepte fassen lässt.

Auch wenn ‚Orte' (im Sinn von gemeinsam besuchten Lokalitäten und Szene-Anlässen etwa auf Schlössern oder in stillgelegten Bergwerken) eine konstitutive Bedeutung für Martin Steiners Verständnis der Gothic-Szene haben, lässt sich die Szene nicht an örtlichen respektive räumlichen Zuordnungskriterien festmachen, sondern muss als transnationales Phänomen begriffen werden.

---

53 Auch ich selbst (um nicht zu sehr aus dem Rahmen zu fallen mit schwarzer Hose, schwarzen Schuhen und einem simplen schwarzen T-Shirt gekleidet) wurde schnell als szene-fremd ‚entlarvt'.

> Wenn man nach Fernost rüber geht, dort steht eigentlich weiß, als die Farbe des Todes für die Visual Key[54] Szene, die sie drüben haben. Dort wird noch mehr auf das Visuelle Wert gelegt [...]. Die sind doch sehr oft weiß angezogen. Es ist aber auch ein Mix aus Punk, aus Barock und Mittelalter, und das meiste ist sehr pompös. Das ist jetzt vor allem in Fernost, Japan vor allem und vielleicht noch in Korea und Taiwan verbreitet (I11: 332-339).

In Asien finde man auch Ausprägungen des Gothic, die ins „verspielt pipi-hafte" oder in „Richtung Lolita", „von der Schminke her ins Puppenhafte" gehen oder „auf diese knuddeligen Figürchen spinnen", für die sich hierzulande keiner interessiert" (vgl. I11: 344-352). Obwohl sich die beschriebenen visuellen Ausformungen des Visual Key stark von seiner eigenen Kleidungspraxis unterscheiden, rechnet er diese doch einem größeren Referenzrahmen zu, dem auch er sich zugehörig fühlt, ein Referenzrahmen, der sich vornehmlich anhand nicht-verbalisierbarer ästhetischer Codes formiert.

Ein, die Vielfalt der Ausprägungen des Gothic übergreifendes, identitätsstiftendes Motiv findet sich in der konsequenten und expliziten Enttabuisierung und Idealisierung des Todes.

> Es ist sicher einmal ein deutliches Bewusstsein da im Umgang mit dem Tod und auch eine Akzeptanz desselben. Es ist klar, es ist eine unausweichliche Sequenz im Leben, so ziemlich das Einzige im Leben, das definitiv sicher ist. Und innerhalb der Szene ist das akzeptiert, und man lebt damit, während das sonst eigentlich eher verdrängt wird. Es ist ein anderer Umgang damit. Ich glaube es ist schon ein Herbeisehnen des Todes als Erlösung von den Qualen die man hat, ohne ihn aber selber zu suchen (I11: 112-121).

Die „Akzeptanz des Todes" und allgemein Fragen des Lebenssinns können also als ein thematisches Leitmotiv gesehen werden, durch das sich die Gothic-Szene von der normalen Gesellschaft abgrenzt (vgl. dazu auch Schmidt und Neumann-Braun 2008). Die Abgrenzung zur Mehrheitsgesellschaft und zu anderen Gruppierungen stellt in Herrn Steiners Ausführungen ein wichtiges konstitutives Element in der Konstruktion der Referenzgruppe dar. Indem deutlich gemacht wird, wer nicht dazu gehört, werden die Konturen der eigenen Referenzgruppe geschärft. So zieht Martin Steiner klare Grenzen zu anderen Szenen, wie etwas zum Hip-Hop.[55] „Womit ich wenig anfangen kann, ist der Look der Hip-Hop-

54 Als Visual Key wird eine, dem Gothic zugeordnete Subgruppe verstanden, die besonders in Japan auftritt, aber auch in westeuropäischen Ländern vermehrt an Bedeutung gewinnt (vgl. VA: 15.07.2009).

55 Zur Jugendsubkultur des Hip-Hop vgl. Klein und Friedrich (2003).

Kultur mit ihren großen Kleidern und schiefen Käppchen. Ich weiß nicht genau, was es darstellen will, aber wenn die Leute sich so wohl fühle [...] Ich würde mir blöd vorkommen, wenn ich so rumlaufen müsste!" (I11: 715-718)), oder zu den Emos:[56] „Wir [die Gothics, Anm.: J.G.] sind eine komplette Subkultur, nicht jetzt nur irgendwie eine Jugendkultur, wie es z.B. die Emos sind" (I11: 284-285).

In der narrativen Abgrenzung zu anderen Szenen und ihnen zugeschriebenen Eigenschaften treten auch Wesenszügen der eigenen Referenzgruppe deutlicher hervor. „Das wird jetzt so ziemlich jeder Security bestätigen [...] sobald jetzt eine Hip-Hop oder House Veranstaltung sei, hätten sie einfach Ärger am Laufmeter, weil die Leute sich die ganze Zeit prügeln und Ärger machen, oder die Security blöd anmachen" (I11: 256-259). Derartiges sei an einem Metal-Konzert nicht zu befürchten, wo die Leute nur „ihre Musik" und „ihr Bier" und „etwas Spaß untereinander" haben wollten (vgl. I11: 259-261). Noch viel weniger Ärger sei bei Gothic-Veranstaltungen zu erwarten, an denen das Aggressionspotenzial „extrem tief" sei. „Wenn man dort hingeht und jemanden blöd anmacht, riskiert man eigentlich höchstens, dass der andere sich einfach umdreht, wegläuft und einen einfach blöd stehen lässt" (I11: 262-264).

Die Hip-Hop-, House- und Emoszene figurieren hier, neben der ‚normalen Gesellschaft' als das konstituierende Andere. Zusammenfassend lässt sich festhalten, dass Zugehörigkeit zur Szene nur schwer über verbalisierbare Merkmale ermittelt werden kann. Wer dazu gehört und wer nicht, wird eher auf der Grundlage sinnlicher Wahrnehmung bestimmt als auf kognitiver, begrifflich-konzeptueller Ebene. Allerdings werden Charakteristiken genannt, die die Gothic-Szene zwar nicht voll umfänglich zu fassen vermögen, die aber als verbindende Eigenschaften begriffen werden, etwa die enttabuisierende Haltung gegenüber dem Tod, ein tiefes Aggressionspotenzial und eine große „Sorgfalt und Individualität" in den Selbstinszenierungspraktiken.[57]

Die Zugehörigkeit zur Schwarzen Szene ist nicht nur der Ausgangspunkt von Herrn Steiners sozialer Selbstverortung, sondern auch zentrales Kriterium seines Selbstverständnisses.

---

56 Zur Jugendsubkultur der Emos vgl. Büsser et al. (2009).

57 Schmidt und Neumann-Braun nennen als Charakteristikum hier außerdem eine spezifische „nicht unmittelbar greif- oder wahrnehmbare Atmosphäre" (Schmidt und Neumann-Braun 2008: 240), die als „diffuse Klammer für das spezifische Lebensgefühl in der Szene" (ebd.) stehe und u. a. durch das „spezifische Zusammenspiel verschiedener Elemente" (ebd.) wie Kleidung, Musik und die Beschäftigung mit tabuisierten Themen evoziert würden.

5.6.1.2 Die Schwarze Braut

'Die Schwarzen Braut' nennt sich eine Gruppe junger Erwachsener aus dem Umfeld der Gothic-/ Metal-Szene, die sich regelmäßig an den Wochenenden in einer gemieteten Kapelle oder im Freien trifft, um sich mit biblischen Themen auseinanderzusetzen und eine alternative Form von Gottesdiensten, die sich „Mystic Gottesdienst", „Knochenfest", oder „Waldbrutisnacht" nennen, zu feiern.[58] Der Name ,Schwarze Braut' verbindet dabei die Subkultur mit einer christ-

---

58 In ihrem Internetauftritt präsentiert sich die Schwarze Braut folgendermaßen: „*Die Geschichte*: Wir sind junge Menschen, die sich zusammengetan haben, weil uns die Metal- und Gothic-Szene am Herzen liegt. Wir sind mit den großartigen Bands der 80er und 90er groß geworden und haben da zum Teil unsere Erfahrungen mit Musik, Partys, Konzerten, Alkohol und Drogen gemacht. Einige von uns sind in einem sogenannt christlichen Elternhaus aufgewachsen, andere haben überhaupt keinen christlichen Background. Wir alle aber lieben die Musik und die Kultur der Metal und der Gothic Szene. Zu irgendeinem Zeitpunkt kam dann Jesus in unsere Leben, und vieles hat sich geändert. Nicht aber unsere Herkunft und unsere Kultur. Womöglich findest du das jetzt ziemlich lächerlich oder verfluchst uns. Oft haben wir gehört, dass das nicht zusammenpasst: Metal und Jesus – Das geht doch nicht!!! Wieso nicht? Nicht alle Skins sind rechtsextrem. Nicht alle Black Metaller sind Satanisten. Nicht alle Punks leben in einem besetzten Haus. Nicht alle Langhaarigen sind asozial. Nicht alle Moslems sind Terroristen. Nicht jeder Christ ist ein Inquisitor. Wenn wir aber etwas gelernt haben sollten, dann ist es, andere so stehen zu lassen, wie sie sind, ohne sie zu verurteilen. Wir wollen nicht sagen, dass wir darin perfekt sind. Aber wir haben uns zumindest vorgenommen, es zu versuchen. Wir verbieten niemandem sein Leben oder seine Lebensart, aber wir wollen unseren Glauben und unsere Kultur leben". (http://www.schwarzebraut.ch/content.php?content_id=2; zuletzt abgerufen am: 21.06.2012). „*Der Glaube*: Der Name ,Schwarze Braut' ist ein Bildnis. Das Schwarze steht für die Welt des Metal und Gothic. Es ist unsere Musik, es ist unsere Kultur. Weiter sehen wir das Schwarz als Zeichen der Demut, Bescheidenheit und Mystik. Die Braut ist das Bildnis für die weltweite Gemeinde Jesu. Wir sind ein Teil davon. Wir glauben, dass wir von GOTT geschaffen wurden um auf dieser, unserer Erde zu weilen und mit ihm Gemeinschaft zu teilen bis unsere Seelen zu Ihm gerufen werden, um in unsterblicher Ewigkeit bei Ihm zu wohnen. Es geht dabei weder um Religion noch um irgendwelche aufgezwungenen Regeln oder Dogmen, sondern um eine persönliche Beziehung zu GOTT. Wir glauben auch, dass er der Autor der Bibel ist (auch wenn er Ghostwriter hatte). Wir erleben, dass die Bibel kraftvolle Worte enthält und in ihren Aussagen über das Leben und den allmächtigen Gott absolut wahr ist. Wir wollen so leben wie Jesus es vorgelebt hat, denn wir glauben, dass Jesus der Sohn

lichen Ausrichtung. „Also, das ‚Schwarz' im Namen von Schwarze Braut steht sicher einmal für die Kultur. Die ganze Metal- und vor allem die Gothic-Szene wird ‚die Schwarze Szene' genannt" (I11: 652-655). Der Begriff ‚Braut' verdeutlicht den Bezug auf die christliche Orientierung der Gemeinschaft, indem er auf „die Gemeinde als die Braut Christi" (I11: 674) verweist.

An den Gottesdiensten der Schwarzen Braut finden Gesprächen statt, in denen neben spirituellen Themen insbesondere auch persönliche Probleme der Anwesenden aufgegriffen werden. Dazu wird szenetypische Musik gehört, gemeinsam gegessen und Bier getrunken. Periodisch werden gemeinsam Szeneanlässe (Konzerte, Festivals etc.) organisiert bzw. besucht. Die Schwarze Braut bildet dabei eine relativ unverbindliche Gemeinschaftsform, die sich um einen festen Kern von ca. zwanzig bis Dreißig Personen formiert.

Herr Steiner beschreibt die erklärten Ziele der Schwarzen Braut in Abgrenzung zur Institution Kirche, die er als unpersönlich und belehrend empfindet und verortet das Projekt in der Tradition der urchristlichen Gemeinde, wobei er insbesondere Ideale von Gemeinschaftlichkeit und Austausch hervorhebt.

> Das Persönliche innerhalb des Gottesdienstes kommt [in den Landeskirchen, Anm.: J.G.] zu kurz, und es wagt auch keiner irgendwie, irgendetwas zu diskutieren, weil es ist klar, der auf der Kanzel vorne hat seine Predigt, und es wird nicht diskutiert, man hört einfach zu, was er sagt, auch wenn man nicht einverstanden ist. Man hat es gehört und geht nach Hause und gut ist! Und das ist eigentlich nicht mehr das, was Jesus praktiziert hat. Er ist jeweils mit den Jüngern zum Essen zusammen gesessen, und sie haben sich über Glaubensfragen unterhalten und so den Kontakt untereinander gehabt. Gemeinde im Sinn von Gemeinschaft. Das ist bei uns doch eigentlich das Konzept, das doch eher der urchristlichen Gemeinde näher kommt. Bei uns gibt's sehr viel Zeit für das Gespräch untereinander und den persönlichen Kontakt, und bei Bedarf, da kann man während der Predigt ruhig auch mal eine Frage einwerfen, wenn einem etwas unklar ist, oder wenn man das irgendwie anders sieht (I11: 552-565).

Steiner versteht die Schwarze Braut als eine lebendigere Form von Kirche die, „spirituell suchende" Szenemitglieder, die sich weder mit den Landeskirchen noch mit anderen freikirchlichen Gemeinden identifizieren können, in Kontakt mit ihrem „persönlichen Glauben" bringt und ihnen hilft, Berührungsängste abzubauen (vgl. I11: 580). „Es gibt viele Leute, die eigentlich nach etwas Spirituel-

---

Gottes ist, zu dem man eine persönliche spirituelle Beziehung haben kann. Jeder kann so kommen wie er ist, egal welchen sozialen Hintergrund er hat" (http://www.schwarzebraut.ch/content.php?content_id=1, zuletzt abgerufen am: 21.06.2012).

lem suchen aber einfach mit den gängigen Konzepten nicht zurechtkommen oder enttäuscht worden sind davon, weil sie dort nicht das bekommen haben, was sie suchen“[59] (I11: 581-583).

In diesem Sinn hat die Schwarze Braut auch einen missionarischen Anspruch. Sie versteht sich als ein Projekt mit einem klaren Auftrag, der darin besteht spirituell Orientierungslosen eine „geistige Heimat“, eine Gemeinschaft und Antworten auf – oder zumindest die Möglichkeit zur Auseinandersetzung mit existenziellen Fragen zu bieten. Die Schwarze Braut antwortet also, in Martin Steiners Auffassung, auf ein Bedürfnis nach Gemeinschaftlichkeit und Sinnvermittlung, jenseits der wahrgenommen Anonymität der Landeskirchen.

5.6.2 Die Kleidungspraxis im Fokus der eigenen religiösen Orientierung

Herr Steiner stellt seine Kleidungspraxis nicht explizit in einen religiösen Zusammenhang. Er orientiert sich weder an einem religiös begründeten Regelsystem, noch ist die Kleidung auf den Ausdruck einer religiösen Überzeugung ausgerichtet. Im Gegenteil verwehrt er sich gegen eine religiöse Auslegung seiner vestimentären Praktiken. Diese folgen aus emischer Sicht vor allem individuellen, geschmacksbezogenen Gesichtspunkten und stellen insbesondere über ästhetische Präferenzen und Affinitäten eine Verbindung zur Gothic- und Metal-Szene her. Hier ist die Farbe Schwarz, die seine Kleidungspraxis mehrheitlich bestimmt, zentral und ein wesentliches wenn auch nicht ausschließliches Charakteristikum der Schwarzen Szene.

Die Farbe Schwarz erhält aber bei Herrn Steiner nicht nur in Bezug auf die Schwarze Szene und die Zugehörigkeit zur Gemeinschaft der Schwarzen Braut eine Bedeutung, sondern ist, wie folgender Aussage entnommen werden kann, gerade auch durch eine explizite Bezugnahme auf einen transzendenten Bezugspunkt religiös konnotiert. „Für uns steht aber schwarz auch in einem gewissen

59 „Und das habe ich doch schon bei ein paar Leuten gemerkt, die fanden: ‚Du, ich habe kein Problem mit Gott, aber Kirche ist völlig nicht mein Ding!‘ – Die dann plötzlich durch uns wieder stärker zu ihrem persönlichen Glauben zurückgefunden haben. Und das freut mich natürlich und gerade auch, weil ich einfach merke, dass viele Leute – nicht vom Glauben, aber von Religion stark enttäuscht worden sind in der heutigen Zeit. Und wie schon gesagt, wenn ich sehe, was da teilweise als Glauben angepriesen wird, dann wundert es mich nicht. Jede Firma mit so einem Marketing würde innert Kürze Konkurs gehen!“ (I11: 580-593).

Sinn für Demut vor Gott. Also, von dem her, das Schwarz ist doch vielseitig deutbar“ (I11: 663).

In Bezug auf die (Zugehörigkeit zur) Schwarze(n) Braut verbindet also die spezifische Kleidungspraxis religiöse und subkulturelle Referenzen und untersteht einer impliziten normativen Verbindlichkeit. Denn auch wenn die Zugehörigkeit zur Schwarzen Braut, nicht explizit an einen Dress Code gebunden ist, so wird aus Herrn Steiners Aussagen dennoch deutlich, dass damit unausgesprochene vestimentäre Erwartungen verbunden sind.

> Und klar, die meisten, die bei uns ein- und ausgehen sind schwarz angezogen, aber nicht jetzt weil das jetzt irgendwie Pflicht wäre, oder eine Voraussetzung, dass man da dürfte vorbei kommen. Ich meine, ich bin auch schon in einem weißen Hemd dort rein und raus gelaufen. Musste mir dann auch entsprechend die blöden Kommentare anhören – aber es ist nicht so, dass wir jetzt nur Leute reinlassen, die völlig einem bestimmten Dress Code entsprechen. Das ist auch, jeder wie er sich wohl fühlt. Obwohl, eben die meisten fühlen sich dann halt wohl in schwarz (I11: 664-671).

Aus etischer Sicht lassen sich auch weitere religiöse Konnotationen der Kleidungspraxis finden. Wie Hitzler et al. und Schmidt und Neumann-Braun feststellen, zeichnet sich die Subkultur der Gothics im Vergleich zu anderen Jugendszenen v. a. dadurch aus, dass sie eine Beschäftigung mit (Lebens-)Sinn- und Transzendenzfragen thematisch ins Zentrum stellt (vgl. Hitzler et al. 2005, Schmidt und Neumann-Braun 2008). Neben der Auseinandersetzung mit der Bibel und christlichen Motiven, kann für die Schwarze Szene, also auch u. a. auf Grund ihres Interesses für die Enttabuisierung des Todes, ein Bezug zu Religion festgestellt werden.) Indem die Zugehörigkeit zur Szene generell durch eine solche (an Transzendenzfragen orientierte) Fokussierung geprägt ist, kann die Kleidungspraxis, die sie repräsentiert, damit in Verbindung gebracht werden. Als sichtbarer Verweis auf die Szenezugehörigkeit und damit auch auf deren zentrale ‚religiöse‘ Motive kann der Kleidungspraxis eine religiöse Zeichenfunktion unterstellt werden, indem sie diese Affinität mitthematisiert.

5.6.3 Wahrgenommene Fremdwahrnehmung

Die öffentliche Wahrnehmung und die Reaktionen auf sein äußeres Erscheinungsbild beschreibt Martin Steiner als tendenziell negativ. „Die Leute fühlen sich bedroht, rein schon vom Optischen her“ (I11: 212). Ablehnende oder ausweichende Reaktionen überwiegen. Fremde, denen er auf der Straße oder im Zug begegne, seien häufig irritiert oder verängstigt.

> Also, es passiert mir jetzt durchaus, dass Leute die Straßenseite wechseln, zwanzig Meter vor mir. Gerade, wenn ich an ein Konzert gehe am Abend, ist mir das schon mehrmals passiert […]. Ich weiß nicht, was die sich vorstellen, was ich jetzt gerade mit ihnen machen werde – ob ich irgendwie ein großes Messer ziehe oder was? (I11: 107-118).

In seiner Wahrnehmung ruft sein Äußeres bei Betrachter/innen Assoziationen von Satanismus und Gewaltbereitschaft hervor, worauf er aufgrund von Blicken aber auch von Andeutungen schließt. Solche Einschätzungen ändern sich, falls die Möglichkeit besteht, erst auf den zweiten Blick oder wenn die Interaktion über die rein visuelle Ebene hinausgeht. An einer Veranstaltung der International Christian Fellowship (ICF) beispielsweise sei jemand auf ihn zugekommen mit dem Ausruf: „Du bist kein Satanist! Das habe ich an deinem Verhalten gesehen!“ (I11: 60-61). Im Rahmen solcher Zuschreibungen würden gängige Klischees und Vorurteile bedient, „also mit Friedhof und Tierchen schlachten, mit irgendwelchen Blutritualen“ (I11: 49-51). Solche „Horrorvorstellungen“ (I11: 41) und deren Verknüpfung mit seiner Kleidungspraxis gründen seiner Meinung nach in der der fehlenden Informiertheit der Bevölkerung und in Bildern, die von den Medien transportiert würden. „Das Ganze wird dann in der Phantasie noch zu etwas zusammengesetzt, das eigentlich wenig mit der Realität zu tun hat“ (I11:74.76).

In den Deutungen von Betrachter/innen werde seine Kleidungspraxis auch mit pathologischem Verhalten in Verbindung gebracht. „Hör zu, das ist ja schlimmer als pädophil!“ (I11: 42) bemerkte etwa ein Bekannter im Militärdienst. Die Frau eines Kollegen wiederum stellte nach ein paar ausgetauschten Sätzen fest: „Ja, du bist, glaube ich, gar nicht so krank, wie ich auf den ersten Blick gemeint habe“ (I11: 85-86). Es sind allerdings nicht nur Fremde, die abweisend auf seine Kleidungspraxis reagieren. Auch Bekannte, mit denen er sich zuvor gut verstanden hätte, reagierten „plötzlich extrem feindselig“ (I11: 31), nachdem er sich die Haare an den Schläfen rasiert hatte. Solche Abweisungen empfindet er als kränkend und diskriminierend. Es enttäuscht ihn, dass die Leute ihn aufgrund ihrer Voreingenommenheit und ihrer Unwissenheit beurteilen, ohne sich auf seine Sichtweise einzulassen. Zugleich nennt er aber auch Vorteile.

> Am Bahnhof stehen öfters mal die üblichen Verdächtigen vor der Unterführung und schauen jeden böse an, der die Unterführung rauf kommt, mit einem typischen Spruch: ‚Was schaust du mich an?‘ Letztens hat es wieder einer auf das Spielchen angelegt. Ich habe gedacht: ‚Oh, nein, jetzt geht der Mist wieder los!‘ und dann hat er mich aber von oben bis unten gemustert, und dann hat er plötzlich den Blick gesenkt und sich ganz schnell zu den Kollegen umgedreht und war dann ruhig. Von dem her, muss ich sagen,

kommt es mir eigentlich gerade recht, wenn der da irgendwie falsche Vorstellungen hat und ich dafür meinen Frieden habe, dann soll er denken, was er will von mir. Dann werde ich nicht blöd angepöbelt. In gewissen Situationen kommt mir das gerade recht! (I11: 172-183).

Unter den beschriebenen Umständen empfindet er seine Kleidung also als Schutz. „Nicht dass ich mir den jetzt aufbauen würde, aber ist halt so eine Situation, die sich so ergibt, und damit bin ich nicht gerade unglücklich, zumindest nicht in dem Fall" (I11: 189-191).

5.6.4 Zusammenfassung

Martin Steiners Kleidungspraxis ist an ästhetischen und stilistischen Merkmalen der Gothic- und der Metal-Szene orientiert. Vornehmlich durch diese visuellen Merkmale, aber auch durch musikalische Präferenzen, manifestiert sich auch seine Zugehörigkeit zu diesen Szenen.

Eine religiöse Konnotation seiner Kleidung sieht er vor allem durch die Außenwahrnehmung seiner Person gegeben, nach der er, eigenen Erfahrungen und Einschätzungen zufolge, fälschlicherweise mit okkultistischen und satanistischen Praktiken und Gruppierungen in Verbindung gebracht wird. Dagegen spricht er seiner Kleidung explizit keine religiösen Motive zu, auch nicht in Bezug auf seine religiöse Referenzgruppe, die christliche Gemeinschaft der Schwarzen Braut. Aus etischer Perspektive lassen sich dennoch religiöse Bezüge in den Erklärungen zu seiner Kleidungspraxis erkennen.

6. Diskussion und Systematisierung

Wie aus der Analyse der Fallbeispiele hervorgeht, lässt sich die religiöse Kleidungspraxis in verschiedener Hinsicht als Ressource positiver Selbstthematisierung und Selbstverortung begreifen. Referenzpunkte sind transzendenter (religiöser), sozialer und identitätsbezogener Natur. Bedingt durch ihre Sichtbarkeit und damit verbundene Grenzziehungsprozesse stellt die religiös konnotierte Kleidungspraxis für die Akteur/innen aber auch eine Herausforderung dar und ist mit Diskriminierungserfahrungen und Differenzwahrnehmung verbunden. In diesem Kapitel werden fallübergreifend und systematisierend zentrale Spannungsfelder, Deutungen und Praktiken im Zusammenhang mit religiös konnotierter Kleidung innerhalb ihrer sozialen und gesellschaftlichen Kontexte herausgearbeitet und diskutiert.

6.1 Kleidungspraxis als Ressource positiver Selbstwahrnehmung

Die religiös motivierte Kleidungspraxis der einbezogenen Fallbeispiele zieht ihre Bedeutung und wahrgenommene Verbindlichkeit in erster Linie aus dem jeweiligen religiösen Symbolsystem, auf das sie sich bezieht bzw. auf mehr oder weniger formalisierte (religiös begründete) kleidungsrelevante Normen der jeweiligen religiösen Gemeinschaften. Dabei muss berücksichtigt werden, dass die Spannbreite zwischen den religiösen Vorschriften und dem, was die Anhänger der Religion tatsächlich tun, von Individuum zu Individuum sehr verschieden ist. Regelsysteme führen nicht zwingend zu einer determinierten sozialen Praxis und Regeln werden letztlich nur dann eingehalten, wenn die Akteur/innen in ihren jeweiligen Alltagssituationen mehr Interesse haben, sie zu befolgen, als sie außer Acht zu lassen (vgl. Bourdieu 1987).

Dabei lässt sich ein breites Spektrum möglicher Schattierungen zwischen der Akzeptanz wahrgenommener normativer Verpflichtungen und Formen der Konformität beobachten, die eine Anerkennung von (sozialen) Sanktionen der Grenzüberschreitung beinhalten (vgl. dazu auch Giddens 1979). Aus den Fallbeschreibungen wird deutlich, dass diese Konformität, bzw. Nicht- Konformität von einer Vielzahl von Faktoren abhängig ist und außerdem situativ und kontextuell stark variiert. Neben individuellen Einschätzungen der Verbindlichkeit und Gültigkeit, der aus dem religiösen Symbolsystem abgeleiteten Normen, sowie praktischen und ästhetischen Erwägungen spielen, wie noch zu zeigen sein wird, auch gesellschaftliche, symbolische und strukturelle Zwänge, sowie gängige Repräsentationsregimes und damit verbunden, Konformitäts-, Abgrenzungs- und Anerkennungskämpfe eine Rolle.

Vestimentäre Entscheidungen der religiösen Akteur/innen sind im Alltag stetigen Abwägungs- und Aushandlungsprozessen unterworfen, die mit „objektiver" (vgl. Bourdieu 2001) und symbolischer sozialer Positionierung, dem Einbezug transzendenter Bezugsgrößen und Prozessen der Ich-Konstruktion, also der Identitätsarbeit (Keupp 1997) verbunden sind. Die in der Einleitung angesprochenen diskursiven, institutionellen, rechtlichen, politischen und kulturellen Voraussetzungen als ‚Bedingungen der Sichtbarkeit', geben dabei die Gestaltungsspielräume vor, innerhalb derer die Akteur/innen ihre visuellen Selbstrepräsentationen vollziehen.

6.1.1 Transzendenter Bezugsrahmen und Jenseitsvorstellungen

Bei den besprochenen Fällen spielen durch das jeweilige religiöse Symbolsystem legitimierte transzendente Ordnungen im Zusammenhang mit der spezifischen Kleidungspraxis der Akteur/innen eine entscheidende Rolle. Religiöse Kleidung verweist auf verschiedene Art und Weise auf einen jeweils relevanten transzendenten Bezugsrahmen und bezieht diesen somit in konkrete Interaktionssituationen mit ein (vgl. Lüddeckens 2013). Auch wenn eine solche transzendente Ordnung nicht zwingend als Interaktionspartner auftritt, so bestimmt sie doch die jeweilige interaktive Situation mit (vgl. ebd.) vor allem aber auch das Selbstverständnis der Akteur/innen und die (Be-)Deutungen, Verbindlichkeit und Ausgestaltung ihrer vestimentären Praktiken.

Wie sind nun ‚transzendente Ordnungen' in diesem Zusammenhang zu fassen? Im Gegensatz zu Thomas Luckmanns Konzeption von „großer Transzendenz“,[1] als (lediglich) „außeralltägliche Erfahrungen“ die auch im „Diesseits“ erlangt werden können,[2] liegt, Hubert Knoblauch folgend, das „Spezifische der religiösen Deutung [von Transzendenz] [...] darin, dass sie das ‚Andere‘ in gewissem Sinn ontologisiert: als Sakrales, als jenseitige Welt, als Gott“ (Knoblauch 2006: 99). Im Anspruch der religiösen Akteur/innen beziehen sich die jeweiligen transzendenten Bezugsgrößen auf das nicht unmittelbar (alltäglich) erfahrbare „wirklich Wirkliche“ (Geertz 1997: 77). Dabei sollten, gemäß Knoblauch, die Unterscheidungen von „innerweltlich“ und „außerweltlich“, „sakral“ und „profan“ nicht als inhaltliche Vorschläge für das ‚Andere‘ verstanden werden. Sie seien Hinweise darauf, „dass religiöse Deutungen immer auch eine Vorstellung eines Jenseits der Grenze der Transzendenz enthalten“ (ebd.: 99). Während also Transzendenzerfahrungen, respektive transzendente Bezugsgrößen als alltäglich oder außeralltäglich charakterisiert werden können, „nehmen religiöse symbolische Deutungen diese Unterscheidung noch einmal vor“ (ebd. 99). Ausschlaggebend ist also nach Knoblauch eine Differenzierung zwischen der Außeralltäglichkeit von Transzendenz (-erfahrung) und ihrer symbolischen Deutung. Angesichts der Vielfalt religiöser Vorstellungen, die mit dieser Unterscheidung verbunden sei, begnügt er sich für die Bestimmung religiöser Erfahrung damit, dass eine solche Unterscheidung getroffen werde. Die beiden Seiten dieser Unterscheidung bezeichnet er in Anlehnung an Max Weber mit den Begriffen „innerweltlich“ und „außerweltlich“. Ihre inhaltliche Füllung macht er abhängig von „den besonderen Religionen, die das Außerweltliche als Nichts oder als personalen Gott bestimmen können“ (ebd. 2006: 99).

Transzendente Ordnungen verweisen also auf jeweilige außerweltlich erfahrbare, symbolisch besetzte Referenzrahmen. Zwischen Alltagswirklichkeit und transzendentem Gegenüber besteht keine Kontinuität, sondern ein prinzipieller Bruch. Über die Zeichenhaftigkeit der Kleidung wird diese Grenze zwar nicht überschritten, es wird aber, zwischen den beiden Bereichen, eine (dauerhafte) symbolische Beziehung hergestellt. Die verschiedenen Fallbeispiele unterscheiden sich erwartungsgemäß in der Art der Relation bzw. in der konkreten Funktion, die der Kleidung in Hinblick auf die jeweilige transzendente Ordnung zugedacht wird und folglich durch ein jeweils unterschiedliches ‚transzendentes Argument‘, für ihre Notwendigkeit. So kann beispielsweise von einer direkten Kausalbeziehung, also von einer vestimentären Beeinflussbarkeit der ‚Jenseits-Existenz‘ ausgegangen werden, oder die Kleidung wird als Verweis auf eine

1 Zu Thomas Luckmanns Ausführungen zur kleinen, mittleren und großen Transzendenz: siehe Luckmann (1991: 166-178).

2 Knoblauch nennt hier als Beispiel u. a. das bungee jumping (vgl. Knoblauch 2006: 98)

transzendente Dimension dargestellt und bewirkt in den Deutungen der Akteur/innen eine indirekte Einflussnahme im Hinblick auf transzendente Vorstellungsräume und damit auf eigene Lebenshaltungen. Die Kleidung kann so einerseits verhaltensregulativ wirken, indem sie über taktile und visuelle Selbstkommunikation und über die interaktive soziale Auseinandersetzung (über eine reale oder imaginierte Rückspiegelung durch signifikante und generalisierte Andere: vgl. Kapitel 3.3.2) zur Einhaltung ethisch-normativer Verpflichtungen ermahnt. Oder Kleidung wird als Akt der Verehrung Gottes, oder als ‚Zeichen der Verbundenheit mit Gott' (vgl. Schwester Marianne) verstanden, wodurch sie Gott einerseits als anwesend behandelt (vgl. Lüddeckens 2013) und andererseits der individuellen Beziehung zu ihm Ausdruck verleiht. Kleidung als religiöse Praxisform vergegenwärtigt und bestätigt somit Vorstellungen bezüglich allgemeiner Seinsordnungen.

Allen hier vorgestellten religiösen Kleidungspraktiken gemeinsam, und dies kann für religiöse Kleidung, sofern sie als solche wahrgenommen wird, generell beansprucht werden, ist ihre appräsentierende Funktion, indem sie als „Erinnerungsmarke" (Soeffner 1991: 68) auf nicht unmittelbar Gegebenes und nicht unmittelbar Sichtbares, auf das von ihr Repräsentierte verweist. Das ursprünglich von Edmund Husserl geprägte Konzept der Appräsentation bezeichnet den fundamentalen Wahrnehmungsvorgang der ‚Mitvergegenwärtigung', indem über die unmittelbare Erscheinung hinaus ein Nicht-Sichtbares, jedoch zur Erscheinung Gehörendes appräsentiert bzw. anwesend gemacht, wird (vgl. ebd.). Damit erschließt sich gewissermaßen „eine Welt ‚hinter' der Welt, die auf die sichtbare Welt zurückverweist" (Matter 2001: 17). Es besteht also eine wechselseitig referenzielle Beziehung zwischen religiöser Kleidung und transzendenter Ordnung. „Symbole schaffen ‚Zugang' zu dieser ‚Welt dahinter'" (ebd.). Haben wir es mit religiösen Zeichen oder Symbolen zu tun, so erheben diese den Anspruch der „Repräsentation einer die Wahrheit und die ‚letzten Dinge verkörpernden Wirklichkeit'" (ebd.: 27). In den Worten Burkhard Gladigows liegt die Besonderheit religiöser Deutung darin „dass ihr Geltungsgrund von den ‚Benutzern' auf unzweifelbare, kollektiv verbindliche und autoritativ vorgegebene Prinzipien zurückgeführt wird" (Gladigow 1988: 17).

Aus der prinzipiellen Unhinterfragbarkeit, also der angenommenen Faktizität (Geertz 1997: 48) dieser imaginierten ‚letzten Wirklichkeit' leiten sich indes die Sinnhaftigkeit, Plausibilität und die mehr oder minder zwingende Notwendigkeit zur Einhaltung darauf bezogener Kleiderregeln ab. Umgekehrt findet, wie bereits angedeutet wurde, durch die Kleidung eine Bestätigung der ‚Wirklichkeit dieser letzten Wirklichkeit' statt. Es lässt sich also eine wechselseitige Plausibilisierung von religiöser Kleidungspraxis und transzendenter Ordnung feststellen (vgl. Geertz 1997, vgl. auch Kapitel 3.2).

Amir-Moazami spricht in Zusammenhang mit dem Tragen des muslimischen Kopftuchs von ihr befragter Frauen in Deutschland und Frankreich von „religiös motivierten Anerkennungsstrategien" (Amir-Moazami 2007: 179). So existiere für die Frauen jenseits des Wunsches nach Anerkennung im Diesseits eine übergeordnete Kategorie der Anerkennung, die sich in der Suche nach Anerkennung durch Gott und auch mit Blick auf das Jenseits manifestiere. Dies relativiere zugleich politiktheoretische Konzepte von Anerkennung (etwa Taylor 1993 oder Honneth 1992), die sich ausschließlich auf den irdischen, gesellschaftlichen Bereich beschränken und dabei religiös motivierte Anerkennungsstrategien weitgehend unberücksichtigt ließen (ebd.: 179). Amir-Moazamis Beobachtungen lassen sich auch bei Frau Güney bestätigen. Sie verweist im Hinblick auf die Motivation, das Kopftuch zu tragen u. a. auf Jenseitsvorstellungen: „Himmel und Hölle! Darauf kommt es schlussendlich an" (I5: 836). Das Kopftuch wird von ihr als etwas von einer transzendenten Autorität (Gott) Eingefordertes wahrgenommen und stellt damit eine „visuelle Markierung von Gehorsam" (vgl. Lüddeckens 2013) dieser Autorität gegenüber dar. Zugleich verweist es auf die Jenseitsvorstellung selbst und ist Ausdruck einer angestrebten, positiven Beeinflussung der eigenen postmortalen Existenz. Eine Gewissheit in Bezug auf Lohn oder Vergeltung kann alleine durch ein Einhalten oder Nichteinhalten der Kleiderregeln nicht erlangt werden, da sich die religiös-ethischen Anforderungen an das ‚Handeln' und Verhalten aus emischer Sicht auf alle Lebensbereiche erstrecken. Dennoch wird ein Spielraum vestimentärer Einflussnahme gesehen und idealerweise genutzt.

Ein In-Bezug-Setzen der Kleidungspraxis mit seiner ‚postmortalen Existenz' zeigt sich auch bei Gesche Do, allerdings nicht über eine angestrebte direkte Beeinflussung vermittels Kleidung, sondern in indirekter Weise. Wie aufgezeigt werden konnte, bedeutet die Robe für Geshe Do in verschiedener Hinsicht eine Unterstützung in seiner spirituellen Entwicklung und somit auf dem Weg zum Erreichen des angestrebten Nirvana. Als klar sichtbare Markierung seiner Rolle als Mönch erinnert ihn die Robe täglich an die Einhaltung der Gelübde und die erforderlichen religiösen Praktiken, eine Voraussetzung für geistige Entwicklung auf dem Weg zum letztendlichen Ziel. Einzelne Bestandteile der Kleidung, wie Stoffstreifen oder Faltenwurf symbolisieren zentrale Elemente des Dharma und haben denselben Zweck. Die Kleidung kann also als „Materialisierung abstrakter Inhalte" (Gohl-Völker 2002: 15) und religiösen Wissens verstanden werden. Neben ihrer appräsentierenden Funktion oder gerade durch die Appräsentation von transzendentem Referenzrahmen und den damit verbundenen ethischen Implikationen bezweckt die Kleidung als Hilfsmittel auf indirektem Weg eine Beeinflussung der Jenseitsexistenz, in diesem Fall allerdings unabhängig von den Erwartungen einer personalisierten transzendenten Autorität, sondern den angenommenen universellen karmischen Gesetzmäßigkeiten von Ursache und Wirkung unterliegend und somit allein der Eigenverantwortlichkeit geschuldet. In der Orientierung an einer zu erwartenden Jenseitsexistenz, eröffnet sich hier eine zweck- und folgenorientierte Perspektive in der Begründung der religiösen Kleidungspraxis.

Auch im jüdischen Zizit findet sich die Funktion einer Appräsentation der gottgegebenen Gebote und somit ein ethisch-religiöser Aspekt dieser Kleidungspraxis wieder. Das Tragen von Zizit verweist einerseits auf die von Gott gegebenen Mizwot und ermahnt zu deren Einhaltung und ist zugleich Erfüllung eines gottgewollten Gebotes.[3] Es ist also in doppelter Weise an die transzendente Ordnung gebunden. In Herrn Wylers Argumentation allerdings fehlt ein Jenseitsbezug, und es lässt sich in seiner Begründung zum Tragen der Kleidung auch keinerlei Zweck- oder Folgenorientierung ausmachen. Die Verpflichtung zur Einhaltung der Gebote (genauso wie zum Tragen des Zizit) ergibt sich vielmehr allein aus dem unbedingten Eigenwert des gebotenen Verhaltens als solchem. Im Sinne Webers lässt sich von ‚werttraditonalem', ‚gebundenem' Handeln sprechen, wonach das göttliche Gebot, bestimmte Handlungen (im Sinn eines ‚so und nicht anders') als ‚recht' und ‚gut' oder gottgewollt auszeichnet (vgl. Weber 1922: 17f, 20f, 321f) und es so mit Verbindlichkeit belegt.

Auch bei Herrn Singh ist das Tragen des Turbans und das Unterlassen des Haareschneidens ein aktiver, materiell verfasster Akt der Ehrerbietung gegenüber Gott und erinnert ihn an seine Verpflichtung, dem Willen Gottes zu gehor-

---

3 Der orthodoxe Reform-Rabbiner Samson Rafael Hirsch schreibt zum Symbol des Zizit: „Es sind unsere Kleider, die dieses Zeichen unseres Gehorsams gegenüber Gott tragen. Und zwar gerade, weil diese Kleider ihren Ursprung dem ersten Ungehorsam verdanken (Bereschit 3, 7). Es war nämlich im Moment, als Adam suchte, was in seinen Augen gut wäre, was ihn, wie er glaubte, in den Stand versetzen würde, zwischen dem Bösen und dem Guten zu unterscheiden, dass er damit zur gleichen Zeit die Reinheit bzw. die Unschuld des Lebewesens verlor und dass er die Scham kennenlernte, aber auch die Schamhaftigkeit. Die Kleidung wird also für ihn gleichzeitig das Mittel, eine würdige Haltung vor den anderen wiedereinzunehmen und ebenso die Erinnerung an seinen ersten Fehltritt, der für immer seinem Gedächtnis eingeprägt bleiben wird. Die dem Kleid angehefteten Zizit stellen somit die wahre Lehre des Kleides dar; sie sagen uns, uns davor zu hüten, mittels unserer eigenen Augen erkennen zu wollen, was gut und was schlecht ist" (Hirsch 2007: 769).

chen. Und ebenso ist im Fall Herrn Singhs eine Eigenwertigkeit der religiösen Pflichterfüllung ausschlaggebend für die Einhaltung der Kleiderregel. Ein Verzicht darauf gilt als Zeichen einer Geringschätzung Gottes und sollte grundsätzlich vermieden werden, auch wenn keine ‚religiösen Sanktionen' zu erwarten sind.

Ein Einbezug einer transzendenten Ordnung mittels Kleidung kann auch geschehen, indem von einer Übertragung einer transzendenten Macht,[4] sei es eine magische Kraft, eine Wesenheit oder eine Segenskraft, auf ein Kleidungsstück ausgegangen wird (vgl. Lüddeckens 2013). Eine solche Beziehung findet sich in der von Geshe Do beschriebenen gelben Robe. In einer speziellen Zeremonie wird die Segenskraft auf das Kleidungsstück übertragen. Allerdings ist dieser Segen fragil und, wie es scheint, von der ständigen Gegenwart des Besitzers der Roben abhängig. Entfernt sich dieser zu weit von seiner gelben Robe, verfällt die Segenskraft.

Herr Steiners Kleidungspraxis folgt keiner religiös bedingten Notwendigkeit oder Normierung, sondern ergibt sich aus seiner subkulturellen Zugehörigkeit. Dennoch wird über seine Kleidung ein transzendenter Referenzrahmen angesprochen: Die Farbe Schwarz, in der er sich vorzugsweise kleidet, bezeichnet er als Ausdruck einer „Demut vor Gott" (I11: 663). Damit ist nicht nur eine vestimentäre Appräsentation Gottes angesprochen, sondern, durch die eigene ‚demütige' Unterordnung, auch eine hierarchische Strukturierung in seiner imaginierten Beziehung zum transzendenten Gegenüber. Darüber hinaus sieht er sich durch seine schwarze Kleidung symbolisch an die Unausweichlichkeit des Todes erinnert (Memento mori). Diese visuelle Vergegenwärtigung seiner existenziel-

4 Nennenswert sind in diesem Zusammenhang auch andere Beispiele von Übertragung transzendenter Macht auf Kleidung, „Weit verbreitet sind z.B. Medaillons, denen durch ihre Verbindung zu einer transzendenten Macht besondere Kräfte zugestanden werden, sei es, dass in ihnen etwas aufgehoben ist, oder ein Bezug über eine Abbildung, Segnung etc. hergestellt wurde" (Lüddeckens 2013). In der Schamanenrüstung finden sich vielfältige, symbolische, repräsentative und apothropäische Funktionen, die auf die Beziehungen zur Unter- und Oberwelt einwirken und somit auf eine entsprechende transzendente Ordnung verweisen. Die von Michael Oppitz vielfach beschriebene „eisenbestückte Rüstung mit Sonnen- und Mondplaketten, Glocken aus Messing und Eisen sowie Tierkadaver[n] und -felle[n]" (Oppitz 1981: 40) beispielsweise, schützt den/die Trägerin vor den Angriffen unerwünschter Geister und Dämonen (vgl. ebd.). Die Schamanentrommel dagegen dient als Reittier in andere Bereiche des Kosmos, während die Hilfsgeister durch verschiedene Elemente der Rüstung verkörpert werden (vgl. ebd.).

len Endlichkeit und eine dadurch erzielte Integration des Todes in sein Alltagsleben- bzw. -denken verhilft ihm zu einer, wie er es ausdrückt; „bewussteren, auf den Moment und die wirklich wichtigen Werte“ bezogenen Lebensführung. Darunter versteht er beispielsweise, das Leben zu genießen, Familie und Achtsamkeit im Umgang miteinander (vgl. VA: 16.09.2009). Durch Schwester Mariannes Kreuz, das sie gut sichtbar um den Hals trägt, findet eine Symbolisierung eines auf die transzendente Ordnung bezogenen Narratives statt: die Erlösung der Menschen durch den Tod am Kreuz und die Auferstehung Jesu Christi (vgl. auch Lüddeckens 2013). Über die Tracht wird ihre „Verbundenheit mit Gott“ angezeigt, d.h. über die Appräsentation hinaus eine Beziehung beansprucht.

Zusammenfassend kann festgehalten werden, dass die vestimentären Praktiken der untersuchten Akteur/innen in vielfältigen funktionalen Bezügen und Semantiken auf transzendente Bezugsgrößen der jeweiligen religiösen Symbolsysteme verweisen. Gemeinsamkeiten ergeben sich in der appräsentierenden Funktion der Kleidung, wobei das explizit zu Vergegenwärtigende sich nicht nur auf Entitäten und besondere Sphären, sondern auch auf dogmatische Lehrsätze, religiöse Narrative oder ethisch-normative Aspekte, beispielsweise gottgegebene Regeln, beziehen kann oder auf mehrere gleichzeitig. Aus der angenommenen prinzipiellen Faktizität und Unhinterfragbarkeit der transzendenten Ordnungen, die sich als Teil der letzten Wirklichkeit in das jeweilige Symbolsystem einfügen, leitet sich generell auch die Notwendigkeit der darauf bezogenen Kleidungspraktiken ab.

Im Hinblick auf eine Ausrichtung individueller Sinnkonstruktionen und Handlungsmotivationen an transzendenten Referenzrahmen kann also eine als adäquat erachtete Kleidungspraxis als Ressource verstanden werden: aus einer emischen Perspektive, indem sie etwa die Aussicht auf eine positive Jenseitsexistenz direkt oder indirekt zu beeinflussen vermag; aus einer etischen Betrachtungsweise kann vestimentäres Handeln – als religiöse Praxisform – als Ressource verstanden werden, da es die bestehende Weltauffassung, aus der es sich ableitet, im Gegenzug bestärkt. Somit unterstützen sich, um es nochmals in den Worten Geertz' (1997: 48) auszudrücken, ‚Lebensstil‘ (im gegebenen Fall ausgedrückt durch die religiöse Kleidungspraxis) und ‚Metaphysik‘ wechselseitig und bewirken dadurch Glaubwürdigkeit und Plausibilität.

6.1.2 Religiöse Kleidungspraxis und Prozesse der Identitätskonstruktion

Im folgenden Abschnitt soll der Frage nachgegangen werden, inwiefern die religiösen Kleidungspraktiken der einbezogenen Fälle mit Prozessen der Identitätskonstruktion verwoben sind, bzw. inwiefern sie als Ressource positiven Selbstbezuges funktionieren. Dabei lassen sich verschiedene Ebenen der Selbstthematisierung und Selbsterzeugung im Zusammenhang mit religiöser Kleidung ausmachen, welche teilweise ineinander verschränkt sind. Kleidung ist nicht nur ein Zeichen, ein Marker religiöser Identität, sondern bringt diese auch hervor, und zwar auf verschiedenen Ebenen.

Wie in den folgenden Kapiteln herausgearbeitet wird, funktioniert Kleidung zum einen auf einer leiblich-affektiven Ebene als Körperpraktik individueller Selbstvergewisserung. Zugleich ist sie in einem zeitlichen Sinn mit Identität konstitutiv verbunden, indem sie einerseits über die Vergegenwärtigung von Identität den Eindruck von Kohärenz stabilisiert und andererseits, über ihre relative Unveränderlichkeit, Kontinuität mit der eigenen Biographie und kollektiven Bezugsgrößen schafft.

In der sozialen Interaktion wird über Kleidung Identität verhandelt, indem Fremd-Zuschreibungen und soziale Verortungen die auf Grund visueller Merkmale vorgenommen werden, bzw. reale oder angenommene Erwartungen und Wahrnehmungen Anderer, reflektiert, ins Selbstbild inkorporiert oder verworfen werden.

6.1.2.1 Kleidung als Körperpraktik der Selbstvergewisserung

Wird unter Identitätsarbeit wie oben vorgeschlagen, die vielfältigen bewussten, reflexiven und vor- bzw. unbewussten Praktiken, Prozesse, Bemühungen, Strategien, Aushandlungen, Konstruktions- und Syntheseleistungen, die darauf abzielen, ein Gefühl von Kohärenz, Kontinuität und Authentizität aufrechtzuerhalten, zu evozieren oder zu (re-)konstruieren – (vgl. Cohen und Tylor 1977, Keupp 1997, 2004, 2005) verstanden, so kann die Kleidungspraxis in diesem Sinn als Identitätsarbeit begriffen werden.

Als visuelle bzw. materielle, sinnlich wahrnehmbare Artikulation narrativ und reflexiv konstruierter Anteile der Selbstentwerfung als religiöses Subjekt trägt sie zu deren „leiblicher Stützung“, ihrer „spürbarer Selbstvergewisserung“ (Gugutzer 2002: 129f) bei und verhilft ihr somit zu mehr Glaubwürdigkeit und (Selbst-)Überzeugungskraft. Wie oben beschrieben wurde, handelt es sich aus der Sicht des Subjektes erst um „echte Selbstidentifikation“, wenn die konstruierte Kontinuität der eigenen Lebensgeschichte auch empfunden wird. Und diese Empfindung, die leibliche Selbstvergewisserung der eigenen Selbstkonstruktion, wird, wie sich in den Fallbeispielen gezeigt hat, zu einem entscheidenden Teil durch die Kleidungspraxis mitgestaltet. Dieser Schluss wird in den Fallbeispielen besonders deutlich in seiner Umkehrung, wenn nämlich der Verzicht auf die spezifische religiöse Kleidung mit einem Verlust dieser Empfindungen einhergeht.

Frau Güneys spezifische Kleidungspraxis wird von ihr als konstitutiver Teil ihrer Selbstidentifikation dargestellt. Dies wird u. a. aus der Beschreibung der Praktikums-Episode deutlich, wo sie sich gezwungen sah, das Kopftuch abzunehmen. Diese Abweichung von der vertrauten, ihre Selbstkonzeption unterstützenden Selbstdarstellung, bewirkte eine großen Verunsicherung und einen vorübergehenden Verlust ihrer gewohnten Handlungskompetenz (vgl. Kap. 5.1.4).

Auch bei den anderen Fallbeispielen finden sich Äußerungen, die auf die Bedeutung der Kleidungspraxis für die spürbare Stützung der Selbstkonstruktion, bzw. eine Aufrechterhaltung der „Identität" verweisen: So fühlt sich Herr Singh ohne seinen Turban als „ein anderer". Noch deutlicher wird die als identitätskonstitutiv dargestellte Bedeutung des Turbans in folgender Aussage: „It's very important to tie a turban – for me especially because I was always like this, and it's part of me. Without turban I feel incomplete" (I6: 19-21). Auch Geshe Do äußert sich entsprechend: „My identity is a monk and I can't think of taking this [die Robe] off because that means that I lose my identity" (I3: 650-651). Die Selbstidentifikation mit seiner Rolle als Mönch wird in einen klaren, leiblich-affektiv gestützten Zusammenhang mit der Mönchsrobe gestellt. Schwester Marianne wiederum fühlt sich nur in ihrem Habit „richtig wohl und zu Hause und bei [sich]" (I8: 497-498).

Aus dem Vorangegangenen wird deutlich, dass bei den einbezogenen Fallbeispielen ein Zusammenhang zwischen ihrer jeweiligen religiösen Kleidungspraktik und einer als authentisch empfundenen Selbstidentifikation, ein ‚Sich-selber-Sein' hergestellt wird.

Identitäten bzw. Identifikationen sind, sowohl in ihrer relationalen Konstruktion von Zugehörigkeiten, Selbstpositionierungen und -kategorisierungen, wie in ihren personalen Bedeutungsaspekten als eine Empfindung, ein angestrebtes Ideal – im Gegensatz zu einem Zustand verstanden, flüchtig, instabil und prozesshaft. Dies verweist auf die Bedeutung der Dimension der Zeitlichkeit in der Beziehung von Kleidung und Identität. „Wenn Aussagen über Identität als Gleichheit mit sich selbst zunächst entweder unsinnig oder nichtssagend scheinen, so erhalten sie ihre Bedeutung und ihre Problematik sobald man von der Frage nach dem Sein zur Frage nach dem Werden übergeht" (Wagner 1998: 68). Als besonderes Merkmal der „spürbaren Stützung" von Identitätskonstrukten wurde deren prinzipielle Unverfügbarkeit festgestellt. Das Kontinuitätsempfinden kann nicht willentlich dauerhaft hervorgerufen werden (vgl. Gugutzer 2002: 129). Es muss also ständig neu erarbeitet werden. Gemäß Judith Butler werden:

> Identifizierungen [...] nie vollständig und abschließend gemacht; sie werden unaufhörlich wiederhergestellt und sind als solche der brisanten Logik der Wiederholbarkeit unterworfen. Sie sind das, was dauernd arrangiert, verfestigt, unterbunden, angefochten wird und bei gegebenem Anlass gezwungen wird, zu weichen (Butler 1997: 152).

Hieraus erklärt sich *eine* der Bedeutungen der religiösen Kleidung für die Konstruktion von personaler Identität, indem sie nämlich eine Möglichkeit verspricht, die Flüchtigkeit dieses Kohärenzgefühls sprichwörtlich fassbar(er) zu machen, vermeintlich zu ‚verfestigen'. Luhmann verweist darauf, dass die Lenkung der Aufmerksamkeit auf den eigenen Körper die Gleichzeitigkeit mit der Welt zur Geltung bringe (vgl. Luhmann 1990: 189). Die (personale) Identität bzw. das darauf bezogene reflexiv-narrativ hergestellte flüchtige Konstrukt, kann über die Kleidungspraxis also in gewisser Weise vergegenwärtigt – in der Gegenwart verankert – werden.[5] In den Äußerungen Geshe Dos wird die Funktion der Vergegenwärtigung sogar explizit als Ziel der Robe dargestellt, indem diese ihren Träger in jedem Moment an dessen Identität als Mönch und die damit verbundenen normativen Verpflichtungen erinnert.

Somit ist eine identitätskonstruierende, stabilisierende Funktion der Kleidung auf einer synchronen Ebene angesprochen. Auf einer diachronen Achse erzeugt, bzw. bestärkt die Kleidungspraxis durch ihre relative Unveränderlichkeit gleichzeitig den Eindruck von Kontinuität der eigenen Biographie.[6]

6.1.2.2 Religiöse Kleidungspraxis im Spannungsfeld von Permanenz und Wandel

Diese relative Unveränderlichkeit kann als eine der normativen Charakteristiken alltäglicher religiöser Kleidungspraxis vorausgesetzt werden und zeigt sich bei allen Fallbeispielen, zumindest gewisse Teile der Kleidung betreffend, als Ideal,

---

5 Diese Vergegenwärtigung von Identität durch die Kleidungspraxis kommt auch in sozialen Interaktion zum Tragen, wenn nämlich die Kleidungspraxis durch einen jeweiligen „signifikanten Anderen" eine Antwort hervorruft, welche den eigenen Identitätsentwurf bestätigt (bzw. verwirft).

6 Bezogen auf eine kollektive Ebene verweist Jan Assmann auf die wichtige Rolle von Medien als Träger des kulturellen Gedächtnisses. Dieses wiederum bezeichnet er als „Sammelbegriff für den jeder Gesellschaft und jeder Epoche eigentümlichen Bestand an Wiedergebrauchs-Texten, -Bildern und -Riten [...], in deren ‚Pflege' sie ihr Selbstbild stabilisiert und vermittelt. Ein kollektiv geteiltes Wissen vorzugsweise (aber nicht ausschließlich) über die Vergangenheit, auf das eine Gruppe ihr Bewusstsein von Eigenheit und Eigenart stützt" (Assmann 1988: 9-19).

wobei der Grad normativer Formalisierung unter den einbezogenen Fällen stark variiert. Er reicht von detaillierten schriftlich fixierten Ordensregeln oder strengen Traditionen, die jedes Detail der Kleidung, inklusive Material, Farbgebung, Produktion, Tragweisen, Transfer, Lagerung oder Webart etc. verbindlich festlegen (Geshe Do und teilweise Herrn Wyler) über mehr konkreten Ausführungsspielraum gewährende Empfehlungen zur Bedeckung gewisser Körperteile (Güney, Singh) bis zu ungeschriebener habitueller Codierung wie beispielsweise bei der Schwarzen Braut. (Allerdings lässt sich hier die Codierung nicht direkt aus einer historischen Bezugnahme bzw. der Rekonstruktion einer religiösen Tradition ableiten, sondern ordnet sich entlang subkultureller Orientierungssysteme).[7]

Flügel unterscheidet zwischen *fixed* und *modish types of clothing*. Den Unterschied der beiden Bekleidungstypen sieht er dabei in ihrer gegensätzlichen Beziehung zu Zeit und Raum. Während *modish costume* sich sehr schnell verändert – die Variationsbreite aber auf räumlicher Ebene eingeschränkt(er) ist, wandeln sich *fixed costumes* auf der Zeitachse nur langsam, variieren dafür stärker in der räumlichen Dimension[8] (vgl. Flügel 1930: 129). Fixierte bzw. traditionelle oder anti-modische Kleidung fungiert somit als Symbol von Kontinuität und zielt auf die Erhaltung eines ‚Status quo'. Polhemus und Procter (1978: 13) definieren „Zeit" als: „a socio-cultural concept which reflects and expresses a society's or a person's real or ideal social situation". Im Verständnis von Zeit, das eine Person, bzw. eine Gesellschaft habe, zeige sich, wie diese sich selbst sehe, und sehen wolle. Dieses Verständnis widerspiegelt sich in der Kleidung. „That understanding of time is itself expressed or reflected in dress: traditional, anti-fashion adornment is a model of time as continuity, (the maintenance of the status quo) and fashion is a mode of time as change" (ebd.).

Die über die ‚fixen' Anteile der Kleidungspraxis ausgedrückte bzw. angestrebte Kontinuität erstreckt sich nicht nur auf die Konstruktion der persönlichen Biographie, wie oben beschrieben, sondern darüber hinaus auf eine Bezugnahme auf die religiöse Tradition und damit verbunden auf die historisch begründete Herleitung und Aufrechterhaltung kollektiver Identität. Mit Peter Wagner gehe ich davon aus, dass die „Beschwörung von ‚gemeinsamer Geschichte'" eine

---

7 Die Kleiderregeln beziehen sich also auf unterschiedliche Aspekte der Kleidung, wobei einmal deren Beschaffenheit und Form von der Regelung betroffen ist, während ein anderes Mal deren Funktion (Verhüllung, Verdecken von Reizen) und/oder die innere Haltung dazu (Sorgfalt im Binden des Turbans) das formale Ziel der Reglementierung bildet.

8 Da sie mit spezifischen Lokalitäten und ‚sozialen Körpern' in unterschiedlichen Lokalitäten assoziiert sind (vgl. Barnard 2008: 13).

Vorgehensweise ist, „die immer in der jeweiligen Gegenwart vorgenommen wird – als eine spezifische Repräsentation der Vergangenheit, die diese mit Blick auf die Schaffung von Gemeinsamkeiten bearbeitet“ (Wagner 1998: 69). Dieses Vorgehen mag, so Wagner, in dem Sinn durchaus funktionieren, dass der Gedanke von Zusammengehörigkeit und Nähe von unterschiedlichen Menschen in der Gegenwart geschaffen werde. Dabei ist es aber nicht die Vergangenheit in der Form gemeinsamer Geschichte, die diese Wirkung produziere, „sondern die gegenwärtige Interaktion zwischen denjenigen, die vorschlagen, die Vergangenheit als etwas Geteiltes anzusehen und denjenigen, die sich davon überzeugen lassen und diese Repräsentation für ihre eigene Orientierung in der sozialen Welt annehmen“ (ebd.: 70).

Die religiöse Kleidungspraxis, zugleich Produkt und ‚Re-Produzentin‘ von Tradition, kann also als gegenwärtige Inszenierung eines Anspruchs auf Kontinuität von Identität über eine historische Zeitachse hinweg, als textil verfasster Rückgriff auf konsensuell historisch gesetzte Bezugspunkte verstanden werden. Über die religiöse Kleidungspraxis manifestiert sich – für das Subjekt und andere sichtbar – die Herstellung eines Bezuges zu Ressourcen der Geschichte, welche Kontinuität mit einer historischen Vergangenheit suggeriert und somit eine kollektive Identität schafft und Zugehörigkeit proklamiert. Beispielhaft ist hier Herrn Singhs Verweis auf die Entstehungsgeschichte des Sikhismus und die damit explizit in Verbindung gebrachte Notwendigkeit zum Tragen des Turbans. Ebenso können hier die von Geshe Do genannten Buddha-Weisungen und die darauf bezogenen Elemente seiner Kleidung oder Herrn Wylers Bezug auf den Exodus als historischer Referenzpunkt seiner jüdischen Identität sowie der Verweis auf das historische Polen als Ursprung seiner chassidischen, religiösen Wurzeln als Begründung für die Kleidungspraxis genannt werden.

Hier lässt sich an Danièle Hervieu-Léger anschließen, die Religion u. a. als kollektive Konstruktion von Kontinuität, als „Gedächtniskette“, bezogen auf einen gemeinsamen historischen Ursprung – im Sinn eines Mythos oder, im Fall differenzierterer Gesellschaften, eines historischen Stiftungsereignisses – begreift.[9] In dem Maß, in dem die gesamte Bedeutung der Erfahrung der Gegen-

9 „Jede Religion impliziert nämlich eine spezifische Mobilisierung des kollektiven Gedächtnisses. In den traditionellen Gesellschaften, deren symbolisch-religiöses Universum gänzlich von einem gleichzeitig auf die Entstehung der Welt und der Gruppe Bezug nehmenden Mythenensemble strukturiert wird, ist das kollektive Gedächtnis vorgegeben. Es ist vollständig in den Strukturen der Organisation, der Sprache und der Alltagspraxis der traditionsbeherrschenden Gesellschaft enthalten. In den differenzierten Gesellschaften, in denen Stiftungsreligionen überwiegen, die Glaubensgemein-

wart als im Stiftungsereignis enthalten angesehen werde, stelle die Vergangenheit symbolisch einen unveränderlichen Bezugspunkt dar. In einem kontinuierlichen Zurückgreifen auf diese Vergangenheit konstituieren sich die ‚Gläubigen' als religiöse Gruppe. Indem diese religiöse Gruppe in „Kontinuität mit einer langen Reihe von Gläubigen die Glaubensvorstellungen hervorruft und wach hält" leistet sie „eine Erinnerungsarbeit, die zugleich eine fortwährende Neuinterpretation der Tradition im Lichte der Problemstellungen der Gegenwart ist" (Hervieu-Léger 2004: 42).

Religion und religiöse Identität wird also durch Erinnerungsleistungen fortwährend erarbeitet, wobei die Vergangenheit ins Gedächtnis gerufen wird, „die der Gegenwart einen Sinn verleiht und die Zukunft in sich trägt" (ebd. 43). In ihrer Verweisungs- bzw. Erinnerungsfunktion ist die permanente oder fixe religiöse Kleidungspraxis also an der Reproduktion von Tradition beteiligt und in diesem Sinn auch konstitutiv für Religion.

Es muss hier berücksichtigt werden, dass auch die sogenannte fixe Kleidungspraxis einem steten, wenn auch, verglichen mit säkularer bzw. modischer Kleidung, bedeutend langsameren, formalen und semantischen Wandel unterzogen ist. Einerseits verändern sich die die Kleidung betreffenden normativen Regulierungen (beispielsweise sind hier die Anpassungen der Kleidungsvorschriften für katholische Ordensleute im Rahmen des Zweiten Vatikanischen Konzils oder die inner-islamischen Diskussionen bezüglich der Interpretation von Kleiderregelungen zu nennen) sowie deren individuelle Auslegung und Handhabung in Auseinandersetzung der Träger/innen mit den Normen und Erwartungen der sozialen Umwelt. Andererseits verändert sich auch der sozio-kulturelle, bzw. gesellschaftliche Hintergrund, vor dem die Bedeutungen der jeweiligen Kleidung verhandelt werden, so dass ein Kleidungsstück über die Zeit hinweg zwar formal identisch bleiben kann, die Reaktionen, die es hervorruft, sich aber stark wandeln können.

In Bezug auf die Fallbeispiele können normative Permanenz und Wandel, (bzw. Anpassung an veränderte Bedingungen) als zwei Pole eines Spannungsfeldes begriffen werden, zwischen denen sich die effektive Kleidungspraxis der Akteur/innen in je unterschiedlicher Weise im Prozess der täglichen Identitätsarbeit einordnet. Im Fall Frau Güneys beispielsweise bedeutet die Praxis des Kopfbedeckens Kontinuität und Konformität mit der Tradition, während die

---

schaften hervorbringen, wird das kollektive Gedächtnis zu einem Gegenstand fortwährender Überarbeitung, dergestalt, dass die vom historischen Ereignis der Stiftung eingeleitete Vergangenheit in jedem Augenblick als Sinntotalität aufgefasst werden kann" (Hervieu-Léger 2004: 42).

konkrete Ausgestaltung (Farbe, Muster und Tragweise) des Tuches und die Bekleidung des übrigen Körpers den Gesetzmäßigkeiten der Mode folgend, sich rasch wandeln.

Die Kleidung ist somit zugleich an Kontinuität und Wandel orientiert. Bei Schwester Marianne änderten sich die von Seiten des Ordens als verbindlich festgelegten Kleiderregeln. Obwohl sie seither die Möglichkeit hätte, „zivil zu gehen", entschied sie sich für die Beibehaltung der Tracht. Bei Herrn Wyler und Geshe Do bestimmt, abgesehen von punktuellen, situativen Ausnahmen, generell ebenfalls Permanenz die Kleidungspraxis. Martin Steiner, frei von fixierten und fixierenden Kleiderregeln, passt seine Kleidungspraxis modischen Veränderungen an, sofern sie sich im Rahmen seines subkulturellen Kodesystemes bewegen.

6.1.2.3 Identität, Kleidung und soziale Interaktion

Identität konstituiert sich nicht in einem sozialen Vakuum, sondern intersubjektiv, in steter Auseinandersetzung mit der sozialen Umwelt. „Holistically then dress functions as an effective means of non-verbal communication during social interaction; it influences the establishment and projection of identity" (Roach-Higgins und Eicher 1992). In Bezug auf die Identitätskonstruktion vermittels religiöser Kleidungspraxis spielt nicht nur Kontinuität mit sich selbst und mit der religiösen Tradition als Identitätsziel eine Rolle, sondern ebenso (An)erkennung durch die soziale Umwelt. Die Auseinandersetzungen mit dieser können grundsätzlich affirmativ sein, indem Anerkennung signalisiert wird, was sich stabilisierend auf die personalen Identitätsentwürfe auswirkt. In dem Fall fungiert Kleidung offensichtlich als Ressource des Selbst und bedarf kaum der Reinterpretation und Modifikation durch den/die Träger/in. Als Beispiel ist hier Geshe Do zu nennen.

Die identitätskonstituierende, bzw. stützende Qualität der Robe erklärt sich in diesem Fall u. a. durch die überwiegend bestätigenden Reaktionen auf seine visuelle Erscheinung in sozialen Interaktionen, die durch öffentliche Diskurse gestützt werden (vgl. Kapitel 5.4.4). Dies gilt in seinem Fall nicht nur mit Bezug auf die tibetisch-buddhistische Gemeinschaft in der Schweiz, die ihm mit Ehrerbietung begegnet, sondern darüber hinaus auch auf ‚die schweizerische Gesellschaft' im Allgemeinen. Die relative Unveränderlichkeit seiner Kleidungspraxis garantiert ihm dabei, zumindest mittelfristig und auf den schweizerischen Kontext bezogen, eine gewisse Verlässlichkeit erwartbarer Reaktionen anderer, was ihm ein Gefühl von Stabilität und Sicherheit zu vermitteln vermag.

‚Identität' wird aber auch herausgefordert, indem sichtbare Identitätsentwürfe abgelehnt werden, bzw. sich nicht in Übereinstimmung mit gängigen Blickregimen oder Erwartungen bezüglich situations- oder kontextadäquaten (Selbst-)

Repräsentationsformen befinden. Gerade in der sozialen Interaktion und der damit verbundenen Identitätsarbeit kommt dem Aspekt der Sichtbarkeit eine zentrale Stellung zu.

Bewusst oder unbewusst orientieren sich die Akteur/innen in Interaktionssituationen immer an den (angenommenen) Erwartungen der sozialen Umwelt und versuchen über ständiges Identitätsmanagement (vgl. Goffman 1975) Anerkennung zu erlangen,[10] oder aber ein empfundenes Defizit an Anerkennung durch andere Strategien zu kompensieren, um Selbstanerkennung zu wahren (vgl. Kapitel 6.3). Die Kleidungspraxis kann dabei als visuelles Medium der Identitätsarbeit verstanden werden, um in sozialen Interaktionen einen gezielten Effekt zu erreichen, sei dies einem, in einem jeweiligen sozialen Raum vorherrschenden Blickregime zu entsprechen bzw. sich anzupassen oder in distinguierter Weise persönliche Originalität oder kollektive Andersheit zu inszenieren. Die sozialen Kontexte in denen sich die Akteur/innen bewegen sind heterogen, und es herrschen in ihnen unterschiedliche ästhetische Anforderungen, das heißt unterschiedliche Erwartungen bezüglich vestimentärer Repräsentationspraktiken vor. Wie Lyn Lofland in *A World of Strangers: Order and Action in Urban public* bemerkt, war in der idealtypischen mittelalterlichen Stadt der Raum noch wenig strukturiert und weitgehend offen für alle Personen; dafür war deren sozialer Status durch Standeskleidung auf den ersten Blick erkennbar, die Ordnung war gewissermaßen eine bewegliche. Im typologischen Gegensatz dazu, ist in der Moderne der Raum klar durchstrukturiert. Er bildet ein Nebeneinander von getrennten und in sich homogenen Teilräumen, die Individuen segregieren. Jeder Raum ist ein besonderer sozialer Raum, in dem spezifische soziale Charaktere legitim präsent sind (vgl. Lofland 1973). Öffentlicher Raum ist dabei implizit der Säkularität vorbehalten (vgl. Nökel 2004).

Für die Träger/innen religiöser Kleidung entstehen so Spannungsverhältnisse zwischen der eigenen Kleidungspraxis, die sich an der Tradition bzw. an den normativen Vorgaben und den transzendenten Ordnungen der jeweiligen religiösen Weltbilder orientiert, und der antizipierten (ästhetischen) Erwartungshaltun-

---

10 Dabei wird diese soziale Umwelt nicht als homogenes Konstrukt gedacht, sondern in ihrer Vielfalt und Pluralität, wobei die Strategien des Identitätsmanagements je nach Adressat unterschiedlich ausfallen mögen. Während von einer sozialen Gruppe Anerkennung gefordert wird, kann gleichzeitig von einer anderen Ablehnung intendiert werden. Vgl. z.B. eine Jugendsubkulturgruppe, die sich absichtlich gegen „die Gesellschaft" stellt und diese im Rahmen von Abgrenzungsstrategien schockieren will – während von den Mitgliedern der Gruppe Anerkennung gefordert wird. Eine Orientierung an der Erwartung der anderen ist dabei in jedem Fall gegeben.

gen der „signifikanten" bzw. „generalisierten Anderen" in den unterschiedlichen Situationen, Kontexten und sozialen Räumen. Der öffentliche Raum ist, gemäß Lofland, insofern politisch, als dass in ihm unterschiedliche implizite Regeln herrschen, nach denen Anerkennung verteilt oder verwehrt wird. Das Wissen um das jeweils angemessene Handeln in den verschiedenen sozialen Räumen, im topologischen Sinn, ist nach Lofland zentral für die persönliche Anerkennung in modernen Gesellschaften (vgl. Lofland 1973).

Bei den einbezogenen Fallbeispielen ist dieses Wissen zwar vorhanden, die strategischen Einsatz- respektive Anpassungsmöglichkeiten der Kleidung an spezifische Kontexte, Situationen oder soziale Räume und deren zulässige Sichtbarkeiten sind allerdings eingeschränkt. Dies bedeutet eine Herausforderung der Identitätsentwürfe und kann zu einer erhöhten Differenzwahrnehmung, zu einem Verlust von Kohärenzgefühl und Selbstanerkennung führen (vgl. Kapitel 3.3.1). Andererseits können solche Herausforderungen der Identität in dem Sinn ‚produktiv' sein, als sie zu Reformulierungen der reflexiven, kognitiven Selbstentwürfe und zu neuen Formen der Selbstvergewisserung führen. Als Beispiel kann hier Frau Güney angeführt werden:

Die am Kopftuch festgemachte Fremdzuschreibung seitens der Mitschüler/innen am Gymnasium und die dadurch ausgelöste Differenzwahrnehmung veranlassten sie zu einer individuellen Beschäftigung mit dem Islam (vgl. Kapitel 5.1.1), was ihr letztlich einen größeren Spielraum für die persönliche Auslegung der als objektiv wahrgenommenen normativen Vorgaben eröffnete. Dies erleichterte ihr ein flexibleres und widerspruchsfreieres Anknüpfen an wahrgenommene Wert- und Erwartungshaltungen der nicht-muslimischen Anderen. Somit gelangte sie zu einer für sie stimmigen Integration von religiösen und ‚modernen' Identifikationsfolien, was sich in ihrer konkreten Kleidungspraxis ausdrückt (vgl. dazu auch Nökel 1999, 2004).

Die identitätskonstituierende Bedeutung von Kleidung im Kontext sozialer Interaktionen zeigt sich aber nicht nur darin, dass reale oder imaginierte Reaktionen „signifikanter Anderer" auf die eigene visuelle Erscheinung in Prozesse der Identitätsformierung aufgenommen und verarbeitet werden, sondern kann sich auch über die reflexive Beurteilung sichtbarer Selbstrepräsentationen relevanter Anderer entfalten (vgl. Kapitel 5.1.5). Herr Singh beispielsweise konkretisiert seine Auffassung von religiöser Authentizität u. a. über die Reflexion der Kleidungspraxis der neuen Generation von Sikhs, die auf das Tragen des Turbans verzichten, was er schließlich als Abkehr von der Religion, als Zeichen und Ursache einer Verwässerung religiöser Tradition und Kontinuität wertet. Auch im Fall Schwester Mariannes findet im Rahmen der Diskussionen um „zivile" Kleidungspraxis anderer Ordensfrauen eine reflektierte Auseinandersetzung mit der eigenen vestimentären Selbstdarstellung statt. Im Fall Frau Güneys sind diese dialektischen Prozesse der Identitätsfindung besonders ausgeprägt und lebendig. Zur Veranschaulichung, hier nochmals das ‚Bikini-Zitat‘:

> Es gibt auch Leute, die normalerweise das Kopftuch an haben, und wenn sie baden gehen, haben sie ein Bikini an – finde ich ganz komisch! Am Strand – also ziehen sich dann ganz aus, dann haben sie ein Bikini an. Also ich habe es mir wirklich überlegt und gedacht – ich glaube das könnte ich nicht. Ist irgendwie... entweder bist du so oder so! Aber du kannst irgendwie nicht beides sein [...] Also sonst bringt es nichts, ist nicht echt! (FB1: 466-473).

Die Kombination von Kopftuch und Bikini wird hier als nicht mit eigenen Identitätsentwürfen vereinbar abgelehnt, während das Auftragen von Make-up oder das Tragen hochhackiger Schuhe ins eigene Repräsentationsrepertoire übernommen wurden. In fortwährenden normativen und ästhetischen Beurteilungen der Kleidungspraxis anderer moderner Musliminnen wird Authentizität verhandelt, die eigene Kleidungspraxis und die eigenen Positionen neu überdacht und gegebenenfalls angepasst. Durch das Reflektieren über und Experimentieren mit Kleidung werden wahrgenommene Widersprüche und Spannungen zwischen dem Selbst und der sozialen Umwelt verarbeitet und integriert. „Information about the self may be gleaned from the responses of the others, visual comparisons with others' appearances and internal thoughts processes that lead us to attribute explanations to our own clothing choices and preferences. [...] Clothes are linked to the way we view ourselves“ (Kaiser 1995: 184).

Die Aushandlungsprozesse eigener vestimentärer Positionen auf der Grundlage der Bewertung anderer sichtbarer Selbstrepräsentationsformen sind aber nur begrenzt als autonome, kognitive Entscheidungsprozesse zu verstehen, wie dies im Zitat von Kaiser suggeriert wird. Gerade was ästhetische Präferenzen anbelangt, liegen den bewussten Entscheidungen inkorporierte vorreflexive Wahrnehmungs- und Beurteilungsschemata zu Grunde. Das Gefühl der Stimmigkeit bzw. Nicht-Stimmigkeit in Bezug auf eine bestimmte Kleidungspraxis lässt sich mit dem „leiblich-praktischen Sinn“ (Gugutzer 2004: 132), bzw. mit Bourdieus Habitusbegriff (Bourdieu 1987: 98f) als einverleibte, verkörperte gesellschaftliche Strukturen (gewisser „Klassen von Existenzbedingungen“ [Bourdieu 1998: 99]) erklären, die die Wahrnehmung dessen, was zu einem passt und was nicht, steuern. Neben der Möglichkeit zu bewusster, an Normen und Regeln orientierter Entscheidung, ist der Habitus als ein weiteres Produktionsprinzip von Praxis (vgl. Bourdieu und Wacquant 1996: 165f) und also auch der Kleidungspraxis zu verstehen.

Somit sind die vestimentären Entscheidungsprozesse zu einem gewissen Grad sozial strukturiert. Zugleich sind sie wiederum sozial strukturierend, indem sie auf die Hervorbringung neuer Habitus Formen kreativ einwirken. Die Verbindung eines schicken Kopftuches mit eigenen Interpretationen modischer Kleidung kennzeichnet nicht nur die Zugehörigkeit zur Kategorie moderner Musliminnen als religiöse Referenzgruppe, sondern konstituiert diese durch die individuelle Erweiterung des möglichen Repräsentationsrepertoires zugleich performativ mit. Die Kleidungspraktik bietet damit eine Möglichkeit sozialer Interaktion, über die Selbst- und Fremdpositionierung verhandelt und letztlich soziale Ordnung hergestellt wird.

6.1.2.4 Individualität versus Uniformität/Konformität

Im Zusammenhang mit der Thematisierung von religiöser Kleidungspraxis und Identität unter dem Aspekt sozialer Interaktion eröffnet sich bei der Analyse der Daten ein weiteres Spannungsfeld, das für die Akteur/innen in unterschiedlichem Maß relevant ist. Es ist das Spannungsfeld von Individualität und *Konformität.* Eberlein beschreibt den „romantischen Individualismus", den sie, in Anlehnung an Simmel idealtypisch von „moralischem Individualismus" abgrenzt (vgl. Eberlein 2000) als „radikal individualisierte Form der Sinnstiftung, der Selbstthematisierung und der Lebensgestaltung", die „Identität und Lebensorientierung unter den Bedingungen der modernen funktionalen Differenzierung der Gesellschaft gewährleisten" solle (vgl. Eberlein 2002: 5). Als Resultat fundamentaler sozialstruktureller Transformationen und eines zunehmenden Geltungsverlusts kollektiver Identitäten und Weltbilder entspreche diese Form der Sinnstiftung in besonderer Weise den modernen Bedingungen. Das romantische Identitätskonzept bezeichnet sie dabei als eine der sozial und historisch wirkmächtigsten Erfindungen und Illusionen der Moderne (vgl. ebd.: 6), und erklärt dessen Hervorbringung in Anlehnung an Luhmanns Systemtheorie damit, dass die Bestimmung von Identität unter den Bedingungen primär funktionaler Differenzierung der Gesellschaft immer mehr von Inklusion (also Zugehörigkeit zu einer gesellschaftlichen Gruppe) auf Exklusion (also als eine Identität, die sich in der Entgegensetzung zur Gesellschaft und zur Pluralität der Rollenanforderungen konstituiert) umgestellt werde (vgl. Luhmann 1993).

Dieses gesellschaftliche Ideal oder mit Eberlein diese „Fiktion" (2002: 6) von Individualität und Einzigartigkeit prägt als normative Hintergrundfolie auch die Wahrnehmung und Selbstbeurteilung der einbezogenen Akteur/innen. In Schwester Mariannes Kommentaren zur Kleidungspraxis anderer (weltlich) gekleideter Frauen, kommt ein Ideal persönlicher Individualität zum Ausdruck, das über die eigene, uniforme Kleidungspraxis nicht gelebt werden kann. „Ich habe gerne, wenn mal jemand ein bisschen verrückt angezogen ist, ein bisschen speziell zurechtgemacht ist!" (I8: 530). Explizit bezeichnet sie die Individualität als etwas, das auf Kosten der Gemeinschaft – zumindest teilweise – aufgegeben werden muss. Dieser bewusste Verzicht auf den Ausdruck persönlicher Einzigartigkeit, die Priorisierung der Konformität mit der Gruppe, kommt in der Entscheidung für die Uniformität mittels Habit zum Ausdruck. Allerdings wird diese Konformität durch das Tragen bunter Tücher wieder durchbrochen und somit über die Kleidung dennoch ein Anspruch auf Individualität geltend gemacht.

Am ausgeprägtesten findet sich das Ideal persönlicher Individualität bei Frau Güney, wo es als expliziter Orientierungspunkt ihrer vestimentären Identitätsarbeit fungiert, mit dem sie zugleich eine Überwindung von Widersprüchen sowie von Eindeutigkeits- und (Selbst-)Zuordnungszwängen erreicht. „Ich trage gerne etwas verschiedenes, was die Leute sonst nicht anhaben – und das macht bei mir – eher mich aus. Nicht das Kopftuch. Außer jetzt, wenn ich so angezogen bin, also nichts Besonderes – dann ist es schon das Kopftuch, das mich zeigt" (I5: 627-631). Das Kopftuch gewährleistet dabei, je nach Situation und Bedarf sowohl Individualität als auch Konformität (vgl. Kapitel 5.1.4).

Der illusorische Charakter von Individualität zeigt sich darin, dass auch das Streben nach Einzigartigkeit sich immer im Rahmen gewisser Konventionen bewegt und daher eingeschränkt ist. Der romantische Individualismus ist, wie Eberlein zu Recht bemerkt, „wie jede andere Form von Identität von Formen der Intersubjektivität bzw. des Bezugs auf andere und der Anerkennung durch diese geprägt und abhängig" (Eberlein 2002: 6).[11] Somit ist Individualität – auch wenn sie sich als solche darstellt – in der sozialen Praxis nicht als das Gegenstück von Konformität zu verstehen. Trotzdem entfaltet sich zwischen den beiden Konzepten, als intendierte bzw. angestrebte Bezugspunkte individueller Identitätsarbeit – ein produktives Spannungsfeld.

Herr Steiner stellt persönliche Individualität und die Unmöglichkeit, definitorische Merkmale seiner Referenzgruppe zu nennen als eines der zentralen Charakteristika der Schwarzen Szene dar. [12]

---

11 Aus der Perspektive poststrukturalistischer Sozialwissenschaften sind die sozialen Ausdifferenzierungs- und Individualisierungsprozesse neue Formen von symbolischer und diskursiver Macht, die über Normalisierungs- und Individualisierungspraktiken vergesellschaften (vgl. Moebius 2009: 438).

12 Entsprechend schreibt Arvid Dittmann: „Die Schwarze Szene präsentiert sich heute als eine [...] alternative Bewegung junger (und nicht mehr ganz so junger) Menschen, deren Erscheinungsbild von einer bemerkenswerten Vielfalt ist. Symptomatisch für

> Weil, es ist sehr schwer zu schubladisieren, und die Szene ist eigentlich so individuell wie ihre Mitglieder. Also für Außenstehende ist es doch eigentlich sehr schwer zu erfassen, vor allem auch, weil man es nicht in Schubladen stecken kann. Jedes Mal, wenn man meint, man hätte es irgendwie eingeordnet, dann kommt sicher einer, der etwas macht, das einen dort eigentlich völlig aus dem Konzept bringt. Und die gerade erstellten Konventionen gerade wieder über den Haufen wirft (I11: 304-310).

Für Außenstehende wie für ihn selbst erscheint es schwierig, explizit festzulegen, durch welche Merkmale seine Referenzgruppe zu definieren ist. „Das ist ja wirklich auch doch sehr individuell [...] Das Einzige, was irgendwie gemeinsam ist, ist doch, dass es meistens sehr liebevoll und mit viel Aufwand gemacht ist und doch viel Wert auf Ästhetik gelegt wird" (I11: 321-324). Dennoch kann von einem ungeschriebenen Regelwerk an vestimentären Codes ausgegangen werden, anhand dessen zwischen innen und außen unterschieden werden kann, die also ein gewisses Maß an Konformität einfordern, um Zugehörigkeit zu der Schwarzen Szene zu gewährleisten. Diese Codierung operiert auf der Ebene sinnlicher Wahrnehmung.

In den Aussagen Geshe Dos hingegen, finden sich keinerlei Ansprüche auf die (vestimentäre) Darstellung persönlicher Individualität. Dies erklärt sich einerseits aus der expliziten Orientierung am buddhistisch motivierten Ziel, das eigene Ich zu überwinden. Geshe Dos religiöse Ausrichtung am Ziel der spirituellen Entwicklung und des Überwindens von *samsara* bestimmen, wie sich gezeigt hat, seine Motivationen und Handlungen grundlegend. Außerdem kann davon ausgegangen werden, dass in seinem primären Sozialisationskontext (Tibet, Nepal und Indien), also einem nicht-westlichen und nicht in gleichem Maß funktional differenzierten gesellschaftlichen Umfeld, weniger das Ideal persönlicher Individualität hervorgehoben und somit nicht gleichermaßen idealisiert und inkorporiert wurde wie im schweizerischen Sozialisationskontext.[13]

Es zeigt sich also, dass sich vestimentäre Identitätsarbeit zwischen widersprüchlichen Referenzpunkten entspinnt, die aber in individueller „Passungsarbeit" (vgl. Keupp 2005) bewusst oder meist unbewusst miteinander vereinbar gemacht werden. In diesem Prozess löst sich (bzw. entfaltet sich) auch das

---

diese Vielfalt ist auch die Schwierigkeit, einen geeigneten Oberbegriff für diese Szene zu finden" (Dittmann 2001).

13 Vgl. dazu die Individualismus-Kollektivismus-Dimension der Theorie der interkulturellen Kommunikation; namentlich von Triandis (1995), Hofstede (1991, 1997); bzw. Talcott Parsons Gegenüberstellung von *collectivity* vs. *self-emphasis* (1949).

Spannungsfeld zwischen Permanenz und Wandel bzw. Individualität und Konformität.

6.1.2.5 Kleidung und die Konstruktion von religiöser Zugehörigkeit

In der Konstruktion von Zugehörigkeit ist, sowohl in diachroner als auch in synchroner Perspektive (vgl. Kapitel 6.1.2.1/ 6.1.2.2), eine der wichtigsten identitätsbestimmenden Funktionen der Kleidungspraxis angezeigt. Zugehörigkeit zu sozialen Gruppen wird über Kleidung nicht nur markiert, sondern auch hervorgebracht und aufrecht erhalten,[14] wie in den Fallbeispielen in vielerlei Hinsicht deutlich wird. Bei Schwester Marianne wie bei Geshe Do vollzog sich die offizielle Aufnahme in den jeweiligen Orden und somit die Zugehörigkeit zur klösterlichen Gemeinschaft über den rituellen Akt der Einkleidung und wurde dadurch vestimentär ‚ratifiziert'. Als Umkehrschluss kann Geshe Dos semantische Gleichsetzung der beiden Ausdrucksweisen „to disrobe" (die Robe ablegen) und „not to stay in the monks community" angeführt werden. Auch die Aussage von Herrn Singh, nach der er sich mit dem vorübergehenden Verzicht auf das Tragen des Turbans disqualifiziert hat und sich aus diesem Grund nicht mehr der Bruderschaft der *khalsa* (der Gemeinschaft der Reinen, vgl. Kapitel 5.3.1) zurechnen darf, steht beispielhaft dafür. Desgleichen konstituiert und definiert sich die Zugehörigkeit zur Schwarzen Braut bzw. zur Schwarzen Szene bei Herrn Steiner primär über die Kleidung und die Einhaltung spezifischer vestimentären Codes, die visuell vermittelte Einschlusskriterien darstellen. Obwohl sie zentral sind für die Bestimmung der Grenze zwischen innen und außen, können sie von Herrn Steiner nicht auf bestimmte Merkmale hin konkretisiert werden (vgl. Kapitel 5.6.1). Schwarze Kleidung allein reicht nicht, um Zugehörigkeit zu bezeichnen, ebenso wie auch nicht-schwarze Kleidung unter Befolgung gewisser anderer Regel-Elemente Zugehörigkeit markieren bzw. konstruieren kann. Dies verweist auf nicht-sprachliche, visuelle Formen der Bedeutungsproduktion und Vermittlung, die für Prozesse sozialer Organisation bzw. sozialer Ordnung zentral sind,

---

14 Vgl. dazu auch Malcolm Barnard: „[...] fashion, dress and clothing are ways in which people communicate, not only things like feeling and mood, but also the values, hopes and beliefs of the social groups of which they are members. They are, then, the ways in which society is produced and reproduced: it is not that people are first members of groups and then communicate their membership, but that membership is negotiated and established through communication. Fashion, dress and clothing are thus constitutive of those social groups, and of the identities of individuals within those groups, rather than merely reflective of them" (Barnard 2008: 39).

was sich auch am Beispiel von Frau Güneys vestimentärer Konstruktion der Zugehörigkeit zur Referenzgruppe „moderner Musliminnen" zeigt (vgl. Kapitel 5.1.5).

Kleidung kann somit auch insofern als Ressource verstanden werden, als sie maßgeblich an Prozessen der Konstruktion und Wahrung kollektiver Identität und Zugehörigkeit beteiligt ist und folglich Zugang zu sozialem Kapital im Verständnis Bourdieus (vgl. Bourdieu 1983) gewährt. Vorteile, die daraus erwachsen, sind einerseits praktischer Natur: Unterstützung und Hilfeleistung materieller und immaterieller Art, Zugang zu Arbeit, Wohnung, Bildung, Informationszugang, Einfluss etc. Soziales Kapital wirkt sich auch positiv auf die Verfügbarkeit anderer Kapitalsorten (ökonomisches, kulturelles, symbolisches, vgl. Bourdieu 1983) aus. Andererseits erweist sich die Verleihung sozialer Anerkennung und Wertschätzung im Kontext relevanter Zugehörigkeit(en) als besonders bedeutsam. Wie Keupp bemerkt ist die Zugehörigkeitsfrage eng mit Anerkennungserfahrung verbunden. Lebenssouveränität ist ohne Kontexte der Anerkennung nicht zu gewinnen.

Bei den hier ausgewählten Fallbeispielen steht, vermittels der Kleidungspraxis als sichtbarem ‚Identitätsmarker', die jeweilige religiöse Kategorie als primäre Zuordnungs- respektive Zuschreibungsgröße im Vordergrund. Durch die verhältnismäßige Unveränderlichkeit der Kleidung erhält sie, über verschiedene Kontexte hinweg, eine relative Stabilität was Selbst- und Fremdzuschreibungen anbelangt.

Wie sich gezeigt hat, kann die religiöse Referenzgruppe, die aus subjektiver Sicht mit einer bestimmten Kleidungspraxis in Beziehung gesetzt wird, allerdings variieren und sich sowohl auf eine konkrete, überschaubare Gemeinschaft beziehen wie auch auf eine religiöse Tradition oder eine bestimmte Richtung innerhalb derselben. Je nach Kontext wird also dieselbe Kleidungspraxis beispielsweise vorrangig auf den *sangha* (als konkrete Mönchsgemeinschaft), den Buddhismus oder den tibetischen Buddhismus in der Tradition der Gelbmützen bezogen. Herrn Wylers Kleidung verweist einerseits auf das Judentum, andererseits repräsentiert sie den Chassidismus (in Abgrenzung zum liberalen Judentum). Religiöse Zugehörigkeit(en) können hier also als konzentrisch sich überlagernde soziale Referenzräume gedacht werden, auf die Kleidung Bezug nimmt, je nach situativem Zusammenhang, in dem sie im Hinblick auf soziales oder symbolisches Kapital oder aktuelle Interessenslagen relevant wird.

Wie aus Kapitel 3.3.2 hervorgeht, kommen in Bezug auf sichtbare religiöse Identität verschiedene Perspektiven ins Spiel, nämlich die Innensicht (Selbstzuschreibung), die Außensicht (Zuschreibung durch andere) und die wahrgenommene Außensicht/Fremdwahrnehmung, wobei alle drei Perspektiven sich wiederum auf einer individuellen und einer kollektiven Ebene denken lassen. Es muss also differenziert werden, auf welcher dieser Ebenen Zugehörigkeit identifiziert bzw. proklamiert wird. Wird eine Kleidungspraxis von der/m Träger/in selbst als religiös bezeichnet und/oder von außen als solche wahrgenommen? Und wie verhält es sich mit der wahrgenommene Fremdwahrnehmung? Wie wirkt sich diese auf die Selbstwahrnehmung aus? Martin Steiner beispielsweise sieht sich mit satanistischen Gruppen in Verbindung gebracht, obwohl er sich selbst damit keineswegs identifizieren kann. Inwiefern decken sich bzw. divergieren die Perspektiven? Wo und wann führen Divergenzen zu Spannungen, Konflikten? Im Fall Herrn Singhs wird der Turban zwar mit religiöser Zugehörigkeit in Verbindung gebracht, allerdings häufig mit der falschen, was weit reichende Einschränkungen seiner Handlungsmöglichkeiten zur Folge hat.

Wird Kleidung als Marker religiöser Zugehörigkeit verstanden, so muss darüber hinaus gefragt werden, ob damit aus Sicht der Träger/innen eine kategorische Grenzziehung, religiöse Zuordnung bzw. Abgrenzung explizit intendiert wird und wenn ja, ob aus generell Inklusions- oder Exklusionsmechanismen stärker gewichtet werden. Oder spielen diese in der Argumentation der Träger/innen keine oder eine untergeordnete Rolle? Im Fall Schwester Mariannes beispielsweise richtet sich die explizierte Funktion der Kleidung deutlich auf Inklusionsmechanismen. Der Habit ist in ihren Erklärungen vorrangig „Zeichen der Zugehörigkeit zur religiösen Gemeinschaft" (I8: 22-23). In Geshe Dos Argumentation ist weniger die über die Robe angezeigte Zugehörigkeit zur Referenzgruppe ausschlaggebend als der Verweis auf das religiöse Spezialistentum. Die Kleidung zeigt Zugehörigkeit zum Buddhismus zwar an, dies ist aber nicht ihr intendierter Hauptzweck. Vielmehr wird sie mit der Absicht verbunden, ihn selbst an seinen Status, bzw. seine Rolle als Mönch zu erinnern.

Bei Herrn Wyler stehen über die Kleidungspraxis manifestierte Abgrenzungsprozesse im Vordergrund. Die Kleidung soll sich unterscheiden von den Anders- bzw. Nicht-Religiösen. „Schon damals [hier nimmt er Bezug auf den Exodus, Anm.: J.G.] war klar, dass die Kleidung dich zu etwas Speziellem macht. Sie hebt dich ab von den anderen Religionen, und dadurch wird die Tradition weitergeführt" (I12: 43-50). Die Abgrenzung steht hier für eine Ablehnung von Assimilationsprozessen und wird als Überlebensstrategie zur Aufrechterhaltung einer als bedroht wahrgenommenen Tradition gedeutet. Auch bei Herrn Singh steht der Turban für Demarkation und zwar im Sinn einer von Guru Gobind Singh geforderten Identifizierbarkeit, die identitätsstiftend ist. In beiden Fällen konstituiert sich also die Zugehörigkeit *explizit* über eine Orientierung am Außen. Und in beiden Fällen wird die Notwendigkeit einer (visuellen) Abgrenzung auf überlieferte religiöse Narrative bezogen und erhält dadurch nicht nur ihre Plausibilität sondern auch ihre prinzipielle Unausweichlichkeit. Im Fall von Frau Güneys Kopftuch spielen auf einer religiösen Deutungsebene Inklusions- bzw. Exklusionsmechanismen eine untergeordnete Rolle. Das Kopftuch dient (in ihrer auf Religion bezogenen Argumentation) primär der Verhüllung weiblicher Reize. In der alltagspraktischen Deutung und Handhabung allerdings wird es je nach Bedarf und sozialem Kontext als Zeichen der Abgrenzung oder der Zugehörigkeit verwendet.

Gleichzeitig werden über die jeweilige Kleidung auch andere Identifikationskategorien geltend gemacht bzw. zugeschrieben und je nach Situation und Kontext als Ressource oder als ‚Diskriminierungsachse' bewertet. Die Akteur/innen sind in bestimmten Situationen dazu aufgefordert, ihre religiöse, nationale oder ethnische Zugehörigkeit zu akzentuieren, in anderen, sich als Mann oder Frau zu präsentieren, oder sie berufen sich auf ihr (religiöses) Spezialisten- respektive Laientum, usw. Jeweilige Relevanzen hängen dabei von situativen Erwartungsstrukturen ab.[15] Diese unterschiedlichen, sich überkreuzenden Differenz- bzw. Zugehörigkeitskategorien, auf die die Kleidung rekurriert, können also in unterschiedlichen Kontexten als symbolisches Kapital oder als ‚Negativ-Privileg' wirksam werden.

Zuweilen ist es gerade auch die Kombination verschiedener Merkmale, die in einem jeweiligen Kontext eine bestimmte erwünschte oder unerwünschte Wirkung erzielt, bzw. steigert. Bei Geshe Do beispielsweise verstärken sich, bezogen auf die wahrgenommene Fremdwahrnehmung im schweizerischen Kontext, positive Konnotationen ethnischer, religiöser und rollengebundener Kategorien. So erfährt er generell sowohl über seine tibetische, buddhistische wie monastische Identität – auf die seine Kleidung hinweist – Bestätigung. Die Genderkategorie spielt, zumindest in seinen narrativen Identitätskonstruktionen im Rahmen des Forschungssettings, keine Rolle.[16] In den Darstellungen Frau Güneys ist es

15 Gleiches gilt natürlich für die Außenperspektive, welche je nach Kontext andere Merkmale und daraus abgeleitete Kategorisierungen hervorhebt bzw. in den Hintergrund treten lässt.

16 Aus methodologischer Sicht muss hier darauf aufmerksam gemacht werden, dass (soziale) Positionierungen u. a. in Narrationen entstehen, d.h. wenn über sie nachgedacht und erzählt wird. Dies verweist auf den Einfluss der Forschungssituation auf soziale Selbstverortungen. Nassehi lenkt den Blick darauf, dass die Selbstbeschreibungen von Individuen neue soziale Wirklichkeiten hervorbringen (Nassehi 2003). Im Forschungskontext werden somit gesellschaftliche (Selbst-)Positionierungen vorgenommen, die im Zusammenhang mit dem Nachdenken über Inklusionen und Exklusionen „reflexive Momentaufnahmen individueller Positionierungen produzieren, deren Ent-

im Gegenzug gerade die Überkreuzung verschiedener sichtbarer Differenzachsen (weiblich, muslimisch, türkisch, zugewandert), die kumulativ negative Assoziationen der Fremdwahrnehmung, wie fehlende Selbstbestimmung und Rückwärtsgerichtetheit hervorbringen. Sie selbst macht über die Kleidungspraxis verschiedene Zugehörigkeitskategorien geltend, indem sie sich u. a. auf Religion, Geschlecht und Nationalität/Ethnizität beruft. Gewisse Kategorien können dabei, je nach Situation als Zuordnungs- oder als Differenzkategorie aktiviert werden. Während sie sich in manchen Kontexten als Schweizerin bezeichnet, fungiert die Schweiz aber zugleich als Differenzkategorie, wenn sie von „den Schweizern" in Opposition zu sich selbst als „Fremde" spricht. Die Selbstbezeichnung als „Fremde", die Übernahme und Verinnerlichung von ausschließenden Zuschreibungen durch „die Schweizer" verweist dabei auf das interaktive und wechselseitige Prinzip der Positionalität (vgl. „translocational positionality" Kapitel 3.4), wobei Zuschreibungen und Identifikationen nicht mehr als zwei getrennte, sondern zwei sich gegenseitig konstituierende Prozesse konzipiert werden müssen.

Die eigene Zugehörigkeit zu einer Referenzgruppe, insbesondere aber diejenige Anderer, wird auch über die Dimension der Authentizität verhandelt, und diese wiederum wird an der Kleidungspraxis bemessen. Besonders, in den Fällen, in denen religiöse Zugehörigkeit nicht institutionalisiert ist, die Kleiderregeln wenig formalisiert sind und also einen größeren Variationsspielraum gewähren, wird Zugehörigkeit mit Fragen der Authentizität verbunden. Zu nennen wäre hier Herr Steiner, der die Frage nach Authentizität insbesondere an stilistischen Elementen der Kleidung festmacht, die darüber entscheiden, ob jemand als echt empfunden und somit der Kultur der Gothics zugerechnet werden kann oder nicht. Ähnliches kann bei Frau Güney beobachtet werden. Auch hier wird die Echtheit des ‚Im-Islam-drin-Seins' und somit Zugehörigkeit über Fragen nach dem visuellen Auftritt verhandelt. Über die Dimension der Authentizität werden auch vertikale Differenzierungen innerhalb einer Religionsgemeinschaft vorgenommen.

Die Auseinandersetzungen um Authentizität und die Reflexionen über die ‚Echtheit' anderer Mitglieder einer jeweiligen religiösen Referenzgruppe können dabei als eine subtile Form gegenseitiger sozialer Kontrolle gewertet werden, über die – zumindest auf einer reflexiven Ebene – auch Inklusion und Exklusion verhandelt wird. Im Zusammenhang mit religiöser Zugehörigkeit muss bedacht werden, dass damit nicht nur Anerkennung, Bestätigung und Unterstützung zusammenhängen, sondern auch Aspekte sozialer Kontrolle, die, gerade auch im

---

stehung an den biographischen Forschungsprozess gekoppelt ist" (Bauschk-Urban 2010: 134).

Hinblick auf Kleidung, mit unterschiedlichen Ausprägungen und Durchsetzungen von Zwang und entsprechenden Konsequenzen im Fall von Missachtung verbunden sein können. Wie Susanne Baer bemerkt, werden Sanktionen wegen ‚falscher' Kleidung oder der Zwang zur ‚richtigen' Bedeckung auch von religiösen oder kulturell fixierten Autoritäten durchgesetzt. Je nachdem seien diese, wie andere private Akteur/innen auch, an einfaches Recht gebunden oder aber als autonome Akteur/innen privilegiert und unterstünden dann eigenen, selbst gemachten Regeln (vgl. Baer 2012: 37). Zudem gehe Zwang in Kleiderfragen oft auch von Einzelpersonen aus: „Dann machen Ehemänner, Väter oder andere männliche Verwandte, aber auch Mütter und Schwestern religiös oder kulturell begründete Vorgaben" (ebd. 37).

Bei den untersuchten Fallbeispielen lassen sich keine die Kleidung betreffenden Formen von offenem Zwang erkennen, wohl aber subtilere Formen sozialer Kontrolle, die über die Kleidungspraxis respektive entsprechende Regelungen und Erwartungen ihren Ausdruck finden. Diese beziehen sich entweder auf die Kleidungspraxis selbst oder darüber sich manifestierende Einschränkungen individueller Handlungsspielräume. Zu denken ist beispielsweise an Schwester Marianne und Geshe Do, deren Kleidung mit klaren Einschränkungen auf sexueller Ebene verbunden ist.

Auch wenn Geshe Do die Robe, wie er betont, aus eigener Entscheidung trägt und letztlich nur sich selbst gegenüber Rechenschaft schuldig ist, so stellen der *sangha* und die regelmäßig abgehaltenen *confessions* doch eine Institution sozialer Kontrolle dar. Auch im Fall Herrn Singhs erweist sich die Gemeinschaft der Sikhs als subtile Kontrollinstanz, wenn sie zwar Verständnis für den Verzicht auf den Turban zeigt, aber dennoch unmissverständlich ihr Bedauern darüber äußert. Bei Herrn Wyler tritt der Aspekt sozialer Kontrolle im Zusammenhang mit der Kleidungspraxis deutlich hervor. Mit der Kleidung wird „das Judentum" gegen außen repräsentiert und Konformität mit gruppenspezifischen Werten und Regeln u. a. über die Referenz der Außenperspektive eingefordert.

Kleidung kann also, wie deutlich geworden sein sollte, als ein Element sozialer Ordnung verstanden werden. Über sie werden Grenzen markiert, Zuordnungen und Abgrenzungen vorgenommen. Diese Gruppengrenzen, auf die die Kleidung individuell bezogen wird, bzw. die mit Kleidung gezogen werden, können dabei relativ rigide sein oder durchlässig. Die vestimentär vollzogenen Grenzziehungen sind wechselseitige und variable Prozesse, das heißt sie formieren sich im Spannungsfeld von Selbst- und Fremdzuschreibung und sind abhängig von kontextuellen und situativen Faktoren. Aus dem Kontext ergibt sich auch die jeweilige Relevanz konkreter Differenzierungsmerkmale (Religion, Geschlecht, Ethnizität, etc.), die mit der spezifischen Kleidung verbunden werden (können).

6.2 DIE ERFAHRUNG VON DIFFERENZ

Wie sich gezeigt hat, kann die religiöse Kleidungspraxis in vielfältiger Weise als Ressource verstanden werden. Auch der Aspekt der visuellen *Differenz* wird nicht generell als nachteilig bewertet, sondern erhält etwa unter dem Gesichtspunkt der Identifikation eine positive Bestimmung und ist in diesem Sinn konstitutiv für Prozesse personaler und sozialer/religiöser Identitätskonstruktion. Unter dem Vorzeichen der Individualität fungiert visuelle Differenz als Quelle von Wertschätzung und Selbstachtung. Andererseits kommen ihr auch verhaltensregulative Hilfsfunktionen der Selbstkontrolle zu, wie die Erinnerung an religiös respektive ethisch korrektes Verhalten (vgl. Kapitel 5.4/ 5.5). Im Folgenden soll dargestellt werden, inwiefern die Sichtbarkeit religiöser Identität bei den Akteur/innen zu negativ beurteilten Formen von Differenzwahrnehmung führt. Diese speisen sich einerseits:

a) aus konkreten Diskriminierungserfahrungen, d.h. Alltagssituationen, in denen auf die eigene sichtbare Differenz zurückgeführte Abwertung, Verkennung und/oder Benachteiligung erfahren wurde. Dabei erscheint es analytisch sinnvoll, zwischen verschiedenen Dimensionen von Diskriminierung zu unterscheiden und Formen der sozio-ökonomischen Benachteiligung von ungleichen Chancen der sozialen Wertschätzung, also solche gruppenspezifische Diskriminierungen, in deren Folge in bestimmter Weise klassifizierte Individuen als andersartig und minderwertig betrachtet werden, zu differenzieren (vgl. Fraser 2003: 27f).

Diskriminierung wird, dem folgend, als eine gruppenspezifische Benachteiligung oder Herabwürdigung von Gruppen oder Individuen verstanden. Diskriminierung äußert sich nicht nur auf ökonomischer, rechtlicher und politischer Ebene, sondern wird vielfach erlebt als „Mangel an Respekt, der darin besteht, nicht wahrgenommen und nicht als vollwertiger Mensch angesehen zu werden“ (Sennett 2002: 26). Derartige Missachtung beeinträchtigt das Selbstwertgefühl und die Selbstachtung von Individuen erheblich (vgl. Honneth 1992 sowie Sennett und Cobb 1972). Ähnlich argumentiert Taylor, wenn er davon ausgeht, dass Identität teilweise von der Anerkennung oder Nicht-Anerkennung, oft auch von der Verkennung durch die anderen geprägt werde, so dass ein Mensch oder eine Gruppe von Menschen Schaden nähmen, eine wie er sagt „wirkliche Deformation erleiden kann, wenn die Umgebung oder die Gesellschaft ein einschränkendes, herabwürdigendes oder verächtliches Bild ihrer selbst zurückspiegelt“ (Taylor 1993: 13). Nichtanerkennung oder Verkennung muss als eine Form der Unterdrückung verstanden werden, die Leiden verursachen kann und andere in ein „falsches, deformiertes Dasein einschließt“ (ebd.).

b) Andererseits (und damit zusammenhängend) entsteht negative Wahrnehmung der eigenen Differenz aus situativen oder persistenten Selbsteinschätzungen bzw. Selbstpositionierungen. Diese sind, abgesehen von konkreten Diskriminierungserfahrungen, durch gängige Repräsentationsregimes, bzw. Vorstellungen bezüglich der gesellschaftlichen Wahrnehmung der eigenen Referenzgruppe und durch die Übernahme und Internalisierung dominierender Normen, Beurteilungs- und Wahrnehmungsmuster, gesteuert und beeinflusst. Die Sichtbarkeit ist diesbezüglich von besonderer Bedeutung, da sie ein niederschwelliges Mittel darstellt, über das einerseits Klassifikationen vorgenommen, also Differenz hergestellt und andererseits bestehende bzw. empfundene soziale Asymmetrien verinnerlicht werden (können). Die Einbeziehung von Individuen in soziale Machtverhältnisse vollzieht sich „zuvorderst in solchen Situationen, in denen man gegen seinen Willen durch einen Blick der Sichtbarkeit unterworfen wurde" (Neckel 1991: 83). Die Herstellung von Sichtbarkeit muss also als einer der wirksamsten Mechanismen der Verinnerlichung von Machtverhältnissen betrachtet werden (vgl. ebd.).

In der nachfolgenden Darstellung werden individuelle Diskriminierungserfahrungen, die die Akteur/innen auf sichtbare, soziale Kategorisierungen der eigenen Person zurückführen, nachgezeichnet. Die Aussagen der Akteur/innen lassen sich dabei in drei Dimensionen von Diskriminierungserfahrungen einordnen: 1) eine institutionelle, 2) eine diskursive, bzw. eine ‚Wissensdimension' und 3) eine unmittelbare/interaktive. Die Unterscheidung in die drei Formen wahrgenommener Diskriminierung ist eine analytische. Im Alltag der Akteur/innen überlagern sie sich und bedingen sich gegenseitig. So resultieren etwa Vorstellungen über die gesellschaftliche Wahrnehmung der eigenen religiösen Referenzgruppe (diskursive Dimension von Diskriminierung) u. a. aus Erfahrungen auf der institutionellen und unmittelbaren/ interaktiven Dimension.

1.) Die institutionelle Dimension von Diskriminierung kann mit Claus Melter verstanden werden als ein:

> […] von Institutionen/Organisationen (durch Gesetze, Erlasse, Verordnungen, Zugangsregeln, Arbeitsweisen, Verfahrensregelungen oder Prozessabläufe) oder durch systematisch von Mitarbeitenden der Institutionen/Organisationen ausgeübtes oder zugelassenes ausgrenzendes, benachteiligendes oder unangemessenes und somit unprofessionelles Handeln gegenüber als nicht-zugehörig oder als normabweichend definierten Personen oder Gruppen (Melter 2006: 27).

Auf dieser Ebene ist Frau Güneys Schilderung anzusiedeln, nach der sie sich bei einem Praktikum im Rahmen ihrer Ausbildung, nach einer vorgängigen Zusage, von Seiten der Schulleitung gezwungen sah, ohne Kopftuch zu unterrichten. Diese Forderung empfand sie als Erniedrigung, Herabwürdigung und Angriff auf die Integrität ihrer Person. Auch die wahrgenommene Benachteiligung verhüllter, also sichtbarer Musliminnen auf dem Arbeitsmarkt, ist auf der institutionellen Problemdimension anzusiedeln. Stark eingeschränkte Zugangsmöglichkeiten zum Arbeitsmarkt auf Grund seiner visuellen Differenz erfährt auch Herr Singh. In ähnlicher Weise fühlt sich Herr Wyler beispielsweise durch Immobilienverwaltungen benachteiligt, wenn ihm nach einer anfänglichen telefonischen Zusage, ein Wohnungsvertrag verwehrt bleibt, nach dem die Verwaltungsvertreter/innen ihn gesehen haben . Formen institutioneller Diskriminierung sind bei den hier behandelten Fallbeispielen zwar hinsichtlich der Häufigkeit der Nennungen weniger bedeutend als die folgenden (diskursive und unmittelbare), werden aber von den Akteur/innen als besonders begrenzend erlebt, da sie über die Ebene der Bewertung, bzw. (Nicht-)Anerkennung hinaus auch persönliche Gestaltungsräume wie die individuelle Handlungsfähigkeit sowie Möglichkeiten der Selbstverwirklichung und Religionsausübung stark einschränkt. Durch die Institutionalität erfahren die benachteiligenden Praktiken zudem eine konventionelle Legitimität, was die Differenzwahrnehmung der Betroffenen zusätzlich verstärkt.

2) Darüber hinaus sind auch wahrgenommene Vorstellung (bzw. Erfahrungen) bezüglich der gesellschaftlichen Akzeptanz, dominierender Diskurse und „Wissensbestände“, sowie Stereotype und Vorurteile, die in der Gesellschaft bezüglich *der eigenen religiösen Referenzgruppe* vorherrschen, maßgeblich für die subjektive Differenzerfahrung (diskursive Dimension von Differenz- bzw. Diskriminierungserfahrung).

Schwester Marianne beispielsweise erachtet die gesellschaftliche Wertschätzung ihrer Referenzgruppe grundsätzlich zwar als sehr hoch, was sie auf die historische Verwurzelung christlicher Ordensleute und deren sozialen Auftrag in der Gesellschaft zurückführt. Gleichzeitig beobachtet sie aber einen Rückgang der Bedeutung christlicher Werte in der Gesellschaft den sie u. a. mit zunehmenden Immigrationsbewegungen und einer Vervielfältigung religiöser und kultureller Optionen in Verbindung bringt. Implizit schließt sie daraus auf eine abnehmende gesellschaftliche Legitimation und Anerkennung ihrer spezifischen Lebensweise und Kleidung. Dies wirkt sich, in Kombination mit dem markanten Rückgang christlicher Ordensleute der letzten Jahre in der Öffentlichkeit verstärkend auf ihre subjektive Differenzwahrnehmung aus, was in der Aussage: „Ich fühle mich mehr und mehr als Exotin“ (I8: 98) auf den Punkt gebracht wird. Außerdem fühlt sie sich durch gängige, stereotype Zuschreibungen wie Frömmigkeit und Weltabgewandtheit verkannt.

Herr Singh bewertet seine visuelle Differenz aus religiöser Sicht ebenfalls positiv, indem er die *sichtbare Identifizierbarkeit* in Abgrenzung gegenüber anderen religiösen Traditionen als Geschenk des Gurus versteht. Grundsätzlich bewertet er auch den Ruf der Sikhs als positiv. Gerade das zentrale, sichtbare Merkmal seiner religiösen Zugehörigkeit – der Turban – wird allerdings seiner Ansicht nach aufgrund von Wissensdefiziten in der schweizerischen Bevölkerung falsch dekodiert und führt zu einer Verkennung seiner Identität und folglich zu negativ beurteilter Differenzwahrnehmung: „they think, that we are also Taliban" (I6: 14).

Frau Güney sieht muslimische Kopftuchträgerinnen aus der Perspektive der schweizerischen Gesellschaft generell als unterdrückt, unselbständig, rückständig und ungebildet wahrgenommen, ein Bild, mit dem sie sich keineswegs identifizieren kann.

Mit dem Vorwurf der Rückständigkeit, Unaufgeklärtheit und Fremdbestimmung sieht sich auch Herr Wyler konfrontiert. Die gesellschaftliche Wahrnehmung des orthodoxen Judentums beinhalte zudem, ungerechtfertigterweise auch Unterstellungen von überheblichem Separatismus oder einer Gutheißung der aktuellen Politik der Regierung Israels.

Herr Steiner sieht sich, auf Grund seiner Kleidungspraxis vorschnell mit „Horrorvorstellungen", wie beispielsweise „mit Friedhof und Tierchen schlachten, mit irgendwelchen Blutritualen" (I11: 49-51) in Verbindung gebracht. Solche stereotypen Zuschreibungspraktiken werden als stark restriktiv wahrgenommen, und können mit Stuart Hall zu Recht als eine Ausprägung symbolischer Gewalt bzw. als ‚diskursive Form von Macht' (vgl. Hall 2004 152) verstanden werden.[17] Auch wenn die Einschätzungen nicht geteilt werden, so fließen sie

17 Johanna Schaffer bezeichnet das Stereotyp als „klassischen Fall einer visuellen Überdeterminiertheit, bei gleichzeitiger diskursiver Löschung" (Schaffer 2008: 55). Das Stereotyp sei ein Repräsentationsmodus, in dem sich Sichtbarkeit und Unsichtbarkeit auf spezifische Weise begegneten. Das Problem an dem Darstellungsmodus, der mit dem Begriff des Stereotyps bezeichnet werde, sieht sie dabei weniger als eine Frage seiner klischierten, verzerrten oder unangemessenen Wirklichkeitswidergabe, denn dann würde er sich (lediglich) auf das Verhältnis zwischen Repräsentation und Realität, Darstellung und Wirklichkeit beziehen. Ausgangspunkt seien vielmehr Überlegungen danach, welche Wirklichkeiten bestimmte Repräsentationen herstellten (Schaffer 2008: 61). In Anlehnung an Mark Terkessidis distanziert sie sich von Forschungszusammenhängen die das Stereotyp als „defizitäre Wisseneinheit" (Pickering 2001: 24) verstünden, und das Stereotyp als „Darstellungseinheit, die die Herstellung von Vorurteilen unterstützen, indem sie fehlinformiert, verzerrt, verfälscht" (Schaffer

dennoch in die Konstruktionen der Selbstbilder und in soziale Selbstpositionierungen der Akteur/innen mit ein und beeinflussen deren soziale Positionalität.

3.) Die *unmittelbare* Dimension von Diskriminierung beinhaltet negative Erfahrungen, die auf der Ebene direkter personaler Interaktionen gemacht werden. Darunter fallen verbale Angriffe; Spott, abschätzige Bemerkungen, Beleidigungen, offene Beschimpfungen oder Drohungen, sowie „böse Blicke" und abwertende Gesten, die auf die sichtbare Differenz zurückgeführt werden. Derartige Übergriffe finden sich mehr oder weniger häufig in den Darstellungen aller Akteur/innen. Interessant ist, dass Frau Güney verhüllte Musliminnen in der Schweiz zwar auf der institutionellen und diskursiven Ebene (siehe unten) generell als stark benachteiligt wahr nimmt, auf der Ebene persönlicher Interaktion aber kaum negative Erfahrungen macht. Herr Wyler dagegen berichtet von wiederholten antisemitisch motivierten Beschimpfungen, Drohungen und sogar tätlichen Übergriffen.

Geshe Do beschreibt im schweizerischen Kontext ausnehmend positive Erfahrungen im Zusammenhang mit seiner *sichtbaren* Differenz.[18] Die Situation ändert sich allerdings, wenn Sprache im Spiel ist. Auf Grund seiner Unbeholfenheit in der deutschen Sprache und darauf bezogene Reaktionen seiner Interaktionspartner, fühlt er sich nicht ernst genommen. Diskriminierungserfahrungen werden in diesem Fall also nicht auf visuelle, sondern auf sprachliche Differenz zurückgeführt.

Herr Steiner fühlt sich bezüglich seines Outfits insbesondere von Anhängern als ‚gegnerisch' definierter Subkulturen wie der Hip-Hop Szene angegriffen, und (als Satanist) verkannt, während er, wie er sagt, im Gegenzug immer wieder über die relative Akzeptanz/Kulanz von Seiten älterer Bürger und (potentieller) Arbeitgeber staunt.

Schwester Marianne erzählt, verschiedentlich abschätzig als „Pinguin" oder „Kohlensack" bezeichnet zu werden. Demgegenüber erfährt sie auch Formen von Idealisierung oder Überhöhung die sie ebenfalls als belastend empfindet. Wenn sie etwa nicht mehr als „normaler Mensch" sondern als Fürsprecherin vor

---

2008: 61). Eine mit solchen, Vorurteilskonzeptionen operierende Forschung vernachlässige, dass stereotypes ‚Wissen' Realität nicht nur verzerre oder fälsche, sondern gebe für die Mitglieder der hegemonialen Gruppe die Beziehung zwischen den gesellschaftlichen Gruppen einleuchtend wieder, und zwar so, dass die Aufrechterhaltung ihrer eigenen Dominanz legitimiert werde (vgl. Schaffer 2008: 61).

18 In Australien und Indien beispielsweise wird er, gemäß seinen Schilderungen, ebenso Opfer unmittelbarer Diskriminierungspraktiken, in Form von Beschimpfungen, Spott und Drohungen.

Gott angesprochen wird, und von Unbekannten regelmäßig ungefragt mit einer allzu offenherzigen Darlegung von Intimitäten oder mit expliziten, seelsorgerischen Erwartungen konfrontiert wird. Zwar handelt es sich hierbei nicht um eine beabsichtigte Herabwürdigung. Dennoch werden derartige Kontaktaufnahmen als störend empfunden. So ist in diesem Fall also auch eine vermeintlich ‚positive Differenzerfahrung' durch eine Reduktion von Individualität gekennzeichnet und wird letztlich als Diskriminierung bzw. als Benachteiligung wahrgenommen.

Eine besondere Form unmittelbarer Diskriminierungserfahrung, stellen, als herabwürdigend oder entfremdend empfundene *Blicke* dar. Diese finden sich, bezogen auf unterschiedliche Kontexte, in allen Falldarstellungen. Frau Güney wird, besonders in ländlichen Gegenden „komisch angeschaut". Geshe Do empfindet die Blicke, wenn er in seiner Robe am australischen Strand auftaucht, als „not good at all". Herr Singh wird, seinem Eindruck zufolge, im Tram angeschaut, als würde er im nächsten Moment eine Bombe aus der Tasche ziehen. Schwester Marianne erlebt die Blicke von andern Opern-, Konzert- oder Kinobesucher/innen als Übergriff. „Ich will ja auch nicht immer angesehen werden!" (I8: 604). Die negative Differenzerfahrung entfaltet sich im Blick des/r Anderen, besonders in Kontexten, in denen die eigene Selbstdarstellung von, als adäquat empfundenen, Formen visueller Inszenierung abweicht. Sartre beschreibt den Blick als eine Form einschränkender Fremdbestimmung, weshalb er ihn – etwas pointiert – als den „Tod meiner Möglichkeiten" (Sartre 1980: 360) bezeichnet. Ihm zufolge liegt das Eigentümliche des Blickes darin, dass ein Subjekt in dem Augenblick, in dem es den Anderen als ein ihn bewertendes Subjekt erfährt, sich auf sich selbst nur als Objekt beziehen könne: „Durch den Blick eines andern gewinne ich also Bewusstsein meiner selbst, allerdings durch einen anderen veranlasst und im Horizont seiner Wahrnehmung und Wertung (ebd.: 376).

Dieser Logik folgend, wird sich das Individuum also selbst fremd, indem es sich durch die Augen des/r Anderen und dessen/deren vermeintliches oder vermutetes normatives Bewertungsraster sieht. Sartre betont also den Differenz stiftenden, desintegrierenden Aspekt des Blicks. Während bei Hegel und daraus hervorgegangenen interaktionistischen Ansätzen (vgl. Mead, Goffman) „die wechselseitige Anerkennung zweier Bewusstseinssubjekte als Unterpfad der subjektiven Selbstvergewisserung" (Hegel 1986: 137) gilt – also jeder durch den anderen zu sich selbst findet, wird sich in Sartres „pessimistischer Variante" (Neckel 1991: 30) jeder durch den anderen fremd. Dabei sieht er in der *Scham* das Gefühl, das „als Grundstruktur aller Intersubjektivität nicht Reziprozität, sondern den Konflikt erkennen lässt" (ebd.).

Bezogen auf die Fallbeispiele haben beide Varianten ihre Gültigkeit. Differenz wird immer in Relation zu einem tatsächlichen (signifikanten) oder imaginierten (generalisierten) ‚Anderen', erfahren. Ob diese Erfahrung allerdings negativ oder positiv empfunden wird, ist von verschiedenen Faktoren abhängig und kann nur empirisch bestimmt werden. Die Blicke ‚der Anderen' können dabei sowohl als *Ermächtigung* (Selbstvergewisserung, Bestätigung, Anerkennung) wie auch als *Be-* bzw. *Entmächtigung* (negative Differenzwahrnehmung, Diskriminierung, Desintegration) erfahren werden. Durch das Erblicktwerden an sich ist also nicht schon kategorial vorentschieden, wie die Akteur/innen die, in einem Blick enthaltene, Deutung ihrer Selbst interpretieren und wie sie darauf reagieren (vgl. Neckel 1991). Die jeweilige Deutung eines Blicks „differenziert sich entsprechend der kulturellen Muster der jeweiligen Situation, des normativen Selbstverständnisses der beteiligten Akteur/innen und der jeweils bereitstehenden Handlungsressourcen" (ebd.: 34).

Die Handlungsressourcen, bzw. der Handlungsspielraum der Akteur/innen in Bezug auf die Kleidungspraxis ist durch die Berücksichtigung der jeweiligen religiösen (Kleider-)Regeln allerdings eingeschränkt, was vestimentäre Angleichungen an gesellschaftliche Normen oder implizierte Erwartungen erschwert. Die relative Unveränderlichkeit der traditionellen Ordenstracht unterbindet etwa im Fall Schwester Mariannes jegliche Form von strategischer Selbstinszenierung. So ist weder der visuelle Ausdruck persönlicher Originalität[19] noch eine durch die emotionale Stimmungslage bedingte bzw. *situations- oder kontextadäquate* Anpassung des eigenen äußeren Erscheinungsbildes möglich. Auch wenn Schwester Marianne sich nicht am ‚Spiel mit der Selbstinszenierung' beteiligt, so sind ihr doch die Semantiken der aktuellen visuellen Zeichencodes (vgl. Würtz und Eckert 1998), die impliziten Regeln der Selbstrepräsentation in den verschiedenen alltagsweltlichen Kontexten in denen sie sich bewegt, vertraut.

Die durch die Invariabilität der religiösen Kleidungspraxis bedingte, fehlende Adaptionsmöglichkeit an diese vestimentären Normen wirkt sich negativ bzw. verstärkend auf ihre subjektive Differenzwahrnehmung aus. So überkam sie beispielsweise an einem Jahrmarkt, unabhängig von den tatsächlichen Blicken oder Reaktionen der anderen Besucher, das dringende Bedürfnis diesen schnellstmöglich zu verlassen, da sie das Gefühl hatte „nicht dorthin zu passen" (I8: 628).

Die Feststellung, bzw. Bewertung der eigenen Differenz lässt sich, wie dieses Beispiel zeigt, nicht nur an konkreten Diskriminierungserfahrungen festmachen, sondern steht in Abhängigkeit zum wahrgenommenen Verhältnis zwischen

19 Abgesehen von dem an anderer Stelle besprochenen „farbigen Halstuch" (vgl. Kapitel 5.2.3).

effektiver und normativer Selbstinszenierung. Selbstobjektivierung und Selbstevaluierung finden also nicht nur im Blick oder angesichts der (diskriminierenden) Handlungen eines konkreten oder institutionellen Gegenübers statt, sondern orientiert sich maßgeblich an antizipierten gesellschaftlichen Erwartungen und Normen in den jeweiligen sozialen Räumen und den damit verwobenen Blickregimen einer Gesellschaft und letztlich an den diskursiven Prozessen, welche diese strukturieren. Wie Neckel bemerkt, kann sich:

> […] in Meads ‚generalisiertem Anderem', […] das Ich in der nur imaginierten Anwesenheit von Anderen (schamhaft) seiner Selbst bewusst werden, weil es nicht nur die Position des signifikanten, sondern auch die des generalisierten Anderen zu übernehmen vermag und diese Perspektivenübernahme im Empfinden und Handeln des Ichs nicht anders zu erklären ist, als durch die innere Repräsentation jener kulturellen Muster und normativen Erwartungen, durch welche sich das Ich sein eigenes Denken und Handeln in ähnlicher Weise zum Objekt seiner Bewertung machen kann, wie das Denken und Handeln anderer (Neckel 1991: 32).

Ob in konkreten Blicken oder in der Verinnerlichung diskursiver Positionen respektive Haltungen und Erwartungen des generalisierten Anderen findet über die Sichtbarkeit eine fremde Bemächtigung der Subjekte statt, die ihren Ausdruck in der ‚symbolischen Gewalt'[20] von Bewertungen und Klassifikationen findet. In der eigenen Übernahme von Fremddeutungen vermag das Selbstverständnis des Subjekts dieses auf stigmatisierende Weise zu reduzieren (vgl. Neckel 1991: 40) und führt zu Formen negativer Differenzwahrnehmung, Scham und der wechselseitigen Reproduktion von Ungleichheitsverhältnissen. In einer machttheoretischen Perspektive kann also mit Michel Foucault gesagt werden: „Derjenige, welcher der Sichtbarkeit unterworfen ist und dies weiß, übernimmt die Zwangsmittel der Macht und spielt sie gegen sich selber aus; er internalisiert das Machtverhältnis, in welchem er gleichzeitig beide Rollen spielt; er wird zum Prinzip seiner eigenen Unterwerfung" (Foucault 1981: 260). Zuschreibung und Identifikation sowie Selbst- und Fremdbewertung bzw. -positionierung können also nicht als unabhängige, sondern müssen als sich gegenseitig bestimmende Pro-

20 Die symbolische Gewalt oder Macht ist gemäß Pierre Bourdieu: „[…] eine Macht, die jedes Mal ausgeübt wird, wenn eine Macht […] in die Hände von Agenten gelangt, deren Wahrnehmungs- und Bewertungskategorien den Strukturen dieser Macht, oder genauer gesagt, ihrer Verteilung angepasst sind und die daher dazu neigen, sie als natürlich, als selbstverständlich wahrzunehmen und die ihr zugrunde liegende willkürliche Gewalt zu verkennen, sie also als legitim anzuerkennen" (Bourdieu 1991: 487).

zesse gedacht werden. Beispielhaft hierfür ist die bereits erwähnte Selbstbezeichnung Frau Güneys als „Fremde“ in Opposition zu „den Schweizern“, obwohl sie selber schweizerische Staatsbürgerin ist. In der Beschreibung von Differenzerfahrungen muss allerdings nochmals die Situations- und Kontextabhängigkeit betont werden. Die verschiedenen Klassifikationsachsen, entlang derer Differenz erfahren bzw. sichtbar gemacht wird, bilden keine essenziellen, und per se benachteiligenden Kategorien, sondern können, wie aufgezeigt werden konnte, ebenso als Ermächtigungsressourcen relevant werden. Letztlich geht es um Macht, und diese äußert sich nicht nur repressiv, unterdrückend und negativ, sondern auch produktiv, indem sie Wirklichkeit produziert (vgl. Foucault 1994: 249f).[21]

6.3 Strategien im Umgang mit Differenz (-Wahrnehmung)

Mit dem eingangs formulieren Forschungsfokus war auch die Frage verknüpft, inwiefern sichtbar gemachte religiöse Identität und die dadurch bedingte Differenzwahrnehmung zu Konflikten führen. Wie sich gezeigt hat, stehen generell nicht Konflikte im Zentrum des Umgangs mit visueller Andersheit. Vielmehr lässt sich eine Vielzahl von individuellen Strategien[22] beobachten, mit denen die Akteur/innen der Erfahrung von Differenz begegnen. Unter Strategie wird hier ein bewusst oder unbewusst stattfindendes Anstreben eines Ziels unter Berücksichtigung der verfügbaren Mittel und Ressourcen verstanden.

Die Strategien werden also als ‚Verhaltensweisen‘ oder als Reflexionen, begriffen, die objektiv auf ein Ziel ausgerichtet sind, bzw. als solches interpretiert werden können, ohne notwendigerweise das Ergebnis einer bewusst verfolgten ‚Taktik‘ der Akteur/innen zu sein. Die beschriebenen Strategien können somit

21 „Man muss aufhören, die Wirkungen der Macht immer negativ zu beschreiben, als ob sie nur ‚ausschließen‘, ‚unterdrücken‘, ‚verdrängen’, ‚zensieren‘, ‚abstrahieren‘, ‚maskieren‘, ‚verschleiern‘ würde. In Wirklichkeit ist die Macht produktiv; und sie produziert Wirkliches. Sie produziert Gegenstandsbereiche und Wahrheitsrituale: das Individuum und seine Erkenntnis sind Ergebnisse dieser Produktion“ (Foucault 1994: 249f).

22 Hier muss betont werden, dass keine abschließende Darstellung möglicher individueller Strategien im Umgang mit der Erfahrung sichtbarer religiöser Differenz angestrebt wird. Vielmehr geht es um eine explorative Erkundung diesbezüglicher strategischer Praktiken anhand des verfügbaren Datenmaterials.

sowohl die Folge bewusster Intentionen als auch das Produkt „praktischen Sinns", als „(Handlungs-)Strategien – ohne strategische Absicht" (vgl. Bourdieu 1993: 95f, generell bezogen auf den praktischen Sinn) verstanden werden. Die Strategien sind darauf ausgelegt, Dissonanzen, die sich aus Inkongruenzen zwischen Selbst- und wahrgenommener Fremdwahrnehmung und -positionierung und aus den beschränkten Anpassungsmöglichkeiten, die sich auf Grund der religiösen Kleidernormen ergeben, zu reduzieren, bzw. zu relativieren. Die Akteur/innen verfolgen mitunter verschiedene Strategien gleichzeitig oder alternativ. Diese werden dabei auf unterschiedliche Referenzpunkte gerichtet, zielen auf unterschiedliche Ebenen der Selbstvalidierung.

Einerseits werden sie:

1) *akteurszentriert*, im Sinne persönlicher Bewältigungsstrategien ausgetragen, arbeiten am persönlichen Umgang mit negativer Differenzerfahrung.

2) Die *referenzgruppen-orientierten* Strategien funktionieren unter Rückbezug auf eine jeweilige relevante Bezugsgruppe bzw. religiöse Gemeinschaft, für die die religiöse Kleidung als repräsentativ dargestellt bzw. wahrgenommen wird.

3) Andererseits werden nach außen gerichtete anerkennungspolitische Strategien wirksam, die als „Mikropolitiken" (Nökel 2004: 285) der Selbstrepräsentation sowohl in der direkten Interaktion, wie auf einer diskursiven Ebene Anerkennung einfordern, indem sie aktiv auf gängige gesellschaftliche Wahrnehmungsmuster und minorisierende bzw. benachteiligende Deutungsmuster und Repräsentationsregimes einzuwirken versuchen. Alle drei Formen zielen jedoch letztlich auf eine Aufrechterhaltung von Selbstanerkennung und *Handlungsfähigkeit*. Selbstanerkennung kann sich nur „in Strukturen der Anerkennung durch Andere entwickeln. Die Anerkennung durch Andere ist daher der Selbst-Anerkennung vorgelagert" (Mecheril 2004: 218).[23] Wie Charles Taylor herausarbeitete, muss Anerkennung in gegenwärtigen Gesellschaften auf persönlicher wie gesellschaftlicher Ebene erworben werden, und insofern ist sie prekär geworden (vgl. Taylor 1993). Somit sei uns der Diskurs der Anerkennung in doppelter Weise geläufig geworden: erstens in der Sphäre der persönlichen Beziehungen, wo wir die Ausbildung von Identität und Selbst als einen Prozess begreifen würden, der sich in einem fortdauernden Dialog und Kampf mit signifikanten Anderen vollzieht; zweitens in der öffentlichen Sphäre, „wo die Politik der gleichheitlichen Anerkennung eine zunehmend wichtigere Rolle spielt" (vgl. ebd.: 27). Anerkennung

23 „Missachtungsformen wie Vergewaltigung oder Misshandlung als Gegenteil emotionaler Zuwendung, Entrechtung und Ausschließung als Gegenteil kognitiver Achtung sowie Entwürdigung und Beleidigung als Gegenteil sozialer Wertschätzung verhindern die Ausbildung respektvoller Selbstbeziehungen" (Mecheril 2009: 4).

umfasst dabei immer zugleich das Moment der *Identifikation* und das der *Achtung*[24] (vgl. Mecheril 2004). Ähnlich versteht Johanna Schaffer (in Anlehnung an Iris Marion Young und Judith Butler) Anerkennung als „persönliches Gut, das als Produkt und Prozess gesellschaftlicher Strukturen und Dynamiken zwei verflochtene Dimensionen ausdrückt“ (Schaffer 2008: 20). Zum einen versteht sie darunter die „Grundlage für die Lesbarkeit und Verstehbarkeit spezifischer Subjektpositionen – im Sinne von Erkennbarkeit“ (ebd.). In diesem Fall wird die „Wirklichkeit und Wahrhaftigkeit dessen, was anerkannt wird“, garantiert. Zum anderen verbindet sie Verhältnisse der Anerkennung mit der Belehnung mit Wert. Ich übernehme hier das beschriebene Verständnis des Anerkennungsbegriffs, da es mir im Hinblick auf die expliziten und impliziten anerkennungsbezogenen Ziele der Akteur/innen als hilfreich erscheint.

Zugleich möchte ich aber auf die dem Begriff inhärente Ambivalenz hinweisen. Diese besteht, vereinfacht ausgedrückt, darin, dass Identität nur durch die Anerkennung durch andere erlangt werden kann, dass diese ‚Anerkennung-als-…‘ aber zugleich auch immer eine *Festschreibung* durch eine Außendefinition bedeutet. Anerkennung ist also zugleich subjektkonstituierende Machtausübung und ermächtigende Subjektkonstitution (vgl. Butler 2003). Der Prozess des Anerkennens hat somit eine konstative und eine konstitutive Dimension, einen untrennbaren Zusammenhang von „Bestätigung und Stiftung“ (Düttmann 1997: 52). Der Philosoph Alexander García Düttmann betont, „dass sich das Anerkennen in eine voraussetzende Bestätigung und in eine entwerfende Stiftung des Anzuerkennenden spaltet“ (ebd.).

Gerade weil Anerkennung suggeriere, dass es um ein Bestätigungsgeschehen von etwas ginge, das dem Akt der Bestätigung voraus läge, wird übersehen, dass das, was anerkannt wird, zuerst durch andere gestiftet wird. Gerade durch diesen „doppelten Zug“ (ebd.) werde dem Theorem der Anerkennung seine vermeintliche Harmlosigkeit geraubt. Beim Anerkennen handle es sich um ein widersprüchliches Geschehen von (Wieder) Erkennen und Verkennen. In dem der Andere in der Anerkennung vermeintlich erkannt bzw. wiedererkannt (Bestätigung) wird, wird er *verkannt*, weil ihn der Akt der Anerkennung (qua Stiftung) erst hervorbringt und dadurch auf etwas festlegt, das er nicht ist (vgl. Ricken und Meyer-Drawe 2009). Düttmanns Schlussfolgerung mündet in der paradoxen

---

24 Anerkennung beschreibt, so Mecheril, eine Art von Achtung, die auf einem Zur-Kenntnis-Nehmen gründet. Jemanden zu achten, bedingt, ihn oder sie zunächst erkannt zu haben. Jeder Prozess der identifizierenden Wahrnehmung einer Person leitet dann zu der Frage über, ob der/die Identifizierte auch respektiert werden soll und kann (vgl. Mecheril 2009: 4).

Aussage: dass also Anerkennung *weder* gelingt *noch* misslingt (vgl. Düttmann 1997: 160).

Die individuellen Strategien im Umgang mit visueller Differenz zielen also, wie oben bereits angesprochen wurde, nebst der Aufrechterhaltung der individuellen Handlungsfähigkeit auf unterschiedliche Referenzpunkte der Selbstanerkennung, wobei die beiden letztgenannten (referenzgruppenorientierte, und diskursive Strategien) auf das Wechselverhältnis von Selbst(an)erkennung und (An)Erkennung durch Andere anspielen.

6.3.1 Akteurszentrierte Strategien

Die akteurszentrierten Strategien zielen in erster Linie auf eine unmittelbare Reduktion subjektiv empfundener Fremdheitsgefühle oder eine Aufrechterhaltung der eigenen Handlungsfähigkeit in konkreten (Interaktions-)situationen und Kontexten. Sie können sich in Vermeidungsformen, als ‚Strategien der Unsichtbarkeit', wie Schwester Mariannes selektiver Rückzug aus öffentlichen Interaktionssituationen oder *passing*-Strategien[25], in diesem Fall einer vorübergehenden, situativen Anpassung an gesellschaftliche, vestimentäre Normen äußern. Herr Singh, Geshe Do, Herr Wyler und auch Frau Güney erwähnten Situationen, in denen sie zur Vermeidung visueller Differenz und deren emotionaler und/oder handlungsbeschränkender Folgen auf ihre religiöse Kleidung verzichten. So zeigt sich Geshe Do in T-Shirt und Shorts am (australischen) Strand, um nicht mit unangenehmen Blicken und despektierlichen Äußerungen konfrontiert zu werden, während Herr Wyler den Eishockeymatch im Sweatshirt besucht, um körperlichen Übergriffen und verbalen Anfeindungen zu entgehen. Herr Singh legt sich für die Arbeitssuche einen Kurzhaarschnitt zu, um seine Chancen auf dem Arbeitsmarkt zu erhöhen, und Frau Güney verzichtet während des Praktikums auf das Tragen des Kopftuches, da sie einen Ausschluss aus der Schule verhindern möchte.

Die ‚Strategien der Unsichtbarkeit' führen zwar auf der Ebene der sozialen Interaktion zu einem Spannungsabbau, indem sie visuelle Differenz vermeiden bzw. nivellieren, aber die Spannungen werden nicht aufgelöst, sondern nur verschoben, da sich daraus ‚religiöse Widersprüche' und Authentizitätsverlust ergeben (können). Eine Möglichkeit, dem zu begegnen, ist die individuelle Resignifizierung bestehender (religiöser) Deutungsmuster, wie etwa im Fall Frau Gü-

25 Gemäß Sollors meint *passing* das Überschreiten einer Grenze, welche soziale Gruppen trennt. („[…] passing may refer to as the crossing of any line that divides social groups") (Sollors 1997: 247).

neys, die über ihre kognitive Auseinandersetzung mit dem Islam zu einem größeren Deutungs- und Handlungsspielraum im Umgang mit problematischen Erwartungen von außen gelangte (vgl. Kapitel 5.1.1).

Eine weitere akteurszentrierte Strategie, besteht im bewussten Ignorieren von Differenz- oder Diskriminierungserfahrungen, wobei eine emotionale Distanzierung angestrebt wird. Emotionale Irritation wird in Irrelevanz überführt. Frau Güney erreicht dies paradoxerweise gerade durch absichtliche visuelle Exposition in Kontexten, in denen sie sich fremd fühlt, um dieses Gefühl zu überwinden. Eine vergleichbare Strategie emotionaler Distanzierung verfolgt Schwester Marianne, indem sie über Spott und Beleidigungen lacht.

Während es sich bei Schwester Marianne hier um eine individuelle Strategie handelt, scheinen Humor und Selbstironie (das Erzählen von Witzen, welche die sichtbare Differenz orthodoxer Juden zum Thema nehmen) bei Herrn Wyler auf einer kulturellen, kollektiv-routinierten Bewältigungsstrategie zu beruhen. Sie verweist auf eine lange Tradition der Marginalisierung, auf die sich Herr Wyler verschiedentlich beruft. Salcia Landmann bemerkte in ihrer soziologischen Auseinandersetzung mit dem ‚jüdischen Witz', dass sich der Anspruch, den die Religion an Juden stellte und die Realität, der sie ausgesetzt waren, nie deckten, so dass sie darauf angewiesen seien, in Form von Humor „Spiegelgefechte mit der Wahrheit zu führen" (Landmann 1960: 10).

6.3.2 Referenzgruppen-orientierte Strategien

Die Frage nach sozialer Anerkennung hat, so Mecheril et al. (1997), unter den Bedingungen der Moderne an Bedeutung gewonnen. Neu ist dabei nicht das Bedürfnis nach Anerkennung, sondern vielmehr, „dass wir in Verhältnissen leben, in denen das Streben nach Anerkennung scheitern kann" (Taylor 1993: 24).[26] Vor diesem Hintergrund erweist sich die Stärkung und Sicherung der Kontexte sozialer Zugehörigkeit von Individuen als sinnvoll (vgl. Mecheril et al. 1997).

Referenzgruppen-orientierte Strategien zielen auf eine affirmative Selbstwahrnehmung im Kontext sozialer Zugehörigkeit. Der Bezugsrahmen der Selbstanerkennung wird dabei auf soziale Zuordnungsräume verlagert, in denen die eigenen visuellen Repräsentationspraktiken nicht Alterität zum Ausdruck bringen, sondern im Einklang mit den Erwartungen stehen. Statt Differenz wird gegenseitige Anerkennung und Gleichheit erfahren.

26 Dies im Gegensatz zu traditionellen Gesellschaften, in denen Anerkennung durch vorgegebene Rollen und normalbiographische Schnittmuster vorgegeben ist (vgl. Keupp 2004).

Diese Erfahrung von Wertschätzung, Akzeptanz und Gleichheit an der Stelle von Differenz und Missachtung unterstützt dabei die Aufrechterhaltung einer respektvollen Selbstbeziehung. Zugleich wird das religiöse Weltbild, das als normative Grundlage der Kleidungspraxis dient, durch den verstärkten Bezug auf die Referenzgruppe objektiviert und reproduziert. Ein solcher Rück(be)zug auf die Gemeinschaft oder jeweilige In-group, kann effektiv erfolgen oder imaginär.

So zieht sich Schwester Marianne regelmäßig in die Gemeinschaft des Klosters zurück. Die visuelle Uniformität innerhalb der Klostermauern empfindet sie, verglichen mit der „Exotik" ihres visuellen Auftritts im öffentlichen Raum als entlastend und vermittelt ihr ein Gefühl von Geborgenheit. Zugleich erfährt sie innerhalb der klösterlichen Gemeinschaft eine Bestätigung ihres christlichen Selbstverständnisses, was sie angesichts der zunehmend als bedrohlich empfundenen religiösen und kulturellen Pluralisierung ihrer Umgebung und den Anflügen von Zweifel in ihrer Identität als Ordensfrau als entlastend empfindet. Idealerweise gewährleistet die Referenzgruppe auch auf einer ästhetischen Ebene ähnliche Wahrnehmungs- und Beurteilungsschemata, so dass die Kleidungspraxis nicht nur moralisch-religiösen Kriterien standhält, sondern auch als schön und angemessen empfunden wird.

Um der Erfahrung von Differenz zu entgehen, findet also ein Rückgriff auf affirmative soziale Kontexte der Zugehörigkeit statt. Die visuelle Erscheinung wird hier nach ‚internen' Kriterien bewertet, während externe Beurteilungsmaßstäbe nach Möglichkeit ausgeblendet werden bzw. ihnen die Gültigkeit abgesprochen wird. Dies erfordert und bewirkt zugleich eine Stärkung sozialer Zugehörigkeit und Kohäsion, was zu einer sozialen Schließung (Isolation), der Stabilisierung bestehender Gruppengrenzen führen kann. Dies zeigt sich etwa in Herrn Wylers Fall in Form einer Strategie des kollektiven, konservierenden Rückzugs, einer weitgehenden Beschränkung sozialer Transaktionen auf die unmittelbare Referenzgruppe, welche einen konkreten Personenkreis, eine Gemeinschaft umfasst, in der „die Tradition" möglichst ungebrochen geteilt, reproduziert und tradiert wird. Dadurch soll die als bedroht wahrgenommene Tradition vor einer Infragestellung, Verwässerung und Auflösung bewahrt werden.

Diese Beobachtung bestätigt sich u. a. in den Untersuchungen Solomon Polls zu den chassidischen Gemeinschaften in Williamsburg (New York). Er stellte einen Zusammenhang zwischen sozialer Kontrolle und den Überlebensaussichten der Gruppe fest. „The most salient features included isolation from the external society; emphasis on conformity with status related to religiosity, symbolized by clothing status markers; a powerful rabbinical organization and rigorous sanctions to insure conformity to norms" (Poll 1962: 74).

Die Kleidungspraxis steht hier auch aus emischer Sicht in besonderem Maß für soziale Kontrolle und die Aufrechterhaltung symbolischer Grenzen. Auch in diesem Zusammenhang orientiert sich die Bestimmung des Innens am Außen. Einerseits fungiert die soziale Umwelt als konstituierendes Außen, gegenüber dem das Innen seine Kontur (aufrecht-)erhält und andererseits, in Form des „generalisierten Anderen" (vgl. Mead 1934) als Spiegelbild, das indirekt zur Kontrollinstanz des eigenen ethisch-religiösen Verhaltens erhoben wird. Durch die Augen der anderen wird man daran erinnert, wer/wie man sein will bzw. *nicht* sein will. Auch wenn eine starke Abgrenzung des Eigenen gegen außen stattfindet, so befindet sich dieses Eigene doch zugleich in einer essenziellen und konstitutiven Abhängigkeit von diesem Außen.

Dabei muss beachtet werden, dass die jeweils relevante Referenzgruppe, mit der Gleichheit postuliert und aus der Selbstanerkennung bezogen oder erwartet wird, nicht festgelegt ist, sondern in Abhängigkeit von den jeweiligen Erfordernissen und Interessenslagen einer bestimmten Situation oder eines Kontexts variieren kann (vgl. Kapitel 6.1.2.5).

Als Beispiel kann hier nochmals Schwester Marianne angeführt werden. Transnationale Bewegungen und religiöse und kulturelle Pluralisierungstendenzen im Rahmen der Globalisierung führen in ihrem Erfahrungshorizont zu einer Situation, in der sie sich als minorisiert wahrgenommen fühlt. Eine Strategie, dem zu begegnen ist es, mittels kategorialer Grenzverschiebungen ihres sozialen Zuordnungsraumes kulturelle Mehrheit zurückzugewinnen, was sich u. a. darin zeigt, dass sie die Tracht argumentativ über das religiöse Zeichen (katholisch-christlicher und klösterlicher Zugehörigkeit) hinaus zum sichtbarem Marker kultureller bzw. nationaler Identität erhebt (vgl. Kapitel 6.2.7).

Diese quantitative Ausdehnung der relevanten Vergleichsgruppe findet auf einer imaginären Ebene statt. Es handelt sich um eine narrative Selbst-Verortungen im Sinn eines reflexiven Herstellungsprozesses sozialer Positionierung und kollektiver Zuordnung. Statt sozialer Schließung kann es bei den referenzgruppen-orientierten Strategien also auch zu einer Öffnung kategorischer Grenzen kommen.

6.3.3 Diskursive Strategien

Die diskursiven Strategien fordern Anerkennung auf einer gesellschaftlichen, respektive diskursiven Ebene. Sie setzen an bestehenden Repräsentations- bzw. Blickregimes, sowie Deutungs- und Bewertungsmustern an und versuchen diese zu transformieren. In diesem Sinn handelt es sich um anerkennungspolitische Strategien. Diese sind aber nicht auf einer Makroebene anzusiedeln, sondern operieren als alltagsweltliche Mikropraktiken unter Einsatz verbaler, visueller (vestimentärer), räumlich-kontextueller und zeitlicher Mittel.

Letztlich geht es dabei auch um eine Arbeit an den „Verhältnissen der Anerkennung“ (Schaffer 2008: 20), also eine Arbeit an den Mechanismen der Verteilung von Anerkennung. Diese ist, normengeleitet und differentiell produziert, was heißt, dass bestimmte Identitäten bzw. Subjektpositionen, Lebensverhältnisse und Wissenskontexte anerkannt werden, während andere aus den jeweils gültigen Rastern der Anerkennung herausfallen (vgl. ebd.). Daher gehe es bei macht- und herrschaftskritischen Kämpfen um Anerkennung nicht allein um die Anerkennung *als etwas Bestimmtes* (einer bestimmten Identität), sondern um eine Arbeit am *gesamten Feld der Normen*, die bestimmen, was jemanden anerkennbar mache und was nicht (vgl. Schaffer 2008: 20).

Die Kämpfe um Anerkennung seien dabei, so schreibt Schaffer in einer feministisch-marxistisch beeinflussten Terminologie weiter, nicht schlicht Kämpfe um Privilegienverteilung, sondern Kämpfe um bestimmte Gewaltformen. Denn „nicht echt“, „nicht wirklich“, „unwahr“ genannt zu werden, sei nicht nur eine Form der Unterdrückung, sondern eine Form der „entmenschlichenden Gewalt“ (ebd.), die sich über den Status, oder besser Nicht-Status der Unlesbarkeit herstelle. „Dabei meint Lesbarkeit (auch) eine Lesbarkeit zu den jeweils eigenen Bedingungen. Eine Intelligibilität, Lesbarkeit, Sichtbarkeit, die dem entspricht, wie eine/r gelesen werden möchte“ (Schaffer 2008: 20).

Um eine Lesbarkeit nach eigenen Bedingungen zu gewährleisten, sprich, im konkreten Fall nicht als Taliban wahrgenommen zu werden, wählte Herr Singh einerseits die Strategie gezielter, verbaler Wissensvermittlung in konkreten Interaktionssituationen, indem er sich nach Möglichkeiten aktiv um Aufklärung über die Religion der Sikhs bemüht. Ebenfalls über verbale Interaktion versucht auch Herr Wyler den Vorurteilen und Vorbehalten gegenüber dem orthodoxen Judentum zu begegnen, indem er in konkreten Situationen immer wieder den Dialog sucht. Mehr Wissen über ihre Religionsgemeinschaft, Wissen, das über die visuelle Zur-Kenntnisnahme und vorreflexive Beurteilungen hinausgeht, so die zugrunde liegende Annahme, begünstige deren Akzeptanz. Differenz soll hier nicht aufgehoben, nicht verwischt werden. Im Gegenteil – Differenz wird befürwortet. Es wird vielmehr eine Monosemierung von Deutungen und Beurteilungen angestrebt. Differenz, die eigene Kleidungspraxis, soll *verstanden*, in Übereinstimmung mit Selbstkonzeptionen eingeordnet und vor diesem Hintergrund (positiv) bewertet werden. Bei Herrn Singh steht dabei die Lesbarkeit im Sinn von Identifizierbarkeit der eigenen religiösen Identität im Vordergrund, was er als ausreichende Bedingung für eine Belehnung mit Wert voraussetzt, da er „den Schweizern“ grundsätzlich eine fremdenfreundliche Haltung unterstellt. Herr

Wyler hält ebenfalls an der Differenz fest. Ihm geht es vor allem um Respekt und die Aufrechterhaltung seiner Handlungsfähigkeit im praktischen Alltag. Was er fordert, ist eine Toleranz im schwachen Sinn (vgl. Plüss und Portmann 2011) also eine Akzeptanz, die auf einem ‚Leben lassen' beruht und nicht zwingend ein aktives Interesse oder Wertschätzung einfordert.

In den Fallbeispielen zeigen sich weitere diskursive Strategien, die nicht auf verbale Kommunikation setzen, sondern mit visuellen, räumlichen und zeitlichen Komponenten operieren. Die gezielte visuelle Darstellung der spezifischen Kleidungspraxis ist dabei ein gängiges strategisches Mittel, mit dem Anerkennung in ihren verschiedene Facetten und Bezügen zu Differenz visiert wird. Der Differenz, die sich über Sichtbarkeit konstituiert, wird dabei auch mit *Sichtbarkeit* begegnet.

Über eine Strategie bewusster Exotisierung von Differenz wird diese im Fall von Herrn Singh positiv aufgeladen. Seine akzentuiert traditionalistische Kleidungspraxis bei den von ihm organisierten Bollywood Partys verweist auf eine Form der Selbstinszenierung, die kulturelle Differenz betont ästhetisiert. Anerkennung wird hier nach seinem Verständnis über das musikalische und vestimentäre Zelebrieren und somit über die Betonung kultureller Differenz erworben.[27] Durch die Erzeugung und Gestaltung affirmativer Rezeptionskontexte mit eigenen impliziten Regeln der Selbstdarstellung (Organisation von Bollywood Partys und Tanzkursen) operiert Herr Singh hier nicht nur mit visuellen, vestimentären, sondern darüber hinaus mit räumlich-kontextuellen Gestaltungsfaktoren. Durch die gezielte Exotisierung seines Auftretens nimmt er die Definitionsmacht, sich selbst als das Andere zu bestimmen, an sich und beeinflusst durch die Kontextualisierung Beurteilungen zu seinen Gunsten.

Ebenfalls mit visuellen und räumlichen Mitteln verfolgt Frau Güney verschiedene diskursive Strategien. Durch die bewusste Exposition ihrer sichtbaren Differenz strebt sie auf einer gesellschaftlichen Ebene eine Anerkennung ihrer religiösen Identität und den Abbau von Vorurteilen an. So erhofft sie sich, dass die größere sichtbare Präsenz verhüllter muslimischer Frauen über Gewöhnung zu einer zunehmenden Akzeptanz führt. Gleichzeitig will sie mit ihrer performativen Selbstdarstellung als moderne muslimische Frau dazu beitragen, das aus ihrer Sicht vorherrschende Bild der unterdrückten muslimischen Frau zu bekämpfen.

27 Als positiv konnotierte Interaktionsplattformen, nutzt er diese Veranstaltungen auch als Orte der verbalen Wissensvermittlung in Bezug auf den Sikhismus und die religiöse Bedeutung des Turbans.

Ja, auf jeden Fall besteht das Vorurteil: Unterdrückung usw. Dass muslimische Frauen vieles nicht machen können, was andere machen. Oder was Männer machen. Und eben darum, aus diesem Grund mache ich eigentlich auch alles. Ich gehe [mit dem Kopftuch, Anm.: J.G.] überall hin, an Konzerte usw. Dass sie auch sehen; ‚Aha! Solche Leute kommen auch hierher! Also sie machen doch alles' (I5: 227-231).

Mittels visueller Praktiken arbeitet sie hier an bestehenden Blickordnungen und versucht zugleich aktiv stereotype gesellschaftliche Zuschreibungspraktiken umzuarbeiten. Neben visuellen werden dabei auch räumliche bzw. kontextuelle Faktoren miteinbezogen – allerdings nicht wie im Fall Herrn Singhs über die aktive Erzeugung, sondern über selektives Aufsuchen bestimmter Kontexte für die strategische Selbstinszenierung. Was zulässige Sichtbarkeiten im öffentlichen Raum betrifft, kann von einer normativen Heterogenität ausgegangen werden. In den verschiedenen sozialen Räumen herrschen unterschiedliche implizite Regeln, nach denen Anerkennung verteilt wird (vgl. Lofland 1973, vgl. Kapitel 6.1.2.3).

Durch gezielte Exposition visueller Differenz in ausgewählten Räumen mit je spezifischen Regeln bezüglich legitimer sichtbarer Selbstrepräsentationen wird nicht nur die Gültigkeit dieser Regeln in Frage gestellt, sondern die differenten herausfordernden Zeichen selbst erfahren durch ihre Rekontextualisierung Bedeutungsverschiebungen. Durch die iterative Wiederholung (vgl. Deleuze 1992) dieser räumlich und visuell operierenden Praktiken wird eine kontinuierliche Einschreibung dieser Resignifizierungen in bestehende Blickordnungen ‚angestrebt' (zeitliche Dimension). Unter „Iterabilität" wird die differenzierende Wiederholung verstanden, also die Tatsache, dass keine Wiederholung absolut identisch sein kann, sondern sich immer Verschiebungen ergeben, „verschiebende Verzeitlichungen" (Moebius 2009: 436), die Jacques Derrida mit dem Kunstwort „différance" bezeichnete.

Von dieser Annahme ausgehend ergibt sich die Möglichkeit, dass die „repetitiven Praktiken mit ihren vorangegangenen Kontexten, kulturellen Codes oder symbolischen Strukturen brechen oder diese verschieben. Das bedeutet auch, dass diese Kontexte oder Strukturen selbst höchst instabil und dezentriert sind, da sie jederzeit durch die Andersheit in der Wiederholung „gefährdet" werden" (ebd.: 436).[28]

28 Auch gemäß Judith Butler (1991) können in der Wiederholung bestehende Normen zugleich aufgebrochen werden. Performative Äußerungen können demnach „Wiedereinschreibungspraktiken und Resignifizierungen erfahren, die über den Kontext ihres früheren Gebrauchs hinausgehen und mit den konventionellen Bedeutungen und Be-

Es geht Frau Güney bei der bewussten Performanz visueller Disparität nicht um eine Betonung oder Markierung von (kultureller/kategorialer) Differenz, sondern im Gegenteil um eine sichtbare Demonstration der prinzipiellen Vereinbarkeit und ein kontinuierliches Ineinanderarbeiten der verschiedenen kulturellen Zuordnungsräume. Über die wiederholte visuelle Exposition von Differenz in den verschiedenen sozialen Räumen beansprucht sie zugleich das Recht auf Zugehörigkeit, Gleichheit und Gleichwertigkeit.[29] Somit lässt sich in ihrer Kleidungspraxis nicht nur eine Strategie (mit dem Ziel) der Verschiebung und der Transformation bestehender gesellschaftlicher Deutungs- und Beurteilungsmuster erkennen, sondern diese ,*zielt*' darüber hinaus auf eine Normalisierung bzw. Dekonstruktion von Differenz und setzt damit direkt an gesellschaftlichen Mechanismen der Differenzproduktion an.

Gleichzeitig hält sie den Anspruch auf visuelle Differenz aufrecht, bezieht diese aber auf das Individuum im Sinn aufwertender, persönlicher Originalität, in Abgrenzung zu abwertender kategorialer und essenzialisierender (kollektivierter) Differenz. Über gezielte individuelle Distinktion verfolgt sie somit auch eine Strategie der De-Essenzialisierung, bzw. Individualisierung von Differenz. Mit einer explizit auf die Betonung persönlicher Individualität ausgerichteten Kleidungspraxis entzieht sie sich somit fixen Selbst- bzw. Fremdzuschreibungen. „Ich bin da speziell und dort speziell" (FB5: 649). Durch die Betonung ihrer Einzigartigkeit mittels Kleidung grenzt sie sich visuell gleichzeitig vom schweizerischen wie von ihrem türkischen Herkunftskontext ab und verfolgt damit eine

deutungsstrukturen brechen" (Moebius 2009: 436). Dies sei deshalb möglich, weil die Strukturen, symbolischen Ordnungen und kulturellen Codes, die durch zitathafte Praktiken wiederholt werden [...] weder eindeutige Anweisungen noch einen völlig festgelegten Sinnkern oder ein Zentrum aufweisen, sondern in sich schon mehrdeutig seien. Butler versteht unter „Politik der Performativität" diejenigen Verschiebungspraktiken, die sich traditionell, normierende und strukturierende Begriffe, Verhaltensschemata und Körperpraktiken für andere Zwecke „falsch" aneigneten, sie falsch zitierten und sie in der Wiederholung anders resignifizierten, um sie auf diese Weise den vorangegangenen Strukturen zu enteignen (vgl. ebd.: 436, Butler 1991).

29 Vgl. dazu auch Reuter (2009: 197). Als Austragungsort der „zwischen den Polen (Recht auf) Gleichheit und (Recht auf) Alterität oszillierenden Anerkennungskämpfen" beschreibt sie das Rechtssystem. Ihren Beobachtungen zufolge lässt sich in Frankreich wie in Deutschland eine Tendenz zur ,Verrechtlichung' bzw. zur ,Vergerichtlichung' religiöser Anerkennungskämpfe von Migrant/-innen beobachten. „Gerichte sind zu Bühnen einer neuartigen öffentlichen Inszenierung und kontroversen Mobilisierung von Religionen geworden" (Reuter 2009: 197).

Strategie, nach der sie aus eigener Sicht weder in die eine noch die andere Kategorie einzuordnen ist. Differenz soll hier auf das Subjekt, auf die individuelle Körperlichkeit rückbezogen und anerkannt werden und nicht eine Kategorisierung zum Ausdruck bringen bzw. hervorrufen. Ihre visuelle Strategie zielt, im Gegensatz zu der von Martin Steiner und Herrn Wyler, auf eine potenzielle Öffnung von Deutbarkeit, also auf Mehrdeutigkeit. Individuelle Differenz wird in diesem Fall positiv konnotiert, und die Irritationen, die sie auf einer ästhetischen Ebene auslöst, das damit verbundene beachtet- bzw. beobachtet werden, wird unter diesem Vorzeichen zur Quelle der Selbstachtung.

Ähnlich verhält es sich auch im Fall von Herrn Steiner, der über die Inszenierung von individueller Differenz, verstanden als Einmaligkeit, Individualität und persönlichen Stil, Anerkennung einfordert. Auch Schwester Marianne rekurriert auf gezielte visuelle Exposition als diskursive Strategie. Es geht ihr aber nicht vorrangig um eine Transformation bestehender Repräsentationsregimes, sondern um die Verteidigung der allgemeinen Gültigkeit eines religiösen bzw. kulturellen Deutungsanspruchs. Sie versteht die visuelle Selbstrepräsentation ihrer religiösen Identität u. a. als sichtbaren Verweis auf das Christentum, in einer als zunehmend von religiösem und kulturellem Pluralismus geprägten Umgebung. Angesichts der wahrgenommenen Bedrohung, dass das Fremde das Eigene verdränge, gewinnt das sichtbare Postulat einer christlichen Gesinnung in den Augen Schwester Mariannes stark an Bedeutung. „Ich denke, am Schluss lassen wir uns überrollen […] von allen, einfach, weil wir gar nicht mehr zu unserer christlichen Kultur stehen“ (I8: 706-708). Unter dieser Voraussetzung versteht sie die Erfüllung ihres karitativ-sozialen Auftrags als visuell erkennbare christliche Ordensfrau „draußen“ in der Gesellschaft als „Botschaft“, die aktiv und sichtbar eine Wahrung bzw. Re-Etablierung christlicher Werte und Kultur propagieren soll. Die Sichtbarkeit respektive visuelle Exposition religiöser Identität und religiös motivierten Wirkens bekommt in diesem Zusammenhang einen appellativen Charakter und zielt letztlich darauf, bestehende, bzw. als im Schwinden begriffen wahrgenommene Verhältnisse der Bedeutungsproduktion und der Verteilung von Anerkennung aufrecht zu erhalten.

Die diskursiven Strategien setzen also bei gesellschaftlichen Wahrnehmungs- und Beurteilungsmustern an. Sie greifen direkt in gängige Blick- und Repräsentationsregimes ein und suchen diese zu transformieren. Zusammenfassend können aus den dargestellten anerkennungspolitischen Strategien folgende zueinander in Beziehung stehende Funktionen herausgearbeitet werden:

- Ein Durchbrechen stereotyper gesellschaftlicher Zuschreibungspraktiken und ein aktives Eingreifen in diskursive Prozesse der Bedeutungsproduktion.

Dies kann sich im Wunsch nach einer ,Monosemierung' bzw. nach einer Durchsetzung einheitlicher (eigener) Deutungen (Lesbarkeit nach eigenen Bedingungen) äußern, oder aber – im Gegenteil – auf eine semantische Öffnung, Ver-Uneindeutigung, die Überwindung von Festlegungen auf individueller und kollektiver Ebene zielen.

- Eine Hinterfragung und Umarbeitung räumlicher Konventionen, die zulässige Sichtbarkeiten regulieren.
- Eine Bearbeitung der Erzeugungsmechanismen von Differenz, indem bestehende respektive imaginierte symbolische und soziale Grenzen (*boundaries*) stabilisiert, überschritten, verschoben oder aufgelöst (Normalisierung/Dekonstruktion von Differenz) werden.
- Die Beeinflussung wahrgenommener Machtbeziehungen und damit der eigenen sozialen Position bzw. der eigenen Positionalität.

Die genannten Strategien mögen teilweise widersprüchlich erscheinen, machen jedoch im Lebensvollzug der Akteur/innen Sinn, indem sie dazu beitragen, mit negativ empfundener Differenzwahrnehmung einen Umgang zu finden, bzw. ihr nicht hilflos ausgesetzt zu sein. Durch diese Strategien wird Selbstanerkennung und Handlungsfähigkeit bei gleichzeitiger Wahrung des Gefühls von Kohärenz, Authentizität und Sinnhaftigkeit trotz der Erfahrung von Differenz aufrecht erhalten. Bemerkenswert ist dabei insbesondere die prominente Rolle gezielt eingesetzter Visualität als strategisches Mittel.

Verschiedene Strategien werden gleichzeitig oder alternativ verfolgt. Akteurszentrierte Ausprägungen zeigen sich bei allen Protagonist/innen. Welche Strategien jeweils konkret bevorzugt werden, hängt von verschiedenen Faktoren ab. Einerseits ist entscheidend, inwiefern sie von den Akteur/innen in einer jeweiligen (Lebens-)Situation als Erfolg versprechend beurteilt werden. Auch verfügbare Ressourcen[30] spielen eine Rolle. Die Strategie des *passings*[31] beispielsweise erfordert im konkreten Fall die Kenntnis der gängigen vestimentären Codes in den jeweiligen sozialen Kontexten. Ob, und inwiefern diskursive Strategien verfolgt werden, hängt davon ab, wie die Akteur/innen ihr Verhältnis zur Gesellschaft und ihre jeweilige soziale Position darin wahrnehmen und wie sie meinen oder wünschen diese beeinflussen zu können. Wie Bourdieu beobachtete, nehmen die Akteur/innen als sozialisierte Körper dem sozialen Raum gegen-

---

30 Hier sind keineswegs nur ökonomische Ressourcen gemeint, sondern im Sinne von Bourdieus Kapitalverständnis auch kulturelle, soziale und symbolische.

31 Das Überschreiten sozialer Gruppengrenzen (vgl. Kapitel 6.3.1), im konkreten Fall mittels Anpassung der Kleidungspraxis an vorherrschende Normen.

über Standpunkte ein, „die – häufig Ausdruck ihres Willens zu seiner Veränderung oder seinem ursprünglichen Erhalt – von den Positionen abhängen, die sie darin einnehmen“ (Bourdieu 1982: 277). Geshe Do beispielsweise ist nicht an einer Veränderung der gesellschaftlichen Wahrnehmung seiner Person bzw. seiner Referenzgruppen interessiert, da er diese bereits sehr positiv taxiert. Anerkennung ist in diesem Fall gegeben.

Die Akteur/innen greifen bei der Anwendung individueller Strategien, sowohl in Bezug auf die angestrebten ‚Ziele‘, wie bei der ‚Wahl der Mittel‘, auf das ihnen jeweils als naheliegend, angemessen und erstrebenswert Erscheinende zurück. Grundlegend dafür ist der praktische Sinn der bezogen auf konkrete Handlungssituationen und geprägt von den jeweiligen ‚Dispositionen‘ der Akteur/innen ‚Entscheidungen‘ [leitet]“ (Bourdieu 1993: 122), ein „Gespür für Platzierung“ (Bourdieu 2001: 274) und für „Vereinbares und Unvereinbares“ (Bourdieu 1993: 29) bereitstellt.[32] Intendierte Selbstpositionierungen, bzw. welche soziale oder symbolische Position jemand anstrebt, ist u. a. abhängig von impliziten (habituell geprägten) Konzeptionen von Anerkennung, Zugehörigkeit und Differenz. In dieser Hinsicht lassen sich bei den Fallbeispielen voneinander abweichende Auffassungen und Wertungen herauslesen.

Beispielsweise hat Frau Güney die ‚moderne‘ Idee individualisierter Identität/Differenz (Individualisierungsideal) übernommen und verinnerlicht. Aus ihren Praktiken und Argumentationen lässt sich auf ein Ideal einer liberalen, transkulturellen Gesellschaft schließen, die sich dadurch auszeichnet, dass Differenz vorrangig am Individuum festgemacht, alle trennt und zugleich in ihrer individuellen Verschiedenheit als übergreifende Gemeinsamkeit verbindet. Ästhetisch orientiert sie sich an den modernen Musliminnen, eine Kategorie, die jedoch hochgradig flexibilisiert ist und kaum soziale Verbindlichkeiten mit sich bringt. Indem sie sich weitgehend von ihrer religiösen Gemeinschaft als (kollokaler, interaktiv verbindlicher) Referenzgruppe lossagt, erhöht sie den Druck auf akteurszentrierte und diskursive Strategien.

Herr Singh wiederum strebt, entsprechend dem verinnerlichten kulturellen bzw. religiösen Ideal des Sikhismus sichtbare Identifizierbarkeit und somit die Aufrechterhaltung von Differenz auf einer kollektiven kategorischen Ebene an.

Ebenso wie für Herrn Wyler, steht bei ihm die Lesbarkeit der über die kollektive Selbstzuordnung definierten Identität im Vordergrund persönlicher Anerkennungserwartungen und nicht die Anerkennung von Einmaligkeit und Individualität oder der Wunsch nach Mehrdeutigkeit respektive ‚Ver-Uneindeutigung‘.

32 Dies bedeutet zugleich, „dass der Sinn für eine Praxis notwendig distinktiv, differentiell ist“ (Bourdieu 2001: 237, 271).

Was also individuell als Anerkennung verstanden wird um in positiver Weise ‚identitätswirksam' zu werden, kann unterschiedlich sein und darüber hinaus kontextuell variieren. Die Forderung nach dem Aspekt der „Belehnung mit Wert" (vgl. Schaffer 2008: 20) kann bei allen Träger/innen festgestellt werden. Ob und in welcher Weise dies aber für die ‚Lesbarkeit' zutrifft und inwiefern dabei ein Anspruch auf Differenz oder im Gegenteil auf Normalisierung und Dekonstruktion besteht, ist unterschiedlich.

Was bedeutet dies nun für eine Forderung nach gesellschaftlicher Anerkennung sichtbarer religiöser Akteur/innen? Wie sich gezeigt hat ist Anerkennung, im Sinn von Bestätigung und Wertschätzung eine Voraussetzung von Selbstanerkennung und somit von (personaler) Identität. Gleichzeitig ist mit Anerkennung aber nicht nur Bestätigung verbunden, sondern auch „Stiftung" (siehe oben) und somit auch Festschreibung und die Gefahr von Verkennung. Anerkennung ist also einerseits notwendig, andererseits muss aber davon ausgegangen werden, dass es nicht zu einem rein positiven Anerkennungsprozess kommen kann (vgl. Vogt 2009: 49). Damit muss ihr die von Axel Honneth (1992) zugesprochene Funktion für die Bestimmung von Gerechtigkeit abgesprochen werden, da sie immer auch an der Herstellung von Ungleichheiten beteiligt ist. Die Analysen zeigen, dass es bei Anerkennung nicht darum gehen kann, die Akteur/innen so zu (an-)erkennen, wie sie ‚wirklich sind', sondern eine Sensibilität zu entwickeln für die Widersprüchlichkeit von Anerkennung und um ein Reflektieren darüber *wie* Anerkennung sich manifestiert (vgl. Balzer 2007: 67).

7. Schluss: Zusammenfassung und Fazit

Im Zentrum dieser Untersuchung stand das Ziel, die Vielfalt von Bedeutungen und Relevanzen, die religiös konnotierte Kleidungspraktiken für ihre Trägerinnen und Träger entfalten, herauszuarbeiten. Um der Differenziertheit und Dynamik des Gegenstandes gerecht zu werden, sollten dabei nicht vorrangig allgemeingültige Aussagen für den Topos ‚religiöse Kleidung' formuliert, als vielmehr dessen Ausprägungen anhand konkreter Fallbeispiele innerhalb seiner spezifischen Sinnzusammenhänge erfasst werden. Aus diesem Grund wurde der Darstellung der Einzelfallanalysen viel Raum gelassen, so dass diese, auch für sich genommen, bereits als Ergebnisse der Arbeit stehen können. Aus einer Gegenüberstellung der untersuchten Fallbeispiele lassen sich gleichwohl übergeordnete und generalisierbare Bedeutungs- und Spannungsfelder ausmachen. Hierbei muss bedacht werden, dass es sich bei den nachfolgenden, zusammenfassenden Aussagen um Typiken handelt, die im Zusammenhang mit religiöser Kleidungspraxis generell angenommen werden können und jeweils für eine Mehrzahl der untersuchten Fälle Gültigkeit zeigen, aber nicht in *jedem* Fall und für *alle* gleichermaßen beansprucht werden können.

Die religiös konnotierte Kleidungspraxis entfaltet im Lebensvollzug der Trägerinnen und Träger in positiver wie in negativer Hinsicht auf vielfältige Weise Bedeutsamkeit und erweist sich insbesondere im Hinblick auf religiöse Orientierung, auf Prozesse der Identitätskonstruktion und das Verhältnis zur sozialen Umwelt (religiöse Referenzgruppen und Gesellschaft) als relevant. Die spezifischen Motivationen, Begründungen, Semantiken, Ausprägungen, Funktionen und Konsequenzen, die der Kleidung zugeschrieben werden, fallen erwartungsgemäß von Fall zu Fall sehr unterschiedlich aus. Ebenso unterscheiden sich Formalisierungsgrad, wahrgenommene Verbindlichkeit und die beobachtbare Konformität hinsichtlich allfälliger religiös begründeter Kleiderordnungen. Dabei können kaum reflektierte Motive ebenso wie rationale Erklärungen zum Tragen der Kleidung[1] individuell auf unterschiedlichen Bedeutungsebenen ansetzen und alternativ oder gleichzeitig symbolische, soziale respektive gemeinschaftsbezogene, orthopraktische, ethisch-funktionale oder identitätspolitische Argumentationen in den Vordergrund treten lassen. Die religiöse Kleidungspraxis kann also, einer unhinterfragten Tradition folgend, als bewusster Ausdruck einer Überzeugung getragen werden, die gehorsame Befolgung von Regeln darstellen, die Verbundenheit und Konformität mit einer Gemeinschaft beanspruchen oder vorreflexiven ästhetischen Präferenzen Folge leisten (wie im Fallbeispiel der Schwarzen Braut, wo die religiöse Konnotierung der Kleidung der wahrgenommenen Fremdwahrnehmung zugeschrieben wird und nicht dem Selbstverständnis entspricht) etc. Zu beachten ist dabei immer, dass Selbst- und Fremdwahrnehmungen weder in Bezug auf die religiöse Konnotierung der Kleidung als solche, noch mit damit verbundenen Semantiken und Wertungen übereinstimmen müssen.

7.1 KLEIDUNG UND RELIGIÖSE ORIENTIERUNG

Sofern die Träger/innen selbst ihre Kleidung in Beziehung zu einem religiösen Symbolsystem setzen, erschließen sich deren artikulierte und reflektierte Bedeutungen und Begründungen zunächst aus den wahrgenommenen Sinnzusammenhängen, Normen und Traditionen, die sich aus diesen Symbolsystemen ableiten. Als Gemeinsamkeit lässt sich festhalten, dass im Wahrnehmungshorizont der Akteur/innen die religiösen Kleidungspraktiken in einen Bezug zu einer jeweiligen transzendenten Ordnung gestellt werden. Durch die Kleidung wird die Grenze zwischen Alltagswirklichkeit und transzendentem Gegenüber symbolisch überschritten. Dieses Gegenüber bezieht sich auf außerweltlich ‚erfahrbare' bzw. legitimierte symbolisch besetzte Referenzrahmen, seien dies im konkreten Fall

1 Auch wenn die religiöse Kleidungspraxis ursprünglich keiner rationalen Entscheidung entsprang, sondern lediglich einer jeweiligen Tradition folgend unreflektiert übernommen wurde, wird das religiöse Symbolsystem argumentativ angeführt, wenn die Akteur/innen (im Rahmen alltäglicher Interaktionen oder des Forschungssettings) aufgefordert sind, ihre Kleidung zu rechtfertigen oder zu erklären. Solche Konfrontationen mit der u. U. unreflektierten Visibilisierung der eigenen religiösen Identität zwingen die Akteur/innen, wie am Beispiel Frau Güneys deutlich wurde, zu einer individuellen ‚theologischen' Auseinandersetzung mit Inhalten ihrer Religion. Die Sichtbarkeit religiöser Identität kann durch solche Auseinandersetzungen auch auf die individuelle Religiosität der Akteur/innen zurückwirken.

Entitäten (z. B. Gott), besondere Sphären (das Jenseits oder das Nirwana), darauf bezogene dogmatische Lehrsätze (Elemente der buddhistischen Lehre), Narrative (Kreuz, Tod und Auferstehung Jesus) oder ethisch-normative Imperative (gottgegebene Regeln, beispielsweise die jüdischen Mizwot).

Als charakteristisch für religiöse Kleidung im Allgemeinen kann also deren appräsentierende Funktion gelten, d.h. sie vergegenwärtigt ein nicht präsentes, aber über die Sichtbarkeit und Materialität der Kleidung kontinuierlich als anwesend behandeltes Gegenüber, eine ‚Welt hinter der Welt' durch die die spezifische religiöse Kleidung im Gegenzug begründet und legitimiert wird. Über die appräsentierende Funktion hinaus lassen sich weitere, spezifischere Formen der Bezugnahme religiöser Kleidungspraxis auf transzendente Referenzrahmen erkennen. So können mittels Kleidung Ehrerbietung oder Unterordnung ausgedrückt, die Einhaltung religiös motivierter Verhaltensregeln unterstützt, religiöse Lehrsätze und Wissensbestände visualisiert und in Erinnerung gerufen, Einflussnahme auf eine entsprechende transzendente Ordnung erwirkt oder Segenskräfte bewahrt werden. Kennzeichnend für den religiösen Charakter der vestimentär zitierten transzendenten Ordnungen ist, wie sich in den Interviews zeigt, dass sie sich, aus der Sicht der Akteur/innen als Teil des „wirklich Wirklichen" (Geertz 1997: 93) darstellen und letztlich eine unhinterfragbare und unhintergehbare Gültigkeit besitzen. Daraus ergibt sich eine prinzipielle Notwendigkeit zur Einhaltung religiöser Kleiderordnungen, wobei sich diese implizit aus einer wahrgenommenen „Eigenwertigkeit religiöser Pflichterfüllung" (vgl. Weber 1972) ableiten kann oder aber quasi-zweckgebundenen Erwägungen folgt, indem beispielsweise die Gunst einer Entität erworben und/oder die eigene Jenseitsexistenz positiv beeinflusst werden soll.

Durch die Kleidungspraxis positionieren sich die Akteur/innen innerhalb einer als real und existenziell bedeutsam erachteten transzendenten Ordnung. Diese muss also bezogen auf die emische Perspektive als Kapital oder Ressource betrachtet werden. Aus etischer Sicht kann vestimentäres Handeln ebenfalls als ‚religiöse Ressource' gelten, da sie die bestehende Weltauffassung, durch die sie objektiviert wird, im Gegenzug bestärkt und bekräftigt und ihr also Gültigkeit verleiht. Die religiöse Kleidungspraxis und Vorstellungen bezüglich transzendenter Ordnungen unterstützen sich somit wechselseitig und stehen in einem Verhältnis gegenseitiger Plausibilisierung (vgl. dazu auch Geertz 1997: 93). Das Tragen religiöser Kleidung kann somit nicht nur bezogen auf eine soziale Referenzgruppe (die religiöse Gemeinschaft), sondern auch auf einen jeweils relevanten transzendenten Referenzrahmen einen „symbolischen Gewinn" (vgl. Bourdieu 1979: 357) bedeuten.

7.2 Kleidung und Identitätskonstruktion

Der religiösen Kleidungspraxis kommt auch im Zusammenhang mit der Aufrechterhaltung und Konstruktion von religiöser Identität und Zugehörigkeit und damit verbundenen interaktiven Aushandlungsprozessen eine wesentliche Rolle zu. Die spezifische Kleidungspraxis der Akteur/innen *markiert* nicht nur religiöse Identität sondern *bringt diese auch hervor*. Sie ist in unterschiedlicher Weise mit Prozessen individueller Identitätsarbeit, zugleich aber auch mit subjektivierenden Zuschreibungen und Differenzkonstruktion verwoben, die wiederum auf eigene Identitätskonzeptionen zurückwirken.

Zum einen funktioniert religiöse Kleidung als Körperpraktik individueller Selbstvergewisserung, indem sie als sinnlich wahrnehmbare Artikulation narrativ und reflexiv entworfener Anteile von religiöser (Selbst-)Konstruktion zu einer leiblich-spürbaren Bestätigung des eigenen Selbstbildes beiträgt und diesem somit zu mehr Glaubwürdigkeit und (Selbst-)Überzeugungskraft verhilft. Zudem ist Kleidung mit Identität in einem zeitlichen Sinn konstitutiv verbunden, indem sie über die sichtbare Vergegenwärtigung von Identität den Eindruck von Kohärenz stabilisiert. (Personale) Identität, verstanden als das angestrebte Ziel, ein Gefühl von Kohärenz, Kontinuität und Authentizität aufrechtzuerhalten, zeichnet sich durch Flüchtigkeit und eine prinzipielle Unverfügbarkeit aus. Durch die permanenten, das heißt religiös reglementierten und daher festgelegten oder tendenziell wenig veränderlichen Elemente der Kleidungspraxis wird religiöse Identität quasi fassbar gemacht und, auf einer visuell-materiellen, leiblich-spürbaren und kognitiven Ebene in der Gegenwart verankert und somit zugleich verstetigt. Durch ihre relative Unveränderlichkeit schafft die Kleidung außerdem Kontinuität mit der eigenen Biographie und mit kollektiven religiösen Bezugsgrößen.

In der Kleidungspraxis manifestiert sich ein gegenwärtiger, materiell verfasster Rückgriff auf konsensuell historisch gesetzte Bezugspunkte, welche Kontinuität mit einer historischen Vergangenheit suggerieren und somit kollektive Identität und Zugehörigkeit beanspruchen. Religiöse Identität wird also durch Kleidung nicht nur auf einer synchronen Ebene, sondern auch in einer diachronen Perspektive hervorgebracht und bezieht sich nicht nur auf die (Re-)Produktion personaler, sondern auch von kollektiver religiöser Identität. Die Konstruktion und Aufrechterhaltung von *Zugehörigkeit* kann als eine der wichtigsten Funktionen religiöser Kleidungspraxis gewertet werden. Sie eröffnet Zugang zu sozialem Kapital und Anerkennung, sichert gemeinsame Werthorizonte und bietet angesichts der Kontingenz möglicher Lebensformen in einer individualisierten und pluralisierten Welt eine Legitimation und Absicherung eigener religiöser Lebensentwürfe und Sinnkonstruktionen. Die religiöse Referenzgruppe, auf die Kleidung individuell bezogen wird, ist dabei nicht als fixe Größe zu verstehen, sondern kann je nach aktueller Interessenslage variieren und sich sowohl auf eine konkrete Gemeinschaft, eine religiöse Tradition oder eine bestimmte Richtung innerhalb derselben beziehen, so dass Zugehörigkeit einerseits als sich innerhalb reflexiver biographischer Konstruktionsprozesse laufend reproduzierender Prozess und andererseits zugleich als ein Feld variabler, sich konzentrisch überlagernder relevanter Bezugsgrößen gedacht werden muss.

Die Kleidung konstituiert und stützt also religiöse Identität maßgeblich, fordert sie aber, bedingt durch ihre Sichtbarkeit,[2] in der Auseinandersetzung mit der gesellschaftlichen Umwelt zugleich heraus. Identität kann sich nicht losgelöst vom sozialen Umfeld, von den "signifikanten" und "generalisierten Anderen" (vgl. Mead 1934) entfalten und muss mit diesen als in einer dialektischen Beziehung stehend verstanden werden. Kleidung, als tendenziell polysemer Bedeutungsträger und Element sozialer Ordnung spielt dabei eine entscheidende Rolle.

Über sie werden auf einer nicht-sprachlichen, visuellen Ebene Grenzen markiert bzw. festgestellt und Zuordnungen, Ab- und Ausgrenzungen ebenso wie Zuschreibungen und Wertungen vorgenommen. Religiöse Kleidungspraxis stellt in der gesellschaftlichen Umwelt der Akteur/innen (auch aus deren Perspektive) eine Abweichung von gängigen (Selbst-)Repräsentationsnormen dar und widerspricht zugleich impliziten Säkularisierungserwartungen und Individualisierungsnormen. Aufgrund der religiös begründeten und als verbindlich erachteten Normierung und Fixierung gewisser Anteile der Kleidung ist eine Anpassung an die verschiedenen sozialen Räume und die darin eingeschriebenen impliziten und explizit zulässigen Sichtbarkeiten prinzipiell nur bedingt, respektive nicht widerspruchsfrei möglich. Dadurch eröffnen sich für die Akteur/innen verschiedene Spannungsfelder, die sich zwischen den Polen effektiver versus (wahrgenommener) normativer visueller Selbstrepräsentation, Permanenz versus Wandel, Individualität versus Uniformität, Selbst- versus Fremdwahrnehmung, Assimilation versus Nonkonformität und Zugehörigkeit versus Differenz bewegen.

7.3 Kleidung und Differenzwahrnehmung

Durch ihre Sichtbarkeit ist religiöse Kleidungspraxis in wechselseitige Grenzziehungsprozesse involviert, über die sich Differenz manifestiert. Der Aspekt vi-

2 Hier wird davon ausgegangen, dass ‚Sichtbarkeit' nicht das Ergebnis eines physiologischen Vorgangs, sondern diskursiv produziert ist (vgl. Kapitel 3.5).

sueller Differenz wird von den Akteur/innen nicht generell als nachteilig beurteilt, sondern erhält etwa unter religiösen und identitätstechnischen Gesichtspunkten eine positive Bestimmung. Für alle in die Untersuchung einbezogenen Fälle zeigen sich aber auch auf die Kleidungspraxis zurückgeführte, negativ beurteilte Formen von Differenzwahrnehmung, die mit Herabwürdigung, Stereotypisierung bzw. Verkennung und eingeschränkten Handlungsmöglichkeiten verbunden sind. Dies gilt im Fall sogenannt ‚zugewanderter' Religionsvertreter/innen ebenso wie für die ‚Ansässigen' und für diejenigen, deren religiöse Referenzgruppe generell positiv bewertet wird ebenso wie für Angehörige gesellschaftlich wenig akzeptierter Gemeinschaften.

Die subjektive Differenzwahrnehmung der Akteur/innen ist dabei einerseits eine Folge von Diskriminierungserfahrungen. Diese äußern sich in konkreten Interaktionssituationen (als abwertende Blicke, Beschimpfungen, Spott oder tätliche Übergriffe), in der Rezeption herabwürdigender öffentlicher Diskurse (etwa in den Medien) oder auf institutioneller Ebene, (zum Beispiel als Zugangsverweigerung zu Arbeits- und Wohnungsmarkt oder in Form von Verboten zum Tragen der Kleidung in bestimmten Kontexten).

Die Art, Verteilung und Häufigkeit dieser Diskriminierungserfahrungen variieren von Fall zu Fall, werden aber von allen gleichermaßen als belastend und begrenzend erfahren. Auch wahrgenommene Idealisierung, Exotisierung und Entpersonalisierung respektive Sakralisierung als Formen der Verkennung können zu negativ beurteilter Differenzwahrnehmung führen, selbst wenn keine Diskriminierung im Sinn einer – wie auch immer gearteten – Abwertung vorliegt. Unter der Voraussetzung, dass eine positive Selbstwahrnehmung wesentlich von der (An-)Erkennung durch andere geprägt wird, muss Nicht-Anerkennung und Verkennung als eine Form von Unterdrückung verstanden werden, die für die Betroffenen mit erheblichen Beeinträchtigungen verbunden ist (vgl. Honneth 1992 und Sennett und Cobb 1972, Taylor 1993).

Differenzwahrnehmung entsteht aber nicht nur durch konkrete Diskriminierungserfahrungen und Verkennung, sondern auch – und damit in Zusammenhang stehend – in der situativen oder persistenten Übernahme und Verinnerlichung dominierender Repräsentationsregimes und gesellschaftlicher Diskurse durch die Akteur/innen selbst. Auch wenn stereotype Beurteilungen der eigenen religiösen Referenzgruppe von den Akteur/innen nicht geteilt werden, so beeinflussen sie dennoch deren Selbstkonzeption und soziale Selbstpositionierung. Über die Sichtbarkeit werden Machtverhältnisse und soziale Ungleichheit internalisiert. Die subjektive Differenzwahrnehmung ist also maßgeblich an wahrgenommenen gesellschaftlichen Erwartungen und Normen in den jeweiligen sozialen Kontexten und den darin wirksamen Blickregimen orientiert. Selbst- und Fremdzuschreibung können folglich nicht als unabhängig voneinander gedacht werden, da sie einander gegenseitig bestimmen. Die Reziprozität dieses Verhältnisses eröffnet zugleich, wenn auch minimale, Gestaltungsräume und Eingriffsmöglichkeiten.

Die beschriebenen Spannungsfelder, Diskriminierungserfahrungen und Differenzwahrnehmungen sind für alle einbezogenen Akteur/innen von großer Relevanz und erfordern einerseits ein ständiges Auseinandersetzen mit und Austarieren von konfligierenden Überzeugungen, Erwartungen und Normativitäten und andererseits eine Arbeit an Prozessen sozialer Selbstpositionierung. In individueller „Passungsarbeit" (vgl. Keupp 2004) als Teil der vestimentären Identitätsarbeit und in der Anwendung unterschiedlicher Strategien werden die widersprüchlichen Eckpunkte dieser Spannungsfelder vor dem Hintergrund konkreter situativer Erfordernisse teils bewusst, häufig jedoch auf einer vorreflexiven Ebene miteinander vereinbar gemacht und individuell gehandhabt (vgl. Kapitel 6.3).

Die Kleidungspraxis der Akteur/innen ist zwar in deren Argumentationen und Deutungen generell an den beschriebenen transzendenten Bezugsrahmen orientiert. Wie sich gezeigt hat, spielen in konkreten Alltagssituationen allerdings auch andere Faktoren in die konkrete Ausgestaltung der Kleidungspraxis hinein. Die Akteur/innen sind nicht nur eingebunden in ein „bereits geknüpftes Netz kulturell vorgeformter Sinnbezüge, das sich ihren Praktiken unterlegt" (Hörning und Reuter 2004: 28), sondern sind mit ständig neuen und kontingenten Handlungsbedingungen und äußeren respektive inkorporierten Zwängen konfrontiert, an die sie ihre Praktiken und Ziele in einer herstellend-hervorbringenden Weise anpassen müssen" (vgl. ebd.).

Dabei richten sich die Akteur/innen nicht allein an einem „kulturellen Reservoir symbolisch-sinnhafter Regeln und Deutungen" (ebd.) aus, sondern orientieren ihre Praktiken gleichermaßen an den Erfordernissen dieser konkreten Handlungszusammenhänge und an impliziten praktischen Wissensbeständen, wobei in interaktiver Auseinandersetzung Formen situativ angemessener, passender, legitimer und authentischer Kleidungspraxis gefunden werden müssen. So können die Kleidungspraktiken, je nach Kontext und Bedingungen, von den jeweiligen als verbindlich anerkannten und in Bezug auf transzendente Referenzrahmen gerechtfertigten religiösen Normen abweichen, was wiederum zu produktiven Reflexionen anregen kann. In diesem Prozess können auch religiöse Überzeugungen und Praktiken hinterfragt werden und mitunter individuelle Deutungsverschiebungen erfahren.

7.4 STRATEGIEN

Wie manifestieren sich nun die genannten Strategien? Die Untersuchung fragte ursprünglich auch nach möglichen Konflikten, die sich für die Träger/innen religiös konnotierter Kleidung aufgrund ihrer Sichtbarkeit ergeben. Wie festgestellt werden konnte, führt die sichtbar gemachte religiöse Identität auf der untersuchten individuellen Ebene allerdings kaum zu Konflikten. Dagegen lassen sich im Umgang der Akteur/innen mit der beschriebenen Differenzwahrnehmung und den Diskriminierungserfahrungen zahlreiche, sehr unterschiedliche, bewusst oder unbewusst verfolgte Strategien beobachten, die letztlich alle eine Aufrechterhaltung von Selbstanerkennung und Handlungsfähigkeit bezwecken. Diese Strategien können dabei als auf ein objektives Ziel gerichtete Praktiken interpretiert werden, *ohne* zwingend das Ergebnis einer bewussten Reflexion oder Intention zu sein. Mit Pierre Bourdieu gesprochen, können sie u. a. als Produkt eines vorreflexiven „praktischen Sinns" verstanden werden, der darüber ‚entscheidet', welche Mittel und Ziele individuell und situationsbezogen als vereinbar, passend oder erstrebenswert erscheinen.

Auf der Ebene der Effektuierung/Umsetzung überkreuzen sich dabei affektive (emotionale), kognitive, handlungsbezogene und ästhetische Strategien und konkretisieren sich in Form emotionaler Distanzierung und Deutungsverschiebungen sowie Praktiken der Vermeidung und visueller Exposition. Oft ist damit zugleich die Arbeit an internen und externen Prozessen der Grenzziehung verbunden. Indem die Strategien an der (Selbst-)Anerkennung und mitunter an kategorialen Grenzen arbeiten, sind sie immer zugleich als Prozesse der Identitätsarbeit zu verstehen, einer Identitätsarbeit, die sich in dialektischer Weise im Feld zwischen Selbstwahrnehmung und Selbstpositionierung, konstruierter Fremdwahrnehmung und effektiver Außensicht vollzieht.

Die Strategien setzten dabei auf unterschiedlichen Ebenen der Selbstvalidierung an. Im Sinn persönlicher Bewältigungsstrategien können sie *akteurszentriert* an der Reduktion individuell empfundener Differenzerfahrung und der Aufrechterhaltung von Handlungskompetenzen in konkreten Interaktionssituationen arbeiten. In diese Kategorie fallen beispielsweise Vermeidungsformen (Rückzug aus der Öffentlichkeit), Anpassung (*passing*, situative Assimilierung), Ignorierung oder Ironisierung. Bei den referenzgruppen-orientierten Strategien findet ein Rückgriff auf Kontexte sozialer Zugehörigkeit statt, die eine affirmative Selbstwahrnehmung ermöglichen oder fördern. Ein solcher Rück(be)zug auf die Gemeinschaft oder jeweilige In-group, kann effektiv oder imaginär erfolgen. Mittels *diskursiver* Strategien fordern die Akteur/innen Anerkennung auf einer gesellschaftlichen, respektive diskursiven Ebene ein, indem sie auf bestehende

Repräsentations- bzw. Blickregimes, und minorisierende Deutungs- und Bewertungsmuster zielen und versuchen diese umzuformen. Solche anerkennungspolitischen Strategien operieren auf der Ebene alltagsweltlicher Praktiken mittels argumentativer, visueller, räumlich-kontextueller und/oder zeitlicher Gestaltungsmittel.

Sie ‚intendieren' beispielsweise ein Eingreifen in gesellschaftliche Zuschreibungspraktiken und diskursive Prozesse der Bedeutungsproduktion, wobei eine Durchsetzung eigener Deutungen oder im Gegenteil eine Ver-Uneindeutigung, also eine prinzipielle Öffnung von Deutbarkeit angestrebt sein kann. Mittels gezielt exponierter visueller Differenz können die Strategien auch eine Hinterfragung und Bearbeitung der in den unterschiedlichen sozialen Räumen wirksamen Konventionen der Selbstrepräsentation anvisieren. Dadurch erfahren die ‚differenten Zeichen', also konkret die Kleidungspraxis, zugleich selbst Resignifizierungen. Durch die kontinuierliche Wiederholung dieser räumlich und visuell verfahrenden Praktiken wird eine kontinuierliche Einschreibung dieser Bedeutungsverschiebungen in bestehende Blickordnungen ‚angestrebt'. Zudem können die visuellen Praktiken auch auf eine Bearbeitung der Mechanismen der Erzeugung von Differenz zielen, indem bestehende oder imaginäre soziale und symbolische Grenzen vestimentär konsolidiert, verschoben, überschritten oder dekonstruiert werden. Damit kann zugleich eine intendierte Einflussnahme und Umarbeitung bestehender Machtverhältnisse verbunden sein.

Ausschlaggebend für die bewusste oder vorreflexive ‚Entscheidung', welche Strategien konkret zur Anwendung kommen, sind neben der Verfügbarkeit von Ressourcen (z.B. die Kenntnis sozialräumlich zulässiger Repräsentationscodes für die Strategie situativer Assimilierung), wahrgenommener Zweckdienlichkeit und Erfolgschancen auch die Einschätzung der eigenen sozialen Position und individuell angestrebte ‚Ziele' bezüglich dieser Positionen. Dabei lassen sich bei den Akteur/innen unterschiedliche Auffassungen und Beurteilungen von Differenz, Zugehörigkeit und Anerkennung identifizieren. Hierin zeigen sich entscheidende theoretische (und praktische) Ambivalenzen im Zusammenhang mit der Forderung nach bzw. Belehnung mit Anerkennung.

Wie lässt sich nun für religiöse Kleidung abschließend das Verhältnis von Regulierung, Konformität und Autonomie bestimmen? Die konkrete Kleidungspraxis der untersuchten Akteur/innen ist an unterschiedlichen, sich teilweise stark widersprechenden normativen Referenzrahmen orientiert. Dabei können formalisierte, religiös begründete Kleiderregeln ebenso ausschlaggebend sein wie explizite Regulierungen auf institutioneller Ebene, (etwa am Arbeits- oder Ausbildungsplatz) oder, implizi(er)te Erwartungen signifikanter und generalisierter Anderer, sowie darin zum Ausdruck gebrachte Selbstdarstellungsnormen und Blickregime. Um (Selbst-)Anerkennung, Handlungsfähigkeit und ein Gefühl von Kohärenz, Authentizität und Sinnhaftigkeit, als Referenzpunkte individueller Identitätsarbeit, aufrecht erhalten zu können, stehen die Akteur/innen vor der Herausforderung, diese unterschiedlichen externen und inkorporierten normativen Regulierungsmodi gegeneinander abzuwägen und Strategien zu entwickeln, um diese vereinbaren zu können. Bei solchen Aushandlungsprozessen geht es auch um individuelle Positionierungen innerhalb relevanter sozialer und transzendenter Ordnungen.

Handlungsleitend sind dabei nicht nur rationale, zweckorientierte Intentionen, sondern auch inkorporierte, vorreflexive Wahrnehmungs-, Deutungs- und Beurteilungsmuster, die ästhetische und moralische Entscheidungen steuern. Die Kleidungspraxis der Akteur/innen ist also insofern fremdbestimmt, als sie sich an unterschiedlichen externen Erwartungsstrukturen orientiert und zugleich autonom motiviert, indem situative und kontextuelle, kleidungsbezogene Entscheidungen und Prioritäten innerhalb dieser selbst- und fremdgesetzten Möglichkeiten unter Einbezug und Abwägung möglicher Konsequenzen selbstbestimmt gefällt werden.

Die Akteur/innen verhalten sich dabei nicht nur defensiv zu diesen unterschiedlichen, oft widersprüchlichen normativen Erwartungsstrukturen ihres gesellschaftlichen Umfelds. Durch ihre Praktiken wirken sie darauf zurück, reagieren, intervenieren, sind auf unterschiedliche Weise Teilhaber/innen an der kontinuierlichen Bearbeitung der Spielräume und der Bedingungen der Sichtbarkeit ihrer (religiösen) Identität(en).

Abkürzungen

I (Nummer)	Interviewtranskripte
VA (Datum)	Videoaufzeichnungen
FB (Nummer)	Fotobesprechungen (Transkripte)
FB (Datum)	Fotobesprechungen (Videoaufzeichnung)
EM (Datum)	Daten aus E-Mail-Korrespondenz
FN (Datum)	Feld- und Beobachtungsnotizen
TN (Datum)	Telefonnotizen

Danksagung

Diese Arbeit wäre nicht entstanden ohne die Hilfe zahlreicher Menschen, bei denen ich mich an dieser Stelle bedanken möchte.

Prof. Dr. Dorothea Lüddeckens danke ich sehr herzlich für ihre Ermunterung, das Projekt in Angriff zu nehmen, für ihre kontinuierliche und wertvolle Unterstützung und Ermutigung auf allen Ebenen und das Vertrauen, das Sie mir immer wieder entgegenbrachte.

Ganz besonders bedanke ich mich bei David Roth für seine unentbehrliche praktische, emotionale und intellektuelle Unterstützung sowie bei meinen Kindern Lyn und Loris für ihre Geduld und ihr Verständnis. Ohne die Hilfe von Miro und Jitka Roth, Eva Roth-Chramosta, Wolfgang Grigo und Baba Lida Chramosta, die ebenfalls dafür sorgten, dass meine Kinder immer gut aufgehoben waren, wäre die Arbeit wohl nicht gelungen.

Besonderer Dank gebührt auch Prof. Dr. Rafael Walthert, für zahlreiche anregende Gespräche, wertvolle Hinweise, kritische Rückmeldungen und die verlässliche Hilfsbereitschaft in wichtigen Momenten meines Forschungsprozesses.

Ebenso bedanke ich mich herzlich bei Dr. Anna-Katharina Höpflinger für den regen Austausch, die konstruktive Kritik, das geteilte Interesse für den Forschungsgegenstand und ihre ansteckende Art, die Dinge mit Humor zu nehmen.

Auch Prof. Dr. Christoph Uehlinger danke ich für seine wertvollen Hinweise, ebenso wie meiner Zweitgutachterin Prof. Dr. Bettina Dennerlein, ohne deren Beitrag sich der Abschluss des Projektes um Monate verzögert hätte.

Meinen InformantInnen; Geshe Do, Schwester Marianne, Herrn Wyler, Herrn Singh, Frau Güney und Herrn Steiner (Pseudonyme) sowie den zahlreichen anderen Interviewpartnern und –partnerinnen, die mir in der Anfangsphase des Projektes zur Verfügung standen, danke ich ganz herzlich für ihre Bereitschaft zur Mitarbeit, ihre große Offenheit und Freundlichkeit und die Zeit, die sie in das Projekt investiert haben.

Für ihre freundliche Beratung betreffend filmisch-ethnographischer Arbeit danke ich Tommi Mendel, Dr. Hans-Ulrich Schlumf, Dr. Luc Schädler, Rahel Grunder und Dieter Meyer.

Außerdem bedanke ich mich bei meinen Kolleginnen und Kollegen Annegret Kestler, Jörg Lanckau und Farida Stickel, die alle ebenfalls einen Beitrag zum Gelingen der Arbeit geleistet haben, sowie bei Toni Löffler und Angelika Wulff für das sorgfältige Korrektorat.

Zu guter Letzt möchte ich mich bei der Theologischen Fakultät der Universität Zürich und beim Schweizerischen Nationalfond bedanken, die mir die finanzielle und institutionelle Möglichkeit geboten haben, das Projekt anzugehen und umzusetzen. Dem transcript Verlag danke ich für die gute und unkomplizierte Zusammenarbeit.

Literatur

Afshar, Haleh (1987). Introduction, in: dies., Woman, State and Ideology: Studies from Africa and Asia. London: Macmillan, 1-9.

Akkent, Meral und Gaby Franger (1987). Das Kopftuch. Ein Stückchen Stoff in Geschichte und Gegenwart. Frankfurt am Main: Dağyeli.

Al Azmeh, Azziz und Effi Fokas (2007). Islam in Europe. Diversity, Identity and Influence. Cambridge: University Press.

Alheit, Peter (1992). Kultur und Gesellschaft. Plädoyers für eine kulturelle Neomoderne. Bremen: University Press.

Allenbach, Brigit und Martin Sökefeld (Hg.) (2010). Muslime in der Schweiz. Zürich: Seismo.

Allenbach, Brigit, Goel, Urmila, Hummrich, Merle und Cordula Weissköppel (Hg.) (2011). Jugend, Migration und Religion. Interdisziplinäre Perspektiven. Zürich: Nomos.

Amir-Moazami, Schirin (2007). Politisierte Religion. Der Kopftuchstreit in Deutschland und Frankreich. Bielefeld: Transcript.

Anderson, Benedict (1983). Imagined Communities. Reflections on the Origin and Spread of Nationalism. London: Verso.

Antes, Peter (1997). Die Religionswissenschaft als humanwissenschaftliche Disziplin, in: Zeitschrift für Missions- und Religionswissenschaft, 63, 275-282.

Anthias, Floya und Nira Yuval-Davis (1983). Contextualizing Feminism – Gender, Ethnic and Class Divisions, in: Feminist Review, 15, 62-75.

Anthias, Floya and Nira Yuval-Davis (1992). Racialized Boundaries. Race, Gender, Colour and Class and the Anti-racist Struggle. London: Routledge.

Anthias, Floya (2002a). Beyond feminism and multiculturalism: locating difference and the politics of location, in: Women's Studies International Forum, 25 (3), 275-394.

Anthias, F. (2002b). Where do I belong? Narrating collective identity and translocational positionality, Ethnicities, 2 (4), 491-515.

Anthias, Floya (2003). Erzählungen über Zugehörigkeit, in: Apitzsch, Ursula und Mechthild Jansen (Hg.), Migration, Biographie und Geschlechterverhältnisse. Münster: Westfälisches Dampfboot, 20-37.

Anthias, Floya (2008). Thinking through the lens of translocational positionality: an intersectionality frame for understanding identity and belonging, in: Translocations: Migration and Social Change, 4 (1), 5-20.

Anthias, Floya (2009). Intersectionality, Belonging and Translocational Positionality. Thinking about Transnational Identities, in: Rosenthal, Gabriele und Arthur Bogner (Hg.), Ethnicity, Belonging and Biography. Ethnographical and Biographical Perspectives. Berlin: Lit Verlag, 229-252.

Antonovsky, Aaron (1987). Unraveling the Mystery of Health. How People Manage Stress and Stay Well. San Francisco: Jossey-Bass.

Arthur, Linda (Hg.) (1999). Religion, Dress and Body. Oxford: Berg.

Arthur, Linda (Hg.) (2000). Undressing Religion. Commitment and Conversion from a Cross-cultural Perspective. Oxford: Berg.

Asad, Talal (1993). Genealogies of Religion. Discipline and Reason of Power in Christianity and Islam. Baltimore: John Hopkins University Press.

Asad, Talal (2002): The Construction of Religion as an Anthropological Category, in: Lambeck, Michael (Hg.), A Reader in the Anthropology of Religion. Malden: MA Blackwell Publishers, 114-132.

Assmann, Aleida und Heidrun Friese (Hg.) (1998). Identitäten. Frankfurt am Main: Suhrkamp.

Assmann, Jan (1988). Kollektives Gedächtnis und kulturelle Identität, in: Assmann, Jan und Tonia Hölscher (Hg.), Kultur und Gedächtnis. Frankfurt am Main: Suhrkamp, 9-19.

Azzi, Corry und Tonald G. Ehrenberg (1975). Houshold Allocation of Time and Church Attendance, in: Journal of Political Economy, 83 (1), 27-56.

Baer, Susanne (2012). Rechte und Regulierung. Das Problem des Gruppismus für die Grund- und Menschenrechte, in: Dennerlein, Bettina, Frietsch, Elke und Therese Steffen (Hg.), Verschleierter Orient – Entschleierter Okzident? (Un)Sichtbarkeit in Politik, Recht, Kunst und Kultur seit dem 19. Jahrhundert. München: Wilhelm Fink Verlag, 23-47.

Baier, Karl (Hg.) (2006). Handbuch Spiritualität. Zugänge, Traditionen, Interreligiöse Prozesse. Darmstadt: Verlag Wissenschaftliche Buchgesellschaft.

Ballhaus, Edmund und Beate Engelbrecht (1995). Der Ethnographische Film. Einführung in Methoden und Praxis. Berlin: Dietrich Reimer Verlag.

Balzer, Nicole (2007). Die doppelte Bedeutung der Anerkennung. Anmerkungen zum Zusammenhang von Anerkennung, Macht und Gerechtigkeit, in: Wimmer, Michael (Hg.), Gerechtigkeit und Bildung. Paderborn: Schöningh

(Schriftenreihe der Kommission Bildungs- und Erziehungsphilosophie in der Deutschen Gesellschaft für Erziehungswissenschaft), 49-76.

Barlösius, Eva (2000). Über den Gesellschaftlichen Sinn der Sinne, in: Koppetsch, Cornelia (Hg.), Körper und Status. Zur Soziologie der Attraktivität. Konstanz: UVK, 19-39.

Barnard, Malcolm (2001). Approaches to Understanding Visual Culture. Basingstoke: Palgrave.

Barnard, Malcolm (2008). Fashion as Communication. London: Routledge.

Barskanmaz, Cengiz (2009). Das Kopftuch als das Andere. Eine notwendige postkoloniale Kritik des deutschen Rechtsdiskurses, in: Berghahn, Sabine und Petra Rostock (Hg.), Der Stoff aus dem die Kopftuch-Konflikte sind. Debatten um das Kopftuch in Deutschland, Österreich und der Schweiz. Bielefeld: Transcript, 361-392.

Barth, Fredrik (1969). Introduction, in: Barth, Fredrik (Hg.), Ethnic Groups and Boundaries: The Social Organization of Cultural Difference. London: Allen & Unwin, 1-38.

Barthes, Roland (1988). Das semiologische Abenteuer. Frankfurt am Main: Suhrkamp.

Barthes, Roland (2004). Die Sprache der Mode. Frankfurt am Main: Suhrkamp.

Baumann, Martin und Jörg Stolz (Hg.) (2007). Eine Schweiz – viele Religionen. Risiken und Chancen des Zusammenlebens. Bielefeld: Transcript.

Baumann, Martin (2012). Religionsgemeinschaften im Wandel – Strukturen, Identitäten, interreligiöse Beziehungen, in: Bochinger, Christoph (Hg.), Religionen, Staat und Gesellschaft. Die Schweiz zwischen Säkularisierung und religiöser Vielfalt. Zürich: Verlag Neue Zürcher Zeitung, 21-76.

Bauschke-Urban, Carola (2010). Im Transit. Transnationalisierungsprozesse in der Wissenschaft. Geschlecht & Gesellschaft, 46. Wiesbaden: VS Verlag für Sozialwissenschaften.

Bean, S. S. (1989). Gandhi and Khadi, the Fabric of Indian Independence, in: Weiner, A. B. und J. Schneider (Hg.), Cloth and Human Experience. Washington D.C.: Smithsonian Institution Press, 355-376.

Benson, Saler (2008). Conceptualizing Religion. Some Recent Reflections, in: Religion, 38, 219-225.

Berger, Peter L. (1990). The Sacred Canopy. Elements of a Sociological Theory of Religion. New York: Anchor Books.

Berghahn, Sabine und Petra Rostock (Hg.) (2009). Der Stoff aus dem Konflikte sind. Debatten um das Kopftuch in Deutschland, Österreich und der Schweiz. Bielefeld: Transcript.

Bergmann, Sigurd (2008). Clifford Geertz, in: Biographisch-Bibliographisches Kirchenlexikon. Nordhausen: Verlag Traugott Bautz.

Berlejung, Angelika (2001). Kleid/ Kleidung. Religionswissenschaftlich. Allgemein, in: Betz Hans Dieter, Browning, Don S., Janowski, Bernd und Eberhard Jüngel (Hg.), Religion in Geschichte und Gegenwart. Handwörterbuch für Theologie und Religionswissenschaft, Bd. 4. Tübingen: Mohr Siebeck.

Bertschik, Julia (2005). Mode und Moderne. Kleidung als Spiegel des Zeitgeistes in der deutschsprachigen Literatur (1770-1945). Köln: Böhlau Verlag.

Blumer, Herbert (1954). What's Wrong with Social Theory? in: American Sociological Review, 3-10.

Bochinger, Christoph (2009). Religion – Religiosität – Glaube. Tagungsbeitrag zur NFP 58 Tagung: „Konzepte", Bern, 23.02.2009 (unveröffentlichtes Manuskript).

Bochinger, Christoph (Hg.) (2012). Religionen, Staat und Gesellschaft. Die Schweiz zwischen Säkularisierung und religiöser Vielfalt. Zürich: Verlag Neue Zürcher Zeitung.

Bohnsack, Ralf (1993). Rekonstruktive Sozialforschung. Einführung in qualitative Methoden. Stuttgart: UTB.

Boos-Nünning, Ursula und Yasemin Karakaşoğlu-Aydın (2005). Viele Welten leben. Zur Lebenssituation von Mädchen und jungen Frauen mit Migrationshintergrund. Münster: Waxmann.

Bourdieu, Pierre und Yvette Delsaut (1975). Die neuen Kleider der Bourgoisie, in: Kursbuch 42, 172-182.

Bourdieu, Pierre (1979). Entwurf einer Theorie der Praxis auf der ethnologischen Grundlage der kabylischen Gesellschaft. Frankfurt am Main: Suhrkamp.

Bourdieu, Pierre (1982). Die feinen Unterschiede. Kritik der gesellschaftlichen Urteilskraft. Frankfurt am Main: Suhrkamp.

Bourdieu, Pierre (1983). Ökonomisches Kapital, kulturelles Kapital, soziales Kapital, in: Kreckel, Reinhard (Hg.), Soziale Ungleichheiten. Sonderheft 2 der Zeitschrift ‚Soziale Welt'. Göttingen: Schwartz, 183-198.

Bourdieu, Pierre (1987). Sozialer Sinn. Kritik der theoretischen Vernunft. Frankfurt am Main: Suhrkamp.

Bourdieu, Pierre (1989). Antworten auf einige Einwände, in: Eder, Klaus (Hg.), Klassenlage, Lebensstil und kulturelle Praxis. Beiträge zur Auseinandersetzung mit Pierre Bourdieus Klassentheorie. Frankfurt am Main: Suhrkamp, 395–410.

Bourdieu, Pierre (1991). Das Feld der Macht und die technokratische Herrschaft, in: ders. Die Intellektuellen und die Macht. Hamburg: VSA Verlag, 395-410.

Bourdieu, Pierre (1992). Das Interesse der Soziologie, in: ders., Rede und Antwort. Frankfurt am Main: Suhrkamp, 111-118.

Bourdieu, Pierre (1997). Zur Soziologie der symbolischen Formen. Frankfurt am Main: Suhrkamp (Orig. 1970).

Bourdieu, Pierre (1998). Praktische Vernunft. Zur Theorie des Handelns. Frankfurt am Main: Suhrkamp.

Bourdieu, Pierre (2001). Meditationen. Zur Kritik der scholastischen Vernunft. Frankfurt am Main: Suhrkamp.

Bourdieu, Pierre und Loic J. D. Wacquant (1996). Die Ziele der reflexiven Anthropologie, in: dies., Reflexive Anthropologie. Frankfurt am Main: Suhrkamp, 95-249.

Bovenschen, Silvia (Hg.) (1986). Die Listen der Mode. Frankfurt am Main: Suhrkamp.

Breward, Christopher (1998). Cultures, Identities: Fashioning a Cultural Approach to Dress, in: Fashion Theory, 24, 303-305.

Brubaker, Roger und Frederick Cooper (2000). Beyond Identity, in: Theory and Society, vol. 29, 1-47.

Brubaker, Roger (2007). Ethnizität ohne Gruppen. Hamburg: Hamburger Edition.

Bruce, Steve (2002). God is Dead. Secularization in the West. Oxford: Blackwell Publishing.

Bush, George und Perry London (1960). On the Disappearance of Knickers: Hypotheses for the Functional Analysis of the Psychology of Clothing, in: American Journal of Sociology, 51, 359-366.

Büsser Martin, Engelmann, Jonas und Ingo Rüdiger (2009). Emo. Portrait einer Szene. Mainz: Ventil Verlag.

Butler, Judith (1991). Das Unbehagen der Geschlechter. Frankfurt am Main: Suhrkamp.

Butler, Judith (1997). Körper von Gewicht. Die diskursiven Grenzen von Geschlecht. Frankfurt am Main: Suhrkamp.

Butler, Judith, Emcke, Caroline und Martin Saar (2003). Eine Welt in der Antigone am Leben geblieben wäre, in: Deutsche Zeitschrift für Philosophie, 4, 587-599.

Butler, Judith (2003). Kritik der ethischen Gewalt. Adorno-Vorlesungen 2002. Frankfurt am Main: Suhrkamp.

Butler, Judith (2004). Undoing Gender. New York: Routledge.

Cancik, Hubert und Hubert Mohn (1988). Religionsästhetik, in: Handbuch der Religionswissenschaftlichen Grundbegriffe 1, 121-156.

Casanova, José (1994). Public Religions in the Modern World. Chicago: The University of Chicago Press.

Casanova, José (2004). Religion, European Secular Identities, and European Integration, in: Eurozine. (http://www.eurozine.com/articles/2004-07-29-casanova-de.html, zuletzt abgerufen am 21.03.2013).

Casanova, José (2007). Die religiöse Lage in Europa, in: Joas, Hans und Klaus Wiegandt (Hg.), Säkularisierung und die Weltreligionen. Frankfurt am Main: Fischer Verlag, 322-357.

Casanova, José (2009). Europas Angst vor der Religion. Berlin: University Press.

Cohen, Stanley und Laurie Tylor (1977). Ausbruchsversuche. Identität und Widerstand in der modernen Lebenswelt. Frankfurt am Main: Suhrkamp.

Cohn, Bernhard S. (1989). Cloth, Clothes and Colonialism. India in the Nineteenth Century, in: Weiner, Annette B. und Jane Schneider (Hg.), Cloth and Human Experience. Washington D.C.: Smithsonian Institution Press, 303-353.

Collins, Patricia H. (1986). Learning from the Outsider Within: The Sociological Significance of Black Feminist Thought, in: Social Problems, 33 (6), 14–32.

Collins, Patricia H. (1998). The Tie that Binds. Race, Gender and US Violence, in: Ethnic and Racial Studies, 21 (5), 918-938.

Cooper, Howard and Paul Morrison (1991). A Sense of Belonging. Dilemmas of British Jewish Identity. London: Weidenfeld and Nicolson.

Craik, Jennifer (1994). The Face of Fashion. Cultural Studies in Fashion. London: Routledge.

Crary, Jonathan (1996). Visual Culture Questionnaire, in: October, 77, 33-36.

Crary, Jonathan (2002). Aufmerksamkeit. Wahrnehmung und moderne Kultur. Frankfurt am Main: Suhrkamp.

Dahinden, Urs (2011). Die Darstellung von Religionen in Schweizer Maßenmedien: Zusammenprall der Kulturen oder Förderung des Dialogs? Schlussbericht, Nationales Forschungsprogramms. „Religionsgemeinschaften, Staat und Gesellschaft (NFP 58)". (http://www.nfp58.ch/files/downloads/NFP58_Schlussbericht_DahindenU.pdf, zuletzt abgerufen am 6.5.2013).

Dahinden, Janine, Duemmler, Kerstin und Joëlle Moret (2011). Religion und Ethnizität: Welche Praktiken, Identitäten und Grenzziehungen? Eine Untersuchung mit jungen Erwachsenen. Schlussbericht, Nationales Forschungsprogramm „Religionsgemeinschaften, Staat und Gesellschaft" (NFP 58). (http://www.nfp58.ch/files/downloads/Schlussbericht _DahindenJanine.pdf, zuletzt abgerufen am 6.5.2013).

Damhorst, Mary Lynn, Miller, Kimberly A. und Susan, O. Michelman (1999). The Meaning of Dress. New York: Fairchild Publications.

Davids, T. W. Rhys und Hermann Oldenberg (1885). Vinaya Texts. The Sacred of the East (13, 17, 20). Oxford: Clarendon Press.

Davis, Fred (1985). Clothing and Fashion as Communication, in: Solomon, Michael R. (Hg.), The Psychology of Fashion. Massachusetts: Lexington Books, 15-27.

Davis, Fred (1989). Of Maids' Uniforms and Blue Jeans. The Drama of Status Ambivalences in Clothing and Fashion, in: Qualitative Sociology, 12 (1), 337-355.

Davis, Fred (1992). Fashion, Culture and Identity. Chicago: University of Chicago Press.

Degele, Nina und Gabriele Winker (2010). Intersektionalität: Zur Analyse sozialer Ungleichheiten. Bielefeld: Transkript.

De Lauretis, Teresa (1984). Semiotics and Experience, in: dies. (Hg.), Alice Doesn't. Feminism, Semiotics, Cinema. Bloomington: Indiana University Press, 103-157.

Deleuze, Gille (1992). Differenz und Wiederholung. München: Fink.

Denis, Ann (2001). Multiple Identities. Multiple Marginalities. Franco-Ontarian Feminism, in: Gender and Society, 15 (3), 463-474.

Dennerlein, Bettina und Elke Frietsch (2010). Bilder verschleierter Frauen im politischen Imaginären, in: Rosa. Die Zeitschrift für Geschlechterforschung, 40, 26-29.

Dennerlein, Bettina, Frietsch, Elke und Therese Steffen (Hg.) (2012). Verschleierter Orient – Entschleierter Okzident? (Un)Sichtbarkeit in Politik, Recht, Kunst und Kultur seit dem 19. Jahrhundert. München: Wilhelm Fink.

Derrida, Jacques (1972). Marges de la Philosophie. Paris: Edition de Minuit (Collection Critique).

Dirksmeier, Peter (2007). Der husserlsche Bildbegriff als theoretische Grundlage der reflexiven Fotografie: Ein Beitrag zur visuellen Methodologie in der Humangeografie. Social Geography 2 (1), 1-10.

Dittmann, Arvid (2001). Die im Lichte sieht man, die im Dunkeln nicht, in: Farin, Klaus und Hendrik Neubauer (Hg.), Künstliche Stämme. Jugendliche Stammeskulturen in Deutschland. Bad Tölz: Tilsner, 120-150.

Douglas, Mary (1966). Purity and Danger. London: Routledge.

Douglas, Mary (1970). Body Symbols. Oxford: Blackstone.

Douglas, Mary (1982). Natural Symbols. New York: Pantheon Books.

Dubnow, Simon (1931). Geschichte des Chassidismus. Berlin: Jüdischer Verlag.

Durkheim, Emile (1981). Die elementaren Formen des religiösen Lebens. Frankfurt am Main: Suhrkamp.

Durkheim, Emil (1965). Die Regeln der soziologischen Methode, (hrsg. und eingeleitet von René König). Luchterhand: Neuwied und Berlin (Orig. 1895).

Düttmann, García Alexander (1997). Zwischen den Kulturen. Spannungen im Kampf um Anerkennung. Frankfurt Main: Suhrkamp (Edition Suhrkamp, Neue Folge, 978).

Eberlein, Undine (2000). Einzigartigkeit. Das romantische Individualitätskonzept der Moderne. Frankfurt am Main: Campus Verlag.

Eberlein, Undine (2002). Neue Individualitätskonzepte zwischen Integration und Eigensinn – sozialwissenschaftliche und sozialphilosophische Überlegungen, in: Heinrich-Böll-Stiftung (Hg.), Gut zu Wissen – Links zur Wissensgesellschaft. Münster: Verlag Westfälisches Dampfboot, 1-13. (http://www.wissensgesellschaft.org/themen/risiko/ individual.pdf, zuletzt abgerufen am 6.12.2010).

Eder, Klaus (2002). Europäische Säkularisierung – ein Sonderweg in die postsäkulare Gesellschaft?, in: Berliner Journal für Soziologie, 3, 331-343.

Eicher, Joanne B., Evenson, Sandra L. und Hazel A. Lutz (Hg.) (2008). The Visible Self. Global Perspectives on Dress, Culture, and Society. New York: Fairchild.

Engel, Antke (2002). Wider die Eindeutigkeit: Sexualität und Geschlecht im Fokus queerer Politik der Repräsentation. Frankfurt am Main: Campus Verlag.

Engelbrecht, Beate (1995). Film als Methode in der Ethnologie, in: dies. und Edmund Ballhaus (Hg.), Der ethnographische Film. Einführung in Methoden und Praxis. Berlin: Dietrich Reimer Verlag, 143-186.

Epstein, Cynthia (1992). Tinker-bells and Pinups. The Construction and Reconstruction of Gender Boundaries at Work, in: Lamont, Michèle und Marcel Fournier (Hg.), Cultivating Differences. Symbolic Boundaries and the Making of Inequality. Chicago: The University of Chicago Press, 232-56.

Erdheim, Mario (1988). Psychoanalyse und Unbewusstheit in der Kultur. Frankfurt am Main: Suhrkamp.

Etkes, Immanuel (1996). The Study of Hasidism. Past Trends and New Directions, in: Rapoport-Albert, Ada (Hg.), Hasidism Reappraised. London: Portland, 447-464.

Evans, Malcolm D. (2009). Manual on the Wearing of Religious Symbols in Public Areas. Council of Europe Manuals. Leiden: Nijhoff Publications.

Evenson L., Sandra und David, Trayte (1999). Dress and the Negotiation of Relationships Between the Western Dakota and Euroamericans in Nineteenth-

Century Minnesota, in: Arthur, B. Linda (Hg.), Religion, Dress and the Body. New York: Berg, 95-116.

Faber, Richard und Susanne Lanwerd (Hg.) (2009). Aspekte der Religionswissenschaft. Würzburg: Königshausen & Neumann.

Farin, Klaus und Hendrik Neubauer (Hg.) (2001). Artificial Tribes. Jugendliche Stammeskulturen in Deutschland. Bad Tölz: Tilsner.

Figl, Johann (2003). Handbuch Religionswissenschaft. Göttingen: Vandenhoeck und Ruprecht.

Fiske, John (1990). Understanding Popular Culture. London: Routledge.

Fitzgerald, Timothy (1997). A Critique of ‚Religion' as a Cross-Cultural Category, in: Method and Theory in the Study of Religion, 9 (2), 91-110.

Flick, Uwe (1995). Qualitative Forschung: Theorie, Methoden, Anwendungen in Psychologie und Sozialwissenschaften. Reinbek bei Hamburg: Rowohlt Enzyklopädie.

Flick, Uwe (2007). Qualitative Sozialforschung: Eine Einführung. Reinbek bei Hamburg: Rowohlt Enzyklopädie.

Flügel, John C. (1930). The Psychology of Clothes. London: The Hogarth Press.

Flügel, John C. (1986). Die Psychologie der Kleidung, in: Bovenschen, Silvia (Hg.), Die Listen der Mode. Frankfurt am Main: Suhrkamp, 208-263.

Foster, Hall (1988a). Preface, in: ders. (Hg.), Vision and Visuality. Seattle: Bay Press, 9-14.

Foster, Hall (1988b). Vision and Visuality. Seattle: Bay Press.

Foucault, Michel (1969). L'Archéologie du savoir. Paris: Gallimard.

Foucault, Michel (1971). Die Ordnung der Dinge. Eine Archäologie der Humanwissenschaften. Frankfurt am Main: Suhrkamp.

Foucault, Michel (1981, 1994). Überwachen und Strafen. Die Geburt des Gefängnisses. Frankfurt am Main: Suhrkamp (Orig. 1975).

Frank, Richard W. (1984). More on Geertz's Interpretative Theory, in: Current Anthropology, 25 (5), 692-693.

Frankenberry, Nancy und Hans Penner (1999). Geertz's Long-lasting Moods, Motivations and Metaphysical Conceptions, in: Journal of Religon, 74 (4), 617-640.

Fraser, Nancy (2003). Soziale Gerechtigkeit im Zeitalter der Identitätspolitik. Umverteilung, Anerkennung und Beteiligung, in: dies. und Axel Honneth (Hg.), Umverteilung oder Anerkennung? Eine politisch-philosophische Kontroverse. Frankfurt am Main: Suhrkamp, 18-42.

Frembgen, Jürgen W. (1999). Kleidung und Ausrüstung islamischer Gottessucher: Ein Beitrag zur materiellen Kultur des Derwischwesens. Wiesbaden: Harrassowitz.

Froschauer, Ulrike und Lueger Manfred (2003). Das qualitative Interview. Zur Praxis interpretativer Analyse sozialer Systeme. Wien: WUV.

Fuchs, Martin (1999). Kampf um Differenz. Repräsentation, Subjektivität und soziale Bewegungen. Das Beispiel Indien. Frankfurt am Main: Suhrkamp.

Fuchs-Heinritz, Werner und Alexandra König (2005). Pierre Bourdieu. Konstanz: UVK.

Gabriel, Karl (Hg.) (1996). Religiöse Individualisierung oder Säkularisierung. Biographie und Gruppe als Bezugspunkte moderner Religiosität. Gütersloh: Chr. Kaiser Gütersloher Verlagshaus.

Gause, Ute und Cordula Lissner (2005). Kosmos Diakonissenhaus. Geschichte und Gedächtnis einer protestantischen Frauengemeinschaft. Leipzig: Evangelische Verlagsanstalt.

Geertz, Clifford (1963). The Integrative Revolution, in: ders. (Hg.), Old Societies and New States. The Quest for Modernity in Asia and Africa and New States. New York: Free Press of Glencoe & London, 105-157.

Geertz, Clifford (1973). The Interpretation of Cultures. New York: Basic Books.

Geertz, Clifford (1997). Dichte Beschreibung. Beiträge zum Verstehen kultureller Systeme. Frankfurt Main: Suhrkamp.

Gerhards, Jürgen und Friedhelm Neidhardt (1991). Strukturen und Funktionen moderner Öffentlichkeit. Fragestellungen und Ansätze, in: Müller-Dohm, Stefan und Klaus Neumann-Braun (Hg.), Öffentlichkeit, Kultur, Maßenkommunikation. Oldenburg: Universitätsverlag, 31-90.

Giddens, Anthony (1979). Central Problems in Social Theory. Action, Structure and Contradiction in Social Analysis. London: Macmillan.

Giddens, Anthony (1991). Modernity and Self-Identity. Self and Society in the Late Modern Age. Stanford: University Press.

Giordano, Christian, Allenbach, Brigit, Herzig Pascale und Monika Müller (2011). Migration und Religion: Perspektiven von Kindern und Jugendlichen in der Schweiz. Schlussbericht, Nationales Forschungsprogramm „Religionsgemeinschaften, Staat und Gesellschaft“ (NFP 58). (http://www.nfp58.ch/files/downloads/Schlussbericht_Giordano.pdf, zuletzt abgerufen am 6.5.13).

Gladigow, Burkhard (1988). Religionsgeschichte des Gegenstands – Gegenstände der Religionsgeschichte, in: Zinser, Hartmut (Hg.), Religionswissenschaft. Eine Einführung. Berlin 1988, 6-37.

Gladigow, Burkhard und Hans G. Kippenberg (1993). Neue Ansätze in der Religionswissenschaft. München: Kösel Verlag.

Glavac, Monika, Höpflinger, Anna-Katharina und Daria Pezzoli-Olgiati (Hg.) (2013). Second Skin. Körper, Kleidung, Religion (Research in Contemporary Religion 14). Göttingen: Vandenhoeck und Ruprecht.

Glock, Charles Y. (1962). On the Study of Religious Commitment, in: Religious Education (Research Supplement), 57, 98-110.

Godlove, Terry (1989). Religion, Interpretation and Diversity of Belief: The Framework Model from Kant to Durkheim to Davidson. Cambridge: Cambridge University Press.

Goffman, Erving (1959). The Presentation of Self in Everyday Life. New York: Doubleday.

Goffman, Erving (1971). Verhalten in sozialen Situationen. Strukturen und Regeln der Interaktion im öffentlichen Raum, München: Bertelsmann.

Goffman, Erving (1972). Encounters. Two Studies in the Sociology of Interaction. London: Alen Lane.

Goffman, Erving (1975). Stigma. Über Techniken der Bewältigung beschädigter Identität. Frankfurt am Main: Suhrkamp.

Goffman, Erving (1977). Rahmen-Analyse. Ein Versuch über die Organisation von Alltagserfahrugen. Frankfurt am Main: Suhrkamp.

Goffman, Erving (1983). Wir alle spielen Theater. Die Selbstdarstellung im Alltag. München/Zürich: Piper.

Goffman, Erving (1986). Interaktionsrituale. Über Verhalten in direkter Kommunikation. Frankfurt am Main: Suhrkamp.

Gohl-Völker, Ulla (2002). Die Kleidung der Shakerschwestern im 19. Jahrhundert. Die Repräsentanz kategorialer Ordnungsbegriffe. Münster: Waxmann.

Göle, Nilüfer (1995). Republik und Schleier, Berlin: Babel.

Göle, Nilüfer (2002). Islam in Public. New Visibilities and New Imaginaries, in: Public Culture, 14 (1), 173- 190.

Göle, Nilüfer und Ludwig Amman (Hg.) (2004). Islam in Sicht. Der Auftritt von Muslimen im öffentlichen Raum. Bielefeld: Transcript.

Göle, Nilüfer (2004). Die sichtbare Präsenz des Islam und die Grenzen der Öffentlichkeit, in: Göle Nilüfer und Ludwig Amman (Hg.), Islam in Sicht. Der Auftritt von Muslimen im öffentlichen Raum. Bielefeld: Transcript, 11-44.

Grabe, Hans-Dieter (2010). Dem Zuschauer Raum lassen für eigene Gedanken und Bilder. Tagungsbeitrag zur Tagung ZDOK.10: Zeigen. Nicht zeigen. Visualisierung und Imagination. Zürcher Hochschule der Künste, 5./ 6. Mai 2010. (http://www.zhdk.ch/fileadmin/data _subsites/data_zdok/ Pub10_ PDFs/Grabe.pdf, zuletzt abgerufen am 09.05.2013).

Grigo, Jacqueline (2011). Visibly Unlike. Religious Dress between Affiliation and Difference, in: Journal for Empirical Theology, 24, 209-224.

Grigo, Jacqueline (2013). ‚Ich habe da ein wenig meine Grenzen erweitert'. (Religiöse) Kleidungspraxis zwischen Regulierung, Konformität und Autonomie, in: Glavac, Monika, Höpflinger, Anna-Katharina und Daria Pezzoli-

Olgiati (Hg.), Second Skin. Körper, Kleidung, Religion (Research in Contemporary Religion 14). Göttingen: Vandenhoeck und Ruprecht, 279-295.

Grigo, Jacqueline (2013). Differenz und visuelle Selbstrepräsentation durch Kleidung. Fallbeispiele aus der Schweiz, in: Lüddeckens, Dorothea, Uehlinger, Christoph und Rafael Walthert (Hg.), Die Sichtbarkeit religiöser Identität. Repräsentation – Differenz – Konflikt (Reihe CULTuREL). Zürich: Pano (in Vorbereitung).

Gugutzer, Robert (2002). Leib, Körper und Identität. Eine phänomenologisch-soziologische Untersuchung zur personalen Identität. Wiesbaden: Westdeutscher Verlag.

Gugutzer, Robert (2004). Die Soziologie des Körpers. Bielefeld: Transkript.

Gutwirth, Jacques (1996). Hassidism and Urban Life, in: Jewish Journal of Sociology, 38, 105-13.

Habermas, Jürgen (2001). Glauben und Wissen. Frankfurt am Main: Suhrkamp.

Haddad, Laura (2011). Verschleierte Mode? Zur Bedeutung von Kleidung und Kopftuch bei jungen Musliminnen in Deutschland (Soziologie, Bd. 71). Berlin: Lit Verlag.

Hall, Stuart (1994). Rassismus und kulturelle Identität. Ausgewählte Schriften 2. Hamburg: Argument Verlag.

Hall, Stuart (2004). Ideologie, Identität, Repräsentation. Ausgewählte Schriften 4. Hamburg: Argument Verlag.

Hansen Tranberg, Karen (2004). The World in Dress. Anthropological Perspectives on Clothing, Fashion and Culture, in: Annual Review of Anthropology, 33, 369-392.

Hartlieb, Elisabeth, Koslowski, Jutta und Ulrike Wagner-Rau (2010). Das neue Kleid. Feministisch-theologische Perspektiven auf geistliche und weltliche Gewänder. Sulzbach: Ulrike Helmer Verlag.

Haugg, Frigga und Katrin Reimer (2005). Politik ums Kopftuch. Hamburg: Argument Verlag.

Hegel, Georg Willhelm (1986). Phänomenologie des Geistes (Erstausgabe 1807). Frankfurt am Main: Suhrkamp.

Helduser, Ute (2004): Under Construction. Konstruktivistische Perspektiven in feministischer Theorie und Forschungspraxis. (Politik der Geschlechterverhältnisse, 24). Frankfurt am Main: Campus-Verlag.

Hervieu-Léger, Danièle (2004). Pilger und Konvertiten. Religion in Bewegung. Würzburg: Ergon.

Herzig, Pascale (2006). South Asians in Kenya. Gender, Generation and Changing Identities in Diaspora (Schriften zur Südasien- und Südostasien-Forschung, Bd. 8). Münster: Lit Verlag.

Hillebrandt, Frank (2008). Bourdieus Soziologie als Forschungsfeld, in: Soziologische Revue, 31, 231-242.

Hillebrandt, Frank (2009a). Artikel, Begriffe, Ökonomie, in: Fröhlich, Gerhard und Boike Rehbein (Hg.), Bourdieu-Handbuch. Stuttgart: Metzler, 186-193.

Hillebrandt, Frank (2009b). Praxistheorie, in: Kneer, Georg und Markus Schroer (Hg.), Handbuch Soziologische Theorien. Wiesbaden: VS Verlag, 368-394.

Hirsch, Samson R. (2007). Chumasch Schma Kolenu. Basel: Morascha Verlag.

Hitzler, Ronald, Bucher, Thomas und Arne Niederbacher (2001). Leben in Szenen. Formen jugendlicher Vergemeinschaftung heute. Opladen: Leske und Budrich.

Hitzler, Ronald, Bucher, Thomas und Arne Niederbacher (2005). Leben in Szenen. Formen jugendlicher Vergemeinschaftung heute. Wiesbaden: VS Verlag für Sozialwissenschaften.

Hofstede, Geert (1991). Cultures and Organizations. Software of the Mind. London: McGraw-Hill.

Hofstede, Geert (1997). Lokales Denken – globales Handeln. Kulturen, Zusammenarbeit und Management. München: Beck.

Holert, Tom (2002). Evidenz-Effekt. Überzeugungsarbeit in der visuellen Kultur der Gegenwart, in: Bickenbach, Matthias und Alex Fliethmann (Hg.), Korrespondenzen. Visuelle Kulturen zwischen früher Neuzeit und Gegenwart. Köln: Dumont, 198-225.

Honneth, Axel (1992). Kampf um Anerkennung. Zur moralischen Grammatik sozialer Konflikte. Frankfurt am Main: Suhrkamp.

Hormel, Ulrike und Albert Scherr (2004). Bildung für die Einwanderungsgesellschaft. Perspektiven und Auseinandersetzung mit struktureller, institutioneller und interaktioneller Diskriminierung. Wiesbaden: VS Verlag für Sozialwissenschaften.

Horn, Marilyn J. (1975). The Second Skin. An Interdisciplinary Study of Clothing. Houghton: Mifflin.

Hörning, Karl H. und Julia Reuter (2004). Doing Culture. Neue Positionen zum Verhältnis von Kultur und sozialer Praxis. Bielefeld: Transcript.

Huntington, Samuel P. (1998). Kampf der Kulturen. Die Neugestaltung der Weltpolitik im 21. Jahrhundert. München: Europa Verlag.

Hutter, Manfred, Heller, Brigit und Johann Figl (2003). Jenseitsvorstellungen, in: Figl, Johann (Hg.), Handbuch Religionswissenschaft. Göttingen: Vandenhoeck und Ruprecht, 628-650.

Hüwelmeier, Gertrud (2004). Närrinnen Gottes. Lebenswelten von Ordensfrauen. Münster: Waxmann.

Imhof Kurt und Patrik Ettinger (2011). Ethnisierung des Politischen und Problematisierung religiöser Differenz. Schlussbericht, Nationales Forschungsprogramm „Religionsgemeinschaften, Staat und Gesellschaft" (NFP 58). (www.nfp58.ch/files/news/116_NFP58_Schlussbericht_Imhof.pdf, zuletzt abgerufen am 27.08.2014).

Isenring, Zoe Maria (1993). Die Frau in den apostolisch-tätigen Ordensgemeinschaften. Eine Lebensform am Ende oder an der Wende? Freiburg: Universitätsverlag.

Jäger, Friedrich und Jörn Rüsen (Hg.) (2004). Handbuch der Kulturwissenschaften, Bd. III: Themen und Tendenzen. Stuttgart: J.B. Metzler Verlag.

Jagodzinski, Wolfgang und Karel Dobelaere (1993). Der Wandel kirchlicher Religion in Westeuropa, in: Bergman, Jörg (Hg.), Religion und Kultur (Sonderheft 33 der Kölner Zeitschrift für Soziologie und Sozialpsychologie). Opladen: Westdeutscher Verlag, 68-91.

Jessen, Frank und Ulrich von Wilamowitz-Moellendorff (2006). Das Kopftuch – Entschleierung eines Symbols?, in: Zukunftsforum Politik, Nr. 77. Sankt Augustin: Konrad Adenauer Stiftung.

Joas, Hans (2004). Braucht der Mensch Religion? Über Erfahrungen der Selbsttranszendenz. Freiburg im Breisgau: Herder.

Johnson, Mark (1987). The Body in the Mind. The Bodily Basis of Meaning, Imagination, and Reason. Chicago/London: The University of Chicago Press.

Joseph, Nathan (1986). Uniforms and Non-uniforms. Westport, CT: Greenwood.

Kaczmarek, Jerzy (2008). Soziologischer Film – theoretische und praktische Aspekte, in: Forum Qualitative Sozialforschung, 9 (3), Art. 34, (http://nbn-resolving.de/urn:nbn:de:0114-fqs0803343, zuletzt abgerufen am 06.07.2012).

Kaiser, Susan (1995). The Social Psychology of Clothing. Symbolic Appearances in Context. New York: Macmillan.

Karakaşoğlu, Yasemin (1998a). Kopftuchstudentinnen türkischer Herkunft an deutschen Universitäten. Impliziter Islamismusvorwurf und Diskriminierungserfahrungen, in: Bielefeldt, Heiner und Wilhelm Heitmeyer (Hg.), Politisierte Religion. Frankfurt am Main: Suhrkamp, 450-472.

Karakaşoğlu, Yasemin (1998b). Religion und religiöse Kleidung türkischer Frauen und Mädchen in der Migration, in: Koch, Eckhard, Özek, Metin, Pfeiffer, Wolfgang und Renate Schepker (Hg.), Chancen und Risiken von Migration. Freiburg im Breisgau: Lambertus Verlag, 326-341.

Karatheodoris, Stephen (1988). From Social to Cultural Systems and Beyond. Twenty Years after ‚Religion as a Cultural System', in: Sounding, 71 (1) 53-94.

Kaufmann, Franz-Xaver (1989). Religion und Modernität. Sozialwissenschaftliche Perspektiven. Tübingen: Mohr.

Kaufmann, Jean-Claude (1999). Das verstehende Interview. Theorie und Praxis. Konstanz: UVK.

Keesing, Roger M. (1987). Anthropology as Interpretive Quest, in: Current Anthropology 28, 161-176.

Keifenheim, Barbara (1995). Auf der Suche nach dem ethnologischen Film, in: Ballhaus, Edmund und Beate Engelbrecht (Hg.), Der Ethnographische Film. Einführung in Methoden und Praxis. Berlin: Dietrich Reimer Verlag, 47-60.

Kenneth, Allan (2005). Explorations in Classical Sociological Theory: Seeing the Social World. New York: Sage.

Keupp, Heiner (1997). Diskursarena Identität. Lernprozesse in der Identitätsforschung, in: ders. und Renate Höfer (Hg.), Identitätsarbeit heute. Klassische und aktuelle Perspektiven der Identitätsforschung. Frankfurt am Main: Suhrkamp, 11-39.

Keupp, Heiner, Ahbe, Thomas, Gmür, Wolfgang, Höfer, Renate, Mitzscherlich Beate, Kraus, Wolfgang und Florian Strauss (1999). Identitätskonstruktionen. Das Patchwork der Identitäten in der Spätmoderne. Hamburg: Rowohlt.

Keupp, Heiner (2002). Identitätskonstruktionen. Das Patchwork der Identitäten in der Spätmoderne. Hamburg: Rowohlt.

Keupp, Heiner (2004). Fragmente oder Einheit? Wie heute Identität geschaffen wird. München, 1-35. (http://www.ipp-muenchen.de/texte/fragmente_oder _ einheit.pdf, zuletzt abgerufen am 1.09.2010).

Keupp, Heiner (2005). Patchworkidentität – riskante Chancen bei prekären Ressourcen. (http://www.ipp-muenchen.de/texte/keupp_dortmund.pdf, zuletzt abgerufen am 5.10.2006)

Khoury, Adel T. (1987). Lexikon religiöser Grundbegriffe – Judentum, Christentum, Islam. Graz: Marix Verlag.

Kippenberg, Hans G. (1985). Introduction, in: ders. (Hg.), Approaches to Iconology (Visible Religion: Annual for Religious Iconography, 4). Leiden: E. J. Brill, 7-10.

Klauser, Francisco R. (2006). Die Videoüberwachung in öffentlichen Räumen. Zur Ambivalenz eines Instruments sozialer Kontrolle. Frankfurt am Main: Campus Verlag.

Klein, Gabriele und Malte Friedrich (2003). Is this real? Die Kultur des HipHop. Frankfurt am Main: Suhrkamp.

Klinger, Cornelia (2007). Achsen der Ungleichheit. Zum Verhältnis von Klasse, Geschlecht und Ethnizität. Campus Verlag: Frankfurt am Main.

Klinkhammer, Gritt (1999). Individualisierung und Säkularisierung islamischer Religiosität. Zwei Türkinnen in Deutschland, in: Gerdien, Jonker (Hg.), Kern und Rand. Religiöse Minderheiten aus der Türkei in Deutschland. Berlin: Hans Schiler Verlag, 221-236.

Klinkhammer, Gritt (2000). Moderne Formen islamischer Lebensführung. Eine qualitativ-empirische Untersuchung zur Religiosität sunnitisch geprägter Türkinnen der zweiten Generation in Deutschland. Marburg: Diagonal-Verlag.

Knoblauch, Hubert (2001). Fokussierte Ethnographie, in: Sozialer Sinn 1, 123-141, (http://www2.tuberlin.de/~soziologie/AllgSoz/doc/downloads/Knoblauch_2001_Fokussierte-Ethnographie.pdf, zuletzt abgerufen am 02. 11.2009).

Knoblauch, Hubert (2006). Soziologie der Spiritualität, in: Baier, Karl (Hg.), Handbuch Spiritualität: Zugänge. Traditionen. Interreligiöse Prozesse. Darmstadt: Verlag Wissenschaftliche Buchgesellschaft, 91-111.

Koch, Carmen (2011). Religion in den Medien. Eine Inhaltsanalyse Schweizer Medien hinsichtlich der Darstellung von Religion. Dissertationsschrift, Universität Zürich.

Kollmar-Paulenz, Karénina (2009). Tagungsbeitrag zur NFP-58 Tagung: Konzepte, Bern, 23.09.2009 (unveröffentlichtes Manuskript).

Kollmar-Paulenz, Karénina und Eva Funk (2012). Die Rezeption des tibetischen Buddhismus in öffentlichen Institutionen der Schweiz. Schlussbericht, Nationales Forschungsprogramm „Religionsgemeinschaften, Staat und Gesellschaft (NFP 58)“, (http://www.nfp58.ch/files/downloads/Schlussbericht_Kollmar-Paulenz.pdf, zuletzt abgerufen am 03.05.2013).

König, Alexandra (2007). Kleider schaffen Ordnung. Regeln und Mythen jugendlicher Selbst-Repräsentation. Konstanz: UVK.

König, René (1967). Kleider und Leute. Zur Soziologie der Mode. Frankfurt am Main: Fischer.

König, René (1988). Menschen auf dem Laufsteg. Die Mode im Zivilisationsprozess. Frankfurt am Main: Suhrkamp.

Konrad, Dagmar (2005). Ordentlich, passend, angemessen. Schönheit im Kloster, in: Mentges, Gabriele und Brigit Richard (Hg.), Schönheit der Uniformität. Körper, Kleidung, Medien. Frankfurt am Main: Campus Verlag, 79-114.

Konrad, Dagmar (2007). Habit oder Kostüm? Habit als Kostüm? Die Kleiderfrage im Kloster, in: Mentges, Gabriele, Neuland-Kitzerow, Dagmar und Birgit Richard (Hg.), Uniformierungen in Bewegung. Vestimentäre Praktiken zwischen Vereinheitlichung, Kostümierung und Maskerade. Berlin: Waxmann, 113-129.

Koppetsch, Cornelia (2000). Körper und Status. Zur Soziologie der Attraktivität. Konstanz: UVK.

Krais, Beate und Gunter Gebauer (2002). Habitus. Bielefeld: Transcript.

Kraus, Wolfgang (1996). Das erzählte Selbst. Die narrative Konstruktion von Identität in der Spätmoderne. Pfaffenweiler: Centaurus.

Krech, Volkhard (1999). Religionssoziologie. Bielefeld: Transkript.

Kühn, Peter (2008). Das Kopftuch im Diskurs der Kulturen. (Interkulturelle Bibliothek Bd. 53). Nordhausen: Bautz.

Kurth, Stefan und Karsten Lehmann (2011). Religionen erforschen. Kulturwissenschaftliche Methoden in der Religionswissenschaft. Wiesbaden: VS Verlag für Sozialwissenschaften.

Lamont, Michèle und Virag Molnar (2002). The Study of Boundaries in the Social Science, in: Annual Review of Sociology, 28, 167-95.

Landmann, Salcia (1960). Der jüdische Witz. Soziologie und Sammlung. Olten: Walter.

Landwerd, Susanne (2002). Religionsästhetik. Studien zum Verhältnis von Symbol und Sinnlichkeit. Würzburg: Königshausen und Neumann.

Lanzerath, Sonja (2003). Religiöse Kleidung und öffentlicher Dienst. Zur Zulässigkeit dienstrechtlicher Kleidungsverbote in Schule, Gerichtsbarkeit und Polizei. Islam und Recht, Bd. 2. Frankfurt am Main: Peter Lang.

Lazzarini, Claudia (2009). Selbst- und Fremdbild im prärechtlichen Vorverständnis. Analysiert am Beispiel des Kopftuchstreits. Zürich: Schulthess.

Lehmann, Hartmut (2005). Migration und Religion im Zeitalter der Globalisierung. Einführende Bemerkungen, in: ders. (Hg.), Migration und Religion im Zeitalter der Globalisierung. Göttingen: Wallstein, 7-13.

Lenk, Elisabeth (1986). Wie Georg Simmel die Mode überlistet hat, in: Bovenschen, Sylvia (Hg.), Die Listen der Mode. Frankfurt am Main: Suhrkamp, 415-436.

Leuba, James H. (1912). The Psychological Study of Religion. Its Origin, Function, and Future. New York: Macmillan.

Lewin, Fereshteh A. (2001). Identity Crisis and Integration. The Divergent Attitudes of Iranian Immigrant Men and Women towards Integration into Swedish Society, in: International Migration, 39 (3), 121-135.

Lofland, Lyn (1973). A World of Strangers. Order and Action in Urban Public Space. New York: Basic Books.

Lübbe, Hermann (1998). Kontingenzerfahrung und Kontingenzbewältigung, in: von Graevenitz, Gerhard und Odo Marquard (Hg.), Kontingenz. München: Wilhelm Fink Verlag, 35-47.

Luckmann, Thomas (1991). Die unsichtbare Religion. Frankfurt am Main: Suhrkamp.

Lüddeckens, Dorothea und Rafael Walthert (Hg.) (2010). Fluide Religion. Neue religiöse Bewegungen im Wandel; theoretische und empirische Systematisierungen. Bielefeld: Transcript.

Lüddeckens, Dorothea, Uehlinger, Christoph und Rafael Walthert (Hg.) (2013). Die Sichtbarkeit religiöser Identität. Repräsentation – Differenz – Konflikt (Reihe CULTuREL). Zürich: Pano (in Vorbereitung).

Lüddeckens, Dorothea (2013). Kleidung und Religion. Eine Einführung, in: Lüddeckens, Dorothea, Uehlinger Christoph und Rafael Walthert (Hg.), Die Sichtbarkeit religiöser Identität. Repräsentation – Differenz – Konflikt (Reihe CULTuREL). Zürich: Pano (in Vorbereitung).

Luhmann, Niklas (1984). Soziale Systeme. Frankfurt am Main: Suhrkamp.

Luhmann, Niklas (1985). Die Autopoiesis des Bewusstseins. Soziale Welt 36, 402-446.

Luhmann, Niklas (1989). Die Ausdifferenzierung der Religion, in: ders., Gesellschaftsstruktur und Semantik. Studien zur Wissenssoziologie der moderne Gesellschaft, Bd. 3. Frankfurt am Main: Suhrkamp, 259-357.

Luhmann, Niklas (1990). Soziologische Aufklärung 5. Konstruktivistische Perspektiven. Opladen: Westdeutscher Verlag.

Luhmann, Niklas (1993). Gesellschaftsstruktur und Semantik. Studien zur Wissenssoziologie der modernen Gesellschaft, Bd. 3. Frankfurt am Main: Suhrkamp.

Lurie, Alison (2000). The Language of Clothes. New York: Holt Paperbacks.

Lutz, Helma, Herrera Vivar, Maria Theresa und Linda Supik (Hg.) (2010). Fokus Intersektionalität. Bewegungen und Verortungen eines vielschichtigen Konzepts. Geschlecht und Gesellschaft, 47. Wiesbaden: VS Verlag für Sozialwissenschaften.

Lutz, Helma, Herrera Vivar, Maria Theresa und Linda Supik (2010). Fokus Intersektionalität – Eine Einleitung, in: dies. (Hg.), Fokus Intersektionalität. Bewegungen und Verortungen eines vielschichtigen Konzepts. Geschlecht und Gesellschaft. Wiesbaden: VS Verlag für Sozialwissenschaften, 9-33.

Lutz, Helma and Kathy Davis (2005). Geschlechterforschung und Biographieforschung. Intersektionalität als biographische Ressource am Beispiel einer außergewöhnlichen Frau, in: Völter, Bettina, Dausien, Bettina, Lutz, Helma und Gabriel Rosenthal (Hg.), Biographieforschung im Diskurs. Wiesbaden: VS Verlag für Sozialwissenschaften, 228-47.

MacDougall, David (1982). Jenseits des beobachtenden Films, in: Kinemathek, 60, 14-28.

MacDougall, David (1984). Ein nicht privilegierter Kamerastil, in: Friedrich, Margarete und Almut Hagemann Dumbia (Hg.), Die Fremden sehen. München: Trickster, 17-53.

Mader, Luzius und Marc Schinzel (2012). Religion in der Öffentlichkeit, in: Bochinger, Christoph (Hg.), Religionen, Staat und Gesellschaft. Die Schweiz zwischen Säkularisierung und religiöser Vielfalt. Zürich: Verlag Neue Zürcher Zeitung, 109-144.

Martin 1989 „*Christians and Clothing in the French Congo, 1880-1949*"

Matter, Christine (2001). Innerweltlichkeit und Transzendenz. Zur Rekonstruktion amerikanischer Individualitätskonzeptionen. Dissertationsschrift. Universität Konstanz. (http://nbn-resolving.de/urn:nbn:de:bsz:352-opus-6905/matter2.pdf, zuletzt abgerufen am 04.03.2013).

Mead, George Herbert (1934). Mind, self and society. Chicago: University of Chicago Press.

Mead, George Herbert (1992). Geist, Identität und Gesellschaft. Frankfurt am Main: Suhrkampverlag (Orig. 1968).

Mecheril, Paul, Miandashti, Siavash und Hubert Kötter (1997). Anerkennung als Subjekt – eine konzeptuelle Orientierung für die psychosoziale Arbeit mit Migrantinnen und Migranten, in: Verhaltenstherapie & psychosoziale Praxis, 4, 559-575.

Mecheril, Paul (2003).Prekäre Verhältnisse – Über natio-ethno-kulturelle (Mehrfach)Zugehörigkeit. Münster: Waxmann.

Mecheril, Paul, Scherschel, Karin und Mark Schrödter (2003). „Ich möchte von dir wissen, wie es ist, du zu sein". Die Wiederholung der alienierenden Zuschreibung durch qualitative Forschung, in: Badawia, Tarek, Franz Hamburger und Merle Hummrich (Hg.), Wider die Ethnisierung einer Generation – Beiträge zur qualitativen Migrationsforschung. Frankfurt am Main: IKO, 93-110.

Mecheril, Paul (2004). Einführung in die Mirgrationspädagogik. Weinheim, Basel: Beltz Verlag.

Mecheril, Paul und Melanie Plössner (2009). Differenz, in: Casale, Rita, Larcher, Sabina, Oelkers, Jürgen und Sabine Andresen (Hg.), Handwörterbuch Pädagogik der Gegenwart. Weinheim: Beltz, 194-208.

Mecheril, Paul und Oscar Thomas-Olalde (2011). Die Religion der Anderen. Anmerkungen zu Subjektivierungspraxen der Gegenwart, in: Allenbach, Brigit, Goel, Urmila, Hummrich, Merle und Cordula Weissköppel (Hg.), Jugend, Migration und Religion. Interdisziplinäre Perspektiven. Zürich: Pano, 35-66.

Melter, Claus (2006). Rassismuserfahrungen in der Jugendhilfe. Eine qualitative Studie zu Kommunikationspraxen in der Sozialen Arbeit. Münster: Waxmann.

Mentges, Gabriele (2000). Geschlecht und materielle Kultur. Frauen-Sachen. Männer-Sachen. Sach-Kulturen. Berlin: Waxmann.

Mentges, Gabriele und Brigit Richard (Hg.) (2005). Schönheit der Uniformität. Körper, Kleidung, Medien. Frankfurt am Main: Campus Verlag.

Mentges, Gabriele, Neuland-Kitzerow, Dagmar und Birgit Richard (Hg.) (2007). Uniformierungen in Bewegung. Vestimentäre Praktiken zwischen Vereinheitlichung, Kostümierung und Maskerade. Berlin: Waxmann.

Merkens, Hans (1997). Stichproben bei qualitativen Studien, in: Friebertshäuser, Barbara und Annedore Prengel (Hg.), Handbuch Qualitative Forschungsmethoden in der Erziehungswissenschaft. München: Juventa, 97-106.

Micklin, Michael (1977). Anticipated Reactions to Deviance in a South American City. A Study of Social Control, in: Pacific Sociological Review, 20 (19), 515-535.

Mintz, J R (1994). Hasidic People. A Place in the New World. London: Harvard University Press.

Missfelder, Jan-Friedrich und Andreas Schmauder (Hg.) (2010). Kaftan, Kreuz und Kopftuch. Religiöse Koexistenz im urbanen Raum. Stadt in der Geschichte, 35. Ostfildern: Jan Thorbecke Verlag.

Moebius, Stephan (2011). Pierre Bourdieu: Zur Kultursoziologie und Kritik der symbolischen Gewalt, in: ders. und Dirk Quadflieg (Hg.), Kultur. Theorien der Gegenwart. Wiesbaden: VS Verlag für Sozialwissenschaften, 55–69.

Moebius, Stephan (2009). Strukturalismus/ Poststrukturalismus, in: Kneer, Georg und Markus Schroer (Hg.), Handbuch Soziologische Theorien. Wiesbaden: VS Verlag für Sozialwissenschaften, 420-440.

Münster, Daniel (2001). Religionsästhetik und Anthropologie der Sinne. Vorarbeiten zu einer Religionsethnologie der Produktion und Rezeption ritueller Medien (Münchner ethnologische Abhandlungen, 23). München: Akademischer Verlag.

Nassehi, Armin (2002). Dichte Räume. Städte als Synchronisations- und Inklusionsmaschinen, in: Löw, Martina (Hg.), Differenzierungen des Städtischen. Opladen: Leske und Budrich, 211-232.

Nassehi, Armin (2003). Geschlossenheit und Offenheit. Studien zur Theorie der modernen Gesellschaft. Frankfurt am Main: Suhrkamp.

Neckel, Sieghart (1991). Status und Scham. Zur soziologischen Reproduktion von Ungleichheit. Frankfurt/ New York: Campus Verlag.

Nökel, Sigrid (1999a). Das Projekt der Neuen islamischen Weiblichkeit als Alternative zu Essentialisierung und Assimilierung, in: Gerdien Jonker (Hg.), Kern und Rand. Religiöse Minderheiten aus der Türkei in Deutschland, Berlin: Das Arabische Buch, 187-205.

Nökel, Sigrid (1999b). Islam und Selbstbehauptung – Alltagsweltliche Strategien junger Frauen in Deutschland, in: Ruth Klein-Hesslinge, Nökel Sigrid und Karin Werner (Hg.), Der neue Islam der Frauen: weibliche Lebenspraxis in der globalisierten Moderne. Fallstudien aus Afrika, Asien und Europa, Bielefeld: Transcript, 124-146.

Nökel, Sigrid (2002). Die Töchter der Gastarbeiter und der Islam. Zur Soziologie alltagsweltlicher Anerkennungspolitiken: eine Fallstudie. Bielefeld: Transcript.

Nökel, Sigrid (2004). Muslimische Frauen und öffentliche Räume. Jenseits des Kopftuchstreits, in: Göle, Nilüfer und Ludwig Ammann (Hg.), Islam in Sicht. Der Auftritt von Muslimen im öffentlichen Raum. Bielefeld: Transcript, 283-308.

Nökel, Sigrid (2006). ‚Neo-Muslimas'. Alltags- und Geschlechterpolitiken junger muslimischer Frauen zwischen Religion, Tradition und Moderne, in: von Wensierski, Hans J. und Claudia Lübcke (Hg.), Junge Muslime in Deutschland. Lebenslagen, Aufwachsprozesse und Jugendkulturen. Opladen: Leske und Budrich, 135-154.

Oppitz, Michael (1981). Schamanen, Hexen, Ethnographen, in: Duerr, Hans Peter (Hg.), Der Wissenschaftler und das Irrationale. Beiträge aus Ethnologie und Anthropologie, Bd. 1. Frankfurt am Main: Syndikat, 37-59.

Oppitz, Michael und Yarjung K. Tamu (1997). Eine Schamanenrüstung aus dem Himalaya. Zürich: Völkerkundemuseum.

Oswald, Ingrid (2007). Migrationssoziologie. Stutgart: UTB.

Pape, Elise (2005). Das Kopftuch von Frauen der zweiten Einwanderergeneration. Ein Vergleich zwischen Frankreich und Deutschland. Aachen: Shaker Verlag.

Parsons, Talcott (1949). The Structure of Social Action. Glencoe: Free Press.

Parsons, Talcott und Edward Shils (1951). Toward a General Theory of Action. Cambridge: Maß.

Patton, Michael Q. (2002). Qualitative Research and Evaluation Methods. Thousand Oaks, CA: Sage.

Piatti, Livio und Ralph Weingarten (1997). Schtetl Zürich. Von orthodoxen jüdischen Nachbarn. Zürich, Offizin Verlag.

Pickering, Michael (2001). Stereotyping: The Politics of Performance. London: Palgrave.

Pinn, Irmgard und Marlies Wehner (1995). EuroPhantasien. Die islamische Frau aus westlicher Sicht. Duisburg: Dissertation Universität Duisburg.

Plessner, Helmuth (1961). Lachen und Weinen. Eine Untersuchung nach den Grenzen menschlichern Verhaltens. München: Francke.

Plessner, Helmut (1975). Die Stufen des Organischen und der Mensch. Einleitung in die Philosophische Anthropologie. Berlin: Walter de Gruyter.

Plessner, Helmuth (1981). Die Stufen des Organischen und der Mensch. Einleitung in die philosophische Anthropologie. Frankfurt am Main: Suhrkamp.

Plüss, David und Adrian Portmann (2011). Säkularisierte Christen und religiöse Vielfalt. Religiöses Selbstverständnis und Umgang mit Pluralität innerhalb des Christentums. Schlussbericht, Nationales Forschungsprogramm „Religionsgemeinschaften, Staat und Gesellschaft" (NFP 58). (http://www.nfp58.ch/files/downloads/NFP58_Schlussbericht_ Pluess.pdf, zuletzt abgerufen am 01.05.2013).

Plüss, David (2013). Kopftuch, Turban und Salutistenmütze. Differenzen religiöser Kleidersymbolik im öffentlichen Raum oder: warum sich bei religiöser Kleidung auch liberale Geister scheiden, in: Glavac, Monika, Höpflinger, Anna-Katharina und Daria Pezzoli-Olgiati (Hg.), Second Skin. Körper und Kleidung im Spannungsfeld von Religion (Research in Contemporary Religion 14). Göttingen: Vandenhoeck & Ruprecht, 219-237.

Polhemus, Ted und Lynn Procter (1978). Fashion and Anti-fashion. An Anthropology of Clothing and Adornment. London: Thames and Hudson.

Polhemus, Ted (1994). Streetstyle. From Sidewalk to Catwalk. London: Thames and Hudson.

Polhemus, Ted (1996). Style Surfing. What to Wear in the 3rd Millennium. London: Thames & Hudson Rabine.

Poll, Solomon (1962). The Hassidic Community in Williamsburg. New York: Glance Free Press.

Pollack, Detlef (1995). Was ist Religion? Probleme der Definition, in: Zeitschrift für Religionswissenschaft, 3, 163-190.

Pollack, Detlef (1996). Individualisierung statt Säkularisierung? Zur Diskussion eines neueren Paradigmas in der Religionssoziologie, in: Gabriel, Karl (Hg.), Religiöse Individualisierung oder Säkularisierung. Biographie und Gruppe als Bezugspunkte moderner Religiosität. Gütersloh: Chr. Kaiser Gütersloher Verlagshaus, 57-85.

Pollack, Detlef (2003). Säkularisierung – ein moderner Mythos? Studien zum religiösen Wandel in Deutschland. Tübingen: Mohr Siebeck Verlag.

Pottmeyer, Maria (2011). Religiöse Kleidung in der öffentlichen Schule in Deutschland und England. Staatliche Neutralität und individuelles Recht im Rechtsvergleich. Jus Ecclesiasticum 96. Tübingen: Mohr Siebeck.

Pratt, Geraldine (1999). Geographies of Identity and Difference. Making Boundaries, in: Maßey, Doreen, John, Allen und Philip Sarre (Hg.), Human Geography Today. Cambridge: Polity Press, 151-167.

Reckwitz, Andreas (2000). Die Transformation der Kulturtheorien. Zur Entwicklung eines Theorieprogramms. Weilerswist: Velbrück.

Reckwitz, Andreas (2003). Grundelemente einer Theorie sozialer Praktiken. Eine sozialtheoretische Perspektive, in: Zeitschrift für Soziologie, 32 (4), 282-301.

Reckwitz, Andreas (2004). Die Kontingenzperspektive der ‚Kultur'. Kulturbegriffe, Kulturtheorien und das kulturwissenschaftliche Forschungsprogramm, in: Jäger, Friedrich und Jörn Rüsen (Hg.), Handbuch der Kulturwissenschaften, Bd. III: Themen und Tendenzen. Stuttgart: J. B. Metzler, 1-20.

Reckwitz, Andreas (2008). Unscharfe Grenzen. Perspektiven der Kultursoziologie. Bielefeld: Transcript.

Rehbein, Boike (2006). Die Soziologie Pierre Bourdieus. Konstanz: UVK.

Reinders, Heinz (2005). Qualitative Interviews mit Jugendlichen führen. Ein Leitfaden. München: Oldenburg.

Reuter, Astrid (2009). Religion – Identitätsressource von Migranten? Eine religionssoziologische Studie, in: Faber, Richard und Susanne Lanwerd (Hg.), Aspekte der Religionswissenschaft. Würzburg: Königshausen & Neumann, 183-205.

Rice, Kenneth A. (1980). Geertz and Culture. Ann Arbor: University of Michigan Press.

Ricken, Norbert und Käthe Meyer-Drawe (2009). Umlernen. Festschrift für Käthe Meyer-Drawe. Paderborn: Fink.

Ricken, Norbert (2009). Über Anerkennung - oder: Spuren einer anderen Subjektivität, in: Ricken, Norbert und Meyer-Drawe (Hg.), Umlernen - Festschrift für Käte Meyer-Drawe. München: Fink, 75-92.

Riesebrodt, Martin (1998). Fundamentalismus, Säkularisierung und die Risiken der Moderne, in: Bielefeld Heiner und Wilhelm Heitmeyer (Hg.), Politisierte Religion. Ursachen und Erscheinungsformen des modernen Fundamentalismus. Frankfurt am Main: Suhrkamp.

Roach-Higgins, Mary-Ellen und Joanne Eicher (1973). The Visible Self. Perspectives on Dress. New Jersey: Prentice-Hall.

Roach-Higgins, Mary-Ellen, Musa Kathleen und Anne Hollander (Hg.) (1980). New Perspectives on the History of Western Dress: A Handbook. New York: NurtiGuides.

Roach-Higgins, Mary-Ellen und Joanne Eicher (1992). Dress and Identity, in: Clothing and Textiles Research Journal, 10, (4), 1-8.

Roach-Higgins, Mary Ellen, Eicher, Joannne und Kim Johnson (1995). Dress and Identity, New York: Fairchild Publications.

Rommelspacher, Birgit (1995). Dominanzkultur. Texte zu Fremdheit und Macht. Berlin: Orlanda.

Rommelspacher, Birgit (2007). Feminismus und kulturelle Dominanz. Kontroversen um die Emanzipation der muslimischen Frau, in: Berghahn, Sabine und Petra Rostock (Hg.), Der Stoff aus dem Konflikte sind. Debatten um das Kopftuch in Deutschland, Österreich und der Schweiz. Bielefeld: Transcript. 395-412.

Rommelspacher (2008). Feminismus und kulturelle Dominanz. Kontroversen um die Emanzipation der muslimischen Frau, BAG Mädchenpolitik, info 9/2008 (www.maedchenpolitik.de/download/info9_rommelspacher.pdf, zuletzt abgerufen am 11.5.2011).

Röschenthaler, Ute (1998). Der nackte und der dekorierte Körper. Performative Ausdrucksformen von Frauen im Cross River Gebiet, Kamerun, in: Schröter, Susanne (Hg.), Körper und Identität. Ethnologische Ansichten zur Konstruktion von Geschlecht. Frauenkulturen – Männerkulturen, Bd. 6. Hamburg: Lit Verlag, 11-35.

Rosenberger, Sieglinde und Birgit Saurer (Hg.) (2012). Politics, Religion and Gender. Fraiming and regulating the Veil. London: Routledge.

Rosenthal, Gabriele und Arthur Bogner (Hg.) (2009). Ethnicity, Belonging and Biography. Ethnographical and Biographical Perspectives. Berlin: Lit Verlag.

Rouch, Jean (1982). Essay über die Verwandlung der Person des Besessenen, des Magiers, des Hexers, des Filmemachers und des Ethnographen, in: Kinemathek 60, 2-13.

Roy, Olivier (2010). Heilige Einfalt. Über die politischen Gefahren entwurzelter Religionen. München: Siedler.

Said, Edward (2003). Orientalism. London: Penguin Books.

Sartre, Jean-Paul (1980). Das Sein und das Nichts. Versuch einer phänomenologischen Ontologie. Reinbek bei Hamburg: Rowohlt.

Schäfer, Heinrich W. (2009). Zum Religionsbegriff in der Analyse von Identitätskonflikten: einige sozialwissenschaftliche und theologische Überlegungen. CIRRuS Working Paper 6. (http://www.uni-bielefeld.de/theologie/

CIRRuS-downloads/Schaefer_2009_RelBegr-IdentPol_lang_CIRRuS-6.pdf, zuletzt abgerufen am 30. 01 2013).

Schaffer, Johanna (2004). Sichtbarkeit = politische Macht? Über die visuelle Verknappung von Handlungsfähigkeit, in: Helduser, Urte, Paulitz, Tanja und Katharina Pühl (Hg.), Under Construction? Texte zur feministischen Konstruktivismusdebatte. Frankfurt am Main: Campus, 208-222.

Schaffer, Johanna (2008). Ambivalenzen der Sichtbarkeit. Über die visuellen Strukturen der Anerkennung. Bielefeld: Transcript.

Scheiper, Petra (2008). Textile Metamorphosen als Ausdruck gesellschaftlichen Wandels. Das Bekleidungsverhalten junger Männer und Frauen als Phänomen der Grenzverschiebung von Sex- und Gender-Identitäten. Wiesbaden: VS Verlag für Sozialwissenschaften.

Schilbrack, Kevin (2002). Myth and Metaphysics, in: ders. (Hg.), Thinking Through Myth: Philosophical Perspectives. London: Routledge, 85-11.

Schilbrack, Kevin (2004). Ritual Metaphysics, in: ders. (Hg.), Thinking Through Rituals: Philosophical Perspectives. London: Routledge, 128-147.

Schilbrack, Kevin (2005). Religion, Models of, and Reality. Are We Through with Geertz?, in: Journal of American Academy of Religion, 73 (2), 429-452.

Schlicht, Ekkehard (2007). Konsum im Jenseits?, in: Held, Martin, Kubon-Gilke, Gisela und Richard Sturm (Hg.), Ökonomie der Religion. Jahrbuch für normative und institutionelle Grundfragen in der Ökonomik 6. Marburg: Metropolis, 275-292.

Schlieter, Jens (2009). Das Konzept der „Religion“: Zur Diskussion um eine operationale Definition. Tagungsbeitrag zur NFP 58 Tagung: „Konzepte“, Bern, 23.09.2009 (unveröffentlicht).

Schmidt, Axel und Karl Neumann-Braun (2008). Die Welt der Gothics. Spielräume düster konnotierter Transzendenz. Wiesbaden: VS Verlag für Sozialwissenschaften.

Schnettler, Bernt und Frederik S. Pötzsch (2007). Visuelles Wissen, in: Schützeichel, Rainer (Hg.), Handbuch Wissenssoziologie und Wissensforschung. Konstanz: UVK, 472-484.

Schnierer, Thomas (1995). Grundlagen des Modewandels. Die Dynamik von „in“ und „out“. Opladen: Leske und Budrich.

Schoeps, Julius H. (2000). Neues Lexikon des Judentums. Gütersloh: Gütersloher Verlagshaus.

Schreier, Barbara A. (1994). Becoming American Woman. Clothing and the Jewish. Chicago: Chicago Historical Society.

Schroer, Markus (2006). Räume, Orte, Grenzen. Auf dem Weg zu einer Soziologie des Raumes. Frankfurt am Main: Suhrkamp.

Schröter, Susanne (Hg.) (1998). Körper und Identität. Ethnologische Ansichten zur Konstruktion von Geschlecht. Frauenkulturen – Männerkulturen, Bd. 6. Hamburg: Lit Verlag.

Schütz, Alfred (1971a). Begriffs- und Theoriebildung in den Sozialwissenschaften, in: ders, Gesammelte Aufsätze, Bd. 1: Das Problem der sozialen Wirklichkeit. Den Haag: Nijhoff, 55-76.

Schütz, Alfred (1971b). Sartres Theorie des Alter Ego, in: ders., Gesammelte Aufsätze, Bd. 1: Das Problem der sozialen Wirklichkeit. Den Haag: Nijhoff, 207-234.

Schütz, Alfred und Thomas Luckmann (1994). Strukturen der Lebenswelt, 2. Bd. Frankfurt am Main: UTB.

Schwartz, Barry (1981). Vertical Classification. A Study in Structuralism and the Sociology of Knowledge. Chicago: University of Chicago Press.

Schwingel, Markus (1993). Analytik der Kämpfe. Macht und Herrschaft in der Soziologie Bourdieus. Hamburg: Argument.

Segal, Robert A. (1999). Weber and Geertz on the Meaning of Religion, in: Religion, 29 (1), 61-71.

Sennett, Richard und Jonathan Cobb (1972). The Hidden Injuries of Class. New York: Campus.

Sennett, Richard (1986). The Fall of Public Man. London: Faber & Faber.

Sennett, Richard (2002). Respekt im Zeitalter der Ungleichheit. Berlin: Berlin Verlag.

Shibutani, Tamotsu (1955). Reference Groups as Perspectives, in: American Journal of Sociology, 60, 562-569.

Shilling, Chris (1993). The Body and Social Theory. London: Sage.

Shils, Edward (1957). Primordial, Personal, Sacred and Civil Ties, in: British Journal of Sociology, 7, 113-145.

Silverman, Kaja (1992). Male Subjectivity at the Margins. New York: Routledge.

Silverman, Kaja (1996). The Threshold of the Visible World. New York: Routledge.

Silverman, Kaja (1997). Dem Blickregime begegnen, in: Kravagna, Christian (Hg.), Privileg Blick. Kritik der visuellen Kultur. Berlin: ID Verlag, 41-64.

Simmel, Georg (1895). Zur Psychologie der Mode – Soziologische Studie, in: Die Zeit. Wiener Wochenschrift für Politik, Volkswirtschaft, Wissenschaft und Kunst, 5 (54), 22-24.

Simmel, Georg (1904). Fashion, in: International Quarterly, 10, 130-155.

Simmel, Georg (1905). Philosophie der Mode, in: Landsberg, Hans (Hg.), Reihe Moderne Zeitfragen, 11. Berlin: Pan-Verlag.

Simmel, Georg (1908). Soziologie: Untersuchungen über die Formen der Vergesellschaftung. Leipzig: Duncker & Humblot.

Simmel, Georg (1911). Die Mode, in: ders. (Hg.), Philosophische Kultur – Über das Abenteuer der Geschlechter und die Krise der Moderne. Berlin: Verlag Klaus Wagenbach.

Smart, Ninian (1973). The Science of Religion and the Sociology of Knowledge: Some Methodological Questions. Princeton: Princeton University Press.

Smart, Ninian (1996). Dimensions of the Sacred. An Anatomy of the World's Beliefs. London: Harper Collins.

Smith, Jonathan Z. (1998). Religion, Religions, Religious, in: Taylor, Marc C. (Hg.), Critical Terms for Religious Studies. Chicago: University of Chicago Press, 269-84.

Smith, Jonathan Z. (2000). The ‚End' of Comparison. Rediscription and Retification, in: Patton, Kimberley C. und Benjamin C. Ray (Hg.), A Magic Still Dwells. Comparative Religion in the Postmodern Age. Berkley, Los Angeles: University of California Press, 237-241.

Smith, Wilfred C. (1962). The Meaning and End of Religion. A New Approach to Religious Traditions of Mankind. Minneapolis: Fortress Press.

Soeffner, Hans-Georg (1991). Zur Soziologie des Symbols und des Rituals, in: Oelkers, Jürgen und Klaus Wegenast (Hg.), Das Symbol – Brücke des Verstehens. Stuttgart: Kohlhammer, 63-81.

Soeffner, Hans-Georg (1994). Das „Ebenbild" in der Bilderwelt – Religiosität und die Religionen, in: Sprondel, Walter M. (Hg.), Die Objektivität der Ordnungen und ihre Kommunikative Konstruktion. Frankfurt am Main: Suhrkamp, 291-317.

Soeffner, Hans-Georg und Jürgen Raab (2004). Sehtechniken. Die Medialisierung des Sehens: Schnitt und Montage als Ästhetisierungsmittel medialer Kommunikation, in: Soeffner, Hans-Georg (Hg.), Auslegung des Alltags – Der Alltag der Auslegung. Zur wissenssoziologischen Konzeption einer sozialwissenschaftlichen Hermeneutik. Konstanz: UVK, 254-284.

Soeffner, Hans-Georg (Hg.) (2004). Auslegung des Alltags – Der Alltag der Auslegung. Zur wissenssoziologischen Konzeption einer sozialwissenschaftlichen Hermeneutik. Konstanz: UVK.

Sollors, Werner (1997). Neither Black Nor White Yet Both. Thematic Explorations of Interracial Literature. New York, Oxford: Oxford University Press.

Sontag, Susan (1980). Über Fotografie. München, Wien: Fischer Taschenbuch.

Spivak, Gayatari C. (1985). The Rani of Simur, in: Barker, Francis (Hg.), Europe and its Others, vol. 1. Colchester: University of Sussex, 128-151.

Stolz, Jörg, Engelberger, Thomas, Könemann, Judith, Krüggeler, Michael und Mallory Schneuwly Purdie / MOSAiCH (2011): Religiosität in der modernen Welt. Bedingungen, Konstruktioen und sozialer Wandel. Schlussbericht, Nationales Forschungsprogramm „Religionsgemeinschaften, Staat und Gesellschaft" (NFP 58). (http//:www.nfp58.ch/files/downloads/Schlussbericht_Stolz.pdf, zuletzt abgerufen am 15.02.2012).

Stone, Gregory (1962). Appearance and the Self, in: Roach-Higgins, Mary Ellen (Hg.), Human Behaviour and Social Processes. An Interactionist Approach. New York: Houghton Mifflin Company, 86-116.

Strauss, Anselm und Juliet Corbin (1996). Grounded Theory. Grundlagen qualitativer Sozialforschung. Weinheim: Beltz.

Synnott, Anthony (1993). The Body Social. London: Routledge.

Tarlo, Emma (2010). Visibly Muslim. Fashion, Politics, Faith. Oxford: Berg.

Taylor, Lou (2002). The Study of Dress History. Manchester: Manchester University Press.

Taylor, Charles (1993). Die Politik der Anerkennung, in: Gutmann, Amy (Hg.), Multikulturalismus und die Politik der Anerkennung. Frankfurt am Main: Fischer, 13-78.

Taylor, Mark C. (Hg.), (1998). Critical Terms for Religious Studies. Chicago: University of Chicago Press.

Terkessidis, Mark (2002). Der lange Abschied von der Fremdheit. Kulturelle Globalisierung und Migration, in: Aus Politik und Zeitgeschichte, 12, 31-38.

Thoits, Peggy und Lauren Virshup (1997). Me's and We's: Forms and Functions of Social Identities, in: Ashmore, Richard und Lee Jussim (Hg.), Self and identity: fundamental issues, New York: Oxford University Press, 106-133.

Tiesler, Nina C. (2006). Muslime in Europa. Religion und Identitätspolitiken unter veränderten gesellschaftlichen Verhältnissen. Politik und Kultur, Bd. 8. Berlin: Lit Verlag.

Trebbe, Joachim, Eugster, Veronika, Jecker, Constanze und Philomen Schönhagen (2011). Religion im Fernsehen. Schlussbericht, Nationales Forschungsprogramm „Religionsgemeinschaften, Staat und Gesellschaft" (NFP 58). (http://www.nfp58.ch/files/ downloads/Schlussbericht_Trebbe.pdf, zuletzt abgerufen am 6.5.2013).

Triandis, Harry C. (1995). Individualism and Collectivism. New York: Westview.

Turner, Bryan (1984). Body and Society. Oxford: Basil Blackwell.

Turner, Viktor (1986). The Anthropology of Performance. New York: PAJ Publications.

Uehlinger, Christoph (2006a). Visible Religion und die Sichtbarkeit von Religion(en). Voraussetzungen, Anknüpfungsprobleme, Wiederaufnahme eines religionswissenschaftlichen Forschungsprogramms, in: Berliner Theologische Zeitschrift, 23, 165-184.

Uehlinger, Christoph (2006b). Visible Religion – ein anderer Blick auf Religion?, in: Fakultativ: Magazinbeilage der Reformierten Presse, 1, 3-6.

Uehlinger, Christoph, Lüddeckens, Dorothea und Rafael Walthert (2007). Visible Markers of Religious Identity in Public Debate (unveröffentlichter Projektantrag im Rahmen des Nationalen Forschungsprogramms „Religion, Staat und Gesellschaft, NFP 58".

Ungar-Klein, Brigitte (2000). Jüdische Gemeinden in Europa. Zwischen Aufbruch und Kontinuität. Wien: Picus Verlag.

Unterman, Alan (1991). Dictionary of Jewish Lore and Legend. London: Thames and Hudson.

Valins, Oliver (2003). Stubborn Identities and the Construction of Socio-Spatial Boundaries. Ultra-Orthodox Jews Living in Contemporary Britain, in: Transactions of the Institute of British Geographers, New Series, 28 (2), 158-175.

Verdery, Katherine (1994). Ethnicity, Nationalism, and State-making. Ethnic Groups and Boundaries: Past and Future, in: Vermeulen, Hans und Cora Govers (Hg.), The Anthropology of Ethnicity. Beyond ‚Ethnic Groups and Boundaries'. Amsterdam: Het Spinhuis, 33-58.

Vogt, Jürgen (2009): Gerechtigkeit und Musikunterricht – eine Skizze, in: Zeitschrift für Kritische Musikpädagogik, 39-53.

Vorburger-Bossart, Esther (2008). „Was Bedürfnis der Zeit ist…" Identitäten in der katholischen Frauenbildung: Innerschweizer Lehrschwesterninstitute Baldegg, Cham, Ingenbohl und Menzingen 1900-1980. Fribourg: Academic Press.

Wagner, Peter (1998). Fest-Stellungen. Beobachtungen zur sozialwissenschaftlichen Diskussion über Identität, in: Assmann, Aleida und Heidrun Friese (Hg.), Identitäten. Frankfurt am Main: Suhrkamp, 44-72.

Weber, Max (1922, 1972). Wirtschaft und Gesellschaft. Grundriss der verstehenden Soziologie. Tübingen: Mohr.

Weibel, Nadine B. (2000). Par-delà le voile. Femmes d'Islam en Europe. Bruxelles: Edition complèxe.

Weiner, A. B. und J. Schneider (Hg.) (1989). Cloth and Human Experience. Washington D.C.: Smithsonian Institution Press.

Wensierski, Hans-Jürgen von und Claudia Lübcke (Hg.) (2017). Junge Muslime in Deutschland. Lebenslagen, Aufwachsprozesse und Jugendkulturen. Opladen und Farmington Hills, Barbara Budrich.

Wensierski von, Hans-Jürgen von und Claudia Lübcke (2011). „In Deutschland habe ich mit meinem Kopftuch nie Probleme gehabt", in: Allenbach, Brigitte, Goel, Urmila, Hummrich, Merle und Cordula Weissköppel (Hg.), Jugend, Migration und Religion, Interdisziplinäre Perspektiven. Zürich: Nomos Verlag, 93-115.

Wimmer, Andreas (2005). Kultur als Prozess. Zur Dynamik des Aushandelns von Bedeutungen. Wiesbaden: VS Verlag für Sozialwissenschaften.

Wimmer, Andreas (2008a). The Making and Unmaking of Ethnic Boundaries. Toward a Multilevel Process Theory, in: American Journal of Sociology, 113 (4), 970-1022.

Wimmer, Andreas (2008b). Ethnische Grenzziehungen in der Immigrationsgesellschaft. Jenseits des Herder'schen Commonsense. Tagungsbeitrag. (http://www.sscnet.ucla.edu/soc/faculty/wimmer/Koelner2008.pdf, zuletzt abgerufen am 14.12.2010).

Wimmer, Michael, Reichenbach, Roland und Ludwig Pongratz (Hg.) (2007). Gerechtigkeit und Bildung. Paderborn: Schöningh.

Witzel, Andreas (1985). Das problemzentrierte Interview, in: Jüttemann, Gerd (Hg.), Qualitative Forschung in der Psychologie: Grundfragen, Verfahrensweisen, Anwendungsfelder. Heidelberg: Asanger, 227-255.

Witzel, Andreas (2000): Das problemzentrierte Interview, 1-10. (http://www.qualitative-research.net/fqs-texte/1-00/1-00witzel-d.pdf, zuletzt abgerufen am 22.05.2008).

Wohlrab-Sahr, Monika (Hg.) (1995). Biographie und Religion. Zwischen Ritual und Selbstsuche. Frankfurt am Main: Campus.

Wohlrab-Sahr, Monika und Aglaja Przyborsky (2009). Qualitative Sozialforschung. Ein Arbeitsbuch. München: Oldenbourg Verlag.

Workman, Jane und Kim Johnson (1994). Effects of Conformity and Nonconformity to Gender-role Expectations for Dress. Teachers versus Students, in: Adolescence, 29 (113). Spring, 207-223.

Würtz, Stefanie und Roland Eckert (1998). Aspekte modischer Kommunikation, in: Willems, Herbert und Martin Jurga (Hg.), Inszenierungsgesellschaft. Ein einführendes Handbuch. Opladen: Westdeutscher Verlag, 177-191.

Wyttenbach, Judith (2009). Das Kopftuch in der Schweiz. Zwischen religiöser Neutralität des Staates, Religionsfreiheit und Diskriminierungsverbot, in: Berghahn, Sabine und Petra Rostock (Hg.), Der Stoff aus dem Konflikte sind. Debatten um das Kopftuch in Deutschland, Österreich und der Schweiz. Bielefeld: Transcript, 101-128.

Young, Iris M. (1997). Unruly Categories. A Critique of Nancy Fraser's Dual System Theory, in: New Left Review, 222, 147-160.

Youssef, Houda (2004). Abschied vom Harem? Selbstbilder – Fremdbilder muslimischer Frauen. Berlin: Orlanda.

Yuval-Davis, Nira (1997). Gender and Nation. Thousand Oaks: Sage.

Yuval-Davis, Nira und Marcel Stoetzler (2002). Imagined Boundaries and Borders. A Gendered Gaze, in: The European Journal of Woman's Studies, 9 (3), 329-344.

Zoe, Maria Isenring (1995). Die Frau in den apostolisch-tätigen Ordensgemeinschaften. Eine Lebensform am Ende oder an der Wende? Freiburg: Universitätsverlag.

Zwi Werblowsky, Rafael J. und Geoffrey Wigoder (1997). The Oxford Dictionary of the Jewish Religion. Oxford: Oxford University Press.

Kultur und soziale Praxis

Martina Kleinert
Weltumsegler
Ethnographie eines mobilen Lebensstils zwischen Abenteuer, Ausstieg und Auswanderung

Dezember 2014, 364 Seiten, kart., zahlr. Abb., 29,99 €,
ISBN 978-3-8376-2882-1

Marion Schulze
Hardcore & Gender
Soziologische Einblicke in eine globale Subkultur

April 2015, ca. 400 Seiten, kart., ca. 34,99 €,
ISBN 978-3-8376-2732-9

Nadja Thoma, Magdalena Knappik (Hg.)
Sprache und Bildung in Migrationsgesellschaften
Machtkritische Perspektiven
auf ein prekarisiertes Verhältnis

Mai 2015, ca. 300 Seiten, kart., 29,99 €,
ISBN 978-3-8376-2707-7

Kultur und soziale Praxis

Jens Adam, Asta Vonderau (Hg.)
Formationen des Politischen
Anthropologie politischer Felder
Mai 2014, 392 Seiten, kart., 34,99 €,
ISBN 978-3-8376-2263-8

Désirée Bender, Tina Hollstein, Lena Huber, Cornelia Schweppe
Auf den Spuren transnationaler Lebenswelten
Ein wissenschaftliches Lesebuch. Erzählungen – Analysen – Dialoge
Januar 2015, 206 Seiten, kart., 26,99 €,
ISBN 978-3-8376-2901-9

Jonas Bens, Susanne Kleinfeld, Karoline Noack (Hg.)
Fußball. Macht. Politik.
Interdisziplinäre Perspektiven auf Fußball und Gesellschaft
Februar 2014, 192 Seiten, kart., 27,99 €,
ISBN 978-3-8376-2558-5

Naime Cakir
Islamfeindlichkeit
Anatomie eines Feindbildes in Deutschland
August 2014, 274 Seiten, kart., 27,99 €,
ISBN 978-3-8376-2661-2

Forschungsgruppe »Staatsprojekt Europa« (Hg.)
Kämpfe um Migrationspolitik
Theorie, Methode und Analysen kritischer Europaforschung
Januar 2014, 304 Seiten, kart., 24,99 €,
ISBN 978-3-8376-2402-1

Heidrun Friese
Grenzen der Gastfreundschaft
Die Bootsflüchtlinge von Lampedusa und die europäische Frage
Juli 2014, 250 Seiten, kart., 29,99 €,
ISBN 978-3-8376-2447-2

Christa Markom
Rassismus aus der Mitte
Die soziale Konstruktion der »Anderen« in Österreich
Januar 2014, 228 Seiten, kart., 29,99 €,
ISBN 978-3-8376-2634-6

Wiebke Scharathow
Risiken des Widerstandes
Jugendliche und ihre Rassismuserfahrungen
Juli 2014, 478 Seiten, kart., 39,99 €,
ISBN 978-3-8376-2795-4

Yasemin Shooman
»... weil ihre Kultur so ist«
Narrative des antimuslimischen Rassismus
Oktober 2014, 260 Seiten, kart., 29,99 €,
ISBN 978-3-8376-2866-1

Henrike Terhart
Körper und Migration
Eine Studie zu Körperinszenierungen junger Frauen in Text und Bild
Januar 2014, 460 Seiten, kart., zahlr. Abb., 34,99 €,
ISBN 978-3-8376-2618-6

Tatjana Thelen
Care/Sorge
Konstruktion, Reproduktion und Auflösung bedeutsamer Bindungen
September 2014, 298 Seiten, kart., 29,99 €,
ISBN 978-3-8376-2562-2

Yeliz Yildirim-Krannig
Kultur zwischen Nationalstaatlichkeit und Migration
Plädoyer für einen Paradigmenwechsel
Mai 2014, 260 Seiten, kart., zahlr. Abb., 29,99 €, ISBN 978-3-8376-2726-8

Leseproben, weitere Informationen und Bestellmöglichkeiten finden Sie unter www.transcript-verlag.de